고대 로마 군단의

THE ANCIENT ROMA : THE EQUIPMENT & TACTICS OF THE ROMAN LEGION

장비와 전술

오사다 류타 지음 | 김진희 옮김

AK

머리말

고대 로마를 생각하면 제일 먼저 법률, 건축, 예술, 과학, 언어, 종교, 신화 등의 문화적인 측면이 떠오른다. 하지만 고대 로마 세계에서 무엇보다 중시된 것은 군사 부문이었다. 로마의 정치 체제, 사회 제도, 시민 의식은 모두 군사력 향상을 목적으로 구축되었다. 이는 본디 폭력이 난무하는 고대 세계에서 살아남기 위한 지혜였으나, 무수한 전쟁 끝에 이탈리아 중부의 일개 도시에 불과하였던 로마를 '세계의 수도(Caput Mundi)'로 끌어올린 원동력이 되었다. 흔히 유럽 문명과 이슬람 문명은 로마 제국의 기반 위에서 형성되었다고 한다. 따라서 로마의 군사력 없이는 오늘날의 문명도 존재하지 않았다고도 할 수 있다.

■ **연표**(제1부 '조직'에서 다룰 시대 구분)

장	연도	사건
제1장 왕정부터 공화정까지	753BC	전설상 로마가 건국된 해
	580~530BC	세르비우스 툴리우스(Servius Tullius)의 통치년 /세르비우스 툴리우스에 의한 군사 개혁. 계급별 편성, 지급금 제정
	510BC	국왕 추방. 공화정 로마의 성립
	437~426BC	피데나이(Fidenae)와 전쟁
	406~396BC	베이(Veii)와 전쟁. 로마가 테베레(Tevere)평원을 확보
	390BC	갈리아인이 로마 점거
	~362BC	로마 군대를 두 개로 증설. 트리부누스 제도 도입
	340~338BC	라틴 전쟁. 라틴 동맹의 해체
	326~304BC	제2차 삼니움(Samnium) 전쟁(321BC: 카우디움[Caudium] 전투)
	~311BC?	마니풀루스(Manipulus) 군단이 조직됨
	298~290BC	제3차 삼니움 전쟁(295BC: 센티눔[Sentinum] 전투)
	280~275BC	피로스(Pyrrhus) 전쟁(280BC: 헤라클레아[Heraclea] 전투, 279년 아스쿨룸[Asculum] 전투, 275년: 말벤툼[Malventum] 전투)
	272BC	타란토시(Taranto市)가 로마에 항복. 로마가 이탈리아를 제패
	264~241BC	제1차 포에니(Punic) 전쟁. 글라디우스와 푸기오를 도입(?)
	218~201BC	제2차 포에니 전쟁(218BC: 트레비아강[Trebbia江] 전투, 217BC: 트라시메노 호수[Trasimeno湖] 전투, 216BC: 칸나이[Cannae] 전투, 209BC: 카르타고 노바[Nova] 함락, 202BC: 자마[Zama] 전투)
	214~205BC	제1차 마케도니아 전쟁
	210BC경	집정관 친위대 창설(?)
	200~197BC	제2차 마케도니아 전쟁(197BC: 키노스케팔라이[Cynoscephalae] 전투)
	192~189BC	시리아 전쟁(191BC: 테르모필라이[Thermopylae] 전투, 190BC: 마그네시아[Magnesia] 전투)
	181~179BC	제1차 켈티베리아(Celtiberia) 전쟁
	172~168BC	제3차 마케도니아 전쟁(168BC: 피드나[Pydna] 전투. 이듬해에 마케도니아 왕국은 네 개의 공화국으로 해체되었다. 폴리비오스[Polybios]는 로마로 이송되었다)
	154~138BC	루시타니아(Lusitania) 전쟁
	153~151BC	제2차 켈티베리아 전쟁(대략 이 시기부터 코호르스가 주요 편성 단위가 되었다)
	149~148BC	제3차 마케도니아 전쟁(147BC: 마케도니아 속주 건설)
	149~146BC	제3차 포에니 전쟁(146BC: 카르타고 파괴. 아프리카 속주 설립)
	147~146BC	아카이아(Achaea) 전쟁. 그리스 대부분을 점령
	143~133BC	제3차 켈티베리아 전쟁(137BC: 누만티아[Numantia]에서 로마군이 항복. 133BC: 누만티아 포위전)
	133BC	소아시아(Asia Minor)가 로마의 속주로 편입. 그라쿠스 형(Tiberius Sempronius Gracchus)의 개혁과 실패
제2장	123BC	그라쿠스 동생(Gaius Sempronius Gracchus)의 개혁. 국비로 병사에게 장비를 제공하는 법안 마련
	113~101BC	킴브리-튜턴(Cimbri-Teutons) 전쟁(102BC: 마리우스가 튜턴족[Teutons]을 공격. 이듬해에는 킴브리족[Cimbri]을 공격)
	112~106BC	유구르타(Jugurtha) 전쟁(107BC: 마리우스가 아프리카군 사령관에 취임. 군역 재산 자격 제도 폐지)
	104BC	마리우스의 개선식. '마리우스의 개혁'
	91~88BC	동맹 시(市) 간에 전쟁 발발. 동맹 군단의 실질적인 폐지. 이탈리아의 거의 모든 민중에서 로마 시민권이 생기다.

2

장	연도	사건
공화정 말기	73~71BC	스파르타쿠스(Spartacus)의 난
	67BC	폼페이우스(Gnaeus Pompeius Magnus)가 해적을 진압
	58~51BC	갈리아(Gallia) 전쟁(55BC: 제1차 브리타니아[Britannia] 원정, 54BC: 제2차 브리타니아 원정, 52BC: 알레시아[Alesia] 공방전)
	49~45BC	내전(48BC: 파르살루스[Pharsalus] 전투)
	44BC	카이사르(Gaius Julius Caesar) 암살
	31BC	악티움(Actium) 해전
제3장 제정 초기·중기	27BC	옥타비아누스(Gaius Octavianus)가 아우구스투스(Augustus) 칭호를 얻다. 황제 속주와 원로원 속주의 설립. 제정(엄밀하게는 '원수제')의 설립
	AD9	토이토부르크(Teutoburg) 숲의 전투. 3개 군단 괴멸
	AD14	아우구스투스 사망. 티베리우스(Tiberius Caesar Augustus) 즉위. 제국의 확대 정책 포기
	AD43	브리타니아 침공
	AD60	부디카(Boudica)의 난
	AD66~70	유대-로마 전쟁(Jewish-Roman) 전투(AD70: 예루살렘[Jerusalem] 함락. 제2 신전 소실)
	AD68~69	네 황제의 시대(AD69: 크레모나 전쟁, 베스파시아누스[Titus Flavius Vespasianus] 즉위)
	AD69~96	플라비우스 왕조(AD83~97: 도미티아누스[Titus Flavius Domitianus]의 다키아[Dacia] 원정)
	AD101~106	다키아 전쟁
	AD122~126	브리타니아에서 하드리아누스 성벽 건설
	AD132~135	바르 코크바(Bar Kokhba)의 난(제2차 유대-로마 전쟁) / 속주 유대(Judea)가 시리아 팔레스티나(Syria Palaestina), 예루살렘(Jerusalem)이 아일리아 카피톨리나(Aelia Capitolina)로 개편
	AD162~166	파르티아(Parthia)와 전쟁(AD165~180: 안토니누스 역병. 제국 전역에서 500만 명이 사망)
	AD167~180 2세기 후반	마르코만니(Marcomanni) 전쟁. 아우렐리우스 황제가 사망한 후 코모두스(Lucius Aelius Aurelius Commodus)가 강화 협상 체결 / 글라디우스의 인기는 시들고, 스파타가 주류가 되다.
	AD192~193	다섯 황제의 시대. 셉티미우스 세베루스(Lucius Septimius Severus)가 즉위
	AD194~195 AD197~200	파르티아와 전쟁
	AD208~211	칼레도니아(Caledonia) 침공(AD211: 셉티미우스 세베루스 사망)
	AD212	안토니우스 칙령. 로마 영내의 거의 모두에게 로마 시민권을 부여 군단병과 보조병의 입단 자격 사실상 폐지
	AD213~214	다키아에서 전쟁
	AD215~217	파르티아와 전쟁
	AD226	사산 왕조 페르시아가 파르티아 왕국을 멸망시키다.
	AD231~232	사산 왕조 페르시아 제국과 전쟁
	AD234~235	게르마니아(Germania)와 알레만니족(Alemanni)이 전쟁
	AD243/244	고르디아누스 3세(Gordianus III)가 페르시아 제국에 패배
	AD251	아브리투스(Abritus) 전투. 로마 황제 데키우스(Decius, Gaius Messius Quintus Trajanus) 전사
	AD257	페르시아 제국이 두라에우로포스(Dura-Europos)를 함락
	AD260	에데사(Edessa) 전투. 로마 황제 발레리아누스(Publius Licinius Valerianus)가 페르시아 황제 샤푸르 1세(Shapur I)의 포로가 되다.
	AD253~268	갈리에누스(Publius Licinius Egnatius Gallienus) 황제
	AD260~267	팔미라(Palmyra)의 오다이나투스(Septimius Odaenathus)가 '팔미라의 지도자'로서 갈리에누스 황제에게 인정받다. / AD267년에 독립하여 팔미라 왕국이 되다.
	AD267	게르마니아의 총독 포스투무스(Marcus Cassianius Latinius Postumus)가 분리 독립하여 갈리아 제국을 건국
	AD268	고트족(Goths)이 흑해 쪽에서 지중해로 침입하여 아테네를 약탈
	AD271	아우렐리우스(Lucius Domitius Aurelianus)가 로마 성벽을 건설
	AD273	갈리아 제국을 평정
	AD274	팔미라 왕국을 평정. 잃었던 동방의 땅을 회복
제4장 제정 후기	AD284~305	디오클레티아누스(Gaius Aurelius Valerius Diocletianus) 황제. 군인과 문관을 분리. AD293: 사두정치 제도의 성립
	AD311	그리스도교에 대한 탄압을 끝내다.
	AD312	밀비우스 다리 전투. 콘스탄티누스군이 로마를 장악 / 로마군이 '방위군'과 '기동군'으로 분리. 근위 군단의 폐지
	AD313	밀라노 칙령. 종교 완화 정책으로 그리스도교가 공인 종교가 되다.
	AD324	콘스탄티노폴리스(Constantinopolis) 설립 / AD330~332에 황제의 거주지가 되다.
	AD357~359	율리아누스(Flavius Claudius Julianus)에 의한 갈리아 전쟁(AD357: 아르겐토라툼[Argentoratum] 전투)
	AD363	율리아누스가 페르시아를 침공 그리고 전사
	AD367	'대대적인 공모'가 이루어짐. 픽트인(Picts), 아일랜드족(Irish), 색슨족(Saxon)이 브리타니아를 세 방향에서 동시에 침공
	AD376	고트족이 도나우강을 넘어서 침입
	AD378	하드리아노폴리스(Hadrianopolis) 전투. 발렌스(Flavius Iulius Valens) 황제 전사

장	연도	사건
제4장 제정 후기	AD382	테오도시우스(Flavius Theodosius)에 의해 고트족이 발칸반도에 입식(入植)
	AD395	제국을 아르카디우스(Arcadius, 동)와 호노리우스(Flavius Augustus Honorius, 서)로 나누어서 통치. 제국이 동서로 분할되었으며, 이후로 제국은 통일되지 않았다.
	AD406~410	브리타니아에서 전 군대 철수
	AD410	서고트족 알라리크(Alaric)에 의해 로마 함락
	AD445	아틸라(Attila)가 훈족(Huns)을 장악(AD451: 갈리아 침공, 카탈라우눔[Catalaunum] 전투에서 패배, AD453에 사망)
	AD455	반달족(Vandals)이 로마 침략
	AD476	서로마 황제 로물루스 아우구스투스(Romulus Augustus) 퇴위. 서로마 제국의 멸망
	AD481~511	프랑크족(Franks)의 클로비스(Clovis)가 메로빙거 왕조를 건립. 프랑스 왕국 탄생
	AD533~534	유스티니아누스(Justinianus)가 아프리카를 재정복
	AD535~554	유스티니아누스가 이탈리아를 재정복
	AD582~602	마우리키우스(Mauricius Flavius Tiberius) 황제가 집권. 『스트라테기콘(Strategikon)』 집필

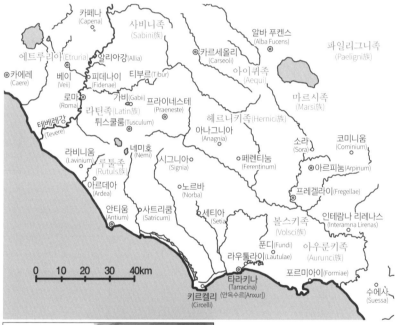

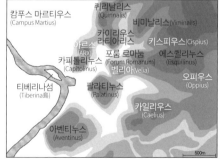

위: 왕정 및 초기 공화정의 로마 주변 도시. 회색 글자는 당시 주변에 살던 부족(민족)을 나타낸다.
◎는 당시의 유력 도시.
아래: 로마와 일곱 개의 언덕. 검은색 글자는 고대 로마에 있었던 일곱 개 언덕과 그 밖의 주요 지명이다. 흰색 글자는 전설상에서 초기 로마인과 왕의 거주 지역이었다는 언덕이다.

로마의 최대판 지도(117년)

브리타니아 (Britannia)
게르마니아·I(Germania·I)
게르마니아·S(Germania·S)
아그리 데쿠마테스(Agri Decumates)
벨기카(Belgica)
라이티아(Raetia)
갈리아 루그두넨시스 (Gallia Lugdunensis)
판노니아·S(Pannonia·S)
판노니아·I(Pannonia·I)
노리쿰 (Noricum)
타라코넨시스 (Tarraconensis)
갈리아 아퀴타니아 (Gallia Aquitania)
갈리아 나르보넨시스 (Gallia Narbonensis)
달마티아(Dalmatia)
다키아(Dacia)
모이시아·S(Moesia·S)
모이시아·I(Moesia·I)
보스포루스 왕국(Bosporus王國)
이베리아(Iberia)
루시타니아 (Lusitania)
바이티카(Baetica)
코르시카 (Corsica)
비티니아&폰투스 (Bithynia&Pontus)
트라키아 (Thracia)
갈라티아(Galatia)
아르메니아 마이오르 (Armenia Maior)
마케도니아 (Macedonia)
아시아(Asia)
카파도키아 (Cappadocia)
아시리아(Assyria)
에피루스 (Epirus)
킬리키아(Cilicia)
시리아 (Syria)
메소포타미아(Mesopotamia)
사르디니아(Sardinia)
시킬리아 (Sicilia)
아카이아 (Achaea)
마우레타니아 팅기타나 (Mauretania Tingitana)
마우레타니아 카이사리엔시스 (Mauretania Caesariensis)
리키아&밤필리아 (Lycia&Pamphylia)
키프로스 (Cyprus)
유디아 (Judaea)
아프리카 프로콘술라리스 (Africa Proconsularis)
크레테& 키레나이카 (Crete&Cyrenaica)
이집트 (Egypt)
아라비아(Arabia)

■ 군대 근거지   S : 상부(Superior)
속국   I : 하부(Inferior)
속주
0   400km
1 : 알푸스 아트레크티아나이(Alpes Atrectianae)
2 : 알푸스 코티아이(Alpes Cottiae)
3 : 알푸스 마르티마이(Alpes Maritimae)

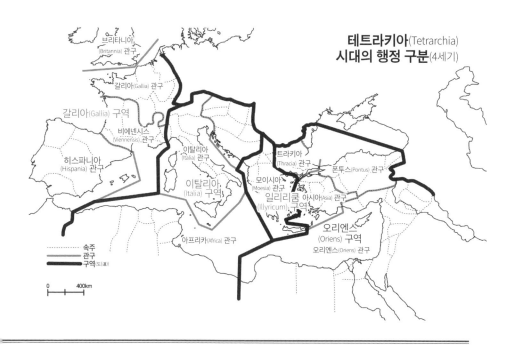

테트라키아(Tetrarchia) 시대의 행정 구분(4세기)

브리타니아 (Britannia) 관구
갈리아(Gallia) 관구
갈리아(Gallia) 구역
비엔넨시스 (Viennensis) 관구
히스파니아 (Hispania) 관구
이탈리아 (Italia) 관구
트라키아 (Thracia) 관구
폰투스(Pontus) 관구
모이시아 (Moesia) 관구
이탈리아 (Italia) 구역
일리리쿰 (Illyricum) 구역
아시아(Asia) 관구
오리엔스 (Oriens) 구역
아프리카(Africa) 관구
오리엔스(Oriens) 관구

속주
관구
구역(都區)
0   400km

| 목차

제3부 장비

제4부 정신론

부록

칼럼

제1부 조직

제1장
왕정부터 공화정까지

 왕정기

왕정 초기

로마는 에트루리아인과 라틴인이 지배하는 영역의 경계 지점에 위치하는 도시이다. 이탈리아를 동서로 가로지르는 테베레강의 최하류 도하 지점으로서 이탈리아 남북을 잇는 교역 루트의 중심에 위치한다. 테베레강을 거슬러 오르면 이탈리아 중앙부에 이르고, 하류로 내려가면 그대로 외해로 나갈 수 있는 교통의 요충지이기도 하였다. 또 병풍처럼 둘러싸고 있는 일곱 개의 언덕에 보호받았으며, 운 좋게도 이탈리아를 대표하는 비옥한 토지인 테베레평원에 위치하였다

이토록 좋은 환경 조건에 놓여 있었음에도 로마는 기원전 6세기까지 여느 라틴 도시와 다름없는 눈에 띄지 않는 촌락 중의 하나였다.

최초의 로마 군대 조직은 필시 국왕, 국왕 친위대(혹은 그를 섬기는 전사), 씨족 전사 집단으로 구성되었을 것이다. 부장품을 살펴보면, 기원전 9세기에는 적어도 경제적으로는 비교적 평등한 사회였으나, 기원전 8세기가 되면 사회 계층 간의 격차가 뚜렷해진다.

이 시기에 전쟁은 주로 인접 마을 간에 발생한 분쟁을 해결하거나 또는 물자나 인간을 약탈하기 위해 이루어졌으며, 전쟁 인원도 수백 명에 불과하였다. 전쟁에는 명확한 시작 시점과 종료 시점이 없었으며, 소규모 습격과 방어가 연속적으로 발생하는, 리비우스(Titus Livius)가 말한 '평화도 전쟁도 없는(nec certa pax nec bellum fuit)' 상황이었을 것이다. 하지만 완전히 무법천지였던 것은 아니다. 서로 복수할지도 모른다는 공포감과 명예라는 개념이 기준이 되어서 어느 정도 억제(무기를 소유할 수 있는 계급, 전쟁 규칙 등)되었다. 이 시기에는 아직 국가의 통제력이 약하였으며, 전쟁은 기본적으로 씨족 단위의 사투(私鬪)였다.

리비우스는 그의 저서 2권 49장에서 이 시기의 전쟁을 눈앞에 그리듯이 생생하게 기술하고 있다. 기원전 479년, 로마에서 불과 13km 떨어진 베이(Veii)와의 전쟁을 자신이 맡겠다고 선언한 파비우스족의 우두머리 카에소 파비우스(Kaeso Fabius Vibulanus)의 명령으로 이튿날 일족의 남성 전원, 총 306명(과 클리엔테스 4,000명)이 사전에 합의된 장소로 무장하고 집결하였다.

그들은 우두머리의 지휘하에 로마와 베이의 중간 부근인 크레모나강에 요새를 짓고, 최종적으로 베이군의 계략에 빠져 전멸하기까지 2년 동안 베이령을 반복하여 습격하였다. 언뜻 보면 신화에 가까운 이야기로 여겨질 수 있으나, 기원전 486년부터 479년까지 매년 집정관을 배출한 파비우스족이 그 후 기원전 467년까지 관직 리스트에 등장하지 않은 사실을 통해서도 기원전 479년 전후에 그들의 영향력이 줄어든 어떤 일이 벌어졌음을 짐작할 수 있다.

왕정 시기에 사비니족을 비롯한 주변 부족을 동화시켜나감에 따라 로마군의 규모도 커졌다. 초대 왕 로물루스(Romulus)는 로마시의 인구를 세 부족으로 나누고, 각각 람네스(로물루스의 이름에서 유래), 티티에스(사비니족의 왕이자 로마와 합병한 후 로물루스와 공동 통치를 한 티투스 타티우스[Titus Tatius]의 이름에서 유래), 루케레스(기원 불명)라고 명명하였다. 이들 부족명은 에트루리아어로, 당시 로마에서 에트루리아의 영향력이 얼마나 컸는지를 시사한다. 부족은 트리부누스(Tribunus)에 의해 관리되었고, 나아가 10개의 쿠리아(Curia)로 세분되었다. 이 쿠리아에서 각각 100명의 병사를 제공하여 군대는 총 3,000명으로 구성되었을 것으로 추정된다. 이것이 기록에 남아 있는 최초의 로마군 조직이다.

각 부족은 100기(騎)의 기병을 제공하였고, 이를 켈레레스(Celeres)라는 친위대로 삼았다. 그들은 전시뿐 아니라 평상시에도 왕의 신변을 보호하는 일종의 직업 군인(혹은 측근)과 같은 존재였다. 초기의 기병은 전투 시에는 말에서 내려 보병으로서 싸웠다. 진정한 의미에서 기병이 등장하는 것은 기원전 600년경이다.

'사비니족 여성 약탈' 신화는 로마가 사비니족을 동화·흡수하였음을 나타낸다. 또 세 부족의 이름이 이 사건과 관련된 왕의 이름에서 기원한 것과 쿠리아의 이름이 약탈당한 사비니족 여성의 이름에서 유래한 것으로 미루어보아 각 부족은 각각 특정한 혈연 집단이었을 것으로 추정되나 확증은 없다.

최고 사령관은 물론 국왕이었지만, 모종의 이유로 그가 지휘하지 않을 때나 여러 곳에서 전투를 할 때는 마기스테르 포풀리(Magister Populi)가 선임되었고, 그가 군을 지휘하였다.

당시 군대의 주력 부대는 보병이었으며 투창, 단검, 창, 도끼를 무기로 사용하였다(당시 로마에서 발굴된 창의 촉은 거의 다 경량 투창용이다). 방호구는 방패와 투구가 기본이며, 갑옷은 이탈리아에서 기원한 가슴 보호대(Karidiophylax) 또는 가죽 갑옷 등의 유기물 제품이었다. 그 후 기원전 8세기경부터 남이탈리아, 그리스, 페니키아, 중부 유럽에서 들어온 수입품이 등장하기 시작한다. 무기(특히 방호구) 대부분은 청동제였으나 가죽과 천, 뼈와 나무 등의 유기물로 만들어진 방호구도 다수 존재하였다.

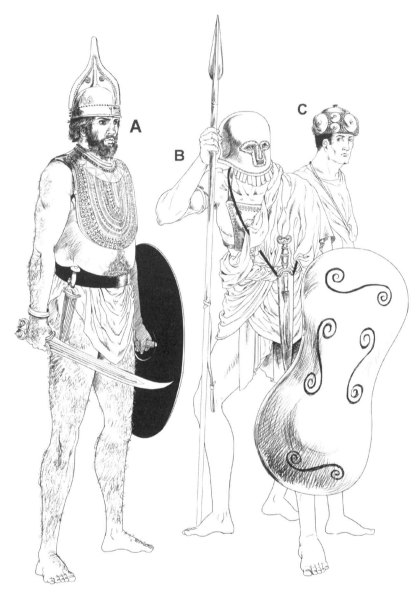

<그림 1>: 기원전 8~7세기의 로마인 전사. 당시에는 아직 철제 무기가 사용되지 않았으며, 모두 청동이었다.
A: 기원전 8세기 후반의 상급 전사 또는 왕. 투구는 빌라노바식(Villanovian)이다. 가슴 보호대는 에트루리아 나르스(Narce)에서 출토되었으며, 검(칼)은 에트루리아의 볼로나에서 출토되었다. 검은 대부분 쭉 뻗은 직검이나, 이와 같이 구부러진 곡검도 발견된다.
B: 기원전 7세기의 전사. 투구는 로마에서 남동쪽으로 25km 떨어진 네미호수에서 출토된 프로토코린트식(Proto-Corinthian) 투구이다. 가슴 보호대는 기원전 8세기 후반에 만들어졌으며, 위에는 킹투스 가비니우스를 걸친다. 방패는 마르스의 성스러운 방패 안킬리아(Ancilia)를 본뜬 8자 모양이며, 가죽제로 추정된다.
C: 에트루리아의 청동 원반 투구. 기원전 7세기

6대 왕 세르비우스 툴리우스의 개혁

로마 전설에 따르면 6대 로마왕 세르비우스 툴리우스(Servius Tullius, BC 580~530)는 로마 국가 체제의 기초를 다진 왕이다. 그는 처음으로 인구조사를 실시하였고, 그 결과에 기초하여 시민을 자산별로 7개의 '계급(Classis)'으로 나누었다. 각 계급은 각각 특정한 수의 '백인대(Centuria)'로 구성되었으며, 각 백인대는 '백인민관(Comitia Centuriata)'이라는 집회에서 한 표씩을 행사하여 자신의 의사를 표시하였고(그러나 기원전 367년까지 실행력은 거의 없었다), 전쟁 시에는 특정한 수(일반적으로는 100명이었으나, 상황에 따라서 변하기도 하였다)의 병사를 제공하여 군을 조직하였다. 그리고 백인대장(Centurio)이라는 왕의 직속 사관이 그들을 통솔하였다.

일곱 개의 계층은 역할과 (최소한 갖추어야 하는) 장비가 다음 표와 같이 정해져 있었다. 투구가 포함되어 있지 않은데, 표준 장비로 간주되었던 듯하다(괄호 부분의 출처는 디오니시우스[Dionysius of Halicarnassus]).

계급명	자산(단위: 아스)	백인대의 수	장비
기사		18·기승(騎乘)	?
제1	100k~	80	청동 갑옷, 창, 검, 원형 방패, 무릎 보호대, (투구)
제2	75~100k	20	창, 검, 방패, 무릎 보호대, (투구)
제3	50~75k	20	창, 검, 방패, (투구)
제4	25~50k	20	창, (검), 방패
제5	11~25k	30	슬링(투석구), (투창)

제1부터 제5까지 단계는 연장자(46세 이상)와 연소자로 반씩 나뉘며, 연장자는 로마를 수비하고 연소자는 원정에 나섰다. 원정 시 로마군은 기병 18개 백인대, 중장 보병(重裝步兵) 70개 백인대, 경장 보병(輕裝步兵) 15개 백인대(후술하겠지만 4개 백인대가 추가되었다)로 구성되었다.

또 리비우스는 제5 단계에 나팔수를 2개 백인대에 추가하였고, 디오니시우스는 제4단계에 나팔 부대와 공작병(工作兵), 대장장이를 각각 2개 백인대씩 추가하였는데, 이는 전시 인원수 이외의 정원이며 투표권은 가지지 않았다.

이 계급 제도는 하루아침에 완성되지 않고 오랜 세월에 걸쳐서 형성되었다. 처음에는 제1계급과 기사 계급, 제5계급(명칭은 제5계급이나 실질적으로는 군역 자격을 가진 계급 이외의 병사를 지칭)만 있었고, 나중에 제2계급, 제3계급… 하는 식으로 조금씩 늘어났다. 이리하여 모집된 군은 레기오(Legio, 원래의 뜻은 '선별·모집'이나 나중에는 '군대'라는 의미로 쓰임)라 불렸으며, 백인대는 군단을 구성하는 부대로 기능하게 되었다.

당시 병사 수가 보병 4,000명, 기병 600명이었다고 하는데, 그러면 숫자가 맞지 않는다(특히 기병). 하지만 리비우스에 따르면 왕이 제1계급 중에서도 가장 뛰어난 자를 선발하여 12개 백인대를 만들고 여기에 원래부터 있던 6개 백인대(그 가운데 3개는 로물루스가 제정한 것)를 추가한 18개 백인대를 기사 계급으로 삼았다고 하므로 보병 4,000명, 기병 600명이라는 숫자는 초기의 원정군 숫자(전군의 절반인 제1계급 40개 백인대, 기병 6개 백인대)일지도 모르겠다.

　이 개혁을 두고 흔히 로마군이 그리스 팔랑크스(Phalanx) 전술을 채용한 증거라고 말한다. 팔랑크스란 창과 방패(특히 아스피스[Aspis]라는 원형 방패)를 장비한 중무장 보병(호플라이트[hoplite])이 거대한 하나의 블록을 이루어 싸우는 전술로, 통상적으로는 세로 8단의 종심(縱深)을 취한다. 로마는 에트루리아에서 이 전법을 들여왔다고 한다.

　하지만 필자의 저서『고대 그리스 중장 보병의 전술(古代ギリシア重裝步兵の戰術, 2015)』에서 고찰한 바와 같이 당시 팔랑크스는 어깨와 어깨를 맞붙이는 밀집 대열이 아니었다. 병사들은 전후 약 90cm의 공간를 두고 대열을 이루어서 싸웠다. 즉, 흔히 볼 수 있는 창병의 전투 방식으로, 특수한 전투법이 아니었다. 게다가 에트루리아인은 투창을 즐겨 사용하였는데, 전후의 열 간격이 90cm이면 창을 던지기에는 공간이 너무 좁다. 최소한 1.5m는 필요하다. 이러한 정황을 고려하였을 때 에트루리아인(과 로마인)은 그리스식 장비만 도입하였다고 결론 내리는 것이 타당하다.

　그렇다면 어째서 이와 같은 주장이 나왔을까? 설득력 있는 이유 중 하나로, 고대 역사가는 그리스(아테나와 스파르타)의 역사밖에 몰라서 문명국은 '왕정=영웅의 결투와 난투'의 시대에서 '공화정=시민병 팔랑크스'의 시대로 이행하기 마련이라고 믿어 의심치 않았다는 설을 들 수 있다. 오늘날의 학자가 이를 무비판적으로 수용하고, 나아가 '그리스 병사와 똑같은 장비를 썼으니 그리스 병사와 똑같이 싸웠겠지' 하고 단정한 것이다.

　이 개혁으로 지급금(Stipendium) 제도도 생겨났다('과거에는 병사에게 봉급을 소금[Sal]으로 지급하였다. 급료를 뜻하는 살라리움[Salarium]이라는 말은 여기에서 유래하였다'라는 플리니우스의 말은 이 시기를 두고 한 말인지도 모르겠다). 또 기병에게는 말 구입 비용과 원정 동안 말을 사육할 비용이 국가로부터 지급되었다(대[大] 카토[Marcus Porcius Cato]의 조부는 용맹하게 싸운 데 대한 포상으로 전투 중에 죽은 그의 말 다섯 마리 분량의 대금을 국가로부터 받았다). 즉, 당시에 기병은 공금으로 마련된 말을 탔다. 기사 계급이 말을 자비로 마련하여 탔던 것이 아니다. 처음으로 개인 소유의 말을 타는 기병이 등장한 것은 기원전 403년이다.

　하지만 이 개혁이 얼마만큼 당시의 현실을 반영하고 있는가에 대해서는 의문이 제기되고 있다. 당시의 전쟁도 씨족 단위의 사투(私鬪)가 주를 이루었을 가능성이 높기 때문에 이와 같은 자산 계급별 팔랑크스 전술이 도입되지 않았을 것이라고 한다. 하지만 전술한 바와 같이 당시 팔랑크스는 창병을 줄을 맞추어 세워놓았을 뿐인 대열에 불과하였기 때문에 군대가 씨족 단위 그룹의 집합체여도 특별히 문제 될 것이 없다. 반대로 씨족 부대가 개별적으로 움직이는 전법은 후대 마니풀루스(Manipulus) 군단의 조상에 해당한다고 생각하여도 무방하다.

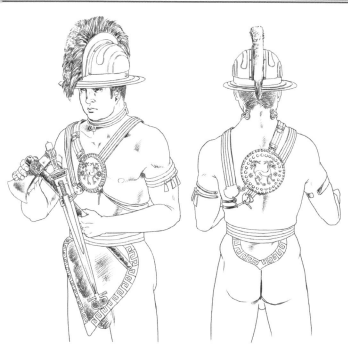

<그림 2>: 기원전 6세기의 병사. 전체적인 이미지는 '카페스트라노의 전사'(Guerriero di Capestrano)' 상(像)과 흡사하며, 가슴 보호대는 알페데나(Alfedena)에서 출토된 것을, 도끼는 칼라브리아(Calabria)에서 출토된 것을 참고하였다. 가슴 보호대에 달린 끈은 꽤 복잡한 구조로 되어 있다. 검을 매달기 위한 가죽 벨트 위에 가슴 보호대를 비스듬하게 건다. 검은 그리스에서 기원한 사이포스(Xiphos)로 바뀌었고 재질도 철로 변하였지만, 도끼와 갑옷은 아직 청동이었다.

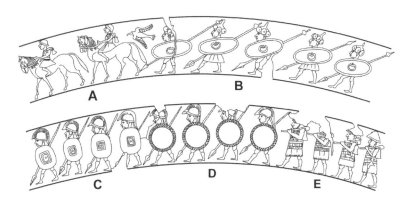

<그림 3>: 기원전 6세기 말의 에트루리아 '팔랑크스'의 실체는 어떠하였을까? 보기 쉽도록 상하의 2단으로 나누어 게재하였으나, 본래는 하나로 연결된 그림이다. 제일 앞 열 A는 아마도 귀족일 것이며, 머리에는 크레스트(Crest)가 없는 C, D와 동일한 투구를 쓰고, 어깨에는 도끼를 메고 있다. B는 <그림 1>의 C와 같은 투구를 쓰고 있다. 창의 끝부분 형태로 보아 투창이 아니라 근접 전투용임을 알 수 있다. 방패의 보스(Boss)가 초승달 모양인데, 이것이 방패 디자인인지 여부는 불명확하다. C, D는 투창(또는 두 가지 쓰임이 있는 창)을 들고 있다. 이 중에서 D가 가장 중무장 보병에 가까우나, 어째서 후열에 있는지는 알 수 없다. 제일 끝의 E는 방패를 들지 않고 그 대신에 찰갑(Lorica squamata, 비늘 갑옷) 같아 보이는 옷을 입고, 원추형 투구를 쓰고, 도끼를 들고 있다. 어쩌면 경무장 보병이거나 신관(神官)일 수도 있다. 이 그림으로 미루어보았을 때 에트루리아에도 로마와 같은 자산별 계급 제도가 있었을 가능성이 있다. 출처는 볼로냐에서 출토된 기원전 6세기 말의 체르토사 항아리의 윗부분이다.

또 다른 반론 중에는 개혁이 이루어진 시점이 기원전 2세기경이라는 설도 있다. 왜냐하면 당시에 로마는 화폐를 사용하지 않았다(사전에 계량해둔 청동 덩어리를 사용하였다). 자산의 기준으로 사용된 아스(As) 동화(銅貨)가 제정된 것은 기원전 211년이므로 이 개혁에 관한 기록이 작성된 시점은 그 이후가 된다. 아마도 기원전 2세기의 기록을 읽은 저술가가 이 제도가 제정 당시부터 변함없이 이어져왔다고 착각하고 그대로 첨부하여 발생한 혼란이 아닐까 한다. 단, 각 계급의 장비는 그 이전 시대를 반영하고 있을 것으로 추정된다.

당시에 전쟁은 무척 근거리에서 이루어졌다. 초대 왕 로물루스가 자행한 '사비니 여성 약탈'의 피해자 부족 중 하나인 안템나테스족이 살던 도시는 로마에서 5km밖에 떨어지지 않았으며, 로마가 기원전 499년에 전투를 치른 피데나이(Fidenae)는 약 8km, 테베레평야의 패권을 걸고 로마가 10년에 걸쳐 군을 파견한 베이는 약 16km밖에 떨어져 있지 않았다. 현대인에게는 옆 마을이 적국인 것처럼 느껴질 수 있지만, 당시 로마인에게 세계는 그 정도 크기였다.

 공화정기

공화정의 성립

기원전 509년에 국왕을 추방한 로마는 공화정을 채택하였지만, 군사 조직적인 변화는 특별히 없었던 듯하다. 처음에는 아직까지 집정관직(Consul)은 없었고, 프라이토르(Praetor Maximus)가 군 지휘권을 장악하고 있었다(집정관의 존재가 비문을 통해 실제로 확인되는 것은 기원전 4세기 중반). 최고 사령관의 지위는 즉시 집정관으로 바뀌었지만, 그 흔적은 '사령관의 텐트(Praetorium)', '지휘관의 호위(Praetoriani)'라는 단어에 남아 있다. 리비우스의 말이 사실이라면 초기 공화정기에는 집정관(프라이토르) 1명이 보병을 지휘하고 다른 집정관 1명이 기병을 한 셈인데, 이는 필시 왕정기의 조직을 반영한 듯하다.

집정관 등의 요직은 백인민회의 투표로 선출되었다. 이는 바꾸어 말하면 병사들이 자신의 지휘관의 인사에 참견할 수 있는 제도였다고 할 수 있다. 하지만 일반 민중의 권리는 전술한 바와 같이 기원전 397년까지 상당히 제한되어 있었다. 군사에 관해 말하자면 플레브스(Plebs, 하급 씨족)에게는 '신의 뜻을 물을 자격(Auspicium)'이 없었기 때문에 선거에서도 파트리키이(Patricii, 상급 씨족)가 선출한 후보자에게 찬성하는 것 외에 다른 선택지는 없었으며, 기원전 399년까지 집정관 선거 결과는 원로원의 승인을 받지 않으면 무효로 처리되었다(또 원로원은 집정관 후보를 2명밖에 내보내지 않음으로써 투표하는 의미를 없게 만드는 공작도 벌였다).

공화정 초기는 군사력의 중앙 집권화를 도모한 시기이기도 하다. 그 일환으로 도입(또는 강화)된 것이 임페리움(Imperium)이라는 설이 있다. 임페리움은 국왕이 가지는 군사와 정치를 포함하는 권한을 각 관직에 분배하였다는 것이 정설인데, 실제로는 공화정기의 어느 시점에서 집정관들이 씨족의 틀을 넘어서 전군을 통괄 지휘하기 위해 만든 '시민병의 인권을 초월하여 군규(軍規)와 명령을 강제할 수 있는 권력'을 지칭하는 개념이라고 한다(예를 들어 지휘관은 재심권을 무시하고 시민병을 사형에 처할 수 있다). 당연한 이야기지만 이 주장에는 이론도 많으나 한번 고려해 볼 가치는 있다.

여기에 공화국을 대표하여 신의 뜻을 물을 권리(Auspicium Militiae)가 합해지면 지휘관으로서의 권력이 생긴다. 로마에서는 모든 행동을 할 때는 사전에 신의 뜻을 묻고 승인을 받지 않으면 무효가 되었다. 신의 뜻을 물을 권리란 모든 행동에 최종적으로 고(go) 사인을 내릴 권리이며, 최종 책임자가 되는 것이기도 하였다.

또한 합법적으로 군 지휘권을 얻기 위해서는 임페리움 외에 프로빈키아(Provincia)가 필요하였다. 일반적으로는 '속주'로 번역되는데, 본래는 지휘관에게 주어지는 '임무'를 뜻하였다. 이것이 나중에 임무와 함께 '특정 지역(작전 구역)'도 지칭하게 되었다. 군사령관에게 군사 작전에 반드시 필요한 절대적인 명령권을 부여함과 동시에 그 권한이 미치는 범위를 제한하여 권력의 남용을 막은 것이다. 그 대표적인 사례로 기원전 291년에 군단병에게 자신의 부지를 정비하도록 시킨 집정관이 벌금형에 처하여진 사건이나, 기원전 67년에 루쿨루스(Lucius Licinius Lucullus)가 프로빈키아를 박탈당하자마자 병사가 그의 명령을 거부한 일을 들 수 있다. 루쿨루스는 임페리움을 유지하였지만, 임페리움이 효력을 발휘하는 '프로빈키아'를 잃었기 때문에 병사에 대한 명령권을 잃은 것이다.

마니풀루스 군단으로의 이행

로마 군대가 마니풀루스 전술을 도입한 시기에 대해서는 명확하게 알려진 바가 없다.

기원전 390년에 갈리아인에게 로마군이 패한 후 로마를 점령당하자 팔랑크스 전술이 무력함을 체감한 로마인은 후일에 마니풀루스 군단을 낳는 조직 개혁에 착수하였다는 것이 통설인데, 이 주장은 설득력이 부족하다. 왜냐하면 그 계기가 된 전투의 양상이 '믿을 수 없는 속도로 쳐들어온 갈리아군에게 허를 찔려 오른편 언덕에 배치되어 있던 예비군이 먼저 격퇴를 당하였고, 유리한 위치를 빼앗겨 패닉 상태에 빠져 수적으로 우세한 적이 비집고 들어오지 못하도록 무리하게 가로로 넓게 진형을 펼친 결과, 전투를 제대로 할 수 없을 정도로 전열(戰列)이 얇아져, 적이 밀어닥치자 아무런 손도 쓰지 못한 채 뿔뿔이 흩어져 달아났다'는 식이니 팔랑크스 전술이 뛰어난 전술인가 그렇지 않은가 하는 문제로 볼 수 없기 때문이다. 또 전술한 바와 같이 팔랑크스 전술 자체를 도입하지 않았을 가능성이 높다는 것도 고려에 넣어야 한다.

따라서 '팔랑크스 전술을 도입하였다'면 마니풀루스 전술은 팔랑크스를 운용하면서 깨달은 결점을 수정하고자 한 결과라고 하겠다. 개혁 결과를 보면 로마인은 '모두가 한 덩어리가 되어서 움직이는 팔랑크스는 실용성이 없다', '후방 지원이 없기 때문에 일단 전열이 뒤로 밀리거나 돌파되면 군진을 재정비할 수 없다'는 점이 불만족스러웠던 듯하다.

'팔랑크스 전술을 도입한 적이 없다'면 마니풀루스 체제는 씨족별로 부대를 조직하던 전통에서 기원하였다고 보는 것이 타당하다. 처음에는 씨족 부대가 한 덩어리가 되어서 싸웠으며, 씨족장을 선두로 나이가 젊은 순서대로 배치하였을 것이다. 그 후 씨족 부대는 연령에 따라서 세 그룹으로 나뉘어 상호 지원을 하게 되었고, 씨족의 권력이 차차 약해지자 이 조직이 마니풀루스가 되었을 것이다.

군단의 기본 단위는 마니풀루스라는 소부대였다. 마니풀루스는 연령에 따라서 하스타티(Hastati), 프린키페스(Principes), 트리아리이(Triarii)의 세 부대로 구성되고, 각각이 전열(Acies)을 구성하였다. 이 전열이 세로로 겹쳐져 있는 것이 기본적인 전투 진형(3단 전열[Triplex Acies])이다. 이로써 전열 한 줄이 돌파되더라도 뒤의 부대가 뚫린 구멍을 막을 수 있게 되었다. 각 백인대(또는 마니풀루스)끼리는 접촉하지 않고 다소간 거리를 두고 포진하였으며, 그 틈을 통해 후열 부

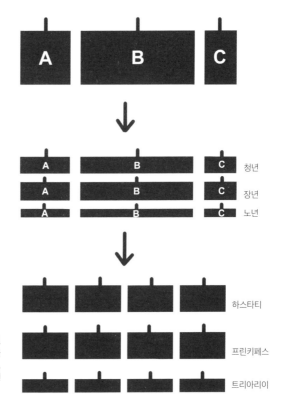

청년

장년

노년

하스타티

프린키페스

트리아리이

<그림 4>: 마니풀루스 성립 과정 모델. 처음에는 씨족(그림의 A, B, C)별로 대열을 이루었으나 연령별로 나뉘게 되었고, 최종적으로는 씨족의 속박이 사라지면서 획일적인 부대가 출현하였다.

대가 전진함으로써 지친 앞 열(前列)을 후방으로 물러나게 하는 것도 가능해졌다.

장비도 변화하였다. 제1계급의 장비인 아스피스는 폐지되고, 이탈리아에서 기원한 스쿠툼 (Scutum)이 채용되었다(리비우스는 '병사가 급료를 받게 되자'라면서, 개혁 시기를 지급금이 지불된 시점의 전후에서 찾는다). 또 창도 근접 전투용에서 투창으로 바뀌었다. 투창을 효과적으로 던지기 위해서는 여태까지보다 넓은 스페이스가 필요하기 때문에 로마군은 기존보다 분산된 형태로 전열을 배치하게 되었다.

로마의 세력이 확대됨에 따라서 전력도 점점 강해졌다. 기원전 362년이 되자 로마 군대는 두 개로 늘어났고, 각각 집정관이 지휘하였다(맥냅[Chris McNab]은 집정관직이 부활할 시기인 기원전 366년을 정확하게 예측하였다). 기원전 311년에는 로마 식민지와 동맹 도시에서 모집된 '동맹 군단(Ala Sociorum)' 2개 군단이 추가되었다(동맹 군단의 숫자는 시민 군단의 숫자와 같게 한다는 것이 공식적인 방침이었으나, 기록을 보면 시민 군단보다 15~44% 많다. 기병은 2.3~3배 많았다).

군단은 'I'부터 'IIII(IV)'까지 번호가 매겨졌으며(시민 군단은 'I'과 'II', 동맹 군단은 'III'과 'IIII') 수석 집정관이 홀수 번호 군단을, 차석 집정관이 짝수 번호 군단을 지휘하고, 전장에서는 왼쪽에서부터 'IIII', 'II', 'I', 'III'의 순서로 포진하였다(날개라는 뜻을 가진 알라[Ala]라는 단어는 이 배치에서 유래하였다). 지휘관 보좌는 트리부누스 밀리툼(Tribunus Militum)이 맡았다. 그들은 원로원 의원 계급인 자들이었는데, 처음에는 원로원에 의해 선출되었으나 기원전 311년이 되면 6명 중 4명까지는 민회에서 선출하게 된다.

군 지휘를 집정관에게 맡긴 이러한 조치는 정치적으로는 옳았으나, 군사적으로는 옳지 않았다. 왜냐하면 정치가로서는 유능하며 경험이 풍부하더라도 군사령관으로서는 무능하고 경험이 많지 않은 사람이 군 지휘권을 잡게 되었기 때문이다. 그들의 임기는 1년, 즉 태어나서 처음으로 군을 지휘하고 그 경험을 살리지 못한 채 임기를 끝냈다. 또 짧은 임기 동안에 최대한 많은 공적(가능하면 개선식도)과 전리품을 긁어모으는 데만 혈안이 되어 대국적인 관점에서 상황을 보지 못하는 일이 잦았으며, 다음 지휘관에게 공을 빼앗기지 않으려고 임기 종료 직전에 우격다짐으로 평화 협정을 체결하고 전쟁을 끝내기도 하였다.

로마가 존망의 위기에 처하면 집정관보다 더 큰 권한을 가진 독재관(Dictator)을 선출하였고, 그가 군 지휘권을 장악하였다. 독재관은 부관으로서 마기스테르 에퀴툼(Magister Equitum)을 선출하였다. 마기스테르 에퀴툼이란 '기병 지휘관'이라는 뜻이지만, 실제로는 독재관 대리로서 독재관 부재 시에 그 역할을 대신하거나 별동대를 지휘하는 일을 주로 하였다.

<그림 5>: 5세기의 로마병

A: 일반 병사. 네가우식(Negau) 투구를 썼다. 방패의 출처는 볼로냐에서 발견된 비문이다. 폭이 넓은 타원형이며, 중앙에는 보스라는 볼록 튀어나온 자그마한 장식이 달려 있다. 외연부에는 아스피스처럼 테두리가 있다.

B: 제1계급 병사 또는 백인대장. 에트루리아 팔레리이(Falerii)의 신전 부조(浮彫)를 바탕으로 복원한 그림으로, 당시의 중무장 병사이다. 무릎 보호대와 허벅지 보호대뿐 아니라 상하 팔 갑옷도 착용하였다. 몸통의 리노토락스(Linothorax)는 순백색이며, 테두리에는 청색과 적색 문양이 그려져 있다. 투구는 당시에 점진적으로 일반화되고 있던 칼키스식(Chalcidian)이다.

C: 기사 계급. 아마도 호민관 또는 프라이펙투스 소키오룸(Praefectus sociorum)인 듯하다. 로마 근교의 라누비움(Lanuvium)에서 발굴된 기원전 580년경의 분묘에서 나온 출토품을 바탕으로 재현한 그림이다. 투구는 그리스의 영향을 받은 네가우식이며, 중앙에 크레스트가 달려 있다. 투구 양쪽 측면의 부품은 한쪽밖에 남아 있지 않았으며, 여기에는 깃털을 꽂는 길쭉한 관이 달려 있었다고 하는데, 최근 연구에 따르면 위의 재현처럼 뿔이 달려 있었다고 한다. 뿔은 풍작과 번영의 상징으로 알려져 있다. 갑옷은 근육 갑옷(Lorica musculata)이며, 안쪽에 리넨의 흔적이 남아 있었다. 그 밑에 두른 폭이 넓은 벨트는 표면에 작은 청동제 장식 징이 가득 박혀 있다.

창은 일반적인 창 한 자루와 끝부분이 스파이크 형태인 투창 두 자루가 출토되었다. 검은 칼날에 칼등 쪽으로 휘어진 부분이 있는 그리스의 코피스(Kopis)라는 검이며, 총 길이가 무려 81cm에 달한다. 방패는 출토되지 않았으며, 금속을 사용하지 않은 가죽제였을 것으로 추정한다.

로마 점거의 영향 1

갈리아인의 로마 점거는 로마인의 심층 심리에 큰 영향을 끼쳤다.

점거당한 후 로마인은 갈리아군에게 퇴거금(현재의 단위로 약 329kg, 약 16억5,000만 엔)을 지불하는 것에 동의하였지만, 이때 갈리아인은 저울의 추를 조작하여 실제보다 더 많이 지불하도록 만들었다. 이를 로마 쪽에서 눈치채고 항의하였지만 갈리아군 지휘관은 허리에 차고 있던 검을 빼 저울 위로 던지며(로마인이 더 많은 퇴거금을 지불하도록) "Vae victis!"라고 외쳤다.

그 유명한 'Vae victis!'는 직역하면 '패자의 슬픔', 의역하면 '패자란 이 얼마나 비참하기 그지없는가!'라는 굴욕적인 말이다.

또 그가 검을 저울 위에 올려놓았다는 것도 중요하다. 중량이 문제가 아니다. 검은 무력의 상징이고, 요컨대 "이 패배자 놈들아, 불만이 있으면 덤벼!"라며 모욕한 것이다. 그리고 로마인은 그들이 요구하는 대로 돈을 지불할 수밖에 없었다.

굴욕적인 이 경험은 대대손손 구전되며 로마인에게 '패전'의 공포를 심어주었다. 이후로 그들에게 전쟁의 끝이란 '자신이 원하는 조건을 상대방이 받아들일 때(상대방의 의사는 고려되지 않는다)'이며, 그때까지는 제아무리 비참하게 패하더라도 절대로 전쟁을 멈추지 않았다고 한다. 만약에 이것이 사실이라면 제2차 포에니 전쟁에서 한니발(Hannibal Barca)이 끝끝내 로마를 굴복시키지 못한 배경에는 틀림없이 갈리아인에게 굴욕을 당한 기억이 있었을 것이다.

흥미로운 점은 마찬가지로 패배의 비극을 맛본 일본인에게 전쟁 알레르기가 생긴 것과는 달리 로마인은 정반대로 전쟁에 미친 전사로 변하였다는 점이다. 고대 약육강식 시대에는 전쟁을 피한다는 선택지가 없었기 때문일 것이다.

이 시대의 군대 편성은 후대의 마니풀루스 군단과 혼동되며 분명하게 밝혀지지 않은 상태이다. 당연히 최종적인 마니풀루스 군단이 편성될 때까지 우여곡절이 많았으리라는 것을 어렵지 않게 상상할 수 있다. 그 궤적을 완벽하게 추적하는 것은 불가능하다. 따라서 이하의 설명은 마니풀루스 군단에도 적용된다는 것을 염두에 두고 읽길 바란다.

1개 동맹 군단은 (후일에 마니풀루스를 해설한 폴리비오스[Polybios]에 따르면) 코호르스(Cohors)라는 부대 10개로 구성된다. 코호르스는 동맹 도시 하나가 공출하는 부대이며, 각각 로마 시민 군단과 같은 수의 경무장 보병, 하스타티, 프린키페스, 트리아리이로 이루어졌다. 단, 기병은 3배의 숫자(약 900기. 하지만 기원전 2세기에는 250~440기까지 줄어들었던 것으로 추정된다)를 공급하였다. 그들은 집정관이 선발한 12명(군단에 6명)의 프라이펙투스 소키오룸의 지휘를 받았다. 또 그들은 동맹 군단에서 기병 3분의 1, 보병 5분의 1을 특별히 선발하여 집정관 친위대

(Extraordinarii)를 조직하는 역할도 하였다.

모두 이 역할을 기피하였다. 고작 500명 플러스 기병 100기 정도라고 생각할 수 있으나, 가령 인구의 3분의 1 또는 4분의 1이 군역 가능한 성인 남성(17~42세)이고, 자신이 사는 도시를 방어하는 데 최소한 절반을 할당하여야 한다면, 인구가 4,000~5,000명인 중간 규모의 도시가 되어야 비로소 로마의 요구를 간신히 충족시킬 수 있다(하물며 도시에서 남성 노동자가 사라지므로 도시의 경제 활동이 멈추어버린다). 일단 병사들의 주식은 로마에서 무상으로 제공되었지만, 그 이외의 것은 자비로 해결하였던 듯하다. 병사를 차출하는 것은 몇 년에 한 번이었겠지만, 그런 해에는 세금이 늘어 시민들은 필시 상당한 부담을 짊어져야 하였을 것이다.

그들의 장비는 로마군과 동일하였으며, 본래 그들의 독자적인 전투 방식은 차츰 잊혀졌다. 하지만 예외도 있었다. 기원전 1세기의 디오니시우스에 따르면 팔레리이(로마에서 북동쪽으로 약 50km 떨어진 에트루리아의 도시)와 페스켄니움(Fescennium, 로마에서 북쪽으로 약 60km 떨어진 도시)은 끝까지 중무장 보병의 장비를 유지하였다고 한다.

리비우스(8권 8절)는 기원전 340년의 군대에 대해 묘사하면서 백인대 대신에 마니풀루스를 최소 단위로 사용하였다. 1개 마니풀루스는 병사 60명, 백인대장 2명, 기수 1명으로 구성된다. 제일 앞 열은 가장 젊은 청년층으로 구성된 하스타티, 15개 마니풀루스이다. 각 대에는 20명의 경무장 보병(Leves)이 부속되었다. 다음으로 장년층으로 이루어진 프린키페스 15개 마니풀루스가 뒤를 잇는다. 이 백인대에는 경무장 보병이 부속되어 있지 않은 듯하다. 앞의 두 부대는 안테필라니(Antepilani)라고도 부른다.

그 뒤를 15개 마니풀루스가 잇는다. 각 대의 인원수는 186명이며, 세 개 분대로 나누어진다. 첫 번째 분대는 필루스(Pilus)라 불리는 트리아리이이고, 나이 많은 장년층 정예병으로 구성된다. 나머지 두 분대는 각각 롤라리이(Rolarii)와 아켄시(Accensi)이다. 각 분대에는 기수 1명이 붙으므로 각 대는 마찬가지로 60명 병사로 구성되는 셈이다. 단, 롤라리이와 아켄시가 정식 부대였는가에 대해서는 의문이 제기되기도 한다. 특히 아켄시는 후대에 '허드렛일을 하는 잡부'라는 뜻으로 쓰였기 때문에 군대 부속의 비전투원이 아니었을까 하고 추정된다. 롤라리이는 어원도 뜻도, 하물며 라틴어인지 그렇지 않은지조차 불분명하다.

마니풀루스는 병사 60명에 백인대장이 2명이라는 숫자가 눈길을 끈다. 많은 학자는 시대가 다른 여러 개의 자료를 짜집기한 결과 또는 후대에 필사하는 과정에서 실수가 있었던 것으로 보나, 사용된 어휘 등으로 미루어보았을 때 꽤 오래된 문헌 자료에 기초하고 있다는 의견도 있다. 어쩌면 1개 백인대의 인원수가 30명인 시대도 있었을지 모르겠다.

이들 병사 외에 해외에서 고용한 용병도 있었다. 특히 기병은 시민, 동맹 기병이 감소함에 따라서 점차 용병이 주가 되었고, 공화정 말기에는 거의 모든 병사가 용병이 되었다.

다만 이 시기는 아직까지 씨족의 힘이 강하여 기원전 4세기까지 각 유력 씨족이 독립국과

<그림 6>: 기원전 4세기 병사

A: 백인대장. 투구는 아풀로코린트식(Apulo-Corinthian) A타입이고, 모델의 투구에는 크레스트 부착부가 없다. 갑옷은 근육형 가슴 보호대이며, 옆구리에 달린 링으로 사이즈를 조절할 수 있다. 왼쪽 어깨에 두른 케이프는 팔루다멘툼(Paludamentum)이다.

B: 기수. 출처는 팔레스트리나의 국립 고고학박물관 소장의 상아판이다. 상아판에서는 롱 타입의 근육 갑옷에 몬테포르티노형(Montefortino) 투구를 쓰고 있지만, 갑옷은 앞서 소개하였으므로 쇼트 타입으로 변경하였다. 투구와 목 보호대는 기원전 5세기 삼니움의 칼키스식이다. 군기의 모양은 선명하지 않으나 원반처럼 생긴 것이 세 개 있고, 그 위에 가로로 긴 막대기가 달려 있다. 상아판을 보면 B의 창만 다른 사람보다 짧은데, 이유는 분명치 않다.

C: 병사. 갑옷의 출처는 그 유명한 토디(Todi)의 마르스 조각상(기원전 5세기 말~4세기 초반)이다. 에트루리아식의 미늘식 리노토락스이며, 통상의 것보다 길어서 허리뼈까지 내려오고, 그 아래에는 이중 프테르구스(Ptergus 또는 Pteruges)가 달려 있다. 방패는 정방형에 가까운 스쿠툼이다. 창의 촉에서는 중앙부에 길게 달린 보강용 돌출선이 사라졌다. 투구는 갈리아에서 기원한 몬테포르티노형이다. 피에트라본단테(Pietrabbondante)에서 출토된 것을 모델로 하여 그렸으며, 삼니움인의 성역에 봉납되었던 것이다. 로마인한테서 빼앗은 전리품인 듯하다.

D: 병사. 투구와 갑옷은 로마의 북동쪽 도시 마르첼리나(Marcellina)에서 출토(기원전 325~300년)되었다. 갑옷은 이탈리아에서 가장 오래된 장식 달린 근육형 가슴 보호대이며, 동그란 목덜미와 근육의 유무, 가슴과 젖꼭지의 모양으로 미루어보아 여성의 상반신 모양인 듯하다. 배에는 야생의 신 파우누스(Faun) 또는 숲의 신 실바누스(Silvanus)를 형상화한 벨트가 각인되어 있다. 투구는 콘베르사노형(Conversano)이라고 불리는 프리지아식(Phrygian) 투구의 일종으로, 날개 모양 장식과 물고기 지느러미 같은 장식이 중앙의 벼슬 부분에 달려 있다. 방패는 에트루리아의 무덤 벽화를 모델로 하였으며, 'A'의 의미에 관해서는 밝혀진 바가 없다.

같은 힘을 가지고 로마라는 국가의 틀을 넘어서 활동하였을 가능성이 높다. 리비우스 제5권에 다음과 같은 묘사가 나온다.

> 호민관이 병력 모집을 막았기 때문에 아울루스 포르투미우스와 루키우스 이우루스는 거의 전원이 지원자로 이루어진 군대를 꾸려, 카에레 영내에 침입해 약탈을 하고 돌아가려던 타르퀴니아 세력을 기습하였다. 많은 사람을 죽이고 물건을 빼앗고 전리품을 수습해 로마로 귀환하여, 소유자가 약탈당한 자기 물건을 찾아갈 시간을 이틀간 둔 후, 그다음 날 나머지*(대부분은 적군한테서 빼앗은 전리품이었다)*를 병사들에게 분배하였다.*(5권 16장)*

이 시기는 이와 같은 씨족의 군사적, 정치적인 권력이 국가 권력에 흡수되어 '로마 공화국'이 되어간 시대로 볼 수도 있다.

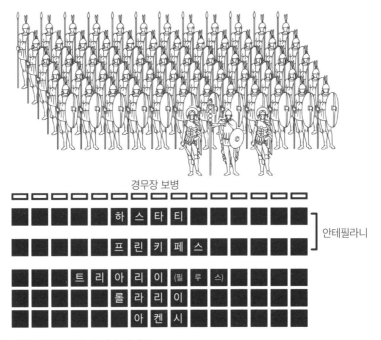

<그림 7>: 리비우스의 군단 편성. 베수비어스산 전투
위 그림은 중무장 보병 1개 마니풀루스의 모습이고, 아래 그림은 군단의 편성도이다. 부대를 표시한 아이콘의 두께는 병사 수에 비례한다. 보는 바와 같이 제3열이 남달리 두껍다.

마니풀루스 군단

처음으로 로마 군단의 전체적인 모습을 완전한 형태로 기록한 사람은 기원전 2세기의 저술가 폴리비오스이다. 그는 로마 군사령관과 친구여서 로마 군단이 실제로 전투하는 모습을 두 눈으로 본 만큼 그가 남긴 기록은 헤아릴 수 없을 만큼 큰 가치를 지닌다. 집필 시기는 기원전 160년경이며, 그 이전 시대의 자료를 참고하여 기록하였다. 대략 제2차 포에니 전쟁기(기원전 218~201년) 무렵의 로마군 모습이 반영되어 있다.

그가 묘사한 군단은 '마니풀루스 군단'이라고 불린다. 마니풀루스 군단이 성립된 시기는 대략 제2차 삼니움 전쟁기, 특히 기원전 321~311년 사이일 것으로 추정된다. 이 시기는 갈리아인에게 로마를 점거당한 사건에 필적할 만한 참패, '카우디움의 굴욕'을 당한 때로부터 시작된다. 이후로도 줄곧 패배(라우톨라이 전투, 기원전 315년)하는 로마에 북쪽의 에트루리아가 선전포고를 하자, 로마는 남북 양쪽으로부터 공격받을 위기에 처한다. 절체절명의 위기에 처하였으나 기원전 311년경부터 로마군은 연승을 거듭하였고, 역으로 양쪽 군대로부터 항복을 받아냈다. 이 극적인 역전극의 배경에는 로마군의 새로운 전술이 있었을 가능성이 있다.

제2차 포에니 전쟁까지 로마군의 기본 단위는 2개 집정관군(4개 시민 군단+4개 동맹 군단)이었지만, 그 후 1개 집정관군(2개 시민 군단+2개 동맹 군단)이 기본 전략 단위가 되었고, 칸나이 전투처럼 결전을 벌이는 경우를 제외하고는 집정관이 함께 싸우지 않게 된다. 나아가 기원전 2세기가 되면 1개 군단+동맹군으로 구성된 부대 또는 그보다 더 소규모인 부대가 활약한다. 소규모 부대는 2,000명 전후로 구성되었으며, 대부분은 동맹병이었다.

이러한 변화가 일어난 것은 국가 하나를 상대로 하는 결전에서, 대규모 지역에 산재하는 다양한 세력을 상대로 하는 제압전으로 전쟁의 형태가 바뀌었기 때문이라고 한다.

■ 병사의 종류: 보병(Pedes)

로마 군대에는 전술한 세 종류의 부대 외에 경무장 보병인 벨리테스(Velites)라는 부대가 있었다.

벨리테스는 크레스트가 없는 투구(방호 및 식별용으로 늑대 모피를 두르는 자도 있었다), 원형 방패(직경 약 90cm), 검, 투창(Veretum) 7개를 장비하였다(하지만 방패를 쥔 상태에서 직경 2cm짜리 창은 들 때 한 번에 들 수 있는 최대 개수는 4개라고 하므로 나머지는 후방에 예비해두거나 운반용 자루에 넣어 다녔을 것이다). 그들은 각 백인대에 20명씩 배치되었는데, 이는 행정상 조치일 뿐 실전에서는 모두 하나가 되어서 싸웠다.

리비우스는 제2차 포에니 전쟁 중이던 기원전 211년에 벨리테스가 창설되었다고 한다. 하지만 그때까지 로마군에 경무장 보병이 없었다는 뜻은 아니다. 만약에 그의 말이 사실이라면 벨리테스를 창설한 이유는 칸나이 전투 등의 일련의 패배로 발생한 인적 자원 소모에 대응하기 위해 경무장 보병을 담당하던 계급을 군단병으로 승격시키고, 군역을 면제받던 무산 계급

<그림 8>: 기원전 3세기의 병사

A: 이 무렵부터 사슬 갑옷(Lorica Hamata)이 도입되기 시작하였다. 투구는 몬테포르티노형, 검은 히스파니아인이 사용하던 것으로 글라디우스(Gladius)의 원형이다.

B: 벨리테스. 투구는 초기형 쿨루스(Coolus)이며, 늑대 모피를 두르고 있다. 방패는 원형이며, 히스파니아 조각상처럼 목에 매는 형태의 벨트를 착용하고 있다. 그가 끌고 있는 병사에게 박힌 창은 필룸(Pilum)의 원형 중 하나인 히스파니아의 소리펠룸이다.

C: 필룸이 도입된 것도 이 무렵부터이며, 당시에는 목이 무척 짧았다. 투구는 남이탈리아에서 유행한 필로스(Pilos)의 일종이다.

D: 백인대장. 당시의 회화 자료를 보면 상급사관은 스쿠툼이 아니라 아스피스를 사용하였다. 투구는 아폴로코린트식 C형이며, 크레스트는 위쪽으로 뻗친 타입이다. 이 상태로 싸우면 전투 중에 크레스트가 떨어지므로 끈으로 고정하였을 듯하다. 갑옷은 로마의 카피톨리노 언덕에 있는 성 호모보누스 교회에서 출토된 마르스 동상을 모델로 하였다. 통상적인 갑옷에 비해 길이가 길며, 몸통부가 배꼽 아래까지 내려온다. 어깨와 허리에는 술 장식이 달린 프테루구스가 달려 있다. 동상이 정강이 보호대를 착용하고 있지 않기에 여기에서는 부츠를 신겨보았다.

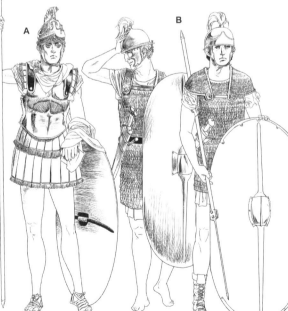

<그림 9>: 기원전 2세기의 병사. 출처는 아헤노바르부스 제단(기원전 2세기)의 부조이다.

A: 사관. 트리부누스인 듯하다. 투구는 스페인 카탈루냐의 항구 도시 레스 소레스의 침몰선(Les Sorres VIII, 기원전 2세기)에서 출토된 것이다. 에트루리아 네가우식의 일종으로 제작 시기는 기원전 5세기경으로 추정된다. 제단에는 희귀하게도 사관의 방패가 묘사되어 있는데, 군단병과 같은 타원형 스쿠툼이다.

B: 군단병. 제단에 새겨진 군단병은 전원이 사슬 갑옷을 입고 있다. 어깨 보호대의 모양에 따라서 사슬 갑옷은 두 종류로 나뉜다. 왼쪽의 갑옷은 동시대의 에트루리아 기병 부조에도 등장한다. 필룸의 모양은 레니에블라스형이라고도 하는 목이 긴 초기형이다.

을 군에 수용하기 위해서였다고 생각하는 게 타당할 것이다.

하스타티와 프린키페스는 검과 스쿠툼, 갑옷, 투구, 필룸(Pilum, 투창) 2개, 정강이 보호대를 장비하였다. 자산이 10만 아스 미만인 병사는 청동제 가슴 보호대를, 그 이상은 사슬 갑옷 (Lorica Hamata)을 장비하였다. 트리아리이는 필룸 대신에 창(Hasta)을 들었다.

현재 일반적으로 받아들여지고 있는 내용은 이와 같으나, 폴리비오스는 프린키페스는 트리아리이와 마찬가지로 창병이었다고 기술하였다. 따라서 필자의 저서『고대 그리스 중장 보병의 전술』264페이지에는 정설에 따라서 기원전 190년경이 되면 프린키페스는 창을 장비하지 않게 된다고 기재되어 있는데, 기원전 160년경에도 프린키페스는 창병이었을 가능성이 있다.

사게(Michael Sage)는 프린키페스와 트리아리이가 창을 장비하고, 창병이라는 뜻인 하스타티가 투창과 검을 장비하는 모순에 대해, 하스타에는 투창이라는 뜻도 있는 점과 가장 젊은 청년층으로 이루어진 점을 들며 하스타티는 본래 벨리테스와 같은 경무장 보병이었다가 점차 중무장 보병화되었을 것이라고 주장하였다.

■ 병사의 종류: 기병(Eques)

기병은 파트리키이와 로마 시민권을 가진 중앙 이탈리아 여러 도시의 지도층이 대부분을 차지하는 부유한 플레브스 계급으로 구성되었으며, 군역은 같은 엘리트 계급 출신자끼리 인맥을 쌓음과 동시에 공통된 엘리트 의식을 양성하는 일종의 사교 클럽이었다.

당시, 정치의 길로 들어서려는 자에게 군역은 중요한 의미를 지녔다. 종군 기록, 특히 전투에서 올린 공적과 적에게서 빼앗은 전리품, 전장에서 입은 상흔 등은 선거 때 표와 사람들의 신용을 얻어내는 데 필요한 '미덕(Virtus)'이었다. 야심만만한 젊은이는 필요한 종군 기간 10년을 한 번에 소화하고 20대 후반에 첫 선거에 나서는 것이 보통이었다. 선임 트리부누스가 되기 위한 필수 조건이 군역 10년 이상인 것도 결코 우연이 아니라 기사 계급의 종군 연수에 맞추어 설정된 것이다.

로마 기병은 타국의 기병에 비해 약하다는 것이 정설인데, 실제로는 제2차 포에니 전쟁기의 대패를 제외하고는 다른 기병 부대보다 기본적으로 우세하였다. 로마 기병의 가장 큰 특징은 근접전에 특화되어 있다는 것과 말에서 내려 싸우는 경향이 있다는 것이다. 그렇다고는 하나 모든 기병이 일제히 말에서 내린 것은 아니고, 일부는 말을 탄 상태로 싸웠다. 이 전법은 일견 바보같이 느껴질 수 있으나, 전쟁사를 살펴보면 대단히 효과적인 전법임을 알 수 있다.

예를 들어 기원전 280년에 에피루스 왕 피로스(Pyrrhus)와 벌인 헤라클레아 전투 때 도하하기 시작한 로마군을 피로스가 친위대 기병 3,000명을 이끌고 공격하였으나, 로마 기병의 역습으로 역으로 열세에 몰리자 후방의 보병에게 공격 명령을 내리고 본인은 일시 후퇴하여 갑옷을 친위대 메가클레스(Megacles)와 바꾸어 입었다. 그 후 보병끼리 일진일퇴의 공방을 지속하던 중 (아마도) 로마 기병의 공격을 받고 친위대는 큰 타격을 입었으며 왕의 대역을 하던 메가클레스도 전사하였다. 왕이 죽은 줄 알고 에피루스군이 와해되려 하자 피로스는 투구를 벗어 자신이 살아 있음을 알리며 병사들을 진정시켰고, 전상(戰象) 부대를 투입하여 겨우 승리하였다.

기원전 225년의 텔라몬 전투 때는 언덕 위에 진을 치고 있던 집정관이 이끄는 로마 기병대와 갈리아군 기병과 경무장 보병대 사이에서 대규모 전투가 벌어졌다. 이 전투로 집정관이 전사하였고, 집정관의 머리를 갈리아 왕에게 보냈을 정도로 전투는 격렬하였으나 최종적으로 로마 기병이 갈리아 기병을 격퇴하였고, 그 후 기슭에서 전투 중이던 보병을 측면에서 공격함으로써 전투의 승패를 확정지었다.

로마군이 대패한 트레비아강 전투에서도 전투 첫날에 로마군 기병과 경무장 보병대가 갈리아 누미디아 기병이 교외 이곳저곳을 파괴하며 다니는 것을 저지하였을 뿐 아니라 연속하여 발생한 기병 간의 전투에서도 승리하였다. 전투 이튿날에는 패배하였지만, 아침 식사도 하지 못하였으며 하물며 물이 불어서 얼어붙을 듯이 차가운 강을 건너 피폐한 상태로 전투에 임하였음을 고려할 필요가 있다.

로마 기병이 변명의 여지가 없을 정도로 완패한 것은 칸나이 전투가 처음이며, 맥콜(Jeremiah B. McCall)은 이 전투를 계기로 로마 기병이 중장비화되기 시작한 것으로 본다(이때를 제외하고는 로마 기병이 자신의 장비를 재검토한 일은 없었다).

폴리비오스에 따르면 초기 기병은 갑옷을 입지 않았으며 너무 가늘어서 쓸모없는 창과 소가죽제 원형 방패를 장착하였으나, 그리스식 기병의 뛰어남을 깨달은 후 즉시 그리스식 장비를 도입하였다. 시기는 명확하지 않으나, 맥콜은 전술한 바와 같은 이유로 개혁 시기를 기원전 220~200년 무렵으로 추정한다.

기병의 주력 무기는 근접전용 창이며, 투창을 사용하였다는 직접적인 증거는 없다.

기병은 초반에는 보병과 같은 양날 직선검을 사용하였는데, 나중에 그리스의 사이포스(Xiphos)를 도입하였다. 마찬가지로 그리스의 마카이라(Makhaira)와 코피스(Kopis)도 동시대에 사용되었더라도 이상할 것이 없으나 증거는 없다.

기원전 200년경이 되면 사이포스는 글라디우스 히스파니엔시스(Gladius Hispaniensis)로 바뀐다. 하지만 이 '히스파니아 검'이 정말로 현재 우리가 생각하는 글라디우스였는가는 논의의 여지가 있다. 히스파니아에서 기원한 검에는 '글라디우스'의 조상에 해당하는 양날 직선검과, 코피스와 비슷한 단날검 팔카타(Falcata)의 두 종류가 있기 때문이다. 특히 기병의 글라디우스는 '깊은 상흔이 남는다'는 이유로 두려워하였으므로 이 글라디우스는 팔카타를 지칭한다고 보는 것이 맞을 듯하다.

기병은 개혁 전에는 갑옷을 착용하지 않았다. 개혁 후에는 회화 자료를 보면 리노토락스와 사슬 갑옷을 입고 있다. 지휘관 등은 근육 갑옷을 입었을 가능성이 있으나, 움직임에 제약이

커서 말을 타기 어렵기 때문에 극히 소수만 입었을 것이다.

초기 기병이 갑옷을 입지 않은 것은 당시 기병에게는 안장과 등자가 없어 마상에서 밸런스를 유지하기 어려웠기 때문이다. 수십 kg에 달하는 중장비를 착용해 안정성을 상실하는 것은 그들에게 무시할 수 없는 큰 문제였다. 또 적과 교전이 벌어지면 재빠르게 말에서 뛰어내려 싸우고, 다시 말에 올라타 돌격하는 전투 방식을 취하였으므로 장비는 가능한 한 가벼운 편이 좋다. 발판이 되는 등자가 없는 때는 더욱 그렇다. 갑옷과 튼튼하고 무거운 방패는 거추장스러울 뿐 아니라 위험하기까지 하였다.

<그림 10>: 기원전 2~3세기의 기병

A: 집정관 가이우스 플라미니우스 네포스(Gaius Flaminius Nepos). 기원전 217년. 실리우스 이탈리쿠스(Silius Italicus)의 『포에니 전쟁(Punica)』 6권 172절에 따르면 트라시메누스호수 전투에서 전사하였을 때 그는 청동과 바다표범 가죽으로 만들어진 투구를 쓰고 있었다고 한다. 갈리아인 보이(Boii) 왕 가르게누스(Gargenus)에게서 빼앗은 전리품으로, 꺾인 노를 치켜들고 입을 크게 벌린 개를 거느린 스킬라(Skylla) 조각상과 갈리아인의 머리카락으로 만든 삼중 크레스트가 달려 있다. 사슬 갑옷 위에는 철과 황금 미늘 조각이 붙어 있다. 방패에는 동굴 안에서 갓난아기를 핥고 있는 늑대가 그려져 있으며, 죽인 갈리아인의 피로 채색되어 있었다. 무기는 검과 창이며, 말에는 안장 대신에 호랑이 모피를 깔았다. 갑옷 디자인은 에트루리아 갑옷을 참고하였으며, 가슴 라인을 경계로 위쪽은 미늘 갑옷이고, 아래쪽은 미늘 갑옷 또는 사슬 갑옷이다. 갑옷의 길이는 허리뼈까지 내려올 만큼 길며, 아래에는 짧은 이중 프테르구스가 달려 있다. 어깨 보호대는 무척 폭이 좁다. 마구(馬具)는 기원전 4세기경에 등장한 오메가형 금속 재갈로, 상기 그림의 모델은 대륙에 장착된 것이다. 이 타입은 기원전 2세기경에 사라졌다.

B: 2세기의 기병. 출처는 아헤노바르부스 제단의 부조이다. 투구는 그리스에서 기원한 보이오티아식(Boeotian) 투구이며, 모자 모양이다. 시야와 귀를 막지 않아서 기병에 적합하다. 검은 히스파니아의 팔카타이고, 마구는 그리스에서 도입한 대륙이다.

■ **병사의 종류: 친위대**(Cohors Praetoria)

친위대라는 말은 원래는 '사령관 소속 스태프'를 의미하였으나, 나중에는 '사령관의 호위병, 정예병'을 지칭하게 된다.

후자를 뜻하는 친위대는 스키피오 아프리카누스(Publius Cornelius Scipio[Africanus Major])가 기원전 210년경에 창설하였다. 그는 군대에서 특히 우수한 병사를 모은 후 잡역 등을 면제시키고 급료를 1.5배로 올려주었다. 이후 사령관은 동맹 제국에서 공급받은 집정관 친위대(Extraordinarii)와 퇴역병(Evocati, 군역 의무를 다하였으나 실력이 뛰어나 군에 더 머물러주길 요청받은 병사) 중에서 병사를 선발하여 친위대를 조직하였다. 친위대는 사령관의 신변을 경호하였을 뿐 아니라 군단 최강의 부대로서 중요한 국면에 투입되었다.

하지만 친위대 조직은 비정규 부대로, 반드시 존재하는 부대는 아니었다. 예를 들어 마리우스(Gaius Marius)와 술라(Lucius Cornelius Sulla), 폼페이우스(Gnaeus Pompeius Magnus)와 카이사르(Gaius Julius Caesar) 등은 친위대(Cohors Praetoria)를 편성하지 않았다. 그 대신에 마리우스는 기병 친위대를 선호하였고, 카이사르는 제10군단과 히스파니아인을 친위대로 삼았다. 내란기에 폼페이우스 측의 페트레이우스(Marcus Petreius) 친위대는 코호르스 프라이토리아 카이토라토룸(Cohors Praetoria Caetoratorum), 즉 히스파니아 원형 방패를 장비하였다.

 # 공화정기 로마군의 일상

시민으로 이루어진 로마군은 시민 대부분을 차지하는 농민의 라이프사이클에 맞추어서 활동하였다. 이탈리아에서 밀은 추분(9월 22일)에서 동지(12월 22일) 사이에 파종하고(가장 일반적인 시기는 10월) 5월 말에 수확한다. 일반적으로는 전쟁 기간은 수확 후인데, 실제로는 3월, 더 정확하게는 집정관 취임일인 3월 10일부터 시작되었다.

그렇다면 농가의 생계는 유지가 되었을까? 로즌스타인(Nathan Rosenstein)은 기원전 3~2세기의 농가(아버지, 어머니, 군역 연령에 도달한 아들 2명, 딸 등 모두 5명으로 구성된 가족)의 생활을 시뮬레이션한 결과, 아들 2명이 군역을 치르느라 노동력이 감소하더라도 농가의 생존에는 영향을 끼치지 않는다고 결론 내렸다. 생산력이 감소하지만, 나머지 가족이 생존하는 데 필요한 작물 양(=필요 노동 시간)도 감소할뿐더러, 군역 기간에 발생한 모종의 손실은 전리품과 포상의 형태로 충분하고도 남을 만큼 보전되기 때문이다.

앞으로 소개할 로마군 시스템은 폴리비오스의 저작을 바탕으로 기재하였다. 그는 트리부누스의 직무와 텐트 치는 법은 상세하게 기록하였지만, 반면 프라이토리움(사령관의 텐트)과 재무관의 텐트 등에 관해서는 막연하게 기록하였다. 이에 상당히 정확하다는 평가를 받는 트리부누스용 직무 매뉴얼을 참고하였다.

초집(招集)

군단의 최고 지휘권은 집정관에게 있으나 1년에 2명, 임기 1년이라는 제약 때문에 여러 지역으로 군을 파견할 때나 여러 해에 걸쳐 지휘하여야 할 때는 집정관권을 부여받은 프로콘술(Proconsul)과 하위의 프라이토르(Praetor)가 지휘하였다(기원전 326년 나폴리 포위전의 지휘관 퀸투스 푸블릴리우스 필로[Quintus Publilius Philo]가 최초의 사례). 그들 밑에 재무관(Quaestor)이 소속되어 군단의 회계 및 보급 사무 일반 외에 아마도 치중대 지휘와 지휘관 부재(사망) 시의 군단 지휘를 맡았다. 그 밑에서 실제로 군단을 지휘·관리한 사람은 트리부누스 밀리툼(이후로 '트리부누스'라고 표기)과 프라이펙투스 소키오룸이다.

제2차 포에니 전쟁기, 늦어도 기원전 190년에는 레가투스(Legatus)가 등장한다. 그들은 경험이 풍부한 원로원 의원으로, 집정관의 요청이 있을 때 원로원이 선출하였다. 역할은 대규

<그림 11>: 희생식을 올리는 집정관. 출처는 프라이네스테(Praeneste)의 양동이. 기원전 4세기
제일 먼저 눈에 띄는 것은 당시 로마에서는 비상식적으로 여겼을 긴소매와 다리에 착 달라붙은 바지이다. 또 손에는 초기의 것으로 추정되는 독수리기를 들고 있다. 오른쪽 접시는 공양물(이 경우에는 아마도 산 제물의 피)을 제단에 따르기 위한 용도이다. 그 밑의 버너처럼 생긴 것은 향대이며, 향을 지필 때 쓰는 삽이 달려 있다.

모 분견대를 지휘하는 것이며, 전쟁의 형태가 결전에서 광범위한 제압전으로 바뀌자 이에 대응하기 위해 생겨났다고 한다.

전쟁 여부는 원로원의 결의 결과에 따라서 결정되었다. 그런데 그 전에 집정관이 여러 희생식과 예배를 올렸다. 먼저 희생식의 제물로 바쳐진 동물의 장기 등을 보고 신의 뜻을 점쳐 길하다고 나오면, 그다음에는 수플리카티오(Supplicatio) 의식을 행하였다. 신전 앞에 몸을 누일 수 있는 안락의자를 설치한 후 의자에 앉아 계실 신에게 예배를 올리는 의식이다. 만일 전쟁에서 승리하면 신들을 찬양하기 위해 운동 경기 대회를 열거나 공양물을 올리겠다고 맹세한다.

원로원이 전쟁 결의를 내리는 것은 그 이후이다.

로마인은 전쟁의 정당성을 얻기 위해 신들에게 정당성을 어필할 필요가 있었다. 이때 등장하는 것이 페티알레스(Fetiales)라는 신관이다. 그들은 특사로서 적대 세력에게 보내지는데, 이때 유피테르(Jupiter, 로마 신화의 최고신-역자 주)에게 가호를 요청하는 한편, 자신들의 정당성을 주장하고 로마에 배상이 이루어져야 한다고 호소하는 의식을 행한다. 이 의식은 적의 국경선을 넘을 때, 적의 영내에서 처음으로 사람과 마주쳤을 때, 적 도시의 성문에 도달하였을 때, 적국 도시의 광장에 들어섰을 때 등 총 네 번 행한다. 33일 후에 만일 정당한 배상을 얻어내지 못하면 신관들은 유피테르와 야누스를 위시한 모든 신들에게 로마의 정당한 권리가 거절당하였음을 호소하고 귀환한다. 그 후에 원로원이 전쟁을 할 것인지 말 것인지를 결정한다. 이 관습은 기원전 3세기 전반에 이르러 신관이 사절로 바뀔 때까지 계속된다.

먼저 원로원이 각 집정관 등의 프로빈키아를 결정한다. 프로빈키아는 군의 작전 목표와 지역을 뜻하며, 공화국이 직면한 다양한 사안을 고려하여 결정하였다. 거의 대부분은 군사 행동과 관련된 사안이었으며, 예외적으로 외국 동향 조사와 메뚜기 피해 대책 등의 비전투 임무가 있었다. 담당 프로빈키아는 제비뽑기로 공정하게 결정하는 것이 원칙이었으나, 실제로는 원로원이 결정하거나 거래를 통해 교환하는 등 상당히 자유롭게 조절되었다.

그 후 원로원이 해당 연도에 초집할 군단의 병사 수를 결정하였다. 인원수 조정은 백인대의 병사 수를 조절함으로써 하였을 것이다. 동시에 각 군에 지급되는 군자금과 물자의 양이 결정되었을 것이다.

군자금과 보급품을 관리하는 것이 재무관이 하는 일이었다. 업무(특히 회계 사무)상 문제가 발생하게 되면 사령관이 아니라 국가가 책임을 묻기 때문에 사령관의 부당한 명령에 따르지 않더라도 처벌받지 않았다. 하지만 원로원 의원 중에서 젊은 축에 속하는 재무관이 집정관과 같은 중진의 뜻을 거역하는 일은 거의 없었다. 시대가 흐르면서 사령관에게 거역하기도 하는 재무관의 권한은 점차 축소되었다. 그 대신에 프라이펙투스나 레가투스가 임시로 보급 업무를 하게 되었다.

집정관은 먼저 트리부누스 밀리툼을 선발한다. 그들 중 14명은 5년 이상, 10명은 10년 이상의 군 경력을 보유하였다. 당시 트리부누스의 역할은 매우 중요했다. 이 시기에는 아직 군단장이 없었으며, 트리부누스가 2인 1조가 되어 두 달 주기로 교대하며 군을 지휘·감독하였기 때문이다.

다음으로 병사를 선발(Dilectus)한다. 일정 금액 이상의 자산을 가진 로마 시민(Civew qui arma ferre possunt, 무기를 가진 시민)은 46세까지 기병이라면 10년, 보병이라면 16년(폴리비오스의 저서에 따르면 20년)의 군역을 져야 한다. 연속으로 지원할 수 있는(또는 군역을 계속할 수 있는) 상한은 6년이었다.

시민은 카피톨리노 언덕에 모였고, 소속 부족별로 집합하였다. 부족이란 투표 부족이라고도 하는 행정 단위로, 총 35부족이 있었다.

제일 먼저 이루어진 것은 트리부누스 분배였다. 먼저 14명의 후임 트리부누스(군역 5년 이상)가 제1군단에서부터 순서대로 4, 3, 4, 3명의 비율로, 다음으로 선임 트리부누스 10명(군역 10년 이상)이 마찬가지로 2, 3, 2, 3명의 비율로, 한 군단당 6명이 되도록 분배되었다(그가 소개한 시기에는 4개 시민 군단 편성이었다).

각 군단의 트리부누스는 어느 부족을 먼저 불러낼까를 제비뽑기로 정하였다. 불러나온 부족 중에서 나이와 체격이 같은 4명이 앞으로 나오면, 먼저 제1군단의 트리부누스가 1명을 고르고, 그다음에 제2군단이 1명을 고르는 식으로 1명씩 데려갔다. 그다음에 앞으로 나온 4명을 이번에는 제2군단, 제3군단, 제4군단, 제1군단의 순서대로 골랐다. 이때 전년도에 종군하지 않은 자, 젊은이, 미혼자가 우선적으로 선발되었으며, 어린 자식이 있는 아버지는 어지간해서는 초집되지 않았을 듯하다. 이리하여 정원이 될 때까지 선발하는데, 한 팀을 10초 만에 고르더라도 11시간 이상 소요되므로 여러 트리부누스가 동시에 여러 팀에서 골랐을 것이다. 이때 선발된 병사들의 명부가 남아 있다. 키케로(Marcus Tullius Cicero)에 따르면, 집정관은 이름의 뜻이 길한 병사를 제일 먼저 군에 편입시켰을 것이라고 한다.

다음으로 기병이 1군단 300기였으며, 동일한 방식으로 선발하였다. 폴리비오스가 활동한 시기(기원전 160년경)에는 보병 전에 기병을 선발하였고, 하물며 소유 재산에 따라서 사전에 명부를 만들었다고 한다. 기병(기사 계급)이 될 수 있는 조건은 순수하게 개인의 보유 재산이었다. 그리고 기원전 3세기경부터는 기병을 기사 계급용 인구 기록부에 기록하여 관리하였다.

초기에 기병은 국비로 구입·유지되는 말을 타는 '국마(國馬) 타는 기병(Equites equo public)'으로 구성되었는데, 나중에 자비로 구입한 말을 타는 '사마(私馬) 타는 기병(Equites equis suis)'이 추가되었다. 두 기병에 차이는 없었으며, 모두 동일한 대우를 받았다.

모든 과정이 끝나면 모두가 한자리에 집합하였다. 트리부누스가 대표자 1명을 선발하면, 대표자가 사령관에게 복종하며 능력이 되는 한 최대한으로 명령을 수행하겠다고 선서한다.

2세기에 아울루스 겔리우스(Aulus Gellius)가 쓴 『아티카 야화(Noctes Atticae)』에 선서 내용이 일부 소개되어 있다.

Nisi harunce quae causa erit: funus familiar feriaeve denicales, quae non eius rei causa in uem diem conlatae sunt, quo is eo dic minus ibi esset, morbus sonticus auspiciumve, quod sine piaculo praeterire non liceat, sacrificiumve anniversarium, quod recte fieri non possit, nisiipsus eo die ibi sit, vis bostesve, status condictusve dies cum boste; si cui eorum harunce quae causa erit, tum se postridie, quam per eas causas licebit, eo die venturum aditurumque, qui eum pagum, vicum, oppidumve delegerit

가족의 장례를 치를 때나 상복을 입고 있을 때(의도적으로 군역을 지지 않으려고 날짜를 조절하지 않은 경우에 한함), 역병을 앓고 있을 때, 특별한 의식을 필요로 하는 흉조가 발생하였을 때, 본인이 참석하지 않으면 진행되지 않는 희생식이 있을 때, 외적의 공격을 받았을 때, 외국인과 약속이 있을 때를 제외하고, 특별한 이유가 없으면(반드시 정해진 날에 초집에 응하고), 용건이 끝난 다음 날 당사자가 거주하는 지구(地區)나 마을, 도시의 초집 담당원을 찾아가겠다고 맹세합니다.

외국인과의 약속이 초집 결석 이유가 되는 점이 흥미롭다. 로마의 풍습을 몰라서 종군 시기에 일정을 잡는 외국인이 꽤 있었다고 한다. 하지만 가장 중요한 점은 이 선서가 '사령관'에게 충성을 맹세하는 것이라는 점이다. 초기에는 군과 사령관이 매년 바뀌었기 때문에 이 선서도 글자 이상의 의미를 지니지 못하였다. 하지만 군과 사령관이 여러 해에 걸쳐서 유지되자, 이 선서가 군을 사병화하는 원인이 되었다.

나머지 병사가 "이하 동문(Idem in me!)"이라고 복창하여 선서가 끝나면, '무기 없이' 집합할 일시와 장소를 전달받고 해산한다.

같은 시기에 각 동맹 도시에도 동맹 군단 편성 명령서(Formula Togatorum)에 집합 장소와 일시가 기재되어 전달된다. 동맹 도시는 전술한 바와 같이 각 도시당 1개 코호르스를 편성하여야 한다. 그들의 선발 방법도 로마군과 같았다. 역시 마찬가지로 선서한 후 지휘관(Praefectus sociis)과 회계관(Quaestor, 로마의 관직과는 별개)을 선발하였다.

편성

며칠 후(혹은 다음 날) 병사들은 나이에 따라서 하스타티, 프린키페스, 트리아리이, 벨리테스로 나뉘었다. 벨리테스를 제외한 나머지 부대는 각각 선임 백인대장(Centurio Prioir) 10명을 선발하고, 이어서 후임 백인대장(Centurio Posterioi) 10명을 선발하였다. 이때 처음으로 선발된 백인대장(제1코호르스 트리아리이의 선임 백인대장)은 수석 백인대장(Centurio Primi Pili)으로서 군사 회의에 참가할 권한을 가졌다. 선임 백인대장은 전투 시에는 마니풀루스 오른쪽 절반의 백인대를 지휘하였고, 후임은 왼쪽 백인대를 지휘하였다.

그리고 각 백인대장은 옵티오(Optio)를 1명씩 선출한다. 그들은 백인대의 부대장이 되어 전투 시에는 백인대 뒤에서 대열을 정비하고, 병사가 후퇴하면 다시 되돌려보내는 역할을 하였다. 이를 위해 그들은 철제 구가 달린 지팡이(Hastile)를 들고 있었다.

다음으로 병사들을 부대에 나누어 배치하는 작업이 이루어졌다. 벨리테스 이외의 병사는 각각 10개 마니풀루스에 나뉘어 배치되었다. 마니풀루스는 2개 백인대로 구성되며, 각 백인대에는 백인대장과 옵티오가 1명씩 배치되었다. 그리고 백인대 병사 중에서도 특히 용감하며 태생적으로 건장한 병사 2명을 선발하여 기수(Signifer)로 삼았다(따라서 기수는 백인대 병사 수에 포함된다). 그리고 호른수(Cornicen)도 선발하였다.

이리하여 완성된 마니풀루스는 하스타티 120명, 프린키페스 120명, 트리아리

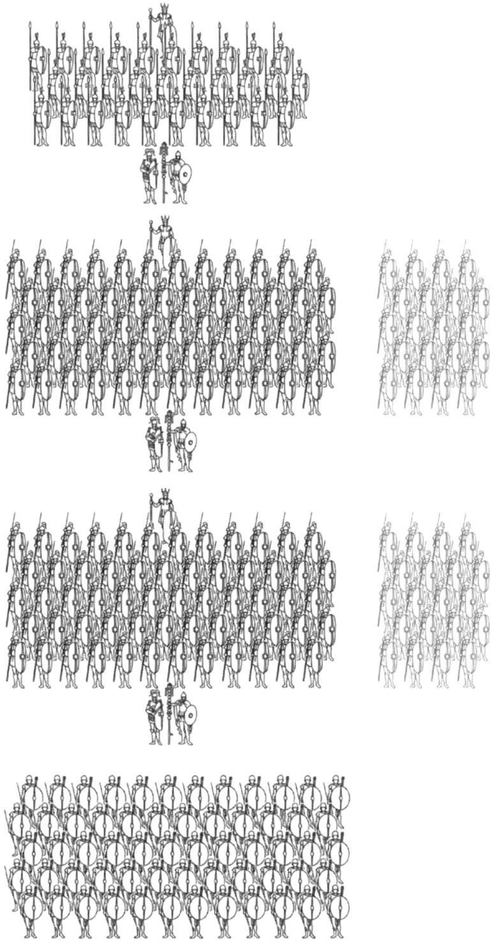

<그림 12>: 백인대. 앞 열에서부터 벨리테스, 하스타티, 프린키페스, 트리아리이이며, 이것이 2배가 되면 마니풀루스가 된다. 회색으로 표시된 병사는 증원 백인대를 만들 때의 증원 인원 40명을 나타낸다.

이 60명, 벨리테스 120명으로, 1개 군단의 총원은 4,200명이었다. 또 비상시에는 하스타티와 프린키페스를 각각 40명씩 늘려 5,000명으로 증원하였다(트리아리이는 늘 60명으로 유지하였다). 군단의 병사 수는 꽤 유동적이었으며, 1개 시민 군단은 4,000~6,000명, 기병 300기, 동맹 군단은 5,000~8,000명, 기병 500~900기로 구성되었다.

<그림 13>: 투르마. 선두에 있는 기병이 데쿠리오이고, 후미에 있는 기병이 옵티오이다.

기병의 편성도 보병과 마찬가지 방식으로 이루어졌다. 기병 300기를 10개 투르마(Turma)에 분배하였고, 각각의 투르마에서 데쿠리오(Decurio) 3명을 선발하였으며, 데쿠리오는 각각 부관(Optio)을 선발하였다. 언뜻 보면 10명짜리 분대 3개가 있는 듯하지만, 투르마 30기가 기병의 최소 단위이며, 제일 처음에 선발된 데쿠리오가 투르마 전체를 지휘하였다.

또 폴리비오스가 말한 '집정관과 개인적인 친분이 있어서' 모인 병사들이 친위대의 일부를 이루었다. 마리우스 군단 시기의 '텐트 동료(Contuberinalis)'에 해당한다고 할 수 있는 병사로 '소집병(Evocatus)'이라고 불렸으며, 보병과 기병의 혼성으로 구성되었다고 한다.

이리하여 군단 편성이 끝나면 재차 집합 일시와 장소를 공지한 후 해산한다. 아마도 다음 번 집회는 수개월 후일 것이며, 그사이에 백인대장 등으로 선발된 병사는 각자 장비(특별한 크레스트나 옵티오의 지팡이 등)를 주문 제작하였을 것이다.

동맹 군단도 마찬가지로 편성되었지만, 그에 앞서 집정관 친위대를 선발하는 방식이 달랐다. 인원수가 기병의 3분의 1(300기), 보병의 5분의 1(720~840명)이나 되는 대규모 부대였다. 이러한 조치는 당연히 동맹 군단의 전력이 저하되는 결과를 초래하였지만, 필시 친위대로 빠질 인원수를 고려하여 넉넉하게 초집하였을 듯하다. 동맹 군단의 기병은 기원전 2세기경부터 프라이펙투스 에퀴툼(Praefectus Equitum)이 지휘하였다. 그들이 기병 전체를 지휘하고, 투르마는 현지 지휘관이 지휘하였을 것이다.

집합과 훈련

수개월 후에 각 마을과 공동체의 병사들은 로마로 향하였다. 개인별로 각자 모이지 않고, 전술한 선서문에 나오는 각 마을 초집 책임자의 인솔하에 집단으로 이동하였을 것이다. 집합 장소는 로마 시외의 캄푸스 마르티우스(Campus Martius) 또는 로마에서 약 2km 떨어진 아피아 가도(街道)에 있는 마르스 신전이었다(병사는 로마 시내에 들어갈 수 없었다).

그 후, 폴리비오스에 따르면 군단병은 3일에 1데나리우스(denarius, 은화), 백인대장은 그 2배, 기병은 말 유지비를 포함하여 3배의 지급금을 받았다. 당시 단순 노동자의 하루 일당이 1.5 데나리우스였던 것을 생각하면 상당히 낮은 금액이지만, 전리품과 보상금으로 충분히 본전을 찾을 수 있었다.

보병에게는 급료로서 한 달에 밀 28kg, 기병은 밀가루 84kg과 보리 293.4kg이 지급되었고, 동맹 군단의 보병에게는 밀 28kg, 기병은 밀가루 56kg과 보리 209.6kg이 지급되었다. 단, 동맹군에 대한 지급은 무상이었지만, 시민 병사에 대한 지급분은 지급금에서 제하였다. 이는 옷이나 무기와 같은 물품을 지급할 때도 동일하였다. 따라서 지급금은 거의 수중에 남지 않았을 것이다.

기병이 받은 밀 지급량은 보병의 3배인데, 이는 기병이 시종 2명을 데리고 다녔기 때문일 것으로 추정되고 있다.

사료에는 언급된 바가 없으나, 필시 원정 출발 전에 훈련 기간이 있었을 것이다. 훈련 기간은 기술이나 체력 강화뿐 아니라 그때까지 생판 남으로 살아온 병사와 사관 사이에 신뢰와 동료 의식을 기르는 중요한 기간이기도 하였다. 이 기간(필자의 추측이지만 아마도 1개월 이상)에 그들은 캄푸스 마르티우스 또는 그 주변을 야영지로 삼고, 원정 시와 같은 생활을 하며 몸을 적응시켰을 것이다.

훈련 메뉴는 지휘관에 따라서 제각각이었다. 기원후 4세기의 군사학자 베게티우스(Flavius Vegetius Renatus)에 따르면 샌드백을 때리는 대신에 지면에 세워놓은 말뚝을 땅속으로 박아 넣기, 중량이 2배가 되는 무기를 장착하고 전투 연습하기, 행진 훈련, 장해물 달리기, 뜀틀 넘기, 수영, 투석, 투창 훈련 등을 하였다고 한다. 이때 새로운 전술과 새로운 장비의 테스트, 학습과 공성, 축성술 등의 대규모 훈련도 하였을 것이다. 기원전 222년에 있었던 갈리아인과의 전투를 앞두고 '트리부누스는 각 병사에게 개인으로서 또는 부대로서 어떻게 싸워야 하는지 직접 시범을 보였다(2권 33장 1절)'고 폴리비오스가 기술한 것처럼 트리부누스가 훈련 프로그램을 기획·준비하고 백인대장이 진두지휘하였을 것이다.

당시에 스포츠는 대략 나흘을 하나의 사이클(고대 로마의 일주일은 8일이었기 때문에 4일은 날짜 계산을 하기에도 좋다)로 하여서 훈련하였는데, 군단에서도 이 사이클을 적용하지 않았을까 한다. 기원전 209년에 스키피오가 실시한 훈련도 역시 나흘 사이클이었다. 첫째 날은 완전 무장을 하고 5.6km 달리기, 둘째 날은 장비의 정비·점검, 셋째 날은 휴식, 넷째 날은 가죽이 감겨 있으며 끝에 단추가 달린 목검과 끝에 단추가 달린 필룸을 들고 전투 훈련을 하였다.

이 훈련은 원정 중에도 실시하였다. 그리고 규율이 흐트러졌을 때 제일 먼저 하는 것도 훈련이었다. 훈련은 상하 관계와 규율을 재확인하는 의식이기도 하였다. 역사서에 '우수한 지휘관이 무능한 지휘관으로부터 군을 넘겨받으면 제일 먼저 훈련을 실시하여 규율을 다잡았다'는 틀에 박힌 전개가 반복하여 등장하는 것도 훈련이 가져다주는 효과를 잘 알았기 때문일 것이다.

개전(開戰)

키케로가 '종교와 경건함으로 우리는 모든 인종과 국가를 제압할 것이다'라고 말한 것처럼 로마의 전쟁은 종교적인 색채를 다분히 내포하고 있었다. 로마에서는 여러 전쟁의 신(유피테르, 미네르바, 야누스 등)을 신앙하였는데, 그중에서도 전쟁과 농경, 생명의 사이클을 관장하는 마르스를 특히 널리 신앙하였다. 그의 이름이 들어 있는 3월(Mensis Martinus)이 고대 로마 달력에서 정월에 해당할 정도이다.

집정관이 군을 지휘할 때는 먼저 카피톨리노 언덕에 있는 '최고신 유피테르(와 미네르바와 유노)'의 신전에서 맹세하고, 릭토르(Lictor)를 비롯한 전원이 토가(Toga)를 벗고 팔루다멘툼이라는 케이프를 입는 의식을 거행하였다.

선전포고는 백인민회(Comitia Centuriata)의 승인을 받은 후 적의 영토라 판단되는 공터에 성인 남성 3명 이상의 입회하에 창을 던지는 것으로 이루어졌다(원래는 실제로 적의 영지에 창을 던졌다). 『아티카 야화』에 따르면 헤르문두스족(타키투스[Cornelius Tacitus]가 쓴 『게르마니아[Germania]』42장에 등장하는 부족)에게 다음과 같이 선전포고를 한다.

Quod populous Hermundulus bominesque populi Hermunduli Adversus populum Romannum bellum fecere deliqueruntque quodque populous Romanus cum populo Hermundulo bominibusque Hermundulis, bellum iussit o beam rem ego populusque Romanus populo Hermundulo bominibusque Hermundulis bellum dico facioque.

이리하여 헤르문두스족과 헤르문두스인 남자들은 로마 시민에게 선전포고를 하고 그들을 침해하였다. 이에 로마 시민은 헤르문두스족과 헤르문두스민에게 전쟁을 일으키라고 명령하였고, 따라서 우리 로마 시민은 헤르문두스족과 헤르문두스민에게 선전을 포고하고 도전한다.

출발하기 전에 군을 정화하는 루스트라티오(Lustratio) 의식을 행하고, 돼지(Sus), 양(Ovis), 황

로마 점거의 영향 2

로마가 점거당하였을 때 시민들은 카피톨리노 언덕에서 농성하였다. 어느 날 밤에 갈리아인 습격대가 언덕의 절벽을 기어올라 기습하려 하였다. 불운하게도 파수견이 잠이 든 바람에 그들의 습격을 눈치채지 못하였고, 기습은 성공하는 듯하였다. 이때 유피테르의 아내 유노의 성스러운 거위가 야단법석을 피우며 파수병을 불렀고, 그 덕분에 갈리아인을 격퇴할 수 있었다.

이후로 매년 8월 3일은 '파수꾼 유노(Juno Moneta)' 경축일이자 '개의 징벌(Supplica Canum)' 날이 되었다. 게으른 파수견으로 분장시킨 개가 책형(磔刑, 정확하게는 반역자나 베스탈의 무녀[Vestal Virgin]를 강간한 자에게 내리는 '고대식 처형[Supplicium de more maiorum]'으로 책형하고는 다르나 겉보기에는 거의 비슷하다)에 처해지는 모습을 보라색 쿠션이 깔린 가마에 탄 성스러운 거위가 구경하는 의식이 행해진다(처음에는 실제로 죽였으나 나중에 가서는 죽이는 척만 하는 식으로 바뀌었다).

그녀의 파수꾼으로서의 실력을 믿어서 그런지, 카피톨리노에 있는 그녀의 신전은 나중에 로마 조폐소를 겸하게 되었다. 영어 단어 머니(Money)는 그녀의 별칭 '모네타(Moneta)'에서 유래하였다. 어떤 의미에서 그녀는 현대에도 숭배되는 유일한 고대 로마의 신이라고 하겠다.

소(Taurus)를 마르스에게 바치는 수오베타우릴리아(Suovetaurilia)를 거행하였다. 트라야누스 원기둥에도 원정 출발 전에 행하는 의식의 모습이 묘사되어 있다. 키케로에 따르면 이때 희생된 동물을 끌고 가는 역할은 이름의 뜻이 길한 병사가 하였다고 한다.

또 사령관이 전쟁의 신 마르스의 성스러운 창을 휘두르며 "마르스여, 눈을 뜨라(Mars vigila)!"라고 외치는 의식도 행하였다. 집정관이 친 점술의 정당성에 의문이 제기될 경우에는 출발한 후라고 하더라도 집정관은 즉시 로마로 돌아와서 다시 점을 쳐야 하였다.

행군(行軍)

이리하여 준비가 끝나면 로마군은 드디어 원정에 나선다.

날이 밝으면 트리부누스는 집정관의 텐트로 가서 집정관으로부터 당일의 명령 문서를 받아 자신의 텐트로 돌아와, 집합하여 있는 백인대장과 데쿠리오에게 명령을 전달하였다.

한편 병사들은 기상하면 재빠르게 아침 식사를 하고 하루 일과 준비를 하였다. 나팔수가 첫 번째 나팔을 불면 집정관과 트리부누스의 텐트를 철거하고 그 후에 병사들의 텐트를 철거하였다. 동시에 노예와 마부가 짐 운반용 노새와 짐수레를 데리고 왔다.

두 번째 나팔이 불면 짐을 노새 등에 싣고, 병사들은 정해진 순서대로 정렬하였다. 집합 장소는 야영지 외벽 바로 안쪽에 마련된 공터이다. 행군 대열이 정해져 있다고는 하나 어떠한 표시가 필요하므로 기수(와 백인대장)가 먼저 집합 위치에서 대기하고 있으면, 병사들은 할 일을 끝마친 뒤 즉시 군기를 중심으로 모여들었다.

세 번째 나팔이 불면 전군이 이동을 시작하였다. 통상적으로 제일 먼저 출발하는 건 집정관 친위대(와 집정관. 트리부누스도 여기에 포함되었는지는 불분명), 다음으로 우익 동맹 군단, 우익 동맹 군단의 치중대(輜重隊, 군수품 보급 등을 맡은 전투 지원 부대-역자 주), 제1군단, 제1군단의 치중대, 제2군단, 제2군단의 치중대, 제3군단, 제3군단의 치중대, 좌익 동맹 군단의 치중대, 좌익 동맹 군단의 순서로 뒤를 이었다. 이 순서는 매일 로테이션되었다. 만일 후방에 위협 요소가 있을 경우에는 집정관 친위대가 후미를 담당한다. 기병은 각각 속한 부대의 후방에 위치하거나, 보병을 양쪽에서 감싸듯이 위치하였다.

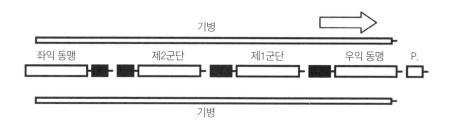

<그림 14>: 행군 대열. 검은색 사각형은 치중대를, P는 친위대를 나타낸다.

더욱 위험할 경우에는 하스타티, 프린키페스, 트리아리이가 평행을 이루어 이동하였다. 즉 전투 시의 진형을 가로로 바꾼 형태로 이동하고, 각 마니풀루스의 전방에 해당 마니풀루스의 치중대를 위치시켰다. 적이 나타나면 치중대는 정지하고, 각 마니풀루스는 좌우 중의 한쪽으로 방향을 바꾸어 전진함으로써 전투 진형을 갖추었다. 그러한 예로,『갈리아 전기(Commentarii de Bello Gallico)』4권 14장에 이와 같은 행군 대열이 나온다. 또 기원전 108년에 벌어진 무툴강 전투 때도 적의 복병이 있음을 눈치채고 집정관이 가로 방향으로 전투 대열을 바꾸어 행군시킨다.

이들 대열보다 정찰대가 앞서가며 정찰하였으나, 번번이 대규모 습격을 당한 것으로 보아 로마군의 정찰 능력은 꽤 좋지 못하였던 듯하다.

하루 이동 거리가 약 15~20km로 추정되므로 대략 4~5시간을 행군하였을 것이다. 8월 로마 근교의 일출 시각은 5시 반이고 일몰 시각은 22시이므로 5시 반에 기상 및 아침 식사, 7시에 출발. 11~12시에 도착하여 야영지 건설 개시, 22시 반에 취침하는 사이클이 아니었을까 한다.

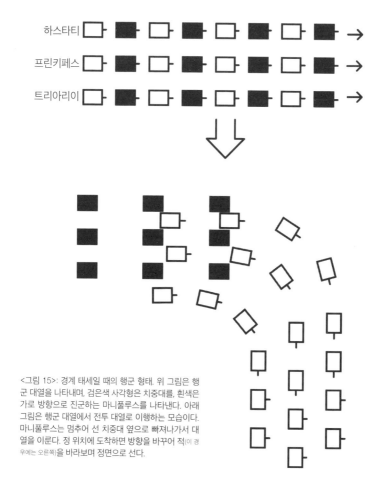

하스타티

프린키페스

트리아리이

<그림 15>: 경계 태세일 때의 행군 형태. 위 그림은 행군 대열을 나타내며, 검은색 사각형은 치중대를, 흰색은 가로 방향으로 진군하는 마니풀루스를 나타낸다. 아래 그림은 행군 대열에서 전투 대열로 이행하는 모습이다. 마니풀루스는 멈추어 선 치중대 옆으로 빠져나가서 대열을 이룬다. 정 위치에 도착하면 방향을 바꾸어 적(이 경우에는 오른쪽)을 바라보며 정면으로 선다.

야영(野營)

로마인이 야영지(Castra) 건설법을 어떻게 알게 되었는가에 대해서는 의견이 분분하지만, 레이아웃으로 보아 그리스에서 기원한 방식인 게 확실하다. 좌우간 에피루스 왕 피로스와 전투(기원전 280~275년)를 벌인 시기에 이르면 꽤 완성도 높은 야영지를 건설할 실력을 갖추게 된다.

야영지 내 배치는 어느 정도 정해져 있었으며, 집정관이 거주하는 프라이토리움(Praetorium) 앞을 가로지르는 중앙로(Via Principalis)를 경계로 지휘관, 트리부누스, 친위대 등의 수뇌부가 위쪽에 배치되고 일반 병사가 아래쪽에 머물렀다.

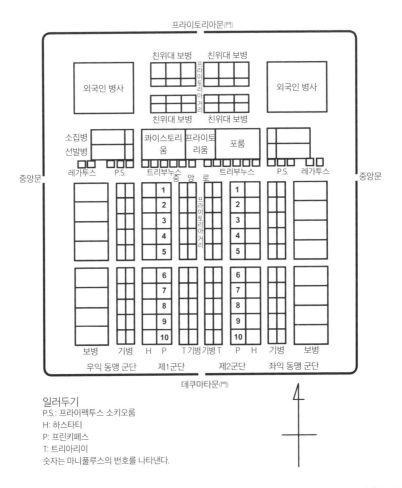

일러두기
P.S.: 프라이펙투스 소키오룸
H: 하스타티
P: 프린키페스
T: 트리아리이
숫자는 마니풀루스의 번호를 나타낸다.

<그림 16>: 폴리비오스가 묘사한 야영지. 돕슨(Michael Dobson)의 저서를 바탕으로 작성하였다.

야영지 설치 장소는 당번 트리부누스와 몇 명의 백인대장이 결정하였다. 그들이 전군의 선두에서 앞서가다가 적당한 땅을 선정하고, 프라이토리움의 위치에 깃발을 꽂으면, 프라이토리움 앞의 그로마(Groma)라는 지점을 기준으로 레이아웃을 결정하였다. 각 부대의 구획을 일정 면적을 지닌 유닛으로 보고, 이를 기본 레이아웃에 따라서 퍼즐처럼 배치함으로써 병사 수의 증감과 지형의 제약에 유연하게 대응할 수 있었다.

후대의 요새와 도시의 중앙 관청을 참고로 돕슨이 재현한 바에 따르면 프라이토리움의 구조는 다음과 같다고 한다.

먼저 프라이토리움은 포룸(Forum, 공공 광장-역자 주)을 바라보는 방향, 즉 동향으로 지었다. 그리고 동쪽 언저리의 북쪽에 연설대, 남쪽에 조점대(鳥占臺, Auguratorium, 엄밀하게는 대[臺]가 아니라 사각으로 구획된 토지)를 설치하고, 그 후방의 프라이토리움 중앙에 제단과 군기를 설치하였다. 그 후방에 지휘관의 텐트(Tabernaculum)를 세웠다. 포룸의 북쪽과 남쪽에는 무기고(Armamentaria)를 설치하였다(무기고는 기원후 3세기 이후에 설치되었다는 설도 있다).

만일 규정 수 이상의 병사가 있을 시에는 프라이토리움의 좌우에 배치하고, 그만큼 포룸과 재무관용 토지를 줄였다. 집정관 2명이 동시에 야영지를 만들 때는 프라이토리움끼리 근접하도록 프라이토리움 후방의 친위대 용지를 없애고, 군단 야영지가 서로 등이 맞닿도록 밀착시키고, 앞서 없앤 친위대 텐트를 측면에 설치하였다.

이 레이아웃에는 화장실이 포함되어 있지 않은데, 당시의 정황으로 미루어보아 야영지 내의 어딘가에 구멍을 파고 화장실로 사용하였을 듯하다. 사령관 중에는 손을 씻는 기능이 있는 휴대용 화장실을 가지고 오는 자도 있었으나, 사관 대부분은 항아리 등에 볼일을 본 후 하인에게 처리케 하였다. 제정기에는 야영지에 구덩이를 깊게 파고 거기에 나무 뚜껑과 양동이를 설치하여 화장실로 사용하였다고 하는데, 아마도 동일한 방식을 사용하였을 것이다. 4개 군단, 2만 명의 배설량은 하루 수 톤에 달하지만, 당시의 기록을 보면 역병이 발생하였다는 기록이 놀랄 만큼 적으므로 어떠한 수단이 강구되었음에 틀림없으나, 가장 일반적이며 효과적인 방역 방법은 그곳을 떠나는 것이다.

야영지 레이아웃이 완성되면 트리부누스는 병사들에게 야영지 내에서 도둑질을 하지 않겠다는 맹세를 하게 시켰다. 『아티카 야화』에 따르면 선서는 이하와 같았다(원본에는 병사가 선발되었을 때 하는 선서라고 되어 있으나, 폴리비오스의 묘사와 완전히 일치하여 여기에 발췌하였다). 또한 집정관의 이름(가이우스 라일리우스[Gaius Laelius]와 루키우스 코르넬리우스 스키피오[Lucius Cornelius Scipio])으로 미루어보아 선서 인용 연도는 기원전 190년인 듯하다. 필자의 저서 『고대 그리스 중장 보병의 전술』에서 소개한 마그네시아 전투가 있었던 해이다.

Laelii C(aii) fili consulis L(ucii) Cornelii P(ublii) fili consulis in exercitu decemque milia passuum prope furtum noli facies dolo malo solus neque cum plurbus pluris

nummi argentei in dies singulos;extraque bastam, bastille, ligna, poma, pabulum,
utrem, follem, faculam si quid ibi inveneris sustulerisve, quod tuum non erit, quod
pluris nummi argentei erit, uti tu ad C(aium) Laelium C(aium) filium consulem
Luciumve Cornelium P(ublium) filium consulem sive quem ad uter eorum iusserit,
proferes aut profitebere in triduo proximo, quidquid inveneris sustulerisve dolo
malo, aut domino suo, cuium id censebis esse, reddes, uti quod recte factum esse
voles. (괄호 안은 필자가 표기)

가이우스의 아들 집정관 가이우스 라일리우스와 푸블리우스의 아들 집정관 루키우
스 코르넬리우스의 군에서 10명의 전우와 함께 앞으로 혼자이든 여럿이든, 하루에 은
화 한 닢 이상의 것은 악의적으로 훔치지 않고, 창 하나, 창대 하나, 나무, 과일, 여물,
물주머니, 지갑, 횃불을 제외하고, 은화 한 닢 이상의 가치를 지닌 자신의 소유물 이외
의 물건은 가이우스의 아들 집정관 가이우스 라일리우스와 푸블리우스의 아들 집정
관 루키우스 코르넬리우스에게, 또는 집정관이 임명한 자에게 신고하고, 만일 이러한
소유하여서는 안 되는 물건을 가지고 있는 것이 발견되었거나 또는 고의는 아니나 가
지고 있었음을 깨달은 경우에는 사흘 이내에 본래 주인에게 반납할 것을 맹세합니다.

은화 한 닢 이하의 가치를 지닌 물건은 훔쳐도 될 것 같은 조문이나, 필시 은화 한 닢이 원
정 중에 필요한 장비품의 최저 금액이며, 은화 한 닢 이하의 가치를 지닌 선언문에 지정된 물
품 이외의 사유물은 본인 책임하에 반입하라는 뜻일 것이다. 그리고 사흘이라는 규정은 실수
로 물건이 바뀌었을 때 처벌받는 것을 방지하기 위한 장치이다.

선서가 끝나면, 이번에는 하스타티와 프린키페스의 각 마니풀루스에 임무를 배분한다. 2
개 마니풀루스는 중앙로(하루 중 활동의 대부분이 이루어지는 장소)의 청소와 경비를 담당한다. 나머지
18개 마니풀루스는 각 트리부누스에 3개씩 배분되고, 트리부누스 텐트의 설치, 주변 정리, 그
의 물건 경비와 기타 잡일을 한다.
다음으로 트리부누스 텐트를 지킬 위병을 선발한다. 위병은 4명으로 이루어진 두 그룹으
로 구성되며, 2명은 텐트 앞, 2명은 텐트의 뒤에서 대기한다. 이 위병은 각 마니풀루스가 하
루마다 당번을 바꾸어가며 담당한다.
트리아리이는 트리부누스의 잡일을 하지는 않으나, 그 대신에 각 마니풀루스에서 4명을
선발하여 가장 가까운 곳에 있는 기병의 말을 지킨다(아마도 매일 담당자 교체).
마지막으로 매일 당번을 바꾸어가며 1개 마니풀루스가 프라이토리움 경호를 담당한다.

잡무 배분이 끝나면 그제야 야영지 건설이 시작된다. 야영지 방벽 건설 작업은 세로 부분

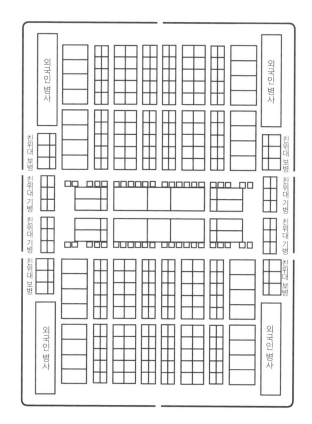

<그림 17>: 집정관이 2명(4개 시민 군단)일 때의 야영지 레이아웃

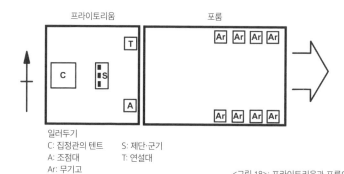

프라이토리움

포룸

일러두기
C: 집정관의 텐트   S: 제단·군기
A: 조점대   T: 연설대
Ar: 무기고

<그림 18>: 프라이토리움과 포룸의 레이아웃
화살표 방향이 정면에 해당하는 동쪽이다. 출처는 돕슨

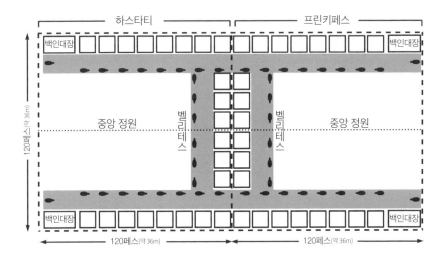

<그림 19>: 파스타티와 프린키페스의 마니풀루스 레이아웃
파선은 마니풀루스를 나타내고, 점선은 백인대를 나타낸다. 회색 부분은 짐 운반용 노새(검은색 표식)
와 전투 장비를 두는 곳을 나타낸다. 바깥 테두리는 길로 둘러싸여 있다. 출처는 돕슨

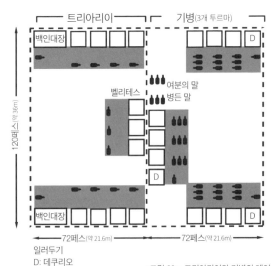

일러두기
D: 데쿠리오

<그림 20>: 트리아리이와 기병의 레이아웃
앞의 그림과 마찬가지로 회색 부분은 동물과 전투 장비를
두는 곳을 나타낸다.

이 동맹 군단, 가로 부분이 시민 군단에 의해 이루어졌다. 방벽 규모는 주변의 위협 상황에 따라서 임기응변으로 바뀌고, 안전한 곳에서는 간단하게 도랑을 파거나 병사를 줄지어 세워놓는 정도로 끝내기도 하였다. 통상적으로는 깊이 90cm에 폭 1.2m 규모의 해자를 파고, 이때 생긴 흙을 안쪽에 쌓아 올린 후, 정면을 뗏장으로 보강하여 방벽을 쌓고, 그 위에 군단병이 운반해온 스파이크(Pilum Muriaris)를 줄지어 박았다.

적이 근처에 있는 경우에는 해자를 깊이 2.7m에 폭 3.6m로 깊고 넓게 파고, 방벽의 높이도 1.2m로 높게 하였다. 트리부누스는 2인 1조로 돌아가며 군을 지휘하는데, 야영지 건설을 감독할 때도 2인 1조로 하였다. 동맹 군단의 작업 감독은 트리부누스와 마찬가지로 편성된 프라이펙투스 소키오룸 2명이 하였으므로, 각 현장에 감독이 1명씩 있었던 셈이다.

기병은 야영지 설치 작업에 참가하지 않았다. 그들은 엘리트여서 일반 시민과 한데 섞여 먼지 날리는 작업을 할 의무가 없었기 때문이다. 실제로 기원전 252년에 집정관에게 토목 작업을 하라고 명령받은 기병이 이를 거부하는 일이 있었다.

텐트는 일렬로 설치하였다. 마니풀루스에 속한 백인대는 각각 정해진 구역의 좌우변에, 프라이토리움 가까이에는 선임 백인대가 위치하도록 설치하였다. 백인대장의 텐트는 대열 선두의 일등지에 치고, 일반병이 그 뒤를 이었다. 거리에 면하지 않은 안쪽에 벨리테스의 텐트를 설치하였는데, 디귿(ㄷ)자 형태가 되도록 하였다. 각 텐트 대열의 안쪽에는 전투 장비를 포함한 짐과 짐 운반용 말을 묶어놓았고, 중앙 공간(Conversantibus)은 음식 조리를 비롯한 다양한 용도로 사용하였다.

당시에는 하루에 두 번, 조식과 오후 정찬을 먹었는데, 병사들은 점심에 가벼운 식사를 하였다. 기원전 134년에 스키피오 아이밀리아누스(Scipio Aemilianus)는 병사들에게 점심 식사는 서서, 하물며 며칠에 한 번은 불에 올리지 않은 음식을 먹게 하였다(여기에서 '불에 올리지 않은 음식'이란 '만들어두었던 음식을 식은 채로'라는 의미인 듯하다). 다른 군대와 달리 식사 시간이 엄격하게 정해져 있었다.

오후 작업은 정해져 있지 않으나, 동료들과 느긋한 시간을 보내거나, 낮잠을 자거나, 주변 물품을 수선하거나, 빨래 또는 정찰을 하였을 것이다. 협소한 텐트의 크기('장비'의 장을 참조)로 미루어보아 병사는 할당된 구획 중앙의 공간에서 대부분 시간을 보냈을 듯하다.

물자 조달도 중요한 역할이다. 최우선으로 조달하여야 하는 물자는 대량으로 필요하기 때문에 현지에서 조달하여야만 하는 물, 장작, 여물이었다. 현대인은 장작의 중요성을 체감하지 못하겠지만, 로마군은 조리되지 않은 식자재를 지급받아 각자 조리하여 먹는 시스템이었기 때문에 장작의 결핍은 기아와 (생식[生食] 때문에 생기는) 질병의 만연으로 직결될 수 있는 심각한 문제였다.

조달대 인원은 숫자가 상당하였다. 리비우스에 따르면 기원전 210년에 갈리아인 보이족 거주지에 로마군이 진격하였는데, 사령관 가이우스 암피우스의 불찰로 그를 포함한 7,000명의 조달대가 목숨을 잃었다(3권 2장 7~9절). 이때 군의 규모는 2개 군단 플러스 4개 코호르스, 총 1만2,000명이었다. 노예와 시종 등이 많았다 치더라도 전 군대의 절반 가까운 인원이 조달 작업에 종사한 셈이다.

다른 타입의 야영지

돕슨에 따르면 오늘날 정설로 받아들여지고 있는 폴리비오스가 묘사한 야영지 구조 외에 레이아웃이 다른 야영지도 있었다고 한다.

『데 메타티오네 카스트로룸(De Metatione Castrorum)』에 나오는 레이아웃으로 프라이토리움과 콰이스토리움을 중심에 두는 배치이다. 이 야영지의 특징은 콰이스토리움을 후방에 배치하였다는 것인데, 이러한 사실은 야영지 후방에 '콰이스토리움문(Port Quastoria)'이 있었다는 문헌 기록을 통해서도 확인할 수 있다. 리비우스가 남긴 기록에도 삼니움족이 포르타 데쿠마타(Porta Decumata)로 침입하여 경보가 울리기 전에 콰이스토리움으로 밀려들어 재무관을 죽였다는 글이 있어, 콰이스토리움이 후방에 있었음을 확인할 수 있다.

또한 이는 사령부를 중심에 배치하였던 제정기 군단 근거지의 레이아웃과도 일치하므로 폴리비오스 이후에 발전한 레이아웃인 듯하다.

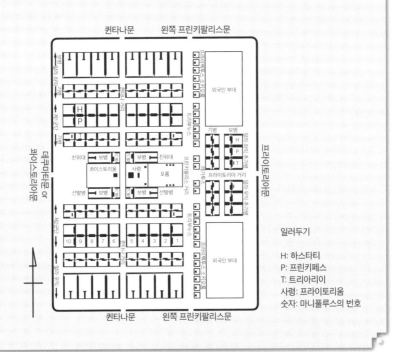

기록을 종합하면 물자를 조달할 때는 먼저 정찰대를 주위에 보내 적의 유무를 확인하고, 그 후 길목에 무장한 병사를 배치하여 공격에 대비하였다. 경우에 따라서는 기병과 보병이 수확 작업을 할 곳을 둘러싼 후 그 안에서만 작업하였다. 사령관 자신도 호위병을 데리고 주위를 순찰하였으며, 둘러싼 공간 밖으로 나온 자는 엄격하게 처벌하였다. 물자 조달은 군사 행동의 일환이었으며, 개인이 멋대로 물자를 조달하는 것은 군기를 흐트러뜨리고 군을 위기에 빠뜨리는 일이었기 때문에 금지하였다.

야경(夜警)

야영지가 완성되면 벨리테스를 방벽 둘레에 일정 간격으로 배치하였고, 또한 각 문에도 문지기를 10명씩 배치하였다(벨리테스는 경호 이외의 잡무에서는 제외되었다).

저녁이 되면 보병, 기병을 불문하고 각 대의 제10마니풀루스(프라이토리움에서 가장 멀리 떨어진 곳에 있는 마니풀루스)에서 선발된 테세라리우스(그는 경호 임무 등을 면제받았다) 1명이 그날 당번인 트리부누스의 텐트로 갔다. 그들은 그날 밤에 사용될 암호가 적힌 나무판(Tessera)을 건네받았다.

이를 들고 테세라리우스는 먼저 본인의 마니풀루스로 돌아가, 백인대장과 병사들에게 암호를 전달한다. 이때 마니풀루스에는 다음번 마니풀루스의 선임 백인대장이 참석하며, 테세라리우스는 증인 참석하에 그에게 나무판을 전달한다. 백인대장은 자신의 부대로 돌아가 마찬가지로 본인의 마니풀루스에 참석한 다음번 부대의 백인대장에게 나무판을 건넨다…. 이런 식의 릴레이를 반복한 후 최종적으로 나무판을 건네받은 제1마니풀루스 선임 백인대장이 나무판을 트리부누스에게 반납하면 암호가 전 부대에 전달된 것으로 보았다. 만일 일몰 때까지 나무판이 돌아오지 않으면 즉시 상황 조사를 하여 나무판 분실의 원인이 된 자를 엄중하게 처벌하였다.

해가 지면 밤 시간이 시작된다. 밤 시간은 4개의 야경 시간으로 구분되며, 이에 따라서 담당자가 교체되었다. 시간 관리는 트리아리이의 제1마니풀루스 선임 대장 2명이 매일 교대로 하였으며, 코르니켄이 호적을 불어 야경 시간이 시작되었음을 알렸다.

프라이토리움은 그날의 당번 마니풀루스가 경호하고, 트리부누스와 프라이펙투스 에퀴툼의 텐트는 전술한 바와 같이 병사 4명이 지켰다. 또 각 마니풀루스는 각각 야경꾼을 4명씩 세워 자신들의 텐트를 경비케 하였다. 재무관이 있는 콰이스토리움(Quaestoruim)에 3명, 막료(집정관의 측근) 텐트에도 각 2명이 배치되었다.

그리고 야영지 이외의 담당지에 배치된 파수꾼에게는 특별한 조치를 취하였다.

저녁이 되면 담당지에 배치된 병사 중에서 제일 먼저 야경을 하는 마니풀루스 병사 1명이 옵티오의 인솔하에 트리부누스의 텐트를 방문하여 각 야경 시간당 나무판 1장을 받는다. 이

나무판에는 각각의 야경 시간을 나타내는 기호가 적혀 있었다.

한편 야영지에서는 각 담당지를 순찰하는 순찰대가 있었다. 순찰대는 투르마 지휘관이 임명한 옵티오가 선발한 기병 4명으로, 매일 아침 식사 전에 순찰대로 선발되었음을 공지받는다(당번 지휘관은 그날 저녁에 다음번 투르마 지휘관에게 다음 날 당번이 왔음을 알린다).

4명은 제비를 뽑아 담당 야경 시간을 정하고, 저녁에 당번 트리부누스를 찾아가 그날 밤 야경 시각과 순찰할 담당지가 상세하게 적힌 나무판을 받고, 트리아리이의 제1마니풀루스 백인대장 밑에서 대기한다.

시간이 되면 그들은 각각 증인이 될 친구를 데리고 각 담당지를 순회한다. 만약에 파수꾼이 깨어 있으면 그는 파수꾼에게서 나무판(저녁에 트리부누스한테서 받은 나무판)을 받는다. 만약에 파수꾼이 잠들었으면 그는 증인에게 이 사실을 확인시킨 후 나무판을 받지 않은 채 다음 담당지로 이동한다.

다음 날 아침, 순찰대 4명은 트리부누스의 텐트를 방문하여 나무판을 제출한다. 이때 회수된 나무판이 기정 매수이면 아무 일 없이 끝나지만, 만일 부족하면 나무판에 적힌 기호를 조사하여 잠들었던 파수꾼과 그 부대의 백인대장을 불러들인다. 그들은 순찰대와 증인의 증언에 따라서 파수꾼을 취조하여, 유죄로 확정되면 벌(사형)을 내리지만, 만약에 파수꾼이 태만하게 근무하였음이 입증되지 않을 시에는 순찰대가 벌을 받는다.

이러한 예가 아피아노스(Appianos)가 말한 사건이다. 카이사르와 폼페이우스가 내전을 벌이던 당시에 카이사르 군단이 급료 미지급에 불복하여 반란을 일으켰으나, 그들은 카이사르의 연설을 듣고 설득되었고, 병사 12명을 반란죄로 사형시키기로 결정하였다. 그런데 그 가운데 1명은 반란 당시에 용건이 있어 그 자리에 없었던 것으로 판명되었다. 무고한 사람을 고발한 카이사르는 사형에 처해져야 마땅하나, 상황이 상황인지라 그를 따르던 백인대장 1명을 처형시키고 매듭지었다(『내란기』 2권 47절).

동영(冬營)과 보급

기원전 4세기경부터 전쟁 시즌이 끝나더라도 군단을 해산하지 않고, 때로는 여러 해 동안 그 상태를 유지하는 상황이 늘어났다. 동영(冬營) 기간 동안 병사들은 (아마도 겨울용 오두막을 만들고) 야영지에서 봄이 오기를 기다렸지만, 전원이 한곳에 머무르지는 않았다. 급한 일이 있는 자는 지휘관에게 신고하고 휴가를 받을 수 있었다.

장기간 원정 시에는 물자를 정기적으로 공급받는 시스템이 필요한데, 제1차 포에니 전쟁 때까지 로마군에는 그와 같은 시스템과 보급 담당 사관이 없어서 원로원이 물자 공급 임무를 담당하였다.

로마군이 보급 방법을 배운 것은 제2차 포에니 전쟁 때였던 것으로 여겨진다. 한니발이 이탈리아를 침공한 후 카르타고군이 이탈리아 농지를 파괴·침략하여 농지가 거의 기능 불능 상태에 빠졌다. 이에 멀리 떨어진 타지에서 보내오는 보급품에 의지할 수밖에 없어 물자를 수송·공급하는 시스템을 발전시킬 필요성이 생겼기 때문이다. 곧 보급은 (원로원 지휘하에 있는) 집정관이 담당하게 되었다. 집정관이 원정을 나갔을 때는 프라이토르 우르바누스(Praetor Urbanus)가 로마에서 물자의 징집과 수송을 비롯한 보급 업무를 담당하였다.

군수 물자는 동맹국에 반강제적으로 공납케 한 지원 물자와 푸블리카니(Publicani)라는 민간 청부업자가 모은 물자로 이루어졌으며, 정해진 지점까지 그들이 물자를 운반하였다. 기원전 215년에 체결된 계약을 보면 청부업자는 군역 의무의 면제와 물품 소실 시의 보상을 조건으로 후불로 물자 조달을 하였다. 하지만 그들은 종종 저품질의 물품을 공급하거나, 계약한 양만큼 모으지 못하거나, 기일이 지나도 물건을 배송하지 못하거나, 나중에 가서는 보상금을 노리고 사기를 치는 일이 있어 신뢰도가 무척 낮았다.

전투

많은 경우에 전투는 적군의 존재를 포착한 즉시 시작되지 않는다. 병사에게 휴식을 취하게 하여 만전을 기하고, 경무장 보병과 기병끼리 경합을 벌이고, 상대의 상태를 살피며 며칠간 기회를 엿보았다.

드디어 전투가 개시되면 사령관의 텐트 앞에 분견대기(Vexillum)를 세워 무장하고 전투 준비를 하라고 알렸다.

전투 전에 지휘관은 연설을 하여 병사들을 고무시켰다. 물론 한 사람의 목소리가 군단 전원에게 들렸을 리 없다. 나폴레옹이 그랬던 것처럼 사전에 백인대장에게 원고를 넘겨 대신 읽게 하거나 여러 명의 변사에게 중계하도록 하였을 것이다.

코완(Ross Cowan)에 따르면 이때 하는 연설에는 네 가지 포인트가 있었다고 한다. 첫 번째 포인트는 신이 자신들의 편이며, 이 전투는 정의를 위한 전투임을 표명하는 것이다. 이를 위해 닭을 이용한 새점이나 동물 내장점을 쳐서 (반쯤 궤변이더라도) 길조가 나타났음을 드러내 보였다. 두 번째 포인트는 우리 군대의 병사는 용감하고 강하며, 적군은 유약한 겁쟁이라며 용기를 북돋우는 것이다. 세 번째 포인트는 승리는 우리의 것이라고 확약하는 것이다. 네 번째 포인트는 승리만 거두면 모두 부자가 될 수 있다고 약속하는 것이다.

전쟁터에서 정렬할 때는 행군할 때와 마찬가지로 최우익 부대부터 순서대로 야영지에서 나와 대열을 갖추었을 것이다. 마니풀루스 군단의 각 부대는 역할이 명확하게 정해져 있었으며, 후대와 같은 유연함이 아직 없었다.

그 후에 전투가 어떻게 진행되었는가에 관한 상세한 내용은 길어지므로 다른 장에서 설명하겠다.

종전(終戰)

기본적으로 로마가 적군에게 취하는 조치는 두 가지였다.

항복한 경우에는 로마법에서 말하는 '항복자(Dediticii)'로서 다루었다. 이는 공적으로 '로마 시민의 보호와 명예를 요청하였다(in fidem populi Romani se dedere)'는 뜻이다. 단적으로 말하면 무조건 항복이다. 또 조건부 항복은 로마인의 머릿속에 원칙적으로 존재하지 않았다.

처음에 항복자는 같은 로마 시민으로 수용되었다. 로마 주변의 도시국가는 원칙적으로 이 방법으로 받아들여졌다. 그 후 기원전 380년의 투스쿨룸시(Tusculum市) 사례를 계기로 패배 국가는 무니키피움(Municipium)이라는 카테고리에 속하게 되었다. 이러한 도시의 시민은 '투표권 없는 시민(civitas sine suffragio)'이 되어 로마 정치에 참여할 수 없었지만, 세금과 종군(從軍) 등의

---

column 4

이탈리아의 여러 민족

이탈리아반도에는 다른 언어와 풍속을 지닌 여러 민족이 서로 뒤엉켜 살았다. 이탈리아의 패권을 차지하는 과정에서 로마는 이들 민족과 때로는 싸웠고, 때로는 협력하였으며, 최종적으로는 자신의 일부로 차츰 받아들였다.

■ 에트루리아인(라틴어: Etrusci, Tusci, 그리스어: Tursenoi, Turrhenoi)

현재의 토스카나 지방에 살았던 민족으로, 토스카나의 어원이기도 하다. 그들은 스스로를 라세나(Rasenna)라고 불렀다. 인도·유럽어족에 속하지 않는 민족이며, 청동기 시대의 북·중앙 이탈리아 문화를 바탕으로 그리스 문화의 영향을 받으며 발전해왔다. DNA 감정 결과에 따르면 7,600년 전의 석기시대에 소아시아에서 이주해온 이탈리아 토착 민족이라고 한다(흥미로운 점은 헤로도토스[Herodotos]의 기술과 일치한다는 점이다). 기원전 6세기에 전성기를 맞이하였으며, 로마의 요람기에 막대한 영향을 끼쳤다.

■ 라틴인(라틴어: Latini)

'평야의 사람'이라는 의미대로, 테베레강 하류 지역에 살던 민족이다. 인도·유럽어족에 속하며, 초기 철기시대에는 30개 부족이 매년 알바산에 있는 유피테르 라티아리스(Jupiter Latiaris) 신전에 모여 축제를 벌였다고 한다. 로마인은 이 민족에 속한다.

■ 사비니족(라틴어: Sabini)

이탈리아를 남북으로 달리는 아펜니노산맥의 중앙부에 살던 민족이다. 언어학적으로는 이탈리아계 인도·유럽어족이며, 후술할 오스크어의 한 분파이다. 전승에 따르면 로마인이 신앙하는 신의 대부분은 그들에게서 전해진 것이라고 한다.

의무도 졌고, 로마 시민과 같은 권리를 가졌다. 그리고 그들의 토지 일부를 공유지(Ager Publicus)로 몰수당하였다. 이 토지는 로마 정부의 소유지였지만, 시민이라면 누구든지 자유롭게 사용할 수 있었다(시민이 아닌 경우에는 사용료를 지불하였다). 기원전 4세기경이 되면 로마 시민이 이주할 식민도시 용지도 여기에 추가된다. 식민도시는 각지의 전략적 요충지에 마련되었으며, 주변 감시 및 영향력 확대, 언젠가 있을 군사 행동의 거점이 되는 이른바 자급자족형 요새였다.

또 나중에 라틴 시민권을 가진 주민으로 이루어진 동맹국이 등장한다. 그들은 군역 의무는 졌지만, 그 이외의 공납금 등을 납부할 필요는 없었으며, 정치 형태와 문화도 바꾸지 않고 자유롭게 활동할 수 있었다.

다만 동맹국은 하나가 아니라 크게 나누었을 때 두 개의 카테고리, 즉 라틴 동맹국과 이탈

column 4 이탈리아의 여러 민족

■ 오스크인(영어: Oscan)

인도·유럽어족에 속하는 오스크어를 말하는 사람들의 총칭이다. 이탈리아반도 남부에 거주하며, 바로 북쪽의 움브리아어와 라틴어와는 자매 관계이다. 오스크인 중에서 가장 규모가 컸던 민족은 산맥 지대에 사는 삼니움족이며, 로마인의 지배에 격렬하게 저항한 것으로 유명하다.

그들에게는 '성스러운 봄(Ver Sacrum)'이라는 특수한 풍습이 있었다. 주로 기아 상황 등에 처하면 신에게 맹세한 후, 이듬해 봄에 태어난 아이를 전쟁의 신 마르스에게 바쳐진 아이로 키웠다. 그들은 성인이 되면 성스러운 동물(황소, 딱따구리, 늑대 등)의 인도에 따라서 마을을 떠나 성스러운 동물이 멈춘 곳으로 이주해야 했다.

■ 그리스인(그리스어: Hellenes, 라틴어: Graeci)

기원전 8세기 무렵부터 그리스인 상인이 이탈리아에 내항하였으며, 곧 차례로 식민도시가 세워졌다. 가장 오래된 그리스 식민지는 나폴리만에 뜬 화산섬에 건설된 피테코우사이(Pithekousai, 현 이스키아[Ischia])이다. 남이탈리아 연안에 여러 식민도시가 세워졌고, 로마인은 이를 대(大)그리스(Magna Graecia)라고 불렀다. 대표적인 식민지에는 네아폴리스(Neapolis, 현 나폴리), 타라스(Taras, 현 타란토) 등이 있다.

■ 갈리아인(라틴어: Galli, 그리스어: Keltoi)

현재의 오스트리아 부근을 기원으로 하는 인도·유럽어족에 속하는 민족이다. 기원전 3세기경에는 브리튼섬을 비롯한 서유럽 전역, 루마니아 등의 남동부 유럽, 소아시아까지 퍼져 있었다. 이탈리아에는 기원전 400년경에 보이족, 인수브레스족, 세노네스족이 주축이 되어 알프스를 넘어 침입하여 들어왔고, 에트루리아 지배권이던 포 계곡에 정착하였다. 야만 민족이라고 불렸으나, 금속 가공 기술은 타의 추종을 불허하였으며, 사슬 갑옷과 몬테포르티노형 투구 등의 로마군 장비에도 많은 영향을 끼쳤다.

리아 동맹국으로 나뉘었다. 라틴 동맹국(Socii Nomines Latini)은 30개의 라틴 식민도시(대부분은 로마 시민권을 포기하고 새로운 인생을 산 시민의 자손으로 이루어진 도시)를 중심으로 하는 도시국가 무리였으며, 주로 군대에 병사를 공급하는 역할을 담당하였고, 폴리비오스에 따르면 보병 8만 명과 기병 5,000명을 공급하였다고 한다.

끝까지 저항하다 패배한 경우에는 도시는 파괴하고 모든 주민은 처형하거나 노예로 팔아치웠다. 이러한 사례는 기원전 261년에 시칠리아섬의 아그리겐툼 도시에서 행한 것이 처음이며, 기원전 75년에 젊은 시절의 폼페이우스에 의해 파괴된 히스파니아의 발렌시아 유적에서 당시 로마군이 적군을 철저하게 유린할 때 어떠한 비극이 일어나는가를 여실하게 보여주는 유체가 출토되었다. 그중 한 명은 뒤로 손이 묶인 채 항문에 필룸이 목 부분까지 모두 들어가 있었으며, 양다리가 절단된 상태로 발견되었다.

이 경우에 사령관이 '퇴거(Evocatio)' 의식을 거행할 때가 있다. 이 의식은 함락 직후에 거행하며, 해당 도시에 사는 신들에게 이 도시를 떠나서 로마로 오라고 청하는 의식인데, 대개의 경우 신전을 짓고 숭배할 것을 약속하였다. 이리하여 로마로 건너온 신으로는 베이의 유노 레기나(Juno Regina), 팔레리이의 미네르바 카프타(Minerve Capta) 등이 있다.

전쟁에서 승리하면 병사들은 포상을 받았다. 전리품은 집으로 가져가 본인의 집에 전시하거나, 신전에 봉납하거나, 판매하여 살림에 보태었다. 봉납품은 신성한 물건(Sacra)으로 간주되어 수리나 복원, 개조가 금지되었기 때문에 많은 전리품이 시대와 함께 열화되어 사라져버렸다.

그리고 그해의 전쟁 시즌은 10월 15일에 거행되는 '시월의 말 축제(Equus October)'로 마무리되었다. 농업과 전쟁의 사이클이 끝났음을 축하하며 전쟁의 신 마르스에게 올리는 축제로, 인도·유럽어족이 시작된 시점으로까지 거슬러 올라갈 만큼 오랜 역사를 지녔다.

이날 캄푸스 마르티우스에서 말 두 마리가 끄는 전차 레이스가 이루어진다. 승리한 마차의 왼쪽 말이 창에 찔려 산 제물로 바쳐진다. 목과 꼬리는 잘라낸다. 목은 로마의 두 지구가 경쟁하여 이긴 지구가 가져갔고, 꼬리는 레기아(Regia, 왕이 예전에 살던 저택이자 최고 신관의 관사)로 가져가 떨어지는 피로 신성한 제단을 정화하는 데 사용하였다.

제2장
공화정 말기

 ## 마리우스의 개혁

공화정 후기에 로마군은 시민병 군단에서 직업 병사인 지원병 군단으로 변모하였다. 가이우스 마리우스(Gaius Marius, 기원전 157~86년)가 주도한 일련의 개혁은 기존의 제도에 덧붙이는 형태로 추가한 것일 뿐 기존의 시민 군단이 어느 날 갑자기 지원자로 구성된 군단으로 바뀐 것이 아니다. 어떠한 이유에서인지 시민만으로는 군단의 정원을 채울 수 없게 되었다. 부족분을 보충하기 위해 무산 계급에서 지원병을 받다 보니 지원병 비율이 많아져 지원병을 쓰는 전통이 뿌리를 내린 것이 그 실상이다.

원인은 포에니 전쟁기에 노예가 대량으로 유입되어 그들의 싼 노동력을 쓰는 대규모 농장이 군단병의 공급원이었던 자영농을 몰아냈기 때문이었다. 2세기 후반에 그라쿠스 형제가 이를 막으려 하였으나 실패하였고, 그 결과 시민병이 자원병으로 바뀌었다는 것이 정설이었다. 하지만 현재는 대규모 농장이 주류가 된 것은 술라 시대(기원전 1세기 초)에 들어선 이후이며, 당시에는 아직까지 자영농이 농업의 중심이었던 것으로 판명된 상태이다.

로즌스타인은 군역으로 말미암은 혼인 연령의 상승, 자식 모두에게 자산을 균등하게 상속하는 시스템, 제2차 포에니 전쟁 후의 급격한 인구 증가(당시 성인 남성의 인구는 기원전 204년에 21만 4,000명이던 것이 기원전 205년에 39만4,736명으로 증가하였다), 식민도시 건설 종료에 따른 전리품 이익의 감소 등이 맞물려 농가의 영세화와 핵가족화가 진행된 것이 원인이라고 주장한다.

반면, 그라쿠스의 개혁(셈프로니우스 농지법)은 공유지(Ager Publicus) 내의 개인 소유 상한을 넘어서는 농지를 매수한 후에 농지를 가지지 못한 빈민층에게 나누어줌으로써 자영농을 늘리고자 한 것이었는데, 로즌스타인은 이는 적합하지 않은 해결법이었다고 말한다. 일손을 빼앗겨 농지가 돌아가지 않을 만큼 농가가 영세화되고 핵가족화된 것이 원인이므로 영세 자영농을 늘린들 의미가 없다는 것이다. 덧붙여 말하면 농가는 본인 가족을 부양할 수 있을 정도 이상으로 노동력을 쓰는 것을 싫어하는 경향이 있기 때문에 농가의 규모(가족의 인원)가 늘지 않으면 제아무리 농지를 받더라도 경작하지 않고 놀린다.

기원전 123년에 형 그라쿠스(Tiberius Sempronius Gracchus)가 제정한 법률은 빈민층 병사의 장비를 국가가 부담하는 것이었으나, 역시 마찬가지의 이유로 군역 지원자를 늘리는 효과가 없었다. 그러나 이 법률은 약 15년 후에 마리우스가 다른 목적으로 유용하게 활용하였다. 기원전 107년에 병력을 늘릴 필요성이 있었던 그는 도시의 무산 계급자들을 군대에 지원케 하고, 이 법률을 이용하여 국비로 무장시켰다. 그는 이 수법을 일시적으로 사용하였지만, 이후로 이 방법이 일반화되었다.

변화가 확실시된 것은 기원전 91~88년에 벌어진 동맹시(市) 전쟁 때였다. 로마 군단 병사의 절반 이상을 공급해온 동맹 국가의 반란으로, 로마는 추정치로 누계 17만 명이나 되는 전력을 자력으로 동원해야만 하였다. 해방 노예를 군역에 동원할 정도의 인적 자원 고갈 상태를 극복하기 위해 지원병에 의존한 것은 말할 것도 없다. 직업 병사가 된 지원병은 국가보다도 급료나 식량, 퇴직금(토지)을 주는 군 지휘관에게 충성하였고, 이는 군의 사병화로 이어졌다.

이상의 상황을 고려하면 지원병으로 이행된 원인은 중소 자영농이 군역을 기피하였기 때문이라고 볼 수 있다. 군역은 시민의 의무이자 권리이기도 하였으나, 대다수 시민에게는 병역에 동원되지 않는 것보다 더 좋은 일은 없었다. 군단이 바다를 넘고, 월동까지 하면 더욱 그러하였다. 그리고 핵가족화가 진행된 농민에게 주요 노동력인 가장이 군역을 지러 간다는 것은 곧 가족이 기아 상태에 빠짐을 의미하였다. 군역과 생활을 저울에 올렸을 때 생활을 선택하는 것은 자명한 이치이다. 시민은 군의 모집에 참가하지 않게 되었다. 인구조사 시에 자산을 낮게 신고함으로써 징병을 피하려 하였다. 군사상의 공적보다 재력, 법 지식, 변호술이 요구되는 시대로 변하였기 때문이라고 하는데, 비르투스(미덕. 주로 군사상의 공적을 지칭)를 무엇보다 중시하는 기사 계급조차 그러하였다. 출세에는 관심도 없고, 자기 마을에서 밭을 일구며 평생을 보낼 수 있으면 그것으로 족하는 농민은 말할 것도 없이 훨씬 더 군역을 기피하였다. 하물며 '높으신 분들도 기피하던걸!' 하는 상황이니 더 말할 것도 없었다.

그리고 지원병 제도에는 무시할 수 없을 만큼 큰 이점이 있었다. '빈곤한 자의 감소', '장기 군역 이행에 따른 숙련도 상승', '퇴역 후 토지 부여를 통한 후계자 대량 획득' 등이 그것이다. 권력의 망령이던 당시 상류 계급층에게 마지막 항목은 특히 매력적이었다.

이런 식으로 한번 돌아가기 시작하면 멈춰 세울 수 없다. 시민병이 감소함에 따라 지원병의 수는 늘어났고, 위정자도 그러한 동향을 환영하였다. 시민은 농업에 전념하였고, 빈곤층은 먹고살 양식을 얻었고, 위정자는 후계자를 얻었고, 정신 차리고 보니 로마 군단은 유력자의 사병으로 바뀌어 공화국을 파괴하고 있었다.

마리우스 군단

공화정 말기의 군단은 '마리우스 군단'이라고 불린다. 가장 큰 특징은 장비와 급료를 지급함으로써 노역의 일종이던 군역이 생계를 꾸리기 위한 직업으로서의 성격을 가지게 된 것과 군역의 재산 자격 제도가 폐지(기원전 107년 또는 기원전 102~101년경)됨으로써 무산 계급에게도 군역을 질 수 있는 길이 열린 것이다. 이 때문에 무산 계급이 병사라는 직업을 매력적인 경력으로 여겨, 군으로 수많은 무산 계급자가 쇄도하였다. 이에 반비례하듯이 일반 시민의 군역 기피는 심해졌고, 최종적으로 오로지 지원자만으로 구성된 군단이 탄생하였다.

이로써 병사의 직업화가 완전하게 이루어졌다. 물론 이전에도 연속하여 지원하는, 일종의 직업 병사가 있었다.

대표적인 예가 기원전 2세기의 스프리우스 리그스티누스이다. 그는 아버지에게 농지를 물려받았으나 농지의 크기가 군역 기준 미만이었으며 무산 계급에 속하였다. 또 아내도 혼수금을 가져올 만큼 유복하지 않았기 때문에 기원전 200년에 스프리우스는 돈을 벌기 위해 병사가 되기로 한다. 지원 후 3년 차가 되던 해에 용감하다는 긍정적인 평가를 받게 되어 그는 하스타티의 제10마니풀루스 백인대장으로 선발되었다. 그 후 22년간 병사 생활을 하는 동안 전쟁에 여섯 번 참가하였고, 용맹하여 표창을 34회나 받았고, 시민관을 6개 획득하고, 개선식 참가권을 얻었으며, 최종적으로 제1군단의 수석 백인대장의 지위에 올랐다.

그는 자신을 포함하여 가족 10명을 부양해야 했기 때문에 반복하여 병역에 지원하였다(물론 직업 병사가 성격에도 맞았을뿐더러 재능도 있었기 때문이었을 것이다). 설령 로마군이 기존의 시민병 제도를 유지했더라도 멀리 떨어진 전쟁터에서 장기간 군역을 이행해야 하는 상황이 벌어진 시점에서, 병역을 주 수입원으로 하는 그와 같은 직업 군인이 자연발생적으로 나타나는 것은 시간문제였을 것이다.

군단이 항구화되자 일인자, 이인자 하는 식으로 능력을 서열화하였을 뿐 아니라 전쟁에서 활약하고 얻은 칭호나 특별한 에피소드 등이 일종의 별명이 되었다. 대표적인 예가 '제10군단 에퀘스트리스(기병이라는 뜻)'이다. 카이사르가 충성심에 의문이 드는 갈리아 기병들에게 말에서 내리라고 한 후 그 대신에 군단병을 그 말에 태워 호위로 삼은 에피소드에서 유래하였다.

그 밖에 유명한 개혁 내용 중에 노새와 짐수레에 실어 옮기던 짐을 병사들에게 옮기게 한 것이 있다. 이 때문에 병사들이 '마리우스의 노새'라고 불리게 되었는데, 사실 마리우스 시대보다 30년 이상 전에 나타난 변화라고 한다. 고대의 저술가에 따르면 병사들이 30일 치 식량을 옮겼다고도 하고 22일 치 식량을 옮겼다고도 하고 17일 치 식량을 옮겼다고도 하는데, 17일 치 식량이라고 하더라도 약 19kg에 달하므로 이만한 무게를 갑옷 및 기타 장비와 함께 운반하는 것이 가능하냐는 의문이 제기되고 있다.

군단병이 운반한 것은 식량뿐만이 아니었다. 갈아입을 옷과 양말과 식기 등 그들의 소지품은 그야말로 다종다양하였다. 요세푸스(Flavius Josephus)에 따르면 군단병은 도끼, 톱, 낫, 로프, 갑옷을 들고 다녔다고 하는데, 모든 군단병이 이러한 공구 세트를 각자 운반하였을까 하는 점에 의문이 제기되고 있다. 서던(Pat Southern)은 이들 장비는 콘투베리날리스(Contuberinalis) 단위의 공유물이며, 그날 야영지 당번 병사가 운반하였을 것이라고 한다.

이러한 장비품의 총 중량은 갑옷과 옷을 포함하여 약 40~45kg으로 추정된다. 오늘날과 같은 백팩도 없이 이 정도의 무게를 운반하는 것은 불가능하다는 의견도 있으나, 어느 뜻 있는 독일인의 실험으로 불가능하지 않음이 판명되었다. 그는 실험에서 기원후 1세기의 장비와 짐(총 43~46kg)을 짊어지고 하루 평균 25km의 속도로 여름에 알프스 500km를 돌파하였다.

또한 콘투베리날리스가 공유하는 도구류도 있다. 예비 도구, 조리 기구, 맷돌, 텐트 등이 그것이다. 콘투베리날리스가 소유하는 노새의 수는 자료에 따라 다르나 대략 1~2마리가량이었다고 한다. 그 외에도 군단과 코호르스 소속 치중 부대가 있었을 것이다. 기원후 2세기의 마르쿠스 아우렐리우스(Marcus Aurelius Antoninus) 황제 개선문에 여벌의 무기와 방호구를 가득 실은 짐수레가 새겨져 있다.

그 밖의 군단과 코호르스의 짐수레까지 합하면 치중대가 막대한 숫자가 된다. 플루타르코스(Plutarchus)에 따르면 술라의 공성 병기를 운반하는 데는 노새 2만 마리가 필요하였다고 하는데, 골즈워디(Adrian Goldsworthy)가 계산한 바에 따르면 1개 군단에는 노새 640마리, 쇠뇌(활에 쇠로 된 발사 장치가 있어서 그 기계적인 힘으로 화살을 쏘는 고대의 무기-역자 주)용 간이 짐수레 59대, 짐수레 10대가 필요하다고 한다. 할든(haldon)은 6세기 이후 비잔틴군을 모델로 보병 6,000명, 기병 4,000기, 갈아탈 말 1,000마리의 군대가 아군의 지역 내에서 활동할 때 필요한 식량의 양(물과 도구류는 포함하지 않는다)을 계산하였는데, 5일에 노새 1,412마리, 10일에 3,244마리, 20일에 9,231마리가 필요하다고 한다. 마찬가지로 원정 중인 기병 4,000기, 갈아탈 말 1,000마리, 짐수레를 끄는 노새 80마리를 먹이는 데 5일에 4,992마리, 10일에 8만4,866마리의 노새가 필요하다는 계산이 나왔다.

치중대는 주로 노예가 운영하였다. 그들을 부르는 가장 일반적인 호칭은 칼로(Calo)였으며, 그 밖에 세르부스(Servus), 만키피움(Mancipium), 푸에르(Puer), 그리스어로 테라폰(Therapon), 오이케테스(Oiketes)라고도 하였다. 그들이 개인 소유인지 그렇지 않으면 공공 소유인지는 알 수 없다. 카이사르가 갈리아에서 벨가이족과 싸웠을 때 노예들이 병사를 돕기 위해 전투에 참여하였다는 기록이 있으며, 그들 중 일부는 무장하고 있었다.

그 밖에 렉사(Lexa)라고 불린 노예도 있었다. 렉사는 공화정기에는 군대의 뒤를 따르는 민간인(각종 상인과 창부 등)이었으나, 나중(특히 제정기)에 군단의 노예를 지칭하는 말이 된다.

마지막으로 기록에는 남아 있지 않으나, 이 시기에 군의(軍醫) 또는 위생병 제도가 도입되었을 것으로 추정된다. 이때까지 로마군에는 의사가 없어서 부상자를 우호국이나 유복한 시민 또는 파트리키이의 집에 맡겨 그곳에서 간병을 받게 하였다.

문헌상에 처음으로 군의라는 존재가 등장한 것은 전쟁 경험이 많은 병사와 처음으로 부상한 신병의 반응 차이에 대해 논한 기원전 1세기 키케로의 글로, 이 무렵이 되면 군의가 일반화된다. 로마에 본격적으로 의학이 도입된 때는 그리스가 로마에 흡수된 기원전 2세기 반경인데, 군의가 도입된 것도 이 시기인 듯하다.

수뇌부

술라 시대에는 집정관이 이탈리아 밖으로 나가는 것이 금지되어 집정관이 군사령관이 되는 전통이 끊어졌고, 프로콘술이나 프로프라이토르가 군을 지휘하게 되었다. 이 때문에 군사령관의 임명권이 민회에서 원로원으로 옮겨갔다.

동시에 레가투스의 직권은 확대되었다. 그들은 대병력 분견대(1개 혹은 여러 개의 군단 플러스 보조 부대)나 선대(船隊)를 지휘하고, 동계 야영 시에는 군단 지휘와 주변 치안과 충성심 유지에 힘썼지만, 실제로는 사무와 외교 등을 주로 담당하였다고 한다. 그들은 유력자의 자제라서 원로원의 허가 없이 사령관이 직접 임명하였다(갈리아 전쟁 때 카이사르군에는 10명이 있었다). 대부분은 호민관이나 안찰관, 재무관을 역임한 자들로, 다음 직책에 입후보할 때까지 인기, 경험, 인맥을 쌓을 수단으로 레가투스의 직책을 맡았다. 당연히 인맥으로 채용되었으며, 연령도 낮았기 때문에 군사 경험이 적었고, 대부분 단기간에 해당 직책에 오르는 경향이 있었다. 한편 트리부누스의 권위는 실추되었고, 권한도 약해졌다.

레가투스와 트리부누스가 군단을 지휘하기는 하였으나, 이 시기까지 로마군에는 '군단장'이라고 부를 만한 직책이 존재하지 않았다. 유일하게 이와 흡사한 위치에 있는 것이 재무관이었다. 그러나 그는 담당 군단의 사무와 재무를 담당하였지만, 군사적인 권한은 없었다.

장군 옆에는 파밀리아리스(Familiaris)라는 측근이 있었다. 기사 계급 출신의 사관과 같은 직책이었으며, 때로는 교섭 사절로서 파견되기도 하였다. 비슷한 것에 '콘투베리날리스'라는 것이 있었다. 기사 계급 출신 젊은이로, 장군의 측근이나 명예친위대와 같은 역할을 하였다.

또한 복잡해지는 공성전 등에 대응하기 위해 '기술 사관(Praefectus Fabricum)'이라는 직책이 생겨났다. 하지만 문헌만 보고 추측하자면 그들은 사령관의 개인적인 기술 고문이었던 듯하다.

친위대는 앞서 살펴본 것처럼 사령관의 취향에 따라서 임기응변으로 결정되었다. 하지만 기원전 44년에 카이사르가 암살되자 코호르스 프라이토리아(Cohors Praetoria) 또는 프라이토리아니(Praetoriani)의 설치가 상시화되었고, 제정기의 근위 군단(Cohors Praetoria)으로 조직화되었다.

보병

마리우스 군단의 기본 전술 단위는 마니풀루스에서 코호르스로 바뀌었고, 모든 병사가 같은 장비를 장착하게 되었다. 이 변화는 어느 날 갑자기 이루어진 것이 아니라 양자가 병존하던 시대가 상당히 장기간 있었다.

변천의 구체적인 이유와 시기에 관해서는 여전히 논의되고 있으나, 필자는 상황 증거로 보아 히스파니아에서 벌인 전쟁을 계기로 기원전 2세기 반 무렵에 이루어졌을 것으로 본다. 히스파니아 정복 역사는 기원전 218년부터 기원전 19년까지 무려 200년이라는 긴 역사를 가진다. 수많은 소수 부족을 상대로 제압 전쟁을 할 때는 대규모 군대를 한곳에 집중시키기보다 소수의 부대를 광범위한 곳에 보내야 한다. 이때 500명 규모의 부대는 실용성이 무척 좋았을 것이다. 사실 제정기의 보조 부대가 500명으로 구성되었던 것 역시 이 크기의 부대가 여러모로 사용하기 좋다는 것을 반영한 결과라고 할 수 있다.

폴리비오스는 공화정기의 '코호르스'를 '3개 마니풀루스(하스타티, 프린키페스, 트리아리이)와 벨리테스'라고 설명하였다(XI·23). 이를 '미니 군단'으로 삼고, 상황에 따라서 때로는 개별로, 때로는 여러 개를 조합하여 운용하게 됨에 따라 코호르스가 군대 조직의 기준이 되었다고 생각하면 모순이 적을 듯하다.

또 여태까지 벨리테스, 하스타티, 프린키페스, 트리아리이별로 다르던 장비와 역할이 통일되었다. 국가가 장비를 지급한 것을 통일의 원인으로 보는 사람도 있으나, 필자의 생각은 다르다. 왜냐하면 '장비'가 아니라 '연령(경험)'에 따라서 병종의 구분이 이루어지기 때문이다. 마니풀루스 군단의 구분을 마리우스 군단에도 그대로 적용하여도 되는데(신참은 벨리테스, 퇴역을 코앞에 둔 고참은 트리아리이 하는 식으로) 그렇게 하지 않은 것은 그럴 필요가 없었기 때문이다. 1개 코호르스 분견대가 게릴라와 싸울 때도 종래의 3단 태세가 유효할까? 트리아리이가 구태여 창을 장비하여야 하며, 또 병력이 다른 부대의 절반일 필요가 있을까? 벨리테스의 기능을 용병과 동맹국 부대에 맡기고 자신들은 중무장 보병에 전념하면 안 되나? 그리 생각하면 최고의 해결법은 모든 백인대의 병사 수와 장비를 균일화하여 모든 상황에 대응할 수 있는 유연성을 확보하는 것 아니었을까 한다.

이후로 로마 군단은 1개 백인대 80명을 기준으로 삼았다. 80명은 하스타티와 프린키페스 백인대 60명과 이에 속하는 벨리테스 20명으로 이루어졌다. 이 백인대가 6개가 모여 코호르스를 이루었고, 마니풀루스는 백인대장의 계급명으로 남게 되었다.

코호르스는 여태까지처럼 번호가 매겨졌으며, 제1코호르스의 최선임 백인대에는 군단의 상징인 황금색 '독수리기(Aquilia)'가 주어졌다. 기존에는 독수리 외에도 다양한 동물 모양 군기를 사용하였지만, 마리우스 군단에서는 독수리만 사용하였다.

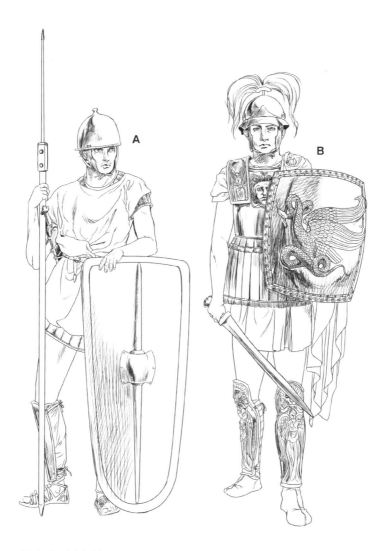

<그림 1>: 기원전 1세기 전반의 병사
A: '에스테파의 병사'상(기원전 1세기)은 창을 든 병사 2명의 모습을 조각한 것이다. 한 명은 일상복을 입고 있는 듯하지만, 자세히 보면 옷자락과 소매에 세로 줄무늬가 들어간 옷을 입고 있다. 필시 천을 여러 겹 겹치고, 충전물을 넣은 갑옷일 것이다. 이와 같은 갑옷이 이탈리아 소라에 있는 기원전 30년경의 묘비에서도 관찰된다. 방패 디자인이 독특한데, 타원형 방패의 윗부분을 잘라낸 듯하다. 또, 두 병사 모두 정강이 보호대를 양다리에 장착하고 있는데, 이 무렵이 되면 정강이 보호대는 다리의 앞부분만 감싸는 형태가 된다.
B: 백인대장. 검 이외에는 기원전 91년에 세워진 캄피도글리오(Campidoglio) 기념비의 부조를 모델로 하여 그렸다. 갑옷은 원래 지휘관의 것이며, 가슴에 킹토리움(Cinctorium)을 두르고 있다. 가슴에 고르곤(Gorgon), 양 어깨에는 옥좌에 앉아 있는 승리의 여신이 양각으로 새겨져 있으며, 철제나 가죽제로 추정된다. 방패 모양도 독특하다. 날개 달린 뱀의 형상이 양각으로 새겨져 있거나 또는 청동 아플리케 방식으로 표현되어 있다. 정강이 보호대에는 사자의 머리와 승리의 여신이 양각으로 새겨져 있다. 검은 그리스 델로스섬에서 출토된 것이며, 칼자루 끝부분이 독특하게 장식되어 있다.

<그림 2>: 기원전 1세기 후반, 카이사르 시대의 백인대장
A: 카이사르 시기에 만들어진 북이탈리아 아퀼레이아(Aquileia)에 있는 부조를 모델로 하여 그렸다. 투구는 아쟁(Agen)식이며, 앞뒤로 긴 크레스트와 옆면 깃털이 특징적이다. 갑옷에는 짧은 소매가 달린 듯 보이며, 그림처럼 가죽 갑옷이거나 사슬 갑옷이었을 듯하다. 목 부분에는 갑옷 안에 입은 옷이 위로 올라와 있는 듯하다. 어깨 보호대 디자인이 거꾸로 되어 있는데, 실제로 이러하였는지, 조각가의 실수인지는 알 수 없다. 정강이 보호대는 무릎 부분과 본체를 분리할 수 있는 타입이며, 무릎에 인물의 얼굴이 새겨져 있다.
B: 검은 A의 모델과 동일한 아퀼레이아 부조이며, 방패는 나르본(Narbonne)의 기념비를 모델로 하여 그렸다. 원형 방패는 백인대장이나 기수 등이 사용하였다고 하는데, 통상적인 타원형 방패도 사용하였다. 갑옷과 투구의 출처는 로마의 에스퀼리노 언덕에 있는 티투스 스타틸리우스 타우루스(Titus Statilius Taurus, 기원전 1세기 후반)와 그 일족의 분묘 프레스코화이다. 로마 건국 신화의 일부이며, 다마토(R. D'Amato)에 따르면 그가 아는 한 백인대장의 크레스트가 빨간색이라는 것을 알 수 있는 유일한 회화 자료라고 한다. 특징적인 크레스트이지만 어떤 의미인지는 알 수 없다.

C: 전체적인 디자인은 제3군단 마르티아의 백인대장 미누키우스 로라리우스를 모델로 삼았다. 로라리우스의 푸기오(Pugio)는 현재까지 알려진 것 중에서 가장 오래된 로마의 푸기오이며, 무척 독특하게 차고 있다. 검 손잡이는 갈리아의 영향을 받은 클로버형이다. 팔레라(Phalera)는 나르본의 기념비에 나오는 것이며, 현존하는 유일한 공화정기의 팔레라이다. 신발은 텅(Tongue) 부분을 길게 하여 앞으로 접는 구조를 하고 있다.
D: 투구 디자인은 생레미드프로방스의 마우솔리움(Mausoleum) 부조를 모델로 하였다. 부조에서는 인물의 자세 때문에 크레스트가 앞뒤로 길게 달린 것처럼 보이나, 아마도 상기의 그림처럼 가로로 길게 달렸을 것이다. 색이 바랬으나 기원전 6세기 에트루리아의 테라코타제 부조에도 동일한 크레스트가 등장하는데, 여기에서 뿌리 부분은 흰색으로, 끝 부분은 붉은색으로 칠해놓았기에 상기 그림에서도 동일한 배색으로 칠하였다. 갑옷 출처는 남프랑스의 오랑주 개선문(기원전 29~기원후 21년)이다. 격자무늬 몸통에 프테르구스가 달린 디자인이며, 옆면에는 위에서 아래로 짧은 끈 장식이 달려 있다. 킬트처럼 갑옷 속에 입는 옷인 듯하며, 양 옆구리에서 묶어 고정하도록 되어 있다.

<그림 3>: 기원전 1세기 후반, 카이사르기와 제정 초기의 병사

A: 군기는 가이우스 발레리우스 플라쿠스(Gaius Valerius Flaccus)의 동전을 모델로 하였다. 투구와 갑옷은 프랑스 아를(Arles)의 부조(기원후 21년)를 참고하였다. 머리에 사자 모피인 듯한 것을 쓴 로마 병사의 가장 오래된 회화 자료이다. 헬레니즘기의 조각상과 마찬가지로 이 무렵에는 모피를 머리에 쓸 뿐 몸통에 망토처럼 입지는 않았다. 또 이 부조는 방패를 매단 끈이 그려져 있는 보기 드문 예이기도 하다. 프테르구스가 팔꿈치까지 내려올 만큼 길게 표현되어 있다.

B: 마찬가지로 아를의 부조를 참고하였다. 찰갑은 소매가 없으며, 딱 허리를 감쌀 정도의 길이이다. 프테르구스는 소매에는 달려 있지만 허벅지에는 달려 있지 않다. 검은 벨트에 달지 않고 어깨에 매고 있다. 손에 든 것은 제정 초기의 오베라덴(Oberaden)형 필룸이다.

C: 투구는 A의 기수와 마찬가지로 쿨루스(Coolus)형 C타입이다. 챙이 달린 제정기의 투구와 흡사한 디자인이다. 갑옷은 여러 출토품을 복원한 것으로, 어깨 보호대에는 단추가 달려 있어 이것을 훅(Hook, 단추 대신에 다는 쇠갈고리·역자 주)에 걸어서 고정한다. 훅에는 중앙에 경첩이 달려 있어서 움직일 수 있다. 벨트 끝이 두 갈래로 나누어져 있는데, 이것이 나중에 에이프런(Apron)으로 발전한다. 필룸 두 자루 중에서 왼쪽은 발렌시아에서 출토된 것이고(제1장에서 시민의 항문에 꽂혀 있던 것), 오른쪽은 카이사르와 베르킨게토릭스(Vercingetorix)가 결전을 벌인 곳으로 유명한 알레시아에서 출토된 훅이 달린 필룸이다.

기병

동맹시 전쟁이 군단 개혁을 추진한 계기가 되었을 가능성에 대해 말하였는데, 시민 기병의 소멸도 이와 관련이 있을 것으로 보는 것이 자연스러울 듯하다. 사실 여부가 어떠하든, 늦어도 기원전 60년경이 되면 시민 기병(과 이탈리아 기병)은 자취를 감춘다. 지금까지는 로마인 기병의 실력 저하를 그 이유로 꼽았다(로마인 자신이 그렇게 말하였다). 하지만 전술한 바와 같이 이는 올바른 판단이 아니다. 아니, '올바른 판단이 아니었다'고 하겠다.

<그림 4>: 카이사르 시기에 기병은 거의 동맹국, 특히 갈리아와 게르마니아 동맹 부대에 의존하였다.
A: 게르마니아 기병. 투구는 2003년 크로아티아의 사바강에서 발견된 것이다. 동방 갈리아식 투구로, 청동판 한 장으로 만드는 서방 갈리아식과 달리 여러 개(이 투구의 경우에는 총 16개)의 파트로 이루어져 있다. 육각형 방패는 당시 회화 자료에 자주 등장하는 형태이며, 로마인의 눈에 비친 게르마니아 방패의 전형이다. 보스는 돔 형태의 로마식과 달리 서커스 텐트 중앙에 막대기가 꽂혀 있는 형태이다. 막대기는 공격할 때 위력을 높여줄 뿐 아니라 적의 공격을 받아넘기기 위한 용도이기도 하다.
B: 기원전 1세기에 제작된 '바체르(Vacheres)의 전사상'을 재현한 것이다. 로마화된 갈리아인 귀족 전사의 조각상으로, 수염은 깎아서 없다. 갑옷은 기병의 것과 같은 형태이지만, 훅을 거는 단추가 3개로 늘어나서 섬세한 조절이 가능하다. 또 짧은 소매도 달려 있다. 옷은 소매 팔목 부분이 위쪽으로 접혀 있고 꽤 두꺼운 실로 된 바늘땀 자국이 있는 것으로 미루어보아 가죽 셔츠일 듯하다. 안장은 로마군에도 도입된 돌기가 달린 형태로, 기수가 떨어지지 않도록 잡아준다. 여기에서는 보이지 않지만, 타원형 방패가 안장에 매달려 있다. 알아보기 쉽지 않으나, 편자가 박혀 있다.

기병은 원래 엘리트층이 맡았었다. 그들은 '군사상의 공적(Virtus)'을 쌓기 위해 전쟁에서 성과를 올려야 하였고, 이를 위해 훈련도 빠지지 않았다. 하지만 그들에게 필요한 자질이 공훈에서 지식과 재력으로 바뀌자 상황은 확 달라졌다. 법률가의 제자가 되어 훈련을 쌓고, 그리스에 유학하여 지식과 변호술 등을 갈고닦고, 사교에 힘쓰는 데 시간을 썼다. 반면 검술과 승마 기술 등은 등한시하였다. 군사 실력이 저하된 것은 당연한 일이었다.

공화정 말기에는 동맹국이나 부족에서 징집한 자들이 기병이 되었고, 카이사르 시대가 되면 로마 시민 기병은 완전히 소멸한다. 카이사르가 갈리아 기병의 말에 군단병을 태운 기원전 58년의 사건이 그 증거이다.

동시에 로마 기병의 전통이던 말에서 내려 접근전을 벌이는 방식이 사라지고, 그 대신에 각지의 기병 전술을 흡수한 독자적인 전법이 고안되었다. 상세한 내용은 '제정기'장에서 다루겠지만, 주로 갈리아인의 승마 기술에 많은 영향을 받아 접근전을 피하고 투창을 메인으로 하는 전법으로 바뀌었다.

동맹국과 부족에서 모은 초집병이 있어서 그들의 숫자는 일정하지 않았으며, 시기에 따라서 꽤 변동의 폭이 컸다.

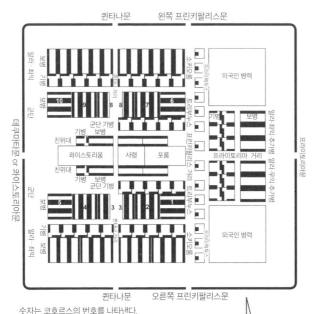

숫자는 코호르스의 번호를 나타낸다.

2개 백인대

1개 코호르스

<그림 5>: 돕슨이 작성한 코호르스제 군단의 야영지 레이아웃
1개 로마 군단과 1개 알라 군단의 야영지. 검은색 사각형은 텐트를 나타낸다. 코호르스의 범위를 파악할 수 있도록 코호르스 사이에 흰색 선을 그려 넣었다.

제3장
제정 초기·중기

　기원전 30년의 악티움 해전 이후로 로마는 '공화정의 탈을 쓴 군주제'가 되었다. 오늘날 널리 쓰이는 '원수제(Principate)'라는 명칭처럼 황제는 '국왕(Rex)'이 아니라 '일인자(Princeps)'로서 제국의 전권을 장악하였다.

　그 권력의 근원은 집정관권이 가지는 임페리움(Imperium maius), 호민관권, 최고 신관직(Pontifex Maximus)으로 이루어졌다. 임페리움 마이우스는 군사 조직 명령 권한과 속주 대부분에 대한 통치 권한을 황제에게 부여하여 원로원은 군사에 대한 영향력을 거의 완전히 상실하였다.

　이런 식의 권력 장악 방식은 왕정에 거부 반응을 보이는 로마인의 신경을 거스르지 않으면서 절대적인 권력을 손에 넣을 수 있는 이상적인 방법이었지만, 공화정의 탈을 쓰고 있는 까닭에 혈통을 통한 황위 계승 제도를 제정할 수 없었다. 이에 '일인자'가 될 힘을 가진 자라면 누구든지 황제의 자리를 노린다는 중대한 결점이 있었다. 그리고 어떠한 시대든 군사력보다 더 강력한 힘은 없다. 근위 군단과 각지의 군단이 이를 이해하고, 자신들의 황제를 옹립하기 시작하기까지는 그리 많은 시간이 걸리지 않았다.

　결과적으로 황제는 부하에게 큰 군사력과 공훈을 내리는 것을 주저하게 되었다. 황제의 입장(목숨)은 그가 장악하는 군사력에 달렸으므로 다른 사람에게 군사력을 준다는 것은 곧 자신의 힘(목숨)을 다른 사람에게 나누어주는 것과 같았다. 이 때문에 로마 제국은 여러 위협에 동시에 대처하기 힘들어졌다.

 군단

　제정기의 군단 수는 기원전 30년에 있었던 악티움 해전 때 (양 군단 합계) 60개 군단이 최고치이다. 최소치는 기원후 9년에 있었던 토이토부르크 숲 전투 직후의 25개 군단이며, 대부분 기간은 30개 군단 전후로 안정적이었다.

　이들 군단은 로마의 국경선(Limes)의 요충지에 배치되었다. 군단 근거지는 대개 주요 가도와 하천 교통의 교차점상에 두어, 속주 내의 여러 장소로 최단 시간에 이동할 수 있었다. 이는 동시에 온갖 곳에서 정보가 가장 빨리 도착한다는 뜻이기도 하다. 군단 근거지가 중세에 도시와 수도로 발달한 것은 결코 우연이 아니라 지리학적으로 최고의 위치에 건설되었기 때문이다.

군단 근거지 주변에는 야만 민족의 침략에 대비하기 위해 보조 부대의 요새가 위성처럼 흩어져 있었다(이들 요새는 방어보다는 교통상의 편리성을 최우선으로 고려한 위치에 건설되었다). 각 보조 부대는 이상적으로는 반나절 행군 거리의 간격으로 건설된 요새에 주둔하여, 어느 요새가 공격을 받았을 경우 빠르면 당일, 늦어도 다음 날에는 옆 요새에서 원군이 도착하도록 되어 있었다. 군단은 그 후방에 위치하였고, 치안 유지 및 보조 부대가 대처할 수 없는 대군단과 원정에 대비하며 대기하였다.

이 방법에는 최소한의 전력으로 최대한의 범위를 감시할 수 있다는 이점이 있다. 한편 거의 모든 병력이 전선에 붙어 있었기 때문에 한 차례 방어선이 뚫리면 대처할 방도가 없었다. 그러면 다른 전선(약 1,600km 떨어진 곳에서 병력을 보낸 사례도 있다)에서 병력을 차출하여야 하므로 이번에는 그쪽 전선이 약해지는 딜레마가 발생한다.

제정 초기에는 그러한 결점이 크게 부각되지 않았다. 제국은 확대주의 노선을 취하였고, 정기적으로 침략하여 외부 야만 민족이 수세에 놓여 있었기 때문이다. 야만 민족에게 압력을 가하고 또 언제든지 출격할 수 있도록 당시의 군단 근거지는 2~4개 군단(플러스 보조 부대)을 수용하고 있었다.

하지만 2대 황제 티베리우스(Tiberius Caesar Augustus) 시기부터 로마의 큰 전략은 공격에서 수비로 바뀌었고, 군이 직접 개입하지 않고 야만 민족끼리 싸우게 만들어 힘을 소모시키는 방식을 취하였다. 군단도 각지로 분산되었으며, 근거지에는 1~2개 군단밖에 배속되지 않게 되었다. 이러한 조처를 취한 데는 황위를 노릴 만한 병력을 가진 자가 나오지 않게 하려는 목적도 있었다.

원정도 적대 세력 격파와 영토 확대를 위해서가 아니라 적군으로 하여금 로마를 공격할 의욕을 상실케 하기 위한 징벌 전쟁으로 바뀌었다.

3세기 내란기(군인 황제의 시대라고도 한다)에는 황위를 쟁취해낼 군을 편성하기 위해 전선의 부대를 차례로 빼내갔고, 약체화된 국경선은 야만 민족의 희생양이 되었다. 이리하여 황위를 얻은 황제들은 자신과 라이벌이 병력을 빼내가서 발생한 위기를 진정시키기 위해 각지를 옮겨 다니며 계속 전쟁을 벌였고, 감시가 소홀해진 지방에서 거병한 다른 라이벌에게 타도당하는 악순환이 반복되어 제국의 국력은 회복될 수 없을 만큼 약해졌다.

2세기가 되면 거의 모든 군단이 칭호를 가지게 된다. 칭호의 성격도 '그때까지 올린 공적과 에피소드에서 유래한 별명'에서 '식별명'으로 바뀌었다. 이와 거의 같은 시기에 군단의 일련 번호 제도가 폐지되었고, 보조 부대와 같은 번호 제도(같은 시기에 같은 칭호를 가진 군단 여러 개가 창설되었을 때 외에는 언제나 '제1군단'이라고 칭한다)가 도입되었다.

COLUMN 5

속주

속주(Provincia)는 지휘관의 임페리움이 영향력을 발휘하는 지역을 지칭하는 말이 제도화된 것이다.

단계적으로 살펴보면, 먼저 위협이 되는 지역을 프로빈키아로 설정하고 군대를 보낸다. 위협 요소를 배제한 후에는 (수비대 지휘를 포함하여) 그 지역을 안정시키기 위한 프로빈키아를 설정한다. 그 지역이 안정되면 순수하게 통치를 목적으로 하는 프로빈키아를 설정한다. 이것이 제정기까지 속주로 삼는 기본적인 흐름이었다. 당연한 이야기지만, 2단계 이후 프로빈키아에서는 공적이나 전리품 등의 재미를 볼 일은 없어서 점차로 집정관은 재미가 쏠쏠한 프로빈키아(원정과 방어전)를, 그 밑의 프라이토르는 별 볼 일 없는 프로빈키아(원정지의 통치 및 방어)를 담당하게 되었다.

공화정 말기가 되면 이것도 바뀌어서 정치가들을 '속주'에 주둔시키고, 해당 속주를 '위협'하는 요소를 제거한다는 명목으로 원정에 나섰다. 대표적인 예가 제1차 삼두정치이다. 카이사르, 폼페이우스, 크라수스는 각각 근처의 불온한 적대 세력이 있는 속주의 총독으로 취임하고, 그곳을 기점으로 군사 행동을 하였다.

속주의 제도화는 아우구스투스(Augustus) 시기에 이루어졌다. 이 때문에 이탈리아 이외의 속주는 원로원 속주와 황제 속주(와 소[小]속주)로 나누어졌고, 원로원은 비교적 안정적인 중앙의 속주, 황제는 외곽의 속주를 맡게 되었다. 이탈리아는 '특별 지구'로서 11개 행정구(Regio)로 나누어 통치하였다.

그 후 세베루스 황제가 실시한 속주 분할을 거쳐서, 디오클레티아누스(Gaius Aurelius Valerius Diocletianus) 황제 시기에 속주 대개혁이 이루어졌다. 각 속주는 12개의 관구(Diocesis)로 분할되었고, 황제가 관구장 임명권을 가짐으로써 원로원의 영향력을 거의 완전히 배제했다.

로마 제국의 행정구 리스트(기원후 3세기 전반)

■ 이탈리아 특별구(Italia)

Regio I: 라틴&캄파니아(Latium et Campania)

Regio II: 아풀리아&칼라브리아(Apulia et Calabria)

Regio III: 루카니아&브루티움(Lucania et Brutium)

Regio IV: 삼니움(Samnium)

Regio V: 피케눔(Picenum)

Regio VI: 움브리아&갈리아령(Umbria et Ager Gallicus)

Regio VII: 에트루리아(Etruria)

Regio VIII: 아이밀리아(Aemilia)

Regio IX: 리구리아(Liguria)

Regio X: 베네티아&히스트리아(Venetia et Histria)

Regio XI: 갈리아 트란스파다나(Gallia Transpadana)

■ 황제 속주(Imperial Provinces)

브리타니아 수페리오르(Britannia Superior)

브리타니아 인페리오르(Britannia Inferior)

벨기카(Belgica)

트레스 갈리아이(Tres Galliae): 이하의 3속주의 총칭

　·갈리아 벨기카(Gallia Belgica)　　　　　·갈리아 루그두넨시스(Gallia Lugdunensis)

　·갈리아 아퀴타니아(Gallia Aquitania)

갈리아 나르보넨시스(Gallia Narbonensis)

히스파니아 타라코넨시스(Hispania Tarraconensis)

루시타니아(Lusitania)

게르마니아 수페리오르(Germania Sup.)

게르마니아 인페리오르(Germania Inf.)

라이티아(Raetia)

노리쿰(Noricum)

트레스 다키아이(Tres Daciae): 이하의 3속주의 총칭

　·다키아 포롤리센시스(Dacia Porolissensis)　　·다키아 아풀렌시스(Dacia Apulensis)

　·다키아 마르벤시스(Dacia Marvensis)

판노니아 수페리오르(Pannonia Sup.)

판노니아 인페리오르(Pannonia Inf.)

달마티아(Dalmatia)

모이시아 수페리오르(Moesia Sup.)

모이시아 인페리오르(Moesia Inf.)

트라키아(Thracia)

비티니아 & 폰투스(Bithynia & Pontus)

갈라티아(Galatia)

카파도키아(Cappadocia)

오스로에네(Osrhoene)

메소포타미아(Mesopotamia)

시리아 팔레스티나(Syria Palaestina)

시리아 코엘레(Syria Coele)

시리아 포에니케(Syria Phoenice)

column 7 속주

■ 황제 소(小)속주(Imperial Procuratorial Provinces)
알푸스 코티아이(Alpus Cottiae)
알푸스 포에니나이(Alpus Poeninae)
알푸스 마리티마이(Alpus Maritimae)
마우레타니아 카이사리엔시스(Mauretania Caesariensis)
마우레타니아 팅기타나(Mauretania Tingitana)
누미디아(Numidia)
아라비아 페트라이아(Arabia Petraea)
(에피루스[Epirus]?)

■ 원로원 속주(Senatorial Provinces)
히스파니아 바이티카(Hispania Baetica)
사르디니아&코르시카(Sardinia & Corsica)
시킬리아(Sicilia)
마케도니아(Macedonia)
아카이아(Achaea)
크레타&키레나이카(Creta & Cyrenaica)
키프로스(Cyprus)
리시아&팜필라(Lysia & Pamphyla)
실리시아(Cilicia)
아시아(Asia)
아프리카 프로콘술라리스(Africa Proconsularis)
아이깁투스(Aegyptus)

■ 속국(Vassal Kingdoms)
아르메니아(Armenia) 왕국
이베리아(Iberia, 아르메니아 북쪽에 있었던 왕국으로, 이베리아반도하고는 관련 없음)
콜키스(Colchis) 왕국
보스포루스(Bosporus)

수뇌부

제정기에 들어서면 레가투스가 군단 조직 내에 도입되어 군단장(Legatus Legionis)으로서 군단의 지휘·관리에 전념하게 된다. 군단장은 황제가 직접 임명한 원로원 의원(프라이토르나 재무관을 역임한 젊은이가 많으며, 1세기 말 세베루스 왕조 이후에는 프라이토르 경험이 필수가 된다)이 되었으며, 선거나 원로원의 간섭을 일절 받지 않았다. 기원후 2세기 말 세베루스 황제 시기 이후에는 원로원 계급의 영향력 저하와 그에 동반된 기사 계급의 부흥에 의해 기사 계급 출신자 군단장도 등장하게 된다. 이러한 경우에는 그들을 '군단장 대리 사령관(Praefectus Legionis agens vice Legati)'이라고 불렀다.

군단에는 '복수 군단을 가진 속주 군단'과 '단독 군단을 가진 속주 군단'의 두 타입이 있으며, 어느 쪽이냐에 따라서 군단장의 성격도 달라진다. 전자의 경우에는 군단장은 속주 총독(Legatus Augusti pro praetore)의 감독하에 1개 군단의 장으로서 담당 군단을 감독한다. 후자의 경우에는 군단장이 속주 총감을 겸한다. 그의 업무는 속주의 정무 이외에 재판관과 조정관으로서 각지를 순회하는 업무가 주된 업무라서 군단 관리를 할 여유가 없었다. 따라서 트리부누스 6명이 2개월마다 교대로 실제 군단 지휘를 맡았고, 이에 그들은 트리부누스 세메르스트리스(Tribunus Semestris, 6분의 1년 동안의 호민관)라고 불렀다. 군단장의 임기는 2~3년이며, 양자 모두 프라이토르로서 임페리움을 부여받았다.

이집트는 황제의 개인 소유지여서 원로원 의원은 출입이 금지되었다. 그래서 이집트 군단장 자리에는 기사 계급 프라이펙투스가 취임하였다.

현대의 사관학교와 같은 제도가 없었던 당시, 군단장의 군대 경력은 트리부누스로 지낸 1년뿐이라 현대인이었다면 자신의 능력에 불안을 느꼈을 것이다. 하지만 로마인은 책에서 얻은 지식(대부분은 명장이 남긴 격언과 선례)과 부하의 조언이 있으면 충분히 해당 직무를 잘해낼 수 있다고 여겼다.

군단장 밑에 위치하는 직책은 '트리부누스 라티클라비우스(Tribunus Laticlavius, 폭넓은 테두리 장식을 한 트리부누스: 토가의 테두리 장식 부분이 넓었던 것에서 유래)'이다. 6명의 호민관 중 1명으로, 다른 호민관과 달리 원로원 의원 계급 출신의 젊은이(10대 후반에서 20대 초반)가 맡았다. 사무 및 군단장에게 조언을 하는 것이 주된 역할이었으며, 부대 지휘를 하는 경우는 거의 없었다.

그 밑의 '야영지 감독관(Praefectus Castrorum)'은 아우구스투스가 만든 직책으로, 이 직책이 등장하는 가장 오래된 기록은 기원후 11년에 쓰인 비문이다. 2세기 말 셉티미우스 세베루스(Lucius Septimius Severus) 때 명칭이 프라이펙투스 레기오니스(Praefectus Legionis)로 변경되었고, 3세기 후반 갈리에누스(Publius Licinius Egnatius Gallienus) 때는 군단장으로서 군대를 지휘하게 되었다.

야영지의 질서 유지, 위생 관리, 공성·병기 정비와 지휘, 병사 훈련, 건물 유지·관리, 행군

<그림 1>: 1세기~2세기의 사령부

A: 군단장 또는 트리부누스. 투구는 영국 할라턴(Hallaton)에서 출토된 1세기 중반의 것이다. 이마 부분이 수직으로 올라간 아티카형 투구이며, 사관이나 백인대장, 근위 군단 등이 착용한, 소위 '상류 지향'의 투구이다. 이마의 평면부 공간에 입체적인 상이 새겨져 있는 사례가 많다. 마구의 경우에는 이마 보호대와 눈가리개는 크로아티아의 자그레브(Zagreb) 교외(1세기)에서, 가슴 보호대는 프랑스·스위스·이탈리아 국경 근처의 아오스타(Aosta)에서 출토(1~2세기)된 것이다. 인물 조각은 양각이 아니라 별도로 제작한 주물을 붙인 것이다.

B: 게니아리우스 쿠르시오. 출처는 제7코호르스 라이토룸의 이마기니페르 묘비(60~80년)이다. 독일의 마인츠(Mainz)에서 출토되었다. 투구는 곰 모피를 씌운 기병용 타입 C형이며, 위로 솟은 챙이 특징적이다. 커버되는 면적을 보아서도 알 수 있듯이 마스크 착용을 전제로 만들어졌다. 사슬 갑옷은 구식처럼 상완부까지 덮는 대형 어깨 보호대가 달려 있다. 그림에서는 잘 보이지 않지만, 훅으로 고정하는 부분이 접혀 있다. 그 의미에 관해서는 다양하게 해석되고 있으나, 여기에서는 안쪽에 덧댄 가죽이 접혀 있는 듯하다. 검은 마인츠식 글라디우스이다. 동일한 장비(모피 포함)가 마찬가지로 마인츠에서 출토된 제14군단 게미나의 기수 퀸투스 루키우스 파우스투스의 묘비에서도 관찰된다.

중 치중대 지휘 등 대단히 광범위한 지식과 경험을 필요로 하는 직책이었기 때문에 초기에는 수석 백인대장 출신자나 트리부누스 출신자가 맡았지만, 나중에는 수석 백인대장 출신자가 퇴직 전에 오르는 마지막 직책이 되었다.

초기에는 감독관이 1군단에 1명 혹은 야영지에 1명이었는지는 알 수 없으나, 도미티아누스(Titus Flavius Domitianus) 황제 때가 되면 1개 군단에 감독관 1명으로 고정된다.

그 밑에 5명의 트리부누스가 있다. 그들은 기사 계급 출신으로, 테두리 장식 부분이 좁은 토가를 입어서 '트리부누스 안구스티클라비우스(Tribunus Angusticlavius, 폭 좁은 트리부누스)'라고 불렸다. 공화정기와 마찬가지로 할당된 병사의 지휘, 물자 조달과 징집, 그리고 보급과 관련된 부정 적발 등을 담당하였다.

아우구스투스 시기에는 종종 백인대장 출신자도 이 자리를 맡았지만, 클라우디우스(Tiberius Claudius Nero Germanicus) 황제가 기사 계급의 경력 정리를 한 결과, 백인대장 출신자는 거의 볼 수 없게 되었다. 대개는 보조 부대의 코호르스 사령관 경험자였으며, 이 직책을 수행한 후에는 보조 부대의 알라 사령관으로 취임하였다.

제일 밑에 있는 직책은 거의 기록에 남아 있지 않은 '트리부누스 섹스멘스트리스(Tribunus Sexmenstris)'이다. 직역하면 '6개월 트리부누스'이나, 임기가 반년이었던 것은 아닌 듯하다. 아마도 기사 계급, 경우에 따라서는 백인대장 출신자가 임명되었을 것이며 군단 기병의 지휘·관리를 하였을 것으로 추측된다. 한편 제헤트너(Stephen Zehetner)는 이 트리부누스가 이집트에 주둔하는 군단에서만 등장하는 점으로 보아 원로원 의원의 입국이 금지된 이집트에서 트리부누스 라티클라비우스나 군단장 대리 역할을 맡았던 것이 아닐까 하고 추측하였다. 적어도 이 역할에 관한 기술이 대단히 적은 것(직접적인 기술 1건, 간접적인 기술 1건)으로 미루어보아 특수한 상황일 때 두는 임시직이나 특별직인 것은 확실한 사실일 듯하다.

'기술 사관(Praefectus Fabricum)'은 이 시기에도 존재하였지만, 클라우디우스 황제 시기(기원후 50년경)에 젊은이 기사 계급 출신자가 오르는 명예 직책이 되었으며, 실질적인 권한은 거의 없었다. 또 3세기가 되면 건설 임무에 파견되는 분견대 지휘관의 명칭이 된다.

사령부 소속 일반병으로서 군단장 등의 수뇌부를 보좌하는 베네피키아리우스(Beneficiarius) 등이 있는데, 그들 밑에는 이마기니페르(Imaginifer)가 있었다. 이마고(Imago)라고 불렸으며, 황제의 초상이 그려진 군기를 드는 병사이다.

백인대장

백인대장(Centurio Legionis, 百人隊長)은 로마군의 척추라 칭해진다. 그들은 소속 코호르스와 마니풀루스에 따라서 위계가 정해졌는데, 상세한 내용은 알려진 바가 없다.

최상위 백인대장은 '수석 백인대장(Primus Pilus)'이다. 제1코호르스의 제1백인대를 지휘하는 백인대장으로, 독수리기를 드는 부대의 대장이기도 하다. 그 아래에 제1코호르스의 백인대장(Princeps Prior, Hastatus Prior, Princenps Posterior, Hastatus Posterior) 4명이 있다. 그들은 다른 이름으로 '선임 백인대장(Primi Ordines)'라고도 한다.

그 뒤를 잇는 것이 제2에서 제10까지의 코호르스 백인대장이다. 높은 계급 순으로 필루스 프리오르(Pilus Prior), 프린켑스 프리오르(Princeps Prior), 하스타투스 프리오르(Hastatus Prior), 필루스 포스테리오르(Pilus Posterior), 프린켑스 포스테리오르(Princeps Posterior), 하스타투스 포스테리오르(Hastatus Posterior)이며, 숫자가 적은 코호르스가 고위직인데, 프리오르(Prior)의 백인대장은 제1코호르스를 제외한 모든 코호르스의 포스테리오르(Posterior) 백인대장보다도 직위가 높았던 듯하다. 백인대 식별명은 백인대장의 이름을 백인대명으로서 사용하는 것이 일반적이었다(백인대장 아우렐리우스 율리우스 마리아누스[Aurelius Julius Mrianus] 휘하의 백인대는 켄투리아 아우렐리우스 율리우스 마리아누스[Centuria Aurelius Julius Mrianus]가 된다). 그들은 약 2~3년마다 다른 군단에 배치되었고, 전 세계를 여행하는 삶을 살았다.

예: 페트로니우스 포르투나투스(기원후 2세기, 아프리카 출신?, 근속 50년)
리브라리우스(Librarius, 제1이탈리카·4년간)→테세라리우스(Tesserarius)→옵티오(Optio)→기수(Signifer)→백인대장(Centurio, 제1이탈리카, 모이시카 인페리오르?, 현 불가리아?)→제6페라타(시리아)→제1미네르비아(게르마니아 인페리오르?, 현 독일, 룩셈브루크, 네덜란드?)→제10게미나(판노니아?, 현 슬로베니아, 크로아티아, 헝가리?)→제2아우구스타(브리타니아)→제3아우구스타(누미디아?, 현 알제리, 튀니지?)→제3갈리카(시리아)→제30울피아(게르마니아 인페리오르)→제6빅트릭스(브리타니아)→제3키레나이카(아라비아)→제15아폴리나리스(카파도키아?, 현 터키?)→제2파르티카(이탈리아)→제1아디우트릭스(판노니아)

그들의 지위는 보조 부대의 코호르스 사령관보다도 높았던 것으로 보이며, 백인대장이 보조 부대의 사령관을 겸임하기도 하였다. 그 밖에도 병사에 비해 훨씬 많은 급료를 받았을 뿐 아니라 노예를 가질 권리와 결혼할 권리 등이 있었으며, 또 많은 백인대장이 말을 가졌고 행군 중에는 그 말을 탔다.

백인대장으로 승진하는 방법에는 몇 가지가 있었다. 첫 번째는 병사에서 승진하는 방법으로, 기본적인 읽고 쓰고 계산하는 능력과 양호한 근무 고과가 있으면 약 15~20년을 들여서 '군단의 투표로' 승진할 수 있었다. 여기에서 수석 백인대장이 되려면 20년이 더 걸렸다.

그 밖에 근위 군단 병사가 16년의 근속 기간을 마치고 취임하는 경우, 기사 계급 출신자가 황제의 조력으로 취임하는 경우(앞에서 예로 든 포르투나투스의 자식은 군 경력 6년 차, 35살 나이에 이미 2개 군단의 백인대장을 경험하였으므로 이 카테고리에 해당한다고 하겠다), 마찬가지로 기사 계급 출신자가 코호르스의 사령관을 거쳐서 취임하는 경우 등이 있었다.

즉, 백인대장에는 병사에서부터 올라가는 경우와 즉시 백인대장이 되는 두 가지 패턴이 있는데, 상급 백인대장과 수석 백인대장이 되는 자 대부분은 후자였다.

백인대장의 인사 관리는 제국의 중추 통치기관인 8부실 중 하나인 황실홍보실(Ab Epistulis)에서 하였으며, 그들의 근무 고과 서류도 여기에서 관리하였다. 또 마찬가지로 8부실의 하나인 황실진정실(A Libellis)은 황제 앞으로 온 백인대장 추천장과 요망서를 황제에게 올리는 일을 하였다.

수석 백인대장의 임기는 불과 1년이었지만, 대개는 퇴직하지 않고 여러 직책으로 승진하였다. 그들은 수석 백인대장 계급(Primipilares)이라는 독자적인 사회적 그룹에 속하였으며, 특별한 포상과 특권이 주어졌다. 그들에게는 황제로부터 기사 계급이 되기에 충분한 하사금이 내려졌으며, 거기에서 새로운 경력을 쌓았다. 플라비우스 왕조(기원후 1세기 후반) 이후로 수석 백인대장은 임기 후에 로마의 경찰 및 방어대의 트리부누스(Tribunus Cohortis Vigilum, Tribunus Cohortis Urbanae)로 임명되어 재차 수석 백인대장의 자리에 오른 후 근위 군단의 트리부누스직이나 야영지 감독관, 황제 소(小)속주의 총감으로 임명되는 코스를 걸었다.

2세기 초반의 하드리아누스(Publius Aelius Hadrianus) 시대 이후에는 일반 백인대장도 기사 계급으로 승진하여 지방 정치인이나 중앙 관료로서 경력을 쌓았다. 이러한 경향은 지방 행정 조직을 군인 출신자에게 맡기려 하였던 2세기 말의 세베루스 황제에 의해 가속되었다.

백인대장은 흔히 오늘날 군대의 중사에 해당한다고 하는데, 이는 올바르지 않다. 언뜻 생각하기에는 병사 80명을 지휘할 뿐일 것 같지만, 그 권한과 책임은 단순히 병사 수로 추측되는 수준을 훨씬 넘어선다. 그들을 '병사 지휘관'보다 '프로젝트 실무 책임자'로 생각하는 편이 좋다. 부하 병사를 지휘·감독하는 것 외에 (단독 또는 복수의 부대로 이루어진) 분견대 지휘, 건축·정비 등의 제반 사업 감독, 또 요새와 그 주변의 시민 거주구의 행정(재판도 포함), 중요 범죄인 호송 등 일정 수준 이상의 규모와 책임이 발생하는 사업의 감독이 백인대장의 직무였다. 나아가 외교 사절과 정치범의 처형 등도 백인대장에게 맡겨졌다.

그들을 상징하는 것으로 포도 줄기로 만든 지팡이(Vitis)와 가로로 긴 크레스트(Crista Transversa)를 들 수 있다. 특히 전자는 백인대장의 심벌로서 묘비 등에 반드시 등장하는 아이템이었다. 이 지팡이는 명예의 증거인 동시에 부하들에게 징벌을 내리는 도구이기도 하였다(또 백인대장에게는 시민을 구타할 권리가 있었다). 그들이 내리는 징벌이 때로는 가혹하여, 지팡이가 부러질 정도로 후려치는 경우도 종종 있었다.

<그림 2>: 1~2세기 중반까지의 백인대장. 이 밖에도 일반 병사와 같은 세그멘타타(lorica segmentata)를 입은 조각상 파편도 발견되었다.

A: 출처는 슬로베니아의 프투이(Ptuj)에서 출토된 마르쿠스 페트로니우스 클라시쿠스의 묘비(20~45년)이다. 투구에는 타조 깃털인 듯한 크레스트가 달려 있다. 투구는 명확하지는 않으나 제정기 이탈리아형 B타입인 듯하며, 볼 보호대는 귓구멍을 덮는 타입이다. 갑옷은 티투스 갈리디우스의 묘비(1~2세기)를 참고하였다. 목에 걸린 토르크(Torquis)에는 중앙에 메달(아마도 연석제[軟石製])이 끼워져 있는 듯 보인다.

B: 출처는 제11군단 클라우디아의 백인대장 퀸투스 세르토리우스 페스투스의 묘비(1~2세기 중반, 베로나)이다. 검은 폼페이에서 출토된 폼페이형이며, 정강이 보호대는 스페인 메리다(Merida)에서 출토된 것(1세기)이다. 이 시대는 이전 시대보다 갑옷이 길어 허리뼈까지 내려온다. 또 거의 동일한 디자인의 갑옷을 같은 군단의 독수리기를 드는 기수 루키우스 세르토리우스 피르무스(1세기 중반)도 착용하고 있다. 검을 수평으로 기울이고 검 손잡이를 검지와 중지 사이에 낀 자세는 당시 백인대장 사이에서 유행하던 포즈이다.

C: 2세기의 백인대장. 뽀글거리는 아폴로 헤어스타일이 유행하였으며, 수염도 기르기 시작하였다. 그림의 모델인 무명 백인대장은 가죽제로 추정되는 근육 갑옷을 입고 있는데, 어깨 보호대의 방향이 통상적인 착용법과 달리 반대로 되어 있다. 또 팔의 프테르구스는 갑옷의 일부를 잘라 만들어져 있다. 이 비석상의 특징은 뒤쪽에 있는 타원형 방패의 뒷면이 보인다는 점이다. 투구는 세르비아 코스톨(Kostol)에서 출토(1세기 후반~2세기 전반)된 것이며, 남성의 머리 모양이다. 머리 옆면에는 깃털을 꽂을 수 있는 대롱이 달려 있다.

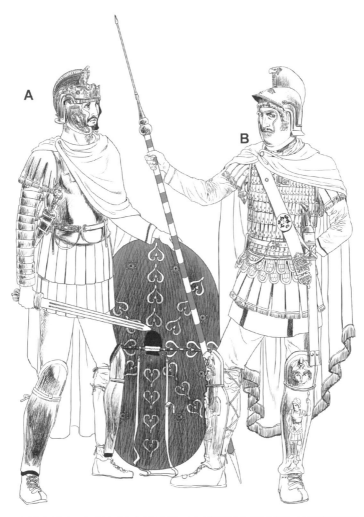

<그림 3>: 2~3세기의 백인대장. 소매 달린 튜닉과 다리에 딱 붙는 바지가 유행하였다. 헤어스타일은 스님처럼 밀었으며, 수염은 짧게 길렀다.

A: 투구는 테일렌호펜(Theilenhofen)에서 출토된 유명한 투구(2세기 중반)이며, 기병용 투구 H타입 또는 I타입으로 분류되는 아티카식(Attic)의 파생 형태이다. 크레스트가 3개 달렸으며, 중앙에는 독수리, 좌우에는 그리핀이 조각되어 있다. 볼 보호대에는 월계관을 입에 문 독수리가 조각되어 있다. 투구는 제8아우구스타의 세베루스 아켑투스의 것을 각색하여 그렸다. 대거(Dagger)는 세미스파타(Semispatha)이며, 검과 쌍을 이룬다는 대거설(Dagger說)을 채용하여서 그렸다. 검의 손잡이 끝부분(수정으로 만들어짐)과 손잡이는 두라에우로포스(Dura-Europos)에서 출토(3세기 중반)된 것이며, 벨트의 금속 장식은 독일 노이베르그(Neuberg)에서 출토된 것이다. 정강이 보호대는 독일 아이닝(Eining)에서 출토된 것이며, 큼직한 무릎 보호대가 달려 있다. 방패는 두라에우로포스에서 출토된 것이며, 군청색 바탕에 흰색과 붉은색으로 문양이 그려져 있다.

B: 3세기 독일 쪽의 백인대장. 투구는 프랑크푸르트에서 출토된 기병용 투구 G타입이다. 갑옷은 가슴에 달린 금속판으로 고정하는 타입이다. 검대의 비품은 독일의 추크만텔(Zuckmantel)에서 출토된 것이다. 검 손잡이에는 당시 백인대장(특히 근위 군단)이 즐겨 사용하던 독수리 머리가 장식되어 있다. 정강이 보호대는 독일 슈트라우빙(Straubing), 필룸의 촉은 하르츠호른(Harzhorn) 전쟁터에서 출토된 것이다. 필룸과 사굼(Sagum)은 근위 군단의 백인대장 마르쿠스 아우렐리우스 루키아누스의 묘비를 참고하였으며, 추가 이중으로 달린 필룸은 신분을 나타내는 모종의 표식으로 추정된다.

가로로 긴 크레스트는 왕정기에 생겨났으며, 베게티우스는 백인대장의 증표로서 은제 또
는 은을 도금한 크레스트를 소개하였다. 이러한 타입의 크레스트는 기원후 2세기 초반에 사
라진다. 이후에는 이마에서 후두부까지 이어지는 세로로 긴 타입의 크레스트가 사용된다.

병사

군단병 대부분은 지원병(Voluntarius)이었는데, 비상시나 대규모 원정을 준비할 때는 징병을
하기도 하였다. 병사가 되기 위한 필수 조건은 '범죄 경력 등이 없는 시민일 것'이었다. 범죄
경력이 있는 시민이 입대하였을 경우에는 지원병이라면 신분 사칭죄로 병사가, 이미 징병하
였으면 부적격자를 채용한 징병 담당 관리가 처벌을 받았다. 노예는 '주인과 황제 두 사람에
게 동시에 충성을 맹세할 수 없다'는 이유로 병사가 될 수 없었으며, 노예인 것이 발각되면 사
형에 처해졌다.

지원병 대부분은 로마 시민권을 가진 빈민층 출신자로, 초기에는 이탈리아 출신자가 대다
수를 점하였으나, 곧 속주 출신자가 대다수를 차지하게 되었다(원칙적으로는 로마 시민만 군단병이 될
수 있었지만, 아우구스투스 시기 무렵부터 비[非]로마 시민 군단병이 소수 존재하였다). 군단병의 출신을 살펴보
면, 초기 군단은 여러 개의 속주에 걸친 광범위한 지역에서 지원병을 받았지만, 이윽고 그 군
단이 주둔하는 속주로 축소되었고, 최종적으로는 군단 근거지 주변으로 한정되는 식의 패턴
이 관찰된다(이집트에서 출토된 194년의 퇴역자 리스트를 보면 출신지가 기록된 병사 41명 중 24명이 '야영지 출생
[Origo castris]', 즉 병사의 자식이었다). 이는 주둔지 주변에 정착한 병사 출신자의 자식이 군단병의 중
핵을 이루게 되었음을 시사한다. 그리고 군인과 민간인 간에 괴리가 생기기 시작하였다.

어느 정도 교육을 받은 자에게 군대는 괜찮은 수입과 출세할 기회를 얻을 수 있는 기회의
장이기도 하였다. 그 대표적인 사례가 2세기 말에 황제로 재위한 페르티낙스(Publius Helvius
Pertinax)로, 교직을 그만두고 군대에 입대하였다가 최종적으로 황제의 자리에까지 올랐다.

군 지원자는 입대 심사(Probatio)를 받았다. 신체가 건강하며, 신장 제한(165cm 전후)을 통과한
자만 입대할 수 있었다. 심사를 통과한 자는 신병(Trio)이 되어 황제에게 충성을 맹세하고, 그
런 연후에 인식표(Signaculum, 이름 등이 새겨진 납 판이 든 가죽 주머니. 목에 건다)와 부대 근거지까지 가
는 데 필요한 여비(통상적으로 75데나리우스)가 주어졌다. 동시에 소속 부대 사령부(와 아마도 속주 총감
부)에서는 그들의 개인 기록을 작성하여 보관하였다. 이후로 퇴역할 때까지 병사의 근속 연수,
이동 기록, 근무 평가 결과, 상벌 기록, 전쟁 참가 경력 등 그의 군 경력 전부가 이 기록부에 빠
짐없이 기록되었다. 또한 비로마인에게는 '공식적으로 사용할' 로마인 이름이 주어졌다. 그
후 4개월간의 초기 훈련 기간(Tiroconium)을 거친 후에 정식 로마 군단병으로 받아들여졌다.

그들의 병역 기간은 16~25년(초기에는 16년이었고, 기원후 5년에 20년이 되었다가, 206~208년에 28년으로
연장되었다)이었다. 대개는 17~23세(최소는 13세, 최연장은 40대)에 입대하여 40~50대에 퇴역하였
다. 퇴역에는 '명예 퇴역(Honesta Missio, 통상적인 퇴역으로 퇴직금과 결혼할 수 있는 권리 등의 특권을 가지게 된

다)', '상병 퇴역(Missio Causaria, 부상이나 질병으로 인한 퇴직. 명예 퇴역과 같은 대우를 받는다)', '불명예 제대(Missio Ignominiosa, 범죄 등을 저질러 하게 되는 제대. 통상적으로 퇴역하는 경우에 가지게 되는 특권을 모두 상실한다)'의 세 종류가 있다. 앞의 두 경우에는 정부로부터 퇴역 증명서(Diploma, 아마도 보조 부대의 것과 동일. '급료' 항목에서 설명)가 발행되었다. 상병 퇴역자의 퇴직금은 경력상에 결점이 없으며, 20년 이상 근속한 경우에는 전액 지급되었다. 그 이하는 연수에 따라서 퇴직금을 받았다.

아우구스투스 시대에는 16년간 근무한 자는 선임병(Veteranus)으로서 퇴역할 때까지 4년간 일반병에 비해 편한 임무를 맡았다. 그들은 분견대 취급을 받았으며, 쿠라토르(Curator Veteranorum) 밑에서 임무를 수행하였다. 기록을 살펴보면 쿠라토르는 독수리기를 드는 기수 출신자로, 문서 기록 등에 특화된 자였던 듯하다.

퇴역한 병사는 예비역(Evocatus)으로 재입대할 수도 있었다. 그들은 다양한 임무를 맡았지만, 특히 교관으로 활약하였다. 또 3세기경부터는 백인대장이 아님에도 기사 계급이 되는 자가 나온다. 이와 거의 같은 시기에 병사 본인이 아니라 자식에게 기사 계급이 증여된 일도 있었다. 당시에 기사 계급이나 원로원 계급으로 진급하려면 황실 전문 부서(후보자조사실[A Censibus])의 조사를 받은 후 황제에게 승인을 받아야 하였으므로 이러한 조치에는 황제의 뜻이 반영되어 있었다고 할 수 있다.

신병과 백인대장 사이에는 다양한 종류와 등급의 병사가 있었다.

일반적으로 군인 등급은 신병(Trio)부터 시작하여, 일반병(Miles), 특무병(Immunes), 1.5급병(Sesquiplicarius), 2배급병(Duplicarius), 백인대장의 순서로 승진해나간다.

특무병이란 특수 기능을 가진(또는 중요한 역할을 담당하는) 병사로, 그 기능을 높이 평가받아서 통상적인 노역(청소와 설영 작업, 순찰과 야근, 백인대장 등의 심부름 등)에서 면제되었다. 단, 급료는 일반병과 동일하며, 훈련이나 실전에서는 일반병과 동일한 취급을 받았다. 큰 이득이 없는 직책일 수 있으나, 일단은 승진의 디딤돌이 되고, 습득한 기능의 종류에 따라서는 퇴직 후에 독립적으로 개업하는 길이 열리기도 하는 중요한 직책이었다. 특무병 제도는 마리우스 군단의 시대부터 자연발생적으로 생겨난 듯하며, 기원후 2세기 후반이 되면 특무병의 종류가 다종다양해진다.

이보다 직책이 높은 병사는 백인대의 간부(Principales)로 간주되었다. 이 중에서 가장 등급이 낮은 병사가 1.5급병이었다. 문자 그대로 일반병보다 급료를 1.5배 더 받아서 그와 같은 이름이 붙었으며, 호른수(Cornicen), 테세라리우스(보조 부대에서는 장비관리병[Custos Armorum]도) 등이 여기에 속하였다.

2배급병에는 옵티오, 기수(보조 부대에서는 말을 돌보는 일 등을 하는 것으로 추정되는 쿠라토르[Curator]도) 등이 있었다. 이 중에서는 옵티오가 최상위 등급인데, 승진 루트라는 측면에서는 기수 아래에 위치하였다. 하지만 옵티오에서 바로 백인대장이 되는 것도 가능하였으며, 백인대장 자리가 공석이 되기를 기다리는 옵티오는 옵티오 아드 스펨 오르디니스(optio ad spem ordinis)라고 불렀다.

<그림 4>: 1세기의 병사
A: 코르니켄. 투구는 제정기의 갈리아형 F타입. 투구의 측면에는 깃털을 꽂을 수 있는 대롱이 달려 있다. 많은 경우에 군악병과 기수는 투구를 쓰지 않은 모습으로 그려진다. 또 동물(사자, 곰, 늑대 등)의 모피를 쓰고 있기도 하다. 갑옷은 어깨 보호대가 없는 반팔 타입으로, 아담클리시 전승기념비가 모델이다. 벨트와 에이프런, 튜닉은 제14게미나 군단병 푸블리우스 플라보레이우스 코르투스의 묘비를 참고하였다. 대거와 대거 벨트는 베르센(Versen)에서 출토된 것이다. 사굼은 마인츠 원기둥에 그려진 기수가 입고 있는 기장이 짧은 케이프이며, 여름용인 듯하다. 검은 마인츠에서 출토된 '티베리우스의 검(칼집에 티베리우스의 초상화가 새겨져 있다)'이다.
B: 제2군단 아우구스타의 옵티오. 투구는 제정기의 갈리아형 H타입이다. 갑옷은 칼크리제(Kalkriese)형 세그멘타타이다. 프테르구스와 크레스트는 아를(Arles)의 부조 조각을 참고하였다. 마니카(Manica)는 영국의 칼라일(Carlisle)에서 출토된 것이며, 팔의 앞면만 보호하는 타입이다. 방패는 이스탄불에서 보관하는 아담클리시 전승기념비의 조각을 참고하였다. 위아래 부분을 직선으로 자른 타원형 방패를 들었으며, 방패 디자인은 오랑주 개선문(26년경)에 그려져 있는 제2군단 아우구스타의 문장이다.
C: 제5코호르스 아스투룸의 기수 핀타이우스(1세기 중반). 투구는 묘비에 그려진 것과는 다른, 마스크가 포함되어 있는 칼크리제형이며, 본체는 제정기 갈리아형 F타입이다. 사슬 갑옷은 어깨 보호대가 없는 단순한 형태이며, 갑옷 안에 모피로 된 옷을 입고 있다. 그 밑의 튜닉은 게르마니아 방면 특유의 방식으로 옆쪽을 걷어 올려 주름이 잡히게 입었다. 팔에 가려진 군기 부분에는 번개를 움켜진 독수리 조각상이 있다. 술 장식 위쪽의 구체 부분은 밸런스를 조절하거나 움켜잡는 용도일 것으로 추정되나, 어떤 용도인지 명확하게 밝혀지지 않았다.

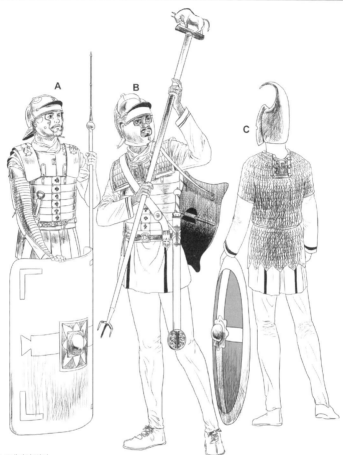

<그림 5>: 2~3세기의 병사

A: 2세기 중반의 병사. 투구는 제정기의 이탈리아형 G타입으로, 보강을 위해 머리 윗부분에 덧댄 십자가 모양의 바가 특징적
이며, 트라야누스 원기둥에도 등장한다. 갑옷은 최종형인 뉴스테드(Newstead)형이며, 거의 모든 잠금장치가 핀 형식으로 개량되
어 있다. 마니카는 코브리지(Corbridge)에서 출토된 것이다. 검은 링폼멜형이다. 방패 디자인은 가이우스 발레리우스 크리스푸스
(75년경)의 묘비를 참고하였다. 원래는 위아래의 공백 부분에 염료로 의장이 그려져 있었을 것으로 추정된다. 필룸은 아이닝운
터펠트(Eining-Unterfeld, 2세기 중반)에서 출토된 것이다.

B: 3세기 중반의 기수. 영국의 캐로버러(Carrawburgh)에서 출토된 묘비(3세기 중반)를 참고하였다. 상기의 그림에서는 흑인인데, 이
는 필자가 각색한 것이다. 독특한 방패를 들고 있는데, 어쩌면 <그림 4>의 B가 들고 있는 것과 같은 방패를 표현하려다가 실패
한 것인지도 모르겠다. 투구는 기병용 E타입이다. 갑옷은 알바이울리아(Alba Iulia)의 부조 조각에 등장하는 특수한 갑옷으로, 찰
갑과 판갑(lorica segmentata)이 복합된 형태이다.

스파타(Spatha)의 핸드 가드와 칼집의 원반은 니더비버(Niederbieber), 손잡이와 핸드 가드는 추크만텔(Zuckmantel)에서 출토되었
다. 검대의 펜던트도 추크만텔에서 출토되었으며, 그 위의 사각형 금속 장식은 스콜레, 원형판은 비모세(Vimose)에서 출토되었
다. 소가 달린 군기를 들고 있는데, 아마도 황소를 엠블럼으로 사용하는 제6군단의 영혼인 듯하다. 동일한 군기가 아우렐리우
스 시기의 포르투나티오 석관에도 그려져 있다(여기에는 제1이탈리카의 문장인 멧돼지). 아래쪽의 세 갈래 스파이크는 지면에 세우기 쉽
도록 하기 위함인 듯하다.

C: 기원후 3세기의 병사. 사슬 갑옷 디자인은 셉티미우스 세베루스 황제의 개선문을 참고하였다. 평평한 청동판은 사슬 갑옷
이나 찰갑에 붙이는 등판이라고 하며, 단추에 훅을 채우거나 하여 고정하였을 것으로 추정된다(갑옷의 전면 윗부분일 가능성도 있음).
방패의 보스는 두라에우로포스에서 출토된 것이며, 디자인은 제2군단 파르티카의 병사 셉티미우스 비아토르(215~218년)의 묘비
를 참고하였다. 십자가 모양이지만, 그리스도교하고는 관련이 없다. 특이한 형태의 투구는 독일 페히튼에서 출토된 것이며, 여
러 가지 타입의 복합형이다.

이 밖에도 군단 기병 등이 있는데, 군단 운영에 빼놓을 수 없는 것이 사무직(Tabularium Legionis)일 것이다. 다양한 직책이 있지만, 일반적인 것으로서 베네피키아리우스(Beneficiarius, 다양한 고관의 보좌를 하는 병사), 회계사(Actualius, 장부 관리 등을 담당), 사무원(Librarius, 서류 복사나 각종 잡비 징수 등의 일을 처리) 등이 있었다. 그들을 통솔하는 것이 코르니쿨라리우스(Cornicularius)였다. 그는 프린키팔레스(Principales)의 일원(또는 동격)이며, 사무 작업 책임자이다. 코르니쿨라리우스라는 명칭은 '뿔 장식 투구'라는 뜻이지만, 실제로 뿔이 달린 투구를 쓴 흔적은 없다. 그 대신에 신분을 나타내는 창(Hasta Pula)을 들거나 또는 창의 촉 모양 브로치를 달았다고 한다.

이미 상당히 복잡하지만, 보조 부대 등의 별도 조직으로 이동하기도 하였으므로 개개인의 직무 경력은 훨씬 복잡하였을 것이다. 하지만 우리로서는 당시의 군 편성과 다양한 직위의 등급 등을 알 수 있는 좋은 자료이다.

〈예시 1〉: **티베리우스 클라우디우스 막시무스**(117년 이후에 사망)

  Eques Legionis(군단 기병)→Quaestor Equitum(군단 기병의 회계사)→Singularis Legati Legionis(군단장의 호위)→Vexillarius(보조 부대?의 수석 기수)→Explorator(정찰병?)→Decurio→퇴역

  비고: 트라야누스 황제의 다키아, 파르티아 원정에 참가하여 포상(토르크)을 두 차례 받았다. 다키아 원정에서는 궁지에 몰려 스스로 목숨을 끊은 다키아왕 데케발루스의 목을 트라야누스 황제에게 헌상하였으며, 그 모습이 트라야누스 원기둥에 묘사되어 있다.

〈예시 2〉: **아우렐리우스 베레쿤티누스**(3세기. 다키아, 바타보스 출신. 36세에 사망)

  Librarius(군단 사무원)→Frumentarius(황실 정보단 첩보원, 군단의 곡물 조달병)→ Speculator(황제 직속 기마 친위대, 전령병)→Evocatus(예비병)→Centurio(백인대장. 제1코호르스[Hastatus Prior])→Centurio Frumentarius(황실 정보단 백인대장)→제4군단 스키티카의 수석 백인대장을 앞두고 승진 대기 중에 사망.

〈예시 3〉: **플로루스**(3세기)

  Miles(제14군단 게미나 군단병, 200년에 입대)→근위 군단(205년)→Principales(동 근위 군단의 동 백인대 간부, 209년)→Tesserarius(동 백인대의 테세라리우스, 213년)→Optio(동 백인대의 옵티오, 214년)→Signifer(근위 군단, 215년)+Antistes aedis sacrae(성역 및 신전 관리자, 217년)→Centurio Legionis(제22군단 프리미게니아의 백인대장, 218년)→Centurio?(백인대장? 근위 군단, 238년)→Trecenarius(근위 군단 제3코호르스 수석 백인대장, 240년)

로마군의 인사 시스템에 대해서는 잘 알지 못한다. 하지만 로마 사회의 실정을 감안하였을 때 병사의 능력보다 연줄과 자기 PR, 뇌물이 중요한 역할을 하였을 듯하다(당시에는 인맥으로 어떤 자리에 오르는 것이 부끄러운 일이 아니었다). 기원후 2세기에 해군에서 군단으로 배속 희망을 하였던 테렌티아누스는 '권력자의 추천장도 본인의 적극적인 활동이 없으면 아무런 도움도 되지 않는다', '무엇보다 효과가 있는 것은 돈이다'라는 글을 남겼고, 신병 율리우스 아폴리나리스는 자신이 일반 병사임에도 힘든 노동을 하지 않을 수 있었던 것은 총독에게 직접 총독 소속 사무원으로 일하고 싶다고 제안하였고 그 결과 군단의 사무원이 되었기 때문이라고 한다.

당연한 이야기지만, 연줄 하나로 출세할 수 있을 만큼 군대는 만만하지 않다. 하지만 적어도 '성실하게 일하면 틀림없이 누군가가 지켜보고 제대로 평가해줄 것이다'라는 생각을 가진 병사에게는 출세의 기회가 찾아오지 않았을 것이다.

편성

공화정 말기와 마찬가지로 군단의 기본은 코호르스이다. 1개 코호르스는 6개 백인대이고, 백인대는 80명으로 이루어지며, 8개의 '콘투베리날리스'로 구성된다. 콘투베리날리스는 '텐트 동료'라는 이름 그대로, 텐트(근거지의 경우에는 병사의 방) 하나를 공유하는 군단의 최소 단위이다. 콘투베리날리스의 리더가 데카누스(Decanus)인데, 특별한 지휘권이나 이점 등은 없었던 듯하다.

코호르스도 군단의 기본 단위이지만, 코호르스 전체를 지휘하는 사관이나 스태프는 없었으며, 코호르스 최선임 백인대장이 지휘하였을 것이라고 한다. 하지만 어느 비문(AE 1972, 710)에 '코호르스 기수 2명'의 존재가 기록되어 있으므로(원문: Aurelius Vitalis / sig(nifer) leg(ionis) III Ital(icae) coh(ortium) I / et II, 번역: 아우렐리우스 비탈리스, 제3군단 이탈리카 제1, 제2 코호르스 기수) 코호르스 군기와 이를 드는 기수, 나아가 백인대장이 아닌 코호르스 지휘관이 존재하였을 가능성도 충분히 있다(현재 시점에서는 코호르스 지휘관이나 기수 등은 군단 본대에서 분리된 분견대에만 존재한 것으로 본다).

군단은 10개 코호르스로 이루어지므로, 이론상으로는 1개 군단=10개 코호르스=60개 백인대=4,800명이 된다. 하지만 제1코호르스는 5개 백인대로 이루어지며, 또한 백인대도 통상의 2배인 160명, 합계 800명으로 편성되었다.

베게티우스에 따르면 군단 편성은 독특하여, 제1코호르스를 제외한 9개 코호르스는 각각 5개 백인대, 보병 550명과 기병 66명으로 이루어지며, 제1코호르스는 프리무스 필루스(Primus Pilus): 4개 백인대, 하스타투스 프리오르(Hastatus Prior): 2개 백인대, 프린켑스 포스테리오르(Princeps Posterior)와 하스타투스 포르세리오르(Hastatus Posterior): 각 1.5백인대, 트리아리우스 프리오르(Triarius Prior): 1개 백인대의 총 1,000명과 4개 투르마 132기의 기병으로 구성되었다고 한다. 베게티우스는 특정한 시기의 로마 군단을 해설한 게 아니라 여러 시대의 군단을 짜

깁기한 소위 키메라 군단을 해설하고 있는데, 그럼에도 이러한 편성을 하였던 사례는 없다(3 세기에 카시우스 디오[Lucius Cassius Dio Cocceianus]가 쓴 '코호르스는 550명'이라는 기술과는 일치한다).

이러한 특수 편성이 언제 생겨났고 언제까지 지속되었는가, 전 군단 공통이었는가에 대한 명확한 답은 나오지 않았다. 하지만 기원후 80년 이전에 생겨났다는 것은 판명되었다(69년 의 제2차 베드리아쿰 전투에서 제7군단의 제1코호르스 백인대장 6명이 전사하였다는 기록이 있으므로 이 시기 이후가 된 다). 유적에서도 5개 백인대로 이루어진 코호르스의 존재가 확인되었지만, 사이즈는 2배가 아 니라 1.6~1.7배 정도(약 770명)에 그쳤다.

네이메헌(Nijmegen) 유적에서는 100년경에 그때까지 5개 백인대 규모이던 숙소가 통상 병 력인 6개 백인대 규모로 개수 공사가 이루어졌다. 이 시기에 제1코호르스가 통상 편성으로 돌아갔다고 할 수 있다. 하지만 동시에 2세기에 작성된 퇴역 명부를 보면 제1코호르스의 퇴 역자가 다른 코호르스의 2배(즉 병사도 2배)에 달하고, 또한 제1코호르스 제6백인대(Pilus Posterior) 에 관한 기술은 제2파르티카를 포함하여 관련 사례가 3개뿐이다(196년: 제1이탈리카, 204년: 제22프 리미게니아. 단, 양쪽 모두 백인대 명칭은 없다).

왜 제1코호르스만 병력이 2배나 되었을까? 다양한 주장이 있지만, 필자는 군단의 전열과 연관이 있을 것으로 추정한다(상세한 내용은 '전투' 항목을 참조).

하지만 실제 군단 편성은 더욱 복잡하였을 가능성도 있다. 비문 CIL VIII 18065는 기원후 162년 당시 제3군단 아우구스타의 모든 백인대장의 이름이 기록되어 있는 대단히 귀중한 자 료이다. 이를 보면 제1코호르스: 7명(그중 수석 백인대장 2명), 제2코호르스: 6명, 제3코호르스: 6 명, 제4코호르스: 6명(그중 1명은 비문을 새기는 도중에 퇴역), 제5코호르스: 6명, 제6코호르스: 8명, 제 7코호르스: 6명, 제8코호르스: 7명, 제9코호르스: 5명, 제10코호르스: 7명(그중 1명 퇴역)이라고 되어 있다.

이 비문에서 가장 시선을 끄는 부분은 수석 백인대장이 2명 있었다는 부분이다. 이에 대해 도마제프스키(Alfred von Domaszewski)는 군단에는 수석 백인대장이 2명 있었으며, 1명은 제1코 호르스를 지휘하고, 다른 1명은 군단의 사무 관리를 맡았다고 주장하였다. 한편 제헤트너는 군단에 수석 백인대장이 2명 있었던 것은 인정하지만, 그들은 동격이었으며, 본디 6명인 코 호르스 백인대장의 첫 번째와 여섯 번째에 해당한다는 입장이다.

또한 다른 코호르스 소속 백인대장의 숫자도 제각각으로, 5명부터 8명까지 불규칙하다. 이 비문만 보아서는, 로마 군단의 편성이 우리가 생각하는 것처럼 획일적이지 않았거나, 그렇지 않으면 비문 제작 시에 임지에 도착하지 않아서 기록되지 않았거나, 인수·인계 중이거나 어 떤 이유로 숫자가 중복되었을지도 모르겠다. 3세기 말경의 기록에 등장하는 인수 외 백인대 장(Centurio Supernumerarius, 특수 임무를 위해 임명된 임시 백인대장)의 존재를 생각하면, 필자는 후자일 가능성이 있다고 생각한다.

군단 기병(Equites Legionis)

군단에는 부속 기병(Eques Legionis)이 있었다. 직무는 상세하게 알려진 바가 없으며, 또한 120이라는 숫자도 1세기에 활동한 유대인 저술가 요세푸스가 남긴 기록이 유일한 기록이라서 모든 군단이 120기의 기병을 갖추고 있었다고 단언할 수 없다. 확실한 사실은 '기원후 70년경에 일어난 유대-로마 전쟁에 참가한 군단의 기병은 120기였다'라는 것뿐이다. 기병은 사무 처리상의 관계로 각 백인대에 부속되는 형태로 배속되어 있었다(120기라면 1개 백인대당 2기).

나중에 갈리에누스 시대에 600기(베게티우스의 말에 따르면 726기)로 늘어났다. 베게티우스는 군단 기병은 33기(데쿠리오, 옵티오, 기수, 병사 30기)의 투르마로 구성되며, 제1코호르스에는 4개, 그 밖의 코호르스에는 2개 투르마가 배속되었다고 한다. 하지만 전술한 바와 같이 이 편성은 갈리에누스 시대 이후의 편성으로, 그 이전의 군단 기병에서는 조직 계통 같은 것이 관찰되지 않는다. 유일한 예외는 바덴(Baden)에서 발굴된 반지에 각인된 'EQ LEG XXI SEXTI T(Eques Legionis XXI Sexti Turma: 제21군단 기병 제6투르마)'라는 글인데, 복원된 이 문장에 의문을 제기하는 학자도 있어서 확실한 증거라고는 할 수 없다.

하지만 군단 기병이 기능하기 위해서는 어떠한 조직 구조가 필요하다. 단편적인 증거로 군단병의 승진 사례에서 소개한 티베리우스 클라우디우스 막시무스를 들 수 있다. 그가 군단 기병의 회계사였던 것으로 미루어보아 군단 기병은 적어도 예산 면에서는 독립적인 부대였음을 알 수 있다.

결론적으로 요세푸스의 기록을 제외하면 어느 시기의 어느 군단이든 군단 기병의 숫자는 정확하게 판명된 바가 없다(120~300기로 추정되고는 있다). 임무도 전령과 정찰 역할을 하였을 것이라고 하나 이 또한 인원수가 적기 때문에 이와 같이 추측하는 것뿐으로, 실제로는 다른 기병과 동일한 훈련을 받았다. 예를 들어 트라야누스 황제는 군단 기병을 '군단병과 같은 갑옷을 입고 투창을 던질 수 있다'며 칭찬하였다.

또한 마지막으로 기록된 군단 기병은 242년 4월 3일에 '제2군단 트라이아나 군단 기병에서' 데쿠리오로 승진한 아우피디우스 빅토리누스이다.

그들의 지휘관에 관해서는 알려진 바가 없다(적어도 옵티오는 있었다). 만약에 있었다면 백인대장일 것이라는 의견도 있고, 옵티오라는 의견도 있다. 옵티오라고 하면 부관이라는 이미지가 강한데, 해군에서는 소형 전투함의 함장을 옵티오가 맡기도 하였으므로 결코 빗나간 추측은 아니다(또 해군에는 그 밑에 수브옵티오[Suboptio]라는 계급도 있었다).

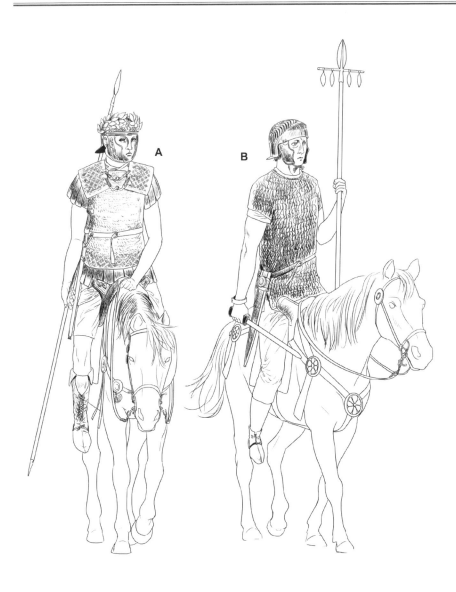

<그림 6>: 1세기의 병사

A: 트라키아 비제(Vize)의 분묘에서 발견된 장비로, 매장된 자는 트라키아의 왕 로이메탈케스(Roimetalces III, 45년 사망)로 추정된다. 갑옷은 사슬 갑옷과 미늘 갑옷의 복합형이며, 측면 부분은 사슬을 그대로 두었다. 마구는 보이오티아(Boeotia)에서 출토된 'S'자 형 팔이 달린 재갈이며, 말의 입에 닿는 부분에 짧은 가시가 있어서 좀 더 강력하게 말을 컨트롤할 수 있었다. 안장에 달린 뿔은 청동판으로 보강하였다. 최근까지 청동판이 뿔 안쪽에 있다고 여겨졌는데, 장식이 된 청동판이 발견됨으로써 바깥쪽에 붙였다 는 것이 밝혀졌다.

B: 퀸투스 카르미니우스 인게누스. 제1알라 히스파노룸의 기수(20년에 사망). 투구는 기병용 A타입인 듯하며, 얼굴 양면에 머리카 락 모양을 낸 얇은 청동판이 씌워져 있다. 검대는 특수한 타입으로, 벨트에 가죽끈으로 매달지 않고, 벨트에 직접 검을 달았다. 말의 재갈은 A의 것과 동일하다.

<그림 7>: 2~3세기의 기병

A: 3세기의 기병(드라코나리우스[Draconarius]). 투구는 영국의 워딩(Worthing)에서 출토된 T형 마스크 투구이다. 투구 자체는 B와 같은 식전용 I타입이며, 투구의 앞면 절반(귀 뒤에서부터 앞까지)을 떼어낼 수 있게 되어 있다. 방패 모양은 두라에우로포스에서 출토된 것을 참고하였다. 출토품은 나무판에 직접 그림이 그려져 있어서 실용성이 없다. 말의 얼굴 보호대는 슈트라우빙에서 출토된 것이다. 위에서부터 마르스, 뱀 또는 용, 월계관을 들고 있는 승리의 여신이 그려져 있다. 2세기 전후부터 동방 스타일로 말의 갈기를 꽁지처럼 묶는 것이 유행하였다.

B: 2세기의 기병. 당시에 등장하기 시작한 카타프락트(Cataphract)도 이와 흡사한 모습이었을 것이다. 갑옷은 시리아의 나와(Nawa) 분묘(117년)에서 출토되었다. 청동제 찰갑판을 리넨 안감에 가죽끈으로 꿰매 붙었다. 갑옷 속에 입은 옷은 울 펠트제이다. 또 상기 그림에는 그려 넣지 않았지만, 킹토리움(Cinctorium)을 장식하기 위한 은제 장식도 출토되었다. 검 자루(Hilt)는 독일 토르스베르그(Thorsberg)에서 출토된 것이며, 고리버들 세공(또는 버들가지 세공, Wicker)으로 만들어진 그립(Grip, 손잡이)과 징이 박힌 폼멜(Pommel, 손잡이 끝부분)과 핸드 가드(Gard, 날밑)로 이루어져 있다. 넓적다리 보호구는 두라에우로포스에서 출토된 가죽제 찰갑이다. 마구는 티투스 플라비우스 바수스의 묘비(70년경)를 참고하였다. 연대는 다르나, 형식은 거의 다르지 않다.

특수 병과

■ 란키아리우스(Lanciarius)

란케아(Lancea)를 드는 병사를 지칭한다. 란케아는 투창이며, 과거의 벨리테스와 같은 경무장 보병이었을 것으로 추정된다.

기록에 등장하는 최초의 란키아리우스는 기원후 1세기 후반 브리타니아의 알라 세보시아나의 기병(투르마 중에 몇 기가 있었다고 한다)으로, 근접전용 창과 투창(Laceae subarmales)을 장비하였다.

군단병으로서는 제2파르티카 병사(카라칼라[Caracalla] 황제 시기)로서 처음으로 사료에 등장하지만, 경무장 군단병은 란키아리우스가 최초가 아니다. 기원후 1세기에 이미 경무장 보병화된 군단병이 존재하였다. 기원후 43년 이전의 플라보레이우스 코르투스(제14게미나)는 갑옷을 입지 않고 타원형 방패와 투창을 든 모습으로 묘사되어 있다. 또 문헌 자료에서도 135년에 아리아노스(Arrianos)가 묘사한 전열에 관한 글을 보면, 전방 4열에는 필룸을, 나머지 4열에는 란케아를 장비케 하였다고 되어 있다. 그 밖에도 카시우스 디오는 코모두스(Lucius Aelius Aurelius Commodus) 황제가 브리타니아의 3개 군단에서 파견된 '사절' 1,500명에게 근위 군단장을 집단 폭행하여도 된다는 허가를 내렸지만(근위 군단장이 모반을 꾀하고 있다고 이들 사절이 고소하였는데), 이들은 '투창병'이라고 불렀다. 디오는 코모두스 황제와 동시대 사람(본인과 면식도 있음)이므로 '투창병'이라는 묘사는 틀림이 없을 것이다. 브리타니아에는 3개 군단이 있었던 것으로 미루어보아 각 군단에 최소 500명의 '투창병'이 있었으며 하물며 로마에 파견 사절로 선발될 정도로 엘리트였을 가능성이 많다.

300년경에 제2트라이아나에서 분견된 란키아리우스는 439명이며, 지휘관은 프라이포시투스였고, 보좌로서 인수 외 백인대장과 기수가 있었으며, 일부 란키아리우스는 말을 타고 있었다고 한다.

■ 팔랑가리우스(Phalangarius)

카라칼라 황제가 파르티아 원정에 대비하여 마케도니아와 스파르타에서 징집한 병사로 창설한 부대로, 파르티아의 중무장 기병에 대항할 목적으로 창설하였다. 나중에 세베루스 알렉산데르(Marcus Aurelius Severus Alexander) 황제도 6개 군단을 팔랑가리우스로 개편하였다고 한다.

동시대 사람인 디오에 따르면 마케도니아의 팔랑기타이를 모방한 장비(장창, 리넨으로 만들어진 갑옷)를 착용하였다고 하는데, 그들의 묘비를 보면 적어도 갑옷 등은 다른 군단병과 같았다. 정말로 장창을 들었는지는 명확하지 않으나, 창을 장비한 것은 틀림없는 사실이다.

'알렉산드로스 대왕을 덮어놓고 흉내 냈을 뿐'이라는 비판을 받고 있지만(특히 세베루스 알렉산데르), 군단병이 대적하기 힘들어하는 페르시아와 파르티아 기병에 대한 대항 수단으로 유일하게 페르시아 기병에게 이긴 병종으로 맞서고자 한 것은 잘못된 생각이 아니었다고 필자는 생각한다.

3세기의 역사가 헤로디아누스(Herodianus)가 인용한 카라칼라 황제가 파르티아왕에게 보낸 친서에 나오는 '로마병은 근거리 창술 전투에서 무적이고, 파르티아병은 말 위에서 활을 쏘는 데 능하다'(4권 10장 3절)는 문장은 이 팔랑가리우스를 표현한 것이라고 해석하는 게 자연스러울 듯하다.

하지만 창병은 특정한 적과 싸우기 위한 일시적인 조치일 뿐 당시 군단병이 늘 창을 주무기로 사용한 것은 아니다.

■ **사기타리우스**(Sagittarius)

의외일 수 있지만, 군단병과 근위병은 궁술 훈련도 받았다. 군단에 궁술 교관 역할을 하는 예비역이 있었음이 확인되었으며, 근위병이 농성전에서 활을 사용한 기록도 있다. 단, 궁술을 익히더라도 공성전 등의 특수한 조건일 때를 제외하고는 궁병으로 싸우는 일은 없었다.

유일한 예외는 제2군단 파르티카였다. 이 군단의 궁병은 군단병이면서 전문 궁병으로서 싸웠다. 이 또한 카라칼라 황제 등이 시행한 파르티아 원정 준비의 일환인 듯하다.

■ **공병, 대형 병기**

로마군에는 오늘날과 같은 공병대, 포병대라는 식의 구분은 없었으며, 백인대 내의 병사가 특무병으로서 겸임하였다. 상세한 내용은 '장비'의 장에서 다루겠지만, 대형 병기에는 대형 화살을 발사하는 것과 돌을 던지는 것의 두 종류가 있었다. 양쪽 모두 동물의 털이나 모발 등으로 만들어진 로프를 비틀거나 말아서 그 반발력으로 발사하였다. 이러한 형식의 병기를 '비틀기 노포(弩砲, Tormenta)'라고 불렀으며, 나무의 탄성을 이용하는 활보다 콤팩트하며 강력하다는 특성을 지녔다.

베게티우스와 카시우스 디오는 모든 군단병이 발리스타(Ballista) 등의 대형 병기 조작 훈련을 받았다고 하는데, 이러한 병기를 몇 대나 가지고 있었는지, 그리고 몇 명의 병사가 조작하였는지는 모른다. '1개 백인대마다 11명이 카로발리스타(Carroballista)를 조작하였다'라는 베게티우스의 문장이 이에 관한 유일한 기술이다. 기원후 1세기경에는 각 백인대가 모종의 공성 병기를 갖추고 있었을 것이다.

보조 부대에는 대형 병기가 마련되어 있지 않았다. 단, 전선의 요새 등에는 방비하기 위해 예외적으로 대형 병기를 갖추고 있었을지도 모르겠다.

■ **나팔수**(Tubicen), **호른수**(Cornicen) **등**

명령 등을 전달한다. 아리아노스에 따르면 군단에는 나팔수가 38명 있었다고 한다. 구체적으로는 사관에게 3명, 군단 기병에 3명, 제1코호르스에 5명, 나머지는 그 밖의 코호르스에 할당되었다(코호르스에 3명, 마니풀루스마다 1명). 또 베게티우스는 군단에 호른수 36명이 있었다고 하였다.

총 병사 수

현재는 군단의 병사 수가 5,120명이었을 것으로 본다. 고대 저술가도 1개 군단의 병사 수를 5,000명으로 보는 경우가 대부분이고, 또 가짜 히기누스(Pseudo-Hyginus)는 군단의 정원을 언급하지 않았지만, 학자들은 제1코호르스 960명, 그 밖의 코호르스 480명, 총 5,280명으로 계산한다.

하지만 1개 군단 6,000명이라는 기술도 많다. 2세기 후반의 폼페이우스 페스투스는 6,200명, 4세기의 세르비우스는 보병 6,000명과 기병 300기, 6세기 세비야의 이시도루스는 6,600과 6,000명, 베게티우스는 6,000명 또는 보병 6,100명과 기병 730기라고 각각 말하였다. 오늘날 정설로 받아들여지는 것은 6,000명이라는 숫자는 노예 등의 비전투원을 포함한 숫자 또는 비상시용으로 증원된 군단의 숫자라는 입장이다.

군단의 실제 병사 수를 직접적으로 알 수 있는 자료는 없지만, 현존하는 군단 퇴역자 보고서 7개를 바탕으로 대략적으로 계산할 수 있다. 2세기 군단(제5마케도니카, 제2트라이아나, 제7클라우디아, 제3아우구스타)의 연간 퇴역자 수는 66~169명으로 서로 차이가 많이 나는데, 이를 근속 연수 25년, 퇴역하기까지 사망 또는 부상으로 생기는 손실 50%(높은 수치로 보일 수 있으나, 근위 군단병의 묘비를 바탕으로 분석한 결과, 손실률이 52%로 계산되었다)로 계산하면, 최소 인원은 제2트라이아나 2,475명(하물며 문서에 기록된 22개 백인대 중 8개 백인대는 대장 부재), 최대 인원은 제7아우구스타 6,338명(퇴역자가 약 180명이 나온 해도 있는데, 이 경우에는 6,750명이 된다), 보고서의 대략적인 중앙값인 퇴역자 100명인 경우에는 3,750명밖에 되지 않아 정원에 확연하게 미치지 못한다.

또 가시우스 디오에 따르면 3세기 페트라 공위전 때 1개 코호르트는 500명이었다고 하므로 변동이 꽤 있었던 것은 틀림없는 사실인 듯하다.

이러한 이유로는 '위험도가 낮은 지역의 군단은 병사 수를 적게 하고, 반대로 위험도가 높은 지역의 군단은 정수 또는 정수 이상으로 증원한다', '각지에 항구적, 일시적으로 분견된 부대의 정보가 자료에 반영되지 않았다' 등을 생각해볼 수 있다.

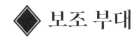 보조 부대

종류

이때까지 보조 부대는 인원수와 조직이 모두 들쭉날쭉하였는데, 제정기에 들어선 후 안정화된다.

새로운 보조 부대는 '병종', '병사 수', '구성'으로 구분되었다. '병종'에는 기병 부대 알라와 보병 부대 코호르스, '병사 수'에는 1,000명 부대 밀리아리아(Milliaria)와 500명 부대 퀸게나리아(Quingenaria), '구성'에는 보병(Peditata) 그리고 기병과 보병의 혼합(Equitata)이 있었으며, 이들 요소로 조합된 여섯 종류의 부대가 있었다.

알라는 기병만으로 구성된 부대로, '1,000명 알라(Ala Milliaria)'와 '500명 알라(Ala Quingenaria)' 가 있었다. 코호르스는 보병으로만 이루어진 '1,000명 보병 코호르스(Cohors Milliaria Peditata)'와 '500명 보병 코호르스(Cohors Quingenaria Peditata)', 혼성 부대 '1,000명 기병 코호르스(Cohors Milliaria Equitata)'와 '500명 기병 코호르스(Cohors Quingenaria Equitata)'가 있었다. 초기에는 500명 부대만 있었는데, 네로(Nero) 또는 플라비우스 왕조 시기에 1,000명 부대가 만들어졌다.

이들 부대는 초기에는 병력을 구성하는 부족의 부족장, 군단 백인대장 출신자, 군단 트리부누스 출신자가 지휘하였다. 하지만 60년대 말에 내란과 부족 반란 등이 있은 뒤로 보조 부대는 기사 계급 출신자가 지휘하게 되었다.

보조 부대 지휘관의 경우에는 통상적인 500명 코호르스는 프라이펙투스, 시민 지원자로 이루어진 코호르스(Cohors voluntariorum civium Romanorum)와 1,000명 코호르스는 트리부누스, 알라는 프라이펙투스가 지휘하였다. 여기에는 서열이 있어서 위에서부터 '1,000명 알라', '500명 알라', '1,000명 기병 코호르스', '1,000명 보병 코호르스', '500명 기병 코호르스', '500명 보병 코호르스'의 순서로 등급이 높았다.

부대명은 '병종명', '번호', '편성 시 병사들의 출신 부족명', '병종·구성·칭호' 등으로 구성되었다. 예를 들어 Ala I Flavia Britannica milliaria civium Romanorum bis torquata ob virtutem이라면 각각 'Ala: 병종', 'Prima: 번호(=제1의)', 'Flavia: 창설한 황제명(=플라비아의)', 'Britannica: 부족명(=브리타니인에 의한)', 'milliaria: 병종(=1,000명)', 'civium Romanorum: 칭호(=병사들에게 로마 시민권 수여)', 'bis torquata: 칭호(=토르크 수여 2회)', 'ob virtutem: 칭호(=군사상 공적에 의한)'라는 뜻으로, 직역하면 '로마 시민권을 수여받은, 군사상 공적으로 토르크를 두 차례 받은 플라비아 황제(베스파시아누스, 티투스, 도미티아누스 중 하나)가 창설한 브라타니아인의 첫 번째 1,000명 알라'라는 뜻이 된다.

이 이름의 핵심이 되는 것은 앞의 세 가지 요소(병종, 번호, 출신 부족)이며, 상기의 예에서는 Ala

I Flavia Britannica milliaria(마지막의 Milliaria는 500명 부대와 혼동하지 않기 위해서 필요한데, Quingenaria 쪽은 보통 표기하지 않는다. 마찬가지로 Peditata도 기본적으로는 표기하지 않는다. 또한 Milliaria는 1,000명을 나타내는 ∞로 표기하기도 한다)로, 부대 창설 시의 이름이기도 하다. '번호'는 이름이 같은 부대가 만들어졌을 때(동일한 시기에 동일 부족에서 병사를 모집하여 복수의 부대를 편성한 경우)를 위한 식별 수단이다. '제1'이 유난히 많은 것은 이러한 이유에서이다. 참고로 그 후에 재차 같은 부족으로 전에 편성하였던 것과 같은 타입의 부대를 만들 경우에는 황제명 등을 넣었다. 상기의 예에서는 'Flavia'가 이에 해당한다. 그 밖에도 Cohors I Flavia Ulpia Hispanorum milliaria civium Romanorum equitata의 'Ulpia(트라야누스 황제)'처럼 포상으로 황제의 이름을 받는 경우도 있었다.

칭호는 부대가 올린 공적이나 부대의 특징 등을 뜻한다. 부대명의 핵심 부분과 달리 이 부분은 순서가 앞뒤로 자유롭게 바뀌기도 하였다.

수뇌부

보조 부대 사령관은 기사 계급으로 이루어지며, 4개의 위계로 나누어진다.

● 제1위계(Militia Prima):
500명 보병 코호르스 사령관(Praefectus Cohortis Quingenariae), 로마 시민병 코호르스 사령관(Tribunus Cohortis Voluntariorum Civium Romanorum)

● 제2위계(Militia Secunda):
1,000명 보병 코호르스 사령관(Praefectus Cohortis Milliariae), 군단 호민관(Tribunus Militum Legionis)

● 제3위계(Militia Tertia):
500명 알라 사령관(Praefectus Alae Quingenariae)

● 제4위계(Militia Quarta):
1,000명 알라 사령관(Praefectus Alae Milliariae)

군단 백인대장은 제1과 제2의 중간에 위치하였을 것으로 추정된다.

병사 수

오늘날 정설로 받아들여지는 보조 부대의 병사 수는 기원후 2세기에 가짜 히기누스가 쓴
정보에 근거한다. 그에 따르면 각 보조 부대의 병사 수는 이하와 같다.

	1,000명 Milliaria	500명 Quingenaria
Ala	24개 투르마	16개 투르마
Cohors Equitata	10개 백인대+240기	6개 백인대+120기
Cohors Peditata	10개 백인대	6개 백인대

그에 따르면 백인대는 80인으로 구성된다고 한다. 이에 공화정기처럼 1개 투르마를 30기
로 보고 계산한 것이 오늘날 정설로 받아들여지고 있다.

	1,000명	500명
Ala	720기(+48기)	480기(+32기)
Cohors Equitata	800명(+40명) 240기(+16기)	480명(+24명) 120기(+8기)
Cohors Peditata	800명(+40명)	480명(+24명)

괄호 안은 사관. 백인대는 백인대장, 옵티오, 기수, 테세라리우스. 투르마는 데쿠리오와 옵티오

하드리아누스 시기에 카파도키아 총독이었던 아리아노스는 1개 알라는 512명, 16개 투
르마라고 기술하였다. 또 199년에 제작된 봉납비(CIL III 6581)에 Ala Veterana Gallica와 Ala I
Thracum Mauretana 두 부대의 데쿠리오 14명씩의 이름이 새겨져 있는 것으로 미루어보아
상기의 숫자는 대체로 맞을 듯하다.

병사 수와 이름이 불일치하는 점에 관련해서는 과거에 다양한 가설이 있었으나, '코호르스
의 경우에는 병사 수가 480명으로 500명에 충분히 근접한 점', '천인대는 10개 백인대로 이루
어지는 점' 등으로 보아 필자는 특별한 모순은 없다고 생각한다. 코호르스에 부속된 기병 수
가 정확하게 2배인 것도, 1,000명 코호르스의 '병사 수'가 '콘셉상의 배수'라는 증거이다. 유일
한 예외는 1,000명 알라인데, 이에 관해서는 언급할 만한 어떠한 이론적인 답을 가지고 있지
못하다. 단, 기병 1,000기로만 이루어진 부대는 지나치게 거대한 탓에 실용성이 떨어져 이름
만 코호르스에 맞춘 것인지도 모르겠다.

이러한 이론상의 수치는 실제로 발견되는 병사 수의 기록하고도(몇 가지 사례를 제외하고) 상당
히 흡사하게 일치한다. 그리고 주요 지점에 보낸 보조 부대 몇 개는 통상보다 큰 증원 부대였
다.

1. 빈돌란다(Vindolanda) 문서(92~97년 5월 13일, Cohors I Tungrorum Milliaria Peditata)

인원수. 괄호 안은 백인대장의 수		전체에서 차지하는 비중(%)	분견처·임무·비고
분견 중인 병사 수	46명	6%	페록스(Ferox)의 사무소·총독의 호위
	337명 (2명)	44.80%	코리아(Coria, 현 코브리지[Corbridge])
	(1명)		론디니움(Londinium, 현 런던[London])
	72명 (2명)	9.50%	5곳의 감시소
			합계: 456명(5명), 60.6%
결근	31명	4%	부상 6명, 눈병 10명
나머지	265명 (1명)	35%	

총 병사 수 752명(6명)

병사 수가 정원에 미치지 못한다(총족률 94%). 요새의 규모가 800명을 수용할 만큼의 여유가 없어 분견대를 전제로 설계된 것으로 보여진다. 부대의 6할은 외부에 파견되었다.

2. 인원수 연간 보고(105~108년, Cohors I Hispanorum veterana Quingenaria Equitata)

총 병사 수 546명(기병 119명 포함), 백인대장 6명, 데쿠리오 4명.

기병 1개 투르마는 평균 29.75명으로, 거의 충족 상태.

보병 총수는 427명, 1개 백인대는 평균 71.7명, 충족률은 약 90%.

이들 중에서 소수의 병사를 여러 곳에 분견. 또 필로볼리다나(부대 근거지에서 약 650km 떨어진 곳)에 수비대를 분견. 도나우강 건너편에 정찰대를 파견. 기병 23기, 데쿠리오 1명, 백인대장 1명(플러스 보병?)으로 이루어진 부대를 도나우강 건너편의 작전 행동에 파견하였다.

3. 인원수 일일 보고(156년 8월 31일, Cohors I Augusta Praetoria Lusitanorum Equitata)

총 병사 수 505명(이 중에서 백인대장 6명, 데쿠리오 3명, 보병 363명).

1개 백인대의 평균은 60.5명(충족률 75.65%), 기병은 114명, 1개 투르마는 평균 38명(3개 투르마의 경우. 4개 투르마일 경우에는 28.5명).

4. 인원수 일일 보고(213~216년, 불명 Cohors Quingenaria Equitata)

총 병사 수 457명(이 중에서 백인대장 6명, 기병 100명, 낙타병 13명).

보병 334명. 1개 백인대의 평균은 55.6명(충족률 69.5%). 기병을 4개 투르마로 구성하면 1개 투르마 평균은 25명(+낙타병 3.25명).

이 중에서 126명(부대의 37.7%)을 코룸(아마도 나일 삼각주인 듯)에 분견.

추가로 영속 분견 및 손실이 약 30명(함대 근무자의 숫자는 불명확하며, 사망 7명, 상병 퇴역 1명).

5. 대원 명부(219년?, Cohors XX Palmyrenorum)

6개 백인대, 5개 투르마, 낙타병 16명. 등록 총수: 1,390~1,451명, 실제 수(기재된 이름 총수): 1,070명

거의 완전한 형태로 발견된 유일한 로마군 병사 기록이다.

백인대는 69, 141, 125, 108, 139, 144명(총 726명)으로 차이가 있으며, 또한 서류상과 실제 병사 수에 큰 차이가 있다. 그 차이는 3배를 넘으며, 기병의 경우에는 2배의 차이가 난다.

기병의 등록 병사 수는 149, 139, 131, 139, 134명으로 통상적인 투르마의 5배에 가까우나, 실제 수는 60, 66, 68, 71, 67명(총 362명)밖에 되지 않는다. 그래도 통상의 2배에 달하는 병력이다.

병사 수에 관해서는, 그들의 주둔지가 파르티아(후일의 사산 왕조)의 최전선 기지라서 대대적인 증원(보병, 기병 모두 2배)이 이루어진 것이라거나, 혹은 이 부대는 사실 천인대이며 병사의 일부(4개 백인대와 3개 투르마)를 영속 분견한 결과라는 주장 등이 있는데, 필자는 전자가 타당하다고 생각한다. 3할을 넘는 '유령 부원'은 백인대장이 유령 부원에게 지급된 급료를 착복한 증거일 것이다. 사실 4세기 이후가 되면 유령 병사를 이용한 급료 사기가 문제로 대두한다. 그러나 이 정도 규모의 급여 사기를 황실 재무실에서 눈치채지 못하였다는 것은 이상한 일이고, 그 이전에 사령부에 제출하는 보고서에 사기 증거를 당당하게 기재한다는 것도 이해하기 힘든 행위이다.

이에 필자는 인플레이션 등의 이유로 궁핍해진 병사에게 돈을 보태 주기 위한 조치였을 가능성을 지적하고 싶다. 예를 들어 1763년에 영국 보병 부대는 총원이 423명이었지만, 그중에서 20명은 '병사의 입원비와 무기·장비 보수 비용, 매장 등의 비용으로 쓰기 위한 유령 병사'였다고 한다. 이와 동일한 제도가 아니었을까? 특히 주목하고 싶은 부분은 보병에 비해 기병대의 유령 부원이 많은 점이다. 틀림없이 말의 유지비가 반영된 결과일 것이다.

6. 인원수 일일 보고(Cohors XX Palmyrenorum)

· 223~225년 3월 27일: 총 병사 수 923명(또는 914나 963명. 기병 223명 포함), 백인대장 9명, 6개 백인대, 데쿠리오 5명, 하급 사관 20명, 낙타 기병 34명(이날의 문장 전문은 제5장에 게재).

그 후 이틀간의 기록은 불완전하지만, 30일은 914명으로, 매일 평균 3명씩을 잃었다. 언뜻 생각하기에는 적은 숫자로 여겨질 수 있으나, 10개월이면 부대가 전멸하는 속도로, 이 시기에 중간 규모의 군사 충돌이 있었음을 나타낸다.

· 225/235년: 병사 766명. 226명은 분견 중. 총 1,102명.

· 239년 5월 27/28일: 기지에 병사 781명(기병 185/233명 포함).

이를 종합하면 Cohors XX는 대략적으로 보병 720명(병사 수 1.5배의 백인대 6개)과 기병 225명(병사 수 1.5배의 투르마 5개)으로 이루어진 부대이며, 230년대에는 상시 200명 이상을 각지에 분견하였다.

7. 팔켄뷔르흐(Valkenburg) 유적(40년경, Cohors III Gallorum Equitata)

1개 백인대의 숙소에 14개 콘투베르니움(Contubernium, 112명)이 머물 수 있는 방이 설치되어 있었다.

8. **곡물수령증**(187년, Ala Heradiana)

부대의 말에게 줄 2만 아르타바(Artaba, 약 574톤)의 공물.

기원후 6세기에 작성된 '말에게 하루에 10분의 1아르타바(약 2.9kg)의 곡물을 제공'이라는 기록과 통합해보면, 말 584마리 분량의 연간 사료에 해당한다.

조직

보조 부대의 병사는 로마 시민권이 없는 속주민이었다. 그들은 군단병에 비해 군역 기간이 길고 임금이 낮았지만, 그럼에도 고향 집에 머물 때에 비해 좋은 급료와 좋은 생활, 또 퇴역 시에 받는 로마 시민권이 매력적으로 느껴져 지원한 자들이었다.

212년에 카라칼라 황제가 제국 영토 내에 있는 모든 시민에게 로마 시민권을 주어 보조 부대에 지원할 이유가 거의 없어졌음에도 불구하고 계속 보조 부대에 지원하여 논의를 불러일으키고 있지만, 아마도 '고향 근처에서 근무 가능', '군단병에 비해 편한 노동 조건'이 매력적으로 느껴졌던 것이 아닐까 하고 추측한다. 아우구스투스 시기에는 로마 시민권을 가진 지원자로 이루어진 보조 부대도 있었지만, 최종적으로는 비로마 시민이 그 자리를 모두 차지하였다.

반란을 막기 위해 제정 초기에는 보조군 병사 대부분을 주둔 지역에서 떨어진 곳의 출신자로 구성하였으며, 부대도 창설된 곳에서 멀리 떨어진 지역에 배속시켰다. 하지만 기원후 40년경부터 차츰 주둔지 출신자를 보조 부대에 받아들이기 시작하였다. 그 이유는 '대량의 신병을 먼 곳으로 계속 보낼 때 드는 비용'과 '현지 상황을 잘 아는 병사를 획득하기 위함' 때문이었을 것이다.

또 궁병(Sagittariorum)과 투석병(Fungitorum) 등 특정한 기술에 특화된 보조 부대도 있었다.

보조 부대의 백인대도, 군단의 백인대와 거의 같은 구조였다. 단, 이름이 동일하더라도 소속 조직에 따라서 미묘하게 직책이 다르므로 주의가 필요하다. 보조 부대 백인대장은 군단의 백인대장과 달리 부대에서 부대로 이동하지 않고, 입단 당시의 부대에 정년까지 계속 머물렀다.

투르마 내 조직은 공화정기에 비하여 상당히 복잡해졌다. 부대 간부는 지휘관인 데쿠리오(Decurio)를 정점으로 하며 '2배급병(옵티오)', '1.5급병(테세라리우스)', '기수(Vexillarius, Signifer)'를 중심으로 사무원이 배속되었다. 폼페이에서 발견된 비문(이름으로 미루어보아 3세기경에 제작된 것)에 근위 기병대 1개 투르마의 구성원 이름이 새겨져 있었다(괄호 안은 필자가 보충한 것).

- Decurio: Iulius Mascellius
- Duplicarius(Optio): Nonius Severus
- Sesquiplicarius(Tesserarius): Julius Victorinus
- -: Aurelius Mucatralis, Aurelius Lucius
- Signifer: Aelius Crescens
- Custos Armorum: Aurelius Victor
- Curator: Aurelius Atero
- Beneficiarius: Aelius Victor
- Librarius: Claudius Victorinus
- Beneficiarius: Iulius Vindex
- Eques: 17명(이름은 생략)

모두 28명인데, 여기에서 중요한 것은 부대 내 지위를 나타내는 이름의 정렬 순서이다. '-' 부분에는 아무것도 적혀 있지 않으므로 그들이 일반병임을 나타낸다. 그들이 남다른 이유는 순서상 그들이 군단의 데카누스에 해당하는 프린키팔레스(Principales)이거나 최선임 병사일 것이기 때문이다. 마찬가지의 격차가 베네피키아리우스에서도 관찰된다. 당시 투르마(백인대) 내에서 각 병사의 등급이 어떠하였는지를 알 수 있는 흥미로운 자료이다.

그 밖의 부대

■ 누메루스(Numerus)

누메루스란 '숫자·집단'이라는 뜻으로, 보조 부대 카테고리에 해당하지 않는 조직의 부대를 지칭한다. 대부분은 다양한 부대에서 징집하였거나 지원한 집단인데, 그 밖에 군단이나 보조 부대에서 온 분견대 집단을 가리키기도 한다.

30~200명 정도로 통상적인 보조 부대에 비해 병사 수가 상당히 적다. 예를 들어 아프리카 의 어느 누메루스 인원수 일일 보고에 기록된 병사 수는 42~63명으로, 평균 57명밖에 되지 않는다. 다른 예를 보면 브리타니아의 제1알라 사르마타룸(Ala I Sarmatarum)의 경우에는 병사 수가 감소하여 누메루스로 강등되었다.

3세기에는 부대에 누메루스 익스플로라토룸(Numerus Exploratorum)이라는 부대가 다수 존재 하였다. 익스플로라토룸이란 '정찰·스파이'라는 뜻으로, 야만 민족들의 영역을 정찰하고 그 동향을 파악하는 역할을 하였다.

■ **쿠네이**(Cunei)

쿠네이(Cunei, 단수: Cuneus)란 '쐐기'라는 뜻으로 쐐기형 진형을 말한다. 이것이 나중에 (쐐기 진형을 펼치고 싸우는 중무장) 기병 부대를 부르는 호칭이 되었다.

■ **동맹병**(Socii, Symmachiarii, Foederati)

로마 이외의 나라나 지역, 부족에서 온 동맹 부대나, 복속시킨 나라 등에서 징집한 병사들을 말하며, 로마군하고는 다른 장비와 전법을 썼다. 로마군이 아니라 현지의 유력자가 지휘관이 되었다.

특수 병과

■ **카타프락트**(Catafractarius)

전신을 철갑으로 감싼 중무장 기병을 로마인은 카타프락트 또는 클리바나리우스(Clibanarius)라고 불렀다. 그들은 동방의 여러 왕국(특히 페르시아, 파르티아)이 자랑하는 결전 병기였지만, 의외로 로마군은 중무장 기병을 도입하는 데 적극적이지 않았다.

자타가 공인하는 신문물 애호가 로마인이 카타프락트를 도입하는 데는 어째서 3세기나 걸렸는가 하면, 오늘날에는 카타프락트를 천하무적 중전차인 것처럼 이야기하지만, 실전에서는 크게 도움이 되지 않았기 때문이다. 로마가 처음으로 카타프락트를 목격한 기원전 190년 마그네시아 전투에서 우익은 동맹 군단과 시민 군단 일부를 패주시켰지만, 좌익은 속수무책으로 괴멸되었고(상세한 내용은 필자의『고대 그리스 중장 보병의 전술』참조), 기원전 69년 티그라노케르타 전투에서는 후방으로 돌아서 돌격해온 군단병의 공격을 받고 싸우기도 전에 괴멸되었으며, 기원전 39년 아마누스산 전투에서는 고지를 점령한 로마군에게 돌격하였지만 오르막길이어서 기력이 떨어진 차에 군단병에게 역으로 무거운 돌 등을 떨어뜨리는 공격을 당해 파멸당했고, 이듬해의 제우그마 전투에서는 지난번 전쟁에서 얻은 교훈을 살려 기마 궁병의 지원을 받으며 야영지 내에 있는 로마군을 공격하려 하였으나 갑자기 뛰쳐나온 군단병의 공격(궁병이 배치되어 있는 곳을 빠져나감으로써 화살 피해를 최소화하기 위해 150m 이상을 달렸다고 한다)을 받고 괴멸(파르티아 황태자도 전사하였다)하는 등 좋은 결과를 낸 적이 없었다. 유일하게 승리를 거둔 것은 크라수스(Marcus Licinius Crassus)가 전사한 카레 전투 때였는데, 이때도 피로와 궁병의 도움으로 철저하게 약체화시켜 겨우 거두어낸 승리였다. 운용을 제대로 하지 못한 탓도 있겠으나, 돌격력이 자랑인 중기병(重騎兵)이 역으로 보병에게 돌격당해 파멸되는 일이 반복되니, 수용할 만한 가치가 없다고 여긴 것이다.

하지만 다키아 지방에서 사르마트족(Sarmatians), 스키타이족(Scythian)의 카타프락트와 마주친 것을 계기로 로마군은 카타프락트를 도입하였다. 첫 번째 로마군 카타프락트는 하드리아누스 황제 시기(2세기 전반)에 창설된 제1알라 칼로룸 에트 판노니오룸 카타프락타(Ala I Gallorum et Pannoniorum Catafracta)라고 한다. 이 부대는 다키아 지방에 인접한 모이시아 속주에 배치되었고, 이후에 창설된 카타프락트 부대도 주로 다키아 지방에 배치되었다. 사르마트족의 카타프락트와 동방의 카타프락트 사이에 어떤 차이가 있었는지는 정확하게 알 수 없으나, 로마인의 반응으로 미루어보아 무언가 결정적인 차이가 있었던 것이 분명하다. 타키투스에 따르면 그들은 '철판 또는 대단히 두툼한 가죽 갑옷(혹은 코트)'를 껴입고 장창과 검으로 무장하였다고 한다.

이리하여 카타프락트가 로마군에 도입되었지만, 이렇다 할 특별한 활동을 하지 않은 (결과적으로) 존재감 희미한 존재였다. 사실 마르쿠르 아우렐리우스의 원기둥을 비롯한 회화 자료에서 카타프락트로 추정되는 기병(철갑을 입은 말)의 모습이 관찰되지 않는다.

최근 연구에서는 카타프락트의 말은 갑옷은 입지 않았다는 의견도 나오고 있다. 앞서 언급한 마르쿠스 아우렐리우스의 원기둥도 그렇지만, Ala Firma Catafractaria 소속 기병의 묘비(3세기)에 등장하는 말도 갑옷을 입지 않았다. 그뿐만 아니라 말까지 갑옷을 입은 로마 기병의 모습은 지금까지 발견된 바가 없다. 아무래도 로마 카타프락트란 말을 탄 병사는 머리끝부터 발끝까지 갑옷을 껴입지만, 말은 무방비 상태인 기병인 듯하다.

클리바나리우스를 카타프락트의 별칭으로 여기는데, 일반인의 인식에서는 그러하나 군사용어로서는 서로 다른 종류의 기병이다. 부대명으로 두 가지가 모두 쓰이는 것이 그 증거이다. 로마군이 클리바나리우스 부대를 창설한 것은 4세기 이후라고 한다. 카타프락트와 클리바나리우스가 동일한 기병이었다면 이미 존재하던 카타프락트라는 말을 사용하지 않을 이유가 없다. 다른 단어를 사용하였다는 것은 두 단어가 다른 기병을 지칭한다는 뜻이다.

이 경우에는 클리바나리우스는 말까지 갑옷을 입힌 페르시아식 중무장 기병, 카타프락트는 말은 갑옷을 입히지 않은 장창 기병이었다고 보는 게 자연스럽다. 3세기에 헬리오도로스(Heliodoros)가 쓴 소설 『아에티오피카(Aethiopica)』에 따르면 페르시아식 카타프락트는 머리에는 마스크가 달린 투구를 쓰고, 찰갑을 입고, 정강이 보호대를 찼다. 말도 머리를 보호하는 가면을 쓰고 찰갑을 입고 정강이 보호대를 찼으며, 장창과 검을 들었고 방패는 들지 않았다고 한다. 이 장비는 두라에우로포스에서 발견된 페르시아의 카타프락트 그림과 (마스크를 제외하면) 거의 일치한다.

4세기 말 무렵의 상황을 기록한 것으로 추정되는 노티티아 디그니타툼(Notitia Dignitatum, 이후로 ND라고 표기)을 보면 카타프락트 부대가 동방으로 편향되게 배치되어 있다(클리바나리우스 부대는 동방은 스콜라이 1부대와 코미타텐세스 6부대, 서방은 코미타텐세스 1부대가 전부. 카타프락트 부대는 동방은 코미타텐세스 5부대와 리미타네이 1부대가 있었던 데 반해 서방에는 코미타텐세스와 리미타네이 각각 1부대씩). 사산 왕조 페르시아의 침략에 대비한 것임이 틀림없다. 말 갑옷은 주로 화살 공격에 대한 방어책이지 검이나 창에 대한 방어책이 아닌 것으로 미루어보아 동방의 기마 궁병에 맞서기 위한 병종인 듯하다.

■ **콘트라리우스**(Contrarius)

양손으로 다루는 장창(Contus)을 장비한 경무장 중기병을 말한다. 기원후 1세기 말경(아마도 베스파시아누스[Titus Flavius Vespasianus] 시기)에 로마군에 도입된 다키아나 사르마티아의 기병을 말한다. 방패를 들지 않고 갑옷을 입지 않는 경우가 많았다.

■ **기마 궁병**

형편없는 평가를 받는 카타프락트과 달리 페르시아와 파르티카의 기마 궁병은 높이 평가된다. 시초는 내란 시기에 폼페이우스가 고용한 기마 궁병이라고 한다. 하지만 플라비우스 시기까지는 전문 기마 궁병 부대가 없었으며, 아마도 기존 부대의 일부였던 듯하다. 초기 기마 궁병 부대는 동방의 여러 민족에서 징집한 병사로 구성되었으며, 마찬가지로 동방의 다키아와 시리아 방면에 배치되었다.

외견과 장비

오늘날에는 군단병은 로리카 세그멘타타를 입고 사각 스쿠툼과 글라디우스와 필룸을 들었고, 보조 병사는 사슬 갑옷이나 판갑을 입고 타원형 방패와 스파타와 창을 들었을 것으로 여기는데, 실제로 군단병과 보조 부대 사이에는 장비 차이가 거의 없었던 듯하다.

우리가 아는 군단병과 보조 부대의 장비 차이는 트라야누스 원기둥에 기초한 것이다. 원기둥 그림에서는 군단병과 보조 부대 병사 사이에 명확한 장비 차이가 있지만, 이는 원기둥이 트라야누스 황제의 다키아 전쟁을 기념하는 것이기 때문이다. 부조는 높이 수십 m 지점에 있지만, 그럼에도 지상에서 구경하는 사람이 올려다보았을 때 거기에 그려진 이야기를 (해설문 없이) 육안으로 파악할 수 있어야 한다. 이에 부조 속 인물들을 한눈에 판별할 수 있도록 표현할 필요가 있었다. 군단병과 보조병의 장비 차이는 판별용 기호일 뿐이다. '당시 사람들이 생각하던 군단병과 보조병의 이미지'를 이해하는 데는 도움이 되겠으나, 그 이상의 정확성을 요구하여서는 안 된다. 사실 완전히 동일한 전쟁을 묘사한 아담클리시 기념비의 군단병은 트라야누스 원기둥의 군단병하고 전혀 딴판이다. 대부분 사슬 갑옷이나 찰갑을 입었으며, 오른팔에는 마니카를 장비하였다.

현재, 군단병은 글라디우스와 필룸을 장비하고 보조병은 창과 스파타를 장비하였다는 장비 차이에도 의문이 제기되고 있다. 차이의 근거가 되는 것은 타키투스 12권 35절에서 보조병과 군단병 사이에 끼인 브리타니아인이 한 '보조병을 향하면 군단병의 글라디우스와 필룸에 죽임을 당하고, 반대쪽을 향하면 보조병의 스파타와 창에 죽임을 당한다(et si auxiliaribus resisterent, gradiis ac pilis legionariorum, si huc verterent, spathis et hastis auxiliarium sternebantur)'라는 말인데, 이는 사실 묘사라기보다 문장 표현의 일종이다. 당시에 글라디우스와 스파타는 둘 다 '검'이라는 뜻을 지닌 단어였으며, 오늘날과 같은 검의 형태상 분류는 후대에 이루어졌기 때문이다.

부조를 보았을 때는 군단병과 보조병은 둘 다 글라디우스, 기병은 스파타를 쓰는 듯 보인다. 또 기병은 몸을 감싸는 타입의 스쿠툼은 방해가 되기 때문에 평평한 방패를 사용하고 있다. 형태는 타원형이 일반적이지만, 육각형 혹은 위아래를 자른 타원형도 있다.

3세기에 들어서면 장비에 큰 변화가 생긴다. 그때까지 주류였던 글라디우스는 자취를 감추고 전군이 스파타를 사용하게 되며, 이에 맞추어 어깨에 메던 검대를 허리에 차고 검을 왼쪽 허리에 매단다. 칼집 끝부분도 칼날 끝 모양과 같은 형태에서 원형과 사각형으로 바뀌었다. 또 방패도 특징적인 장방형 스쿠툼에서, 볼(bowl) 모양의 오목한 타원형 방패가 주류가 되었다. 투구도 머리 전체를 감싸는 타입이 사용되었다.

전투 스타일 변화로 장비 변화가 발생하였다고 하는데, '적에 대처하기 위해서'라는 제임스(James)의 말이 필자에게는 가장 설득력 있게 다가온다. 당시 로마와 대치 중이던 사르마트족과 파르티아, 사산 왕조 페르시아, 고트족은 모두 강력한 기병 전력을 가지고 있어서 좀 더 긴 공격 거리가 요구된 결과가 아닐까?

이러한 장비는 제정 초기에는 개인 공방에서 생산되었지만, 이윽고 군사 물자 생산 거점은 근거지나 요새 내부에 마련된 공방(Fabrica)이 그 일부분을 담당하게 된다. 공방에서 생산된 장비 품목은 다양하다. 이집트에서 출토된 2~3세기의 파피루스에 이틀간 군단 공방에서 생산된 장비 품목이 기록되어 있다. 이에 따르면 공방 작업원은 군단병, 특무병, 보조 보병, 군단 소속 노예, 민간인(감시자 포함) 등이었으며, 생산품은 첫째 날에는 검(스파타) 10자루, 갑옷 또는 마니카 철대(Lamnae Levisatares) 10개, 불명확 6개, 불명확(...peractae) 125개, 무기로 추정되는 것(Telaria) 5개, 짐수레 못이 생산되었다. 둘째 날에는 고리버들 세공으로 만들어진 방패(Scuta Talaria), 평평한 방패(Scuta Planata), 철대, 활, 발리스타용 프레임이 생산되었다.

 # 근위 군단·그 밖의 군사 조직

근위 군단(Cohors Praetoria)

근위 군단의 전신은 집정관의 텐트를 호위하는 친위대(Praetoriani)이며, 아우구스투스가 항구적인 조직으로 개편하였다. 초기 근위 군단은 1개 코호르스 500명의 9개 코호르스로 구성되었지만, 나중에 1개 코호르스가 1,000명으로 증원되었다. 또 근위 군단에는 1,000기의 기병 부대가 부속되어 있었다. 여기에서는 '군단'이라고 번역하였지만, 공식적으로는 코호르스 집단으로 여겨졌다.

아우구스투스는 독재 군주라는 이미지가 생길 것을 두려워하여 로마 시내에는 3개 코호르스만 주둔시키고(한 번에 1개 코호르스만 근무), 나머지는 근교 도시에 분산 배치하였다. 이 때문에 코호르스의 힘이 분산되어 후대와 같은 강력한 힘을 가지지 못하였다.

이것이 변화한 것은 기원후 23년, 근위 군단장 세이아누스의 주도로 근거지(Castra Praetoria)가 로마 시외 테두리에 건설되어 근위 군단의 모든 코호르스가 한곳에 집결되면서부터이다. 그는 동시에 코호르스 숫자를 12개로 늘렸고, 그 군사력으로 절대적인 영향력을 손에 넣었다. 이후로 근위 군단은 때로는 황제를 암살하고 때로는 본인의 뜻에 맞는 황제를 황위에 올렸지만, 그들의 영향력은 순수하게 무력에 의한 것이라 정치적인 힘은 거의 없는 것이나 다름없었으며, 또 통일된 의견을 가지고 움직인 것도 아니었다. 그렇기는 하나 대개 그들은 충성심이 무척 강하였다고 한다.

69년에 시작된 내란 시기에 황위에 오른 비텔리우스(Aulus Vitellius Germanicus)는 선대 황제

오토(Marcus Salvius Otho)의 편을 들었다며 근위 군단을 해산시키고, 자신을 지지하는 군단에서 선발한 병사를 근위병으로 삼았다. 이때 근위병을 16개 코호르스로 늘렸다.

이때 해산된 근위 군단의 전직 병사들은 그의 라이벌인 베스파시아누스 편에 섰고, 그가 황위에 오르도록 힘썼다. 즉위 후에 그는 근위 군단 숫자를 다시 9개 코호르스로 줄였지만, 한 번에 대량으로 제대시키면 내란이 발생할 수 있으므로 천천히 숫자를 줄이는 방책을 썼다 (그의 치세 시대 초기에는 적어도 19개 코호르스가 있었지만, 기원후 76년까지 9개 코호르스로 줄였다). 도미티아누스 황제 시기에 아마도 다키아 쪽에서 일어난 소란에 대응하기 위해 1개 코호르스를 추가하여, 이후로 10개 코호르스가 기준이 되었다.

column 6

제2군단 파르티카

셉티미우스 세베루스 황제가 창설한 제2군단 파르티카는 다른 군단하고는 성격이 다르다. 최소한의 병사 수를 국경선에 고정 배치하는 방어 전략 때문에, 어떤 방면이 위기에 처하였을 때 다른 방면을 희생시키지 않으면 원조 병력을 보낼 수 없는 치명적인 약점이 생겼다. 황제가 자유롭게 쓸 수 있는 예비 전력은 근위 군단뿐인데, 이는 도저히 충분한 병력이라고 할 수 없었다. 이를 보충하기 위해 창설한 것이 파르티카 군단이다.

파르티카 군단의 군단장은 레가투스가 아니라 황제 직속의 프라이펙투스(정확하게는 프라이펙투스 비케 레가티[Praefectus vice legati], 군단장 대리 프라이펙투스)였다. 그들은 기사 계급 출신자였지만, 밑바닥 병사에서부터 백인대장까지 오른 군인이며, 그중에는 수석 백인대장을 두 번 역임한 자도 있었다.

그들의 주둔지는 로마에서 남쪽으로 21km 떨어진 알바눔(Albanum)이었으며, 통상적인 군단의 절반 규모의 근거지가 트라야누스 황제의 저택 옆에 건설되었다. 근거지가 작은 것은 파르티아와 전쟁하는 동안에 군단 대부분이 시리아 아파메아(Apamea)에 주둔하였기 때문인 듯하다. 병사는 근위 군단과 같은 지역 출신자로, 형제가 근위 군단 소속인 병사도 있는 등 실질적인 제2 근위 군단이었다. 나아가 란키아리우스(Lanciarius), 팔랑가리우스(Phalangarius), 사기타리우스(Sagittarius) 등의 특수 병과를 만들었으며, 또한 로마 군단에서 유일하게 제1코호르스에 필루스 포스테리오르(Pilus Posterior, 여섯 번째 백인대)를 가지는 군단이기도 하였다. 3세기 후반의 발레리아누스(Publius Licinius Valerianus) 황제와 갈리에누스 황제가 공동으로 재위하였던 시기에는 군단이 근위병과 마찬가지로 둘로 분할되어 황제 각각에게 할당되었을 것으로 추정되고 있다. 그 후 발레리아누스의 군단은 그가 샤푸르 1세(Shapur I)에게 잡혀 포로가 되었을 때 함께 포로가 되었거나 괴멸하였고, 갈리에누스 지휘하에 있던 군단은 그 후에도 엘리트 군단으로서 이탈리아에서 계속 주둔하였다.

2세기 말에 정권을 잡은 셉티미우스 세베루스는 근위 군단을 해산하고, 자신에게 충성하는 군단병으로 구성된 근위 군단을 편성하였으며, 또 1개 코호르스의 병사 수를 1,500명으로 증원하였다.

3세기 말에 디오클레티아누스가 제국을 네 개로 분할하고 각각에 황제를 세웠을 때 근위 군단도 네 개로 분할되어 각각의 황제에게 보내졌다. 디오클레티아누스 황제 사후에 로마 근위 군단은 최후의 황제 옹립을 하였다. 그들이 선택한 것은 막센티우스(Marcus Aurelius Valerius Maxentius) 황제였지만, 그는 콘스탄티누스 황제에게 패하여 전사하였다. 새로운 황제로 즉위한 콘스탄티누스가 근위 군단을 해산시켜 근위 군단 300년의 역사는 이로써 끝을 맺었다.

그들은 전 군단에서 선발된 정예 병사였고, 나중에는 이탈리아 출신자가 대부분을 차지하였다. 이에 비이탈리아인 속주민으로 구성된 다른 군단에 대해 '진정한 로마군 병사'라는 우월감을 느꼈던 듯하다. 또한 1.5급병(Sesquiplex Stipendium)이어서 로마에서 쾌적한 생활(숙사 유적을 보면 콩나물시루처럼 상당히 비좁았던 듯하지만)을 하였다.

한편 군단병에 비해 엄격한 훈련을 했으며 사기 또한 높았던 제국 최강의 정예병이기도 하였다. 기원후 69년경부터 황제 직할 부대로서 적극적으로 원정에 참여하여 수많은 공훈을 쌓았다. 그들의 마지막 전투였던 312년 밀비우스 다리 전투에서도 전군의 전열이 무너지는 중에도 끝까지 저항하는 모습을 보고 콘스탄티누스가 감동함으로써 불명예 제대를 당하거나 처형되는 일 없이 일반병으로 라인강 방어에 배속되는 수준에서 마무리되었다. 또 218년에 있었던 엘라가발루스군과 마크리누스군의 전투에서, 마크리누스군이 근위 군단병의 갑옷(로리카 스쿠아마타)과 방패를 제거하고(아마도 갑옷은 벗고 방패는 좀 더 가벼운 것으로 바꾸고) 가뿐한 상태로 싸우게 한 것으로 미루어보아 상당한 중장비를 하였던 듯하다(혹은 시리아의 폭염 속에서 지치지 않도록 경량화한 듯하다).

근속 연수는 군단병이 25년이었던 데 반해 16년(초기에는 12년이었으나, 기원후 5년에 16년으로 연장되었다가, 다시 그 후에 18년으로 늘어났다. 군단병이었다가 전속한 경우에는 그때까지 근속한 총 연수가 18년이 되면 퇴역하였다)이었으며, 그 후에는 예비역(Evocatus)으로 근무하기도 하였다. 예비역에는 정년이 없으므로 우수한 병사를 붙잡아두는 데도 이용되었다. 예를 들어 트라야누스 황제 시기의 근위 군단병 가이우스 베덴니우스 모데라투스는 제16군단 갈리카의 군단병(아마도 발리스타 조작원)으로 10년, 근위 군단 제9코호르스의 병사로 8년을 근무한 후 제대하였고, 그 후 예비역(황실 무기고 소속 기술관[Architectus Armamentarii Imperatoris])으로 23년간 근무하였다. 특이한 점은 그가 네로 황제 사후의 내란기에 비텔리우스(Aulus Vitellius Germanicus) 황제 측에서 싸웠음에도, 적이던 베스파시아누스 황제가 그를 근위 군단병으로 삼은 점이다. 코완은 그가 크레모나 전투에서 베스파시아누스군을 열세로 몰아넣었던 발리스타 부대의 일원이었기 때문이 아닐까 하고 추측한다.

또한 기묘하게도 2세기 말 셉티미우스 세베루스 황제 때까지 퇴역은 2년에 한 번씩만 이루어져(서력의 짝수 해), 운이 나쁜 병사는 1년간 더 근무하였다.

근위 군단장(Praefectus Praetorio) 직책은 기사 계급 출신자가 올라갈 수 있는 최고 직책 중의 하나로, 그 권한이 때로는 황제의 뒤를 이을 정도로 강력하였다. 그 밑에는 각 코호르스를 지휘하는 트리부누스가 있고, 각 코호르스의 수석 백인대장은 트레케나리우스(Trecenarius)라고 불렸다. 트레케나리우스란 '삼백인대장'이라는 뜻으로, 원래는 근위 군단의 수석 백인대장을 뜻하였다고 한다. 그의 밑에 300기로 이루어진 호위 기병(스페쿨라토르[Speculator])이 배속되어 있어서 그와 같은 이름이 붙었다.

근위 기병대(Equites Singulares Augusti)

카이사르는 게르마니아인으로 이루어진 호위(Germani Corporis Custodi)를 거느리고 있었는데, 이를 아우구스투스가 이어받았으며 이것이 근위 기병대의 시초이다. 기원후 9년에 토이토부르크에서 3개 군단이 괴멸하였을 때 적군 민족으로 이루어진 부대라 하여 한 차례 해산되었다가 티베리우스 황제 때 게르만 부대(Germani)로서 부활하였다(단, 묘비를 보면 부대원들은 Caesaris Augusti Corporis Custodes라는 옛 이름을 즐겨 사용하였다).

근위 기병대(Equites Singulares Augusti)가 정식 군사 조직으로서 창설된 것은 기원후 1세기 후반 플라비우스 왕조 또는 트라야누스 황제 시기이다. 병력은 1,000기였으며, 근위 군단과는 다른 요새에 주둔하였다. 셉티미우스 세베루스 황제가 즉위한 후 정원이 2,000기로 늘어났고, 이 때문에 새 요새(Castra Nova Equitum Singularium)가 구 요새 옆에 건설되었다. 마지막으로 콘스탄티누스 황제에 의해 근위 군단과 같은 시기에 해산되었다.

그들은 초기에는 게르마니아 인페리오르의 바타비인(Batavi)을 중심으로, 나중에는 게르마니아, 라이티아, 노리쿰, 판노니아의 기병 부대에서 선발된 병사로 구성되었다.

부대 지휘관은 트리부누스였으며, 통상적인 기병 부대와 마찬가지로 데쿠리오가 통솔하는 투르마로 구성되었다.

헌병대(Numerus Statores Augusti)

3세기 이후에는 스타토레스 프라이토리아노룸(Statores Praetorianorum)이라고 하였다. 근위 군단과 같은 근거지에 주둔하였으며, 근위 군단장의 지휘하에 있었다. 지휘관은 쿠라토르 스타로룸(Curator Statorum) 또는 프라이펙투스 스타토룸(Praefectus Statorum)이었다.

스페쿨라토르(Speculatores)

황제의 기마 호위 부대이며, 대략 300기 정도가 있었다고 한다. 호위 군단 트레케나리우스의 지휘하에 있었으며, 부관은 프린켑스 카스트로룸(Princeps Castrorum)이었다. 근위 군단보다 상위 조직이었으나, 근위 기병대가 창설된 후 근위 군단의 일부로 흡수되었다. 그 후 그들이 어떤 임무를 맡았는지에 관해서는 알려진 바가 없다.

비밀 경찰(Peregrini)

본래는 '외부인'이라는 뜻이었다. 지휘관은 프린켑스(Princeps)이고, 부관은 수브프린켑스(Subprinceps)였으며, 그 밑에 여러 명의 백인대장(Centurio Deputatus)이 있었다. 주로 각 군단에서 선발된 병사가 소속되어 있었다. 계급이 높았으며, 백인대장은 군단의 상급 백인대장(Primi Ordines)과 동격이었다.

황실정보단(Frumentarii)

원래는 조세로서 곡물을 징집하던 관리 혹은 군단의 곡물을 징집하는 병사를 지칭하였다. 이전에는 근위병, 특히 스페쿨라토르가 임시로 정보 수집이나 암살 등을 맡았는데, 점차 항구적인 정보 조직의 필요성이 커졌다. 그런 차에 곡물징집병이 업무상의 이유로 제국의 온갖 곳에 들락거리는 것에 주목한 트라야누스 황제가 그들의 네트워크와 지식을 통째로 흡수한 것이 황실정보단이다. 본부는 로마의 카스트라 페레그리나(Castra Peregrina)에 있었으며, 백인대장(Centurio Frumentarius)이 있었다고 한다.

직무 성격상 그들은 민중의 증오를 한 몸에 받았지만, 그들 본인은 자긍심을 가지고 직무를 수행하였다. 디오클레티아누스 황제는 정보단을 폐지하고 민중의 지지를 얻었지만, 그 후 즉시 그보다 더 가차 없는 첩보 조직(Agens in rebus)을 설립하였다.

 # 원정

계획

로마인은 장군에게 필요한 소질은 용맹함이 아니라 주도면밀함이라고 믿었다. 카이사르는 갈리아 전쟁 때 지리, 민족, 습관 등의 온갖 정보를 철저하게 모은 것으로 유명한데, 결코 그가 특별한 케이스가 아니었다.

적 부족과 교류하는 상인과 주변 거주자, 동맹국 사람, 적국 출신 포로와 노예, 군의 정찰 부대(독자 여러분도 '보조 부대'의 장에서 소개한 제1코호르스 히스파노룸[Cohors I Hispanorum]의 일일 보고서에 적지에 파견된 정찰 부대 정보가 기록되어 있던 것을 기억할 것이다) 등에게서 얻은 정보를 바탕으로 장군(이나 황제)은 어느 지점에서 적과 싸울 것인가, 어떤 식으로 진을 치고 어떻게 행군할 것인가, 보급로는 어떻게 구축하고, 그러기 위해서는 어떠한 준비가 필요한가를 결정하였다.

편성

원정은 각지의 군단과 보조 부대의 전부 또는 일부(분견대[Vexillatio])를 모아 '군(Exercitus)'을 편성하는 것에서부터 시작된다(지휘관은 둑스[Dux Excersitus]라고 불렸는데, 정식 관직명은 아니다). 이때 참가 보조 부대는 병종별(보병·기병, 궁병 등)로 통합하여 운용하였다.

전술한 바와 같이 군단을 통째로 빼내오면 그쪽의 방어력이 대폭 저하되어 야만 민족이 침략해올 수 있다. 이에 3세기 이후로는 여러 부대의 일부만을 분견대로 빼내오고 이를 모아 군을 편성하는 것이 일반적이 되었다.

이리하여 편성된 군의 사령관은 황제 본인이거나 두터운 신뢰를 받은 자들이었지만, 사령관이 누구든 최고 책임자는 황제였으며 영예 또한 황제가 독점하였다. 예를 들어 개선식은 황제만 하였고, 실제로 지휘관에게는 그보다 격이 낮은 오르나멘타(Ornamenta)만 허용되었다.

백인대장이나 보조 부대 사령관 등의 직권 범위는 꽤 넓었으며, 백인대장이 보조 부대의 지휘를 하거나, 보조 부대 사령관이 복수 부대와 분견대를 지휘하기도 하였다.

본래 로마군은 적과 결전을 벌이는 것을 첫째로 고려하여 편성되었으며, 기동력을 살려야 하는 게릴라전에는 약하였다. 물론 예외도 있다. 대표적인 예가 퀸투스 이우니우스 블라이수스(Quintus Iunius Blaesus)가 기원후 21~23년에 아프리카 총독으로서 지휘한 타크파리나스(Tacfarinas, 베르베르인들의 왕)와의 전투이다. 소규모 집단으로 기동력을 살린 습격전에 특화된 적군을 상대로, 블라이수스는 전군을 3개 군으로 나누어 진군시키고, 도처에 감시탑을 건설하여 적의 움직임을 봉쇄하고, 나아가 경험이 풍부한 백인대장이 지휘하는 소부대를 각지에 파견하여 적 부대가 어디로 이동하든 늘 그 위치를 파악하고 몰아붙였다.

다키아에서도 마르쿠스 아우렐리우스 황제가 적 부족의 땅에 무수한 감시탑을 세우고 적의 움직임을 감시하였고, 적 부족이 결코 한 지역에 정착하지 못하도록 계속 추적함으로써 적을 지치게 만들어 승리를 거두었다.

이와 같이 시간이 걸리는 형태의 전쟁에는 막대한 예산이 필요하다. 군사 행동에 소요된 자금이 제국 전체 수입에서 몇 %를 차지하였는가에 관한 신뢰할 만한 자료가 존재하지는 않으나, 전쟁기에 이루어진 빈번한 조세와 자금 부족(마르쿠스 아우렐리우스 황제는 군대 운영에 드는 자금을 모으기 위해 본인의 가구를 경매에 부쳤다)으로 미루어보아 전쟁은 무시무시한 기세로 예산을 소모하는 사업이며, 공화정 초기처럼 이익을 기대할 수 없었다고 하겠다.

기원후 70년 베스파시아누스 황제 시기에는 군사비가 국가 예산의 3분의 1을 점하기에 이르렀으며, 기원후 3세기 카시우스 디오에 따르면 카라칼라 황제가 병사의 급료를 증액하여 연간 군사비가 7,000만 데나리우스에 달하였다고 한다(79권 36장).

오늘날 학자들이 추정하는 바에 따르면 아우구스투스 시기(1세기)에 프랭크(Frank): 5,500만(단위는 데나리우스), 맥멀렌(McMullen): 7,850만, 도미티아누스 시기(1세기 전반)에 캠벨(Campbell): 1억2,500만, 맥멀렌: 1억500만, 코모두스 시기(2세기 후반)에 파카리(Pakàry): 3,000만, 홉킨스(Hopkins): 약 1억1,100만, 카라칼라 시기(3세기 초반)에 캠벨: 2억으로, 제국 예산의 절반 이상을 군사비가 점하였을 것으로 추정한다.

보급

제정기에 들어 로마군이 상비군화하자, 보급 계통도 중앙 정부가 관리하게 되었다. 로마군 최고 사령관은 황제였으며, 그가 군사에 관한 모든 결정을 내렸는데, 여기에 물자 배분과 보급 계획 등도 포함되었다. 황제의 결정에 따라서 구체적인 보급 업무를 담당한 것은 황실재무실(a Rationibus)이었다.

평화로울 때는 군이 주둔하는 속주의 총독이 군에 물자를 공급하는 역할을 맡았다. 물자 대부분은 해당 속주에서 생산된 것이었는데, 이로 충당되지 않을 시에는 다른 속주에서 가져다 썼다.

또한 통과하는 지역에서 반강제로 물자를 공급받거나 혹은 염가로 매입하는 일도 빈번하게 있었다. 디오는 보전하지 않고 군사 물자를 시민에게서 징발한 정부를 비난하였다.

원정 등을 갈 때는 회계·공급 임무를 맡는 특별 사관(물자 공급을 담당하는 보급장[Praepositus annonae, Proculator annonae, Praepositus copiarum], 경리를 담당하는 경리장[Proculator Arcae] 등이 있었다)을 임명하였다. 예를 들어 3세기 초 세베루스 황제의 브리타니아 원정 시기에는 코브리지에 '브리타니아 원정군 물자 관리관(Praepositus curam agens horreorum tempore expeditionis felixcissmae Brittanicae)'이 주둔하였다.

물자 보급 루트는 공급선(Commeatus, Vectura)이라고 불렸다. 원정지와 최대한 가까운 속주와 그 주변 속주가 물자 조달 임무를 맡았고, 운반된 물자는 원정 근거지(Stativa)에 집적되었다. 근거지는 수상 교통편이 좋으며 항만 시설이 있는 도시여야 한다는 것이 제1조건이었으며, 로마인(상인)이 많이 거주하고, 사무 소속을 보는 관리가 많으며, 필요 물자 생산 거점이 있고, 적이 습격해올 위험성이 적은 곳이 선정되었다. 208년 칼레도니아(현 스코틀랜드) 원정군의 원정 근거지로서 곡물창고 18채가 증축된 알베이아(현 사우스실즈)가 대표적인 예이다.

원정 근거지에서 온 물자는 군 작전 지역에 마련된 보급 기지에서 관리되었다. 보급 기지는 군이 이동할 때마다 위치가 바뀌었으며, 지역 내의 우호 도시나 야영지 터가 이용되었다.

그곳에서 다시 전선 군단까지 치중 부대가 휴식을 취하거나 연락선을 수비하기 위한 물자 집적소가 중간중간에 있었을 것으로 추정된다. 상세한 내용은 남아 있지 않으나, 군단이 건설한 야영지 터를 이용하는 것이 가장 효율적이었을 것이다. 물자 공급 능력이 뛰어나, 기원후 56~58년에 있었던 아르메니아 전투 때는 산악 지대를 560km 이상 넘어서 저쪽 편에 있는 군에 필요 물자를 공급할 정도의 실력을 자랑하였다.

수송 방법

가장 일반적인 육상 운송 수단은 하역용 동물(Iumenta)을 이용하는 것이었다. 일반 농가에서는 당나귀를 많이 이용하였는데, 군대에서는 노새(당나귀와 말의 잡종)가 널리 사용되었다. 군단과 보조 부대 소속 수송대(텐트 동료나 투르마의 장비 등을 운반하는 수송대)는 되도록 지형에 영향을 받지 않기 위해 짐수레를 사용하지 않고 노새만 사용하였다.

그 외의 치중대(식량과 교환용 장비, 공성 병기 등 담당)에는 이러한 제약이 없었다. 그중에서도 짐수레(Vehicula)가 가장 효율적으로 짐을 육로로 운반할 수 있는 수단으로서 널리 이용되었다. 로마 세계에는 다종다양한 짐수레가 있었으며, 군용 짐수레는 카루스 클라불라리우스(Carrus clabularius), 클라불라리스(Clabularis), 클라불라리스(Clavularis), 클라불라레(Clabulare) 등으로 불렸다. 하역용 동물은 전문 계약 상인이 군에 납품하였다.

물자는 일반적으로 자루에 담아 운반하였으며, 이 자루에는 식별용 청동제 메달을 꿰매 붙였다. 현존하는 메달은 타원형이며, 소속 부대의 약칭이 새겨져 있다. 또 액체(와인)를 수송할 때는 암포라(Amphora)가 아니라 나무통을 주로 사용하였다. 나무통(Vasa, Cupa, Dolium)은 기원전 350년경에 갈리아인에 의해 발명되었으며, 기원후 1세기에는 (특히 군용으로) 널리 사용되었다. 나무통의 주 생산지는 론강 중류 유역이며, 그 밖에 보르도, 부르군트, 모젤 계곡 등의 와인 생산지에 집중되어 있었다. 크기는 작은 것이 높이 24cm 정도(용량 약 2.5L)이고, 큰 것은 2m(용량 약 1,440L)를 넘는다. 큰 것일수록 가늘고 길어지는 경향이 있다. 오늘날의 와인통처럼 수전이 달린 것도 있어서 오늘날과 완전히 동일한 방식으로 내용물을 따를 수도 있다. 또한 빈 나무통은 부교나 뗏목을 만드는 데도 사용되었다.

1개 군단이 얼마나 많은 동물을 필요로 하였는가에 대해서는 여러 가지로 추측되고 있지만, 가장 가능성 높은 수치는 1개 콘투베리날리스당 당나귀 2마리, 군단 기병에 60마리, 백인대장에게 1마리, 수석 백인대장에게 2마리, 총 1,400마리에 교환용 당나귀 수(5~20% 정도쯤 되지 않았을까?)를 합한 수가 군단에 필요한 최소한의 운송력이 아닐까 한다.

여기에 사관들의 짐을 운반하는 동물이 추가된다. 이는 완전히 개인적인 취향 범주에 들어가므로 확실한 추측은 불가능하나, 상당한 양이었을 것은 확실하다. 극단적인 예로는 기원전 48년에 가이우스 아비에누스는 개인 소유물(과 노예 등) 운반에 수송선 1척을 통째로 사용하였다. 또 황제가 되기 전에 티베리우스는 판노니아 원정에 전속 의사, 주방, 욕실, 가마를 포함

column 7

군과 동물

로마군에 대해 이야기할 때 일반적으로 가장 자주 언급되는 동물은 말과 하역용 동물이지만, 문헌 자료에 남아 있지 않을 뿐 로마군 내에는 그 밖에도 다양한 동물이 있었다.

여러 동물 중에서도 가장 많았을 것으로 추정되는 것은 군견이다. 고대 지중해 세계에서는 파수견과 전투용 군견을 널리 이용하였다. 로마와 그리스인은 그리스 북서쪽의 에피루스 지방이 원산지인 몰로수스종 대형견(마스티프나 그레이트 덴, 세인트 버나드 등의 선조)을 주로 키웠는데, 제정기에 들어서면서 전투력이 더 좋은 브리타니아산 전투견을 키웠다. 그들은 징이 박힌 목걸이를 하거나 갑옷을 입었다.

곡물을 대량으로 비축하여야 하는 군대에서는 쥐에 의한 식량 피해로 골치를 썩이곤 하였다. 시궁쥐 한 마리는 연간 약 450kg의 밀을 못 쓰게 만들었다(40.8kg은 먹어 치워서, 나머지는 배설물에 의한 오염으로).

쥐를 잡기 위해 고양이도 키웠다. 고양이 한 마리는 하루에 작은 포유류 3마리 또는 새 1마리를 먹는데, 연간으로 치면 약 1,100마리의 작은 포유류를 잡아먹는다는 계산이 나온다. 이 가운데 500마리가 쥐라면 고양이는 연간 약 225톤, 700명의 1년 치 곡물 배급량에 달하는 밀가루를 지킨 셈이 된다.

그렇다 보니 고양이와 군대의 관계는 무척 밀접하여, 홍해 연안에 있는 요새에서 배 안에 쥐 6마리의 잔해가 든 고양이 미이라가 정성스럽게 매장된 상태로 발견되었을 뿐 아니라 그 밖에도 도나우강과 라인강 라인에 있는 군사 시설에서 고양이 뼈가 다량으로 발견되고 있다. 또 제3군단 키레나이카의 비문에도 고양이상이 조각되어 있다. 어쩌면 군단의 엠블럼으로 사용되었을 가능성도 있다.

나아가 고양이라는 뜻을 지닌 라틴어 카투스(Cattus)가 기록에 처음으로 등장한 것도 군대와 관련이 있다(암고양이를 뜻하는 카타[Catta]는 기원후 75년에 기록에 처음으로 등장). 근위 군단 제3코호르스의 제6백인대가 스스로를 카티(Catti, Cattus의 복수형)라는 애칭으로 불렸다는 기원후 144년의 비문이 그것이다.

전쟁의 길흉을 점치는 새점(더 정확하게는 새의 춤[Tripuary])에는 닭이 이용되었다. 닭은 전문 신관이 새장에 넣어서 키웠으며, 점칠 때 새장을 열어 빵이나 케이크를 주었다. 이때 새가 새장에서 나와서 먹이를 먹으면 길조, 그 이외의 경우(먹이를 먹지 않거나, 새장에서 나오지 않거나, 우는 등)이면 흉조인 것으로 보았다.

하는 짐을 가지고 왔는데, 벨레이우스 파테르쿨루스(Marcus Velleius Paterculus)는 그의 저서에서 티베리우스를 '마차를 타지 않았다'며 칭찬하였다. 이 정도도 당시 기준에서 보았을 때는 상당히 적은 양이었던 듯하다.

짐은 군단의 노예나 민간인이 운반하였다. 로마군에는 칼로(Calo)와 릭사(Lixa)라는 두 종류의 시종 또는 노예가 있었다는 기록이 남아 있는데, 이들의 차이에 대해서는 알려진 바가 없다. 릭사는 일반적으로 군대의 뒤를 따르는 상인을, 문학적으로는 최하급 병사를 지칭하지만, 그 밖에 '공공 노예(Servus Publicus)' 또는 '병사의 시종(Servus Militis)'이라는 뜻도 있다.

또한 필자 생각에는 실버(Silver)가 말한 '릭사는 자유인(해방 노예) 비전투원 및 개인 노예'이고 '킬로는 군 노예'라는 주장이 설득력이 있어 보인다(최소한 베게티우스와 카이사르 등의 증언이 있으므로). 이들 노예와 시종 가운데 무장한 자는 갈레아리우스(Galearius, 투구를 쓴 자)라고 불렸으며, 전투 시에 야영지 수비를 비롯한 다양한 임무를 맡았다. 비문 등에 기병의 시종이 기병의 말이 달아나지 않도록 고삐를 잡고, 왼손에는 교환용 창 2개를 든 모습이 묘사되어 있기도 하다. 벌거벗었거나 또는 허리까지 오는 사슬 갑옷을 입고 있는 듯 보이며, 방패는 들지 않았고, 전장에서는 주인에게 교환용 투창을 건넸을 것이다.

행군

행군 시 대열은 적과 마주칠 것으로 예상되는가 그렇지 않은가에 따라서 달랐다.

기본적으로 정찰대, 전위, 본대(와 측면), 치중, 후위로 구성되며, 본대 양측에는 측면을 경계하는 부대가 붙기도 하였다. 이 중에서 전위, 측면, 후위는 주로 기병이 맡고, 보병은 본대를 형성하였다(군단병은 대열 중앙에 위치하는 것이 기본이었다). 각 부대의 지휘관은 부대를 선도하는 위치에 섰으며, 그 바로 옆에 기수와 나팔수 등을 배치해 긴급 시에 재빠르게 명령을 전달할 수 있도록 하였다. 또 전투 시의 포진 위치에 따라서 순서대로 정렬하는 것이 대략적인 기준이었다.

특히 적과 마주칠 것으로 예상될 때는 방형진을 펼치고 행군하였다.

병사들은 요세푸스에 따르면 6열, 아리아노스에 따르면 4열로 걸었다고 한다.

〈예 1〉: 요세푸스 『유대 전쟁』 3권 115~126장: 기원후 69년. 유대 갈릴리

1. 정찰대(경무장 보병, 궁병)
2. 군단병, (아마도 보조 부대의) 기병
3. 각 백인대에서 10명씩 선발한 설영대와 설영 장비
4. 길 부설, 채벌, 땅 다지기를 할 작업대
5. 장군(베스파시아누스)의 짐, 상급 사관, 기병 호위대

6. 장군, 호위(보병과 기병 둘 다), 장군의 개인 호위병

7. 군단 기병

8. 공성 병기

9. 군단병, 보조 부대장, 그들의 호위

10. 독수리기 및 군기

11. 나팔수

12. 군단병. 백인대장이 선도

13. 군단 소속 시종과 치중대

14. 보조 부대, 동맹병

15. 후위(경무장·중무장한 보병과 기병)

〈예 2〉: 아리아노스 『대(對)알란족 작전(Alanica)』 기원후 135년, 카파도키아(Coh.는 코호르스의 약칭.
보병은 4열로 행진. '~에서'는 그 부대에서 선발된 부대임을 지칭)

■ 전위

1. 기마 정찰대 2부대
   (2개 투르마? 아마도 군단 기병 및 보조 부대의 기병에서)

2. 기마 궁병 2개 투르마
   (Coh. III Petraeorum sagittariorum milliaria equitata에서)

3. 기병(Ala Auriana)

4. 기병(Coh. IV Raetorum에서) 지휘관: 코린트의 다프네

5. 기병(Ala I Augusta Gemina Colonorum)

6. 기병
   (Coh. I Ituraeorum equitata,
   Coh. III Augusta Cyrenaicorum equitata,
   Coh. I Raetorum에서) 지휘관: 데메트리오스

7. 게르마니아 기병 2개 투르마
   (Cohors I Germanorum equitata에서) 지휘관: 야영지 감독관

■ 본대

8. 군기(또는 각 부대 앞에 그 부대의 군기를 모아서 행진한다)

9. 보병(Coh. I Italicorum과 Legion III Cyrenaica의 분견대)

지휘관: 풀케르(Coh. I Italicorum 지휘관)

Cyrenaica 분견대는 100명 플러스 궁병

Italicorum은 아마도 300명 전후

10. 보병(Coh. I Bosporanorum milliaria) 지휘관: 란프로클레스

11. 보병(Coh. I Numidorum)

   지휘관: 벨루스(궁병은 부대의 앞 열에 위치한다)

12. 호위 기병대

   (Equites Singulares: 근위 기병대가 아니라 총독의 호위대)

13. 군단 기병(Equites Legionis)

14. 캐터펄트(정황상 발리스타였을 것으로 추정)

15. 제15군단

   (Legio XV Apollinaris. 란키아리우스→군기→사령관 발렌스

   →상급 사관→트리부누스→제1코호르스 백인대장→군단병의 순서)

16. 제21군단 분견대

   (Legio XII Fulminata. 군기→트리부누스→백인대장의 순서)

17. 동맹병(아르메니아, 트라브존, 코르키아, 리지아 병사)

18. 보병 200명

   (Coh. Apula[Apuleia] civium Romanorum):

   17과 18은 Coh. Apula 사령관 세쿤디누스가 지휘.

   대열이 흐트러지지 않도록 백인대장이 (아마도 대열의 양옆에서) 걸었다.

19. 치중대

■ **후위**

20. 기병(Ala I Ulpia Dacorum)

'측면'

21. Coh. I Bosporanorum과 Coh. I Numidarorum의 기병대

22. Ala II Gallorum(일렬종대로 본대의 옆면을 보호한다)

23. 기병 (Coh. I Italicorum에서. 22와 마찬가지로 일렬종대)

■ **사령관**

24. 아리아노스(카파도키아 총독): 통상은 15의 군기 앞에 위치하지만, 이따금 대열을 둘러보고, 행군이 제대로 이루어지고 있는지를 확인하였다.

〈예 3〉: 238년에 막시무스 트락스(Maximinus Thrax) 황제가 이탈리아를 침공하였을 때는 먼저 정찰병을 보내 어디에도 적이 없음을 확인하고, 또한 평지에서는 폭넓은 방형진을 펼치고 행진하였다. 헤로디아누스에 따르면 군단병의 방형진 중앙에 치중 부대를 배치했고, 측면에는 기병과 모로코인 투창병, 동방인 궁병을 배치했다고 한다. 후위는 막시무스 본인이 이끄는 부대가 맡았고, 전위에는 게르마니아인 용병대를 배치했다.

야영지

제정기의 야영지에 관한 사료로는 기원후 2세기에 쓰인 『데 무니티오니부스 카스트로룸(De Munitionibus Castrorum)』이 있으며, 저자는 가짜 히기누스(기묘한 이름인데, 과거에는 히기누스라는 인물에 의해 집필된 것으로 여겼으나, 현대에는 이것이 부정되고 있기 때문)이다. 그가 묘사한 야영지는 황제가 직접 지휘하는 군 야영지로, 다키아 방면의 작전을 염두에 두고 있다.

아리아노스는 야영지에 대해서는 언급하지 않았지만, 그의 묘사는 아마도 야영지 건설 전 단계로서도 적용될 수 있지 않을까 생각된다.

그에 따르면 목표 지점에 도착하면 먼저 기병이 방형진을 치고, 그 안에 보병(과 치중대)가 들어간다. 동시에 정찰대를 보내 주변 지형을 조사하고, 적의 기습을 경계한다. 보병은 기병의 방형진 속에서 장비를 정비하고 전투에 대비하여 진형을 친다고 한다.

야영지 유적을 보면 야영지 대부분이 여태까지와 같은 정방형이 아니라 변의 길이가 2 : 3

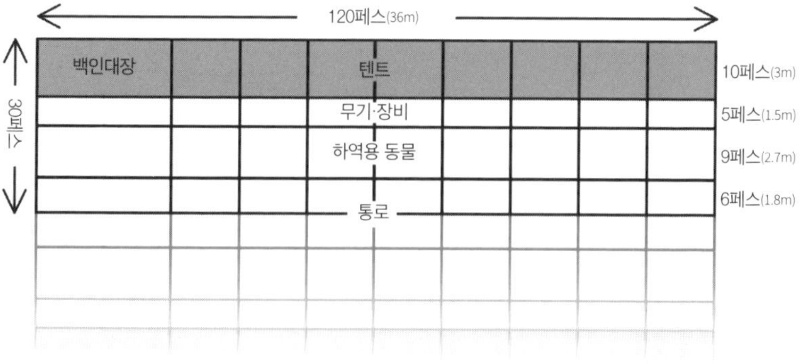

<그림 8>: 『데 무니티오니부스 카스트로룸』에 나오는 1개 백인대의 레이아웃. 가장 기본이 되는 유닛이며, 폭은 120페스(Pes)이고 깊이는 30페스이다. 통로를 서로 마주 보도록 유닛 2개를 연결한다.

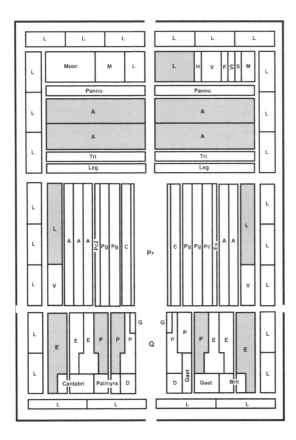

<그림 9>: 『데 무니티오니부스 카스트로룸』에 나오는 군단 야영지. 길리버(Catherine M. Gilliver)가 복원한 것이다. 회색 부분은 천인부대(군단 제1코호르스를 포함)를 나타낸다.
Pr: 프라이토리움, Q: 콰이스토리움, C: 코미테스(Comites, 황제의 측근), Leg: 레가투스, Tri: 트리부누스, L: 군단 코호르스, G: 기병, P: 코호르스(보병), E: 코호르스 에퀴타타, A: 알라, Pg: 근위 코호르스, PC: 호위 기병대, PC 2: 호위 기병대 225기, Es: 근위 기병대 225기, V: 분견대, M: 해병, S: 정찰병, Vt: 수의사, F: 공방, H: 병원, Moor: 무어인 기병, Panno: 판노니아인 기병, Cantabri: 칸타브리아족 기병, Palmyra: 팔미라인, D: 다키아인, Gaet: 가이툴리아인(베르베르인), Brit: 브리타니아인

인 장방형이다. 이는 황금비 장방형에 가까운 비율로, 수학적으로 가장 균형 잡힌 비율이라고 한다. 갑자기 웬 수학이냐고 생각할 수 있지만, 당시 사람들은 수학과 마법, 생물학 등의 학문은 모두 저변에서 연결되어 있다고 믿었다. 수학적으로 균형 잡힌 야영지는 우주적으로 조화가 잡혀 신의 축복을 받을 수 있다고 여겼다.

 훈련

훈련을 행하는 교관은 캄피독토르(Campidoctor), 마기스테르 캄피(Magister Campi), 엑세르키타토르(Exercitator[Exercitator Armaturae]), 아르마투라(Armatura) 등으로 불렸다. 이들의 차이는 비문 등을 바탕으로 추측할 수밖에 없는데, 캄피독토르(연습장의 교관)는 군단에 소속되어 행진과

대열 갖추는 법 등을 가르쳤을 것으로, 엑세르키타토르 또는 켄투리오 엑세르키타토르(Centurio Exercitator)는 스페쿨라토르(Speculatores)나 군단 기병(보조 부대도?)에 소속되어 마상술을 가르쳤을 것으로 추정된다. 마기스테르 캄피(연습장의 장[長])는 엑세르키타토르를 보좌하였다.

이들 대부분은 백인대장급의 사관이자 경험을 충분히 쌓은 병사이기도 하였다.

로마군이 어떤 훈련을 하였는가에 대해 가장 상세한 기록을 남긴 사람은 베게티우스이다. 그는 4세기에 활동한 저술가이며, 그가 '옛 기록을 바탕으로 하였다'고 기술한 바와 같이 현대 학자들은 그의 기술을 대체로 정확하다고 믿는다.

이에 따르면 신병은 4개월간 적정한 훈련을 받았으며, 부적격자는 집으로 돌려보냈다. 처음으로 받는 훈련은 대열을 흐트러뜨리지 않기 위해 동일한 페이스로 걷는 훈련이며, 20로마마일을 5시간(서머타임 적용. 대략 시속 5km) 만에 돌파하는 것이 통상 속도로 행진하는 훈련이고, 동일한 시간 동안 24마일(시속 약 6km)을 가는 것이 빠른 속도로 행진하는 훈련이었다. 달리기, 도약, 수영 등도 함께 훈련하였다.

무기 훈련은 통상적인 무게의 2배에 달하는 목검과 고리버들 세공으로 만들어진 방패를 들고 하였다. 처음에는 나무 기둥을 적으로 간주하고 공격하는 훈련을 오전과 오후에 2회 실시하였다.

기본기가 습득되면 다음에는 아르마투라(Armatura)라는 훈련을 실시하였다. 베게티우스에 따르면 이 훈련을 마스터한 자는 온갖 적을 압도할 수 있다고 한다. 이 특별 훈련을 교육하는 교관도 역시 아르마투라라고 불렀다. 베게티우스는 4세기 시점에도 이 훈련의 일부가 남아 있다고 기술하였다. 다른 훈련처럼 구체적으로 묘사하지는 않았으나, 목검을 들고 하는 스파링 또는 무술 연습의 일종일 것으로 추정된다.

다음에는 던지는 무기 훈련을 하였다. 처음에는 나무 기둥에 창을 던지는 연습을 하였으며, 교관은 훈련병이 바른 자세로 던지도록 세심하게 지도하였다. 또 모든 훈련병이 투석(손으로도 던질 수 있고 슬링으로도 던질 수 있도록) 훈련을 받았다. 이들 가운데 우수한 30~40%의 병사는 활 훈련도 받았다.

기병은 이미 승마(승낙타) 기술을 가진 병사를 제외하고는, 수년간 보병으로 근무한 후에 선발되었다. 기병 기초 훈련도 보병과 거의 다름없었다. 보병은 받지 않고 기병만 받은 훈련에는 말 등에 뛰어 올라타는 훈련 등이 있었다. 베게티우스에 따르면 완전무장한 상태로 말의 좌우 어느 쪽에서도, 설령 말이 뛰고 있을 때도 뛰어 올라탈 수 있도록 훈련하였다고 한다. 기후가 좋지 않은 겨울에도 훈련할 수 있도록 지붕이 달린 곳에 목마를 설치해두었다.

'지붕 달린 승마 훈련장'이었을 것으로 확실하게 추정되는 건축물이나 터는 현재까지 발견되지 않았다. 지붕 달린 승마 훈련장이 존재하였음을 입증해주는 유일한 증거는 영국 네더비(Netherby)에서 출토된 '승마 훈련 회당(Basilica Equestris Exercitatoria)'이라고 새겨진 비문이지만, 회당의 소재지가 어디였는지는 알 수 없다. 다만, 승마 시설에 필요한 크기로 미루어보아 많은 학자들이 승마 훈련 시설은 요새 바깥에 있었을 것으로 추정한다(군단 근거지 가운데 알제리 람바이시스[Lambaesis]에는 요새의 서쪽 15km 지점에 한 변의 길이가 200km인 연습장이 설치되어 있었다).

히피카 김나시아(Hippika Gymnasia)

트로이 게임 등의 기병 경기는 아우구스투스 때 재편성되었는데, 그 중요성을 인식하게 된 것은 동방 세력의 기병 부대 때문에 골치를 앓은 하드리아누스 황제 시기에 들어서이다. 히피카 김나시아도 그러한 시기에서 등장하였다.

이는 마상술 경기의 일종으로, 로마 보조 부대에 있던 다양한 부족의 훈련법을 흡수하여 만든 것이다. 아리아노스가 이 경기에 대해 묘사한 내용에 따르면 기병이 2팀으로 나뉘어 노란색 말총 크레스트가 달린 마스크 부착 투구를 쓰고, 선명한 색깔의 가벼운 방패를 들고 경기에 임하였다. 갑옷은 입지 않고, 화려한 퍼레이드용 옷과 몸에 딱 붙는 바지를 입었다. 말은 호화롭게 장식된 눈가리개와 이마 보호대, 가슴에는 가죽제 가슴 보호대를 부착하였다.

양 팀이 입장하여 한동안 원을 그리며 달리다가 한쪽 그룹(A)이 연단 왼쪽에 정렬하고 테스투도(Testudo) 대열을 한다. 이는 보병의 테스투도를 모방한 것으로, 간격을 좁히고 서서 적에게 등을 돌리고 방패로 등을 보호하는 대열이다. 반대쪽 그룹(B)은 반대편에 선다.

A그룹에서 타깃 역할 2기가 나아가 A그룹의 우익 앞(위치적으로는 뒤지만, 테스투도 대열에서는 전방)에 멈추어 방패를 들면 준비가 끝난다.

B그룹의 기병이 1기씩 타깃을 노리며 전속력으로 달려가 최대한 많은 창을 던진다. 이때 대기하던 A기병이 뛰쳐나와 방패로 몸을 보호하며 방향 전환 중인 B기병에게 창을 던진다.

B기병은 훼방에도 불구하고 타깃 옆을 지나는 데 성공하면 타깃의 주위를 돌아서 자대로

<그림 10>: 히피카 김나시아

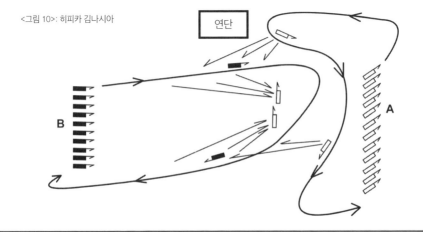

돌아온다. 이때 시계 방향으로 뒤돌아 타깃에게 창을 던진 후에는 즉시 정면을 향하고 방패로 등을 보호한다. 이 기술을 아리아노스는 페트리노스(Petrinos)라 불렀으며, 갈리아에서 기원한 최고 난이도의 기술이라고 한다.

아리아노스는 기술하지 않았지만, 한쪽이 끝나면 선수 교대하여 재차 시행하였을 것이다.

그다음에는 히스파니아 칸타브리아족의 기술에서 기원한 '칸타브리아의 원(Circus Cantabricus)'을 실시하였다. 앞의 두 그룹은 공격 측과 방어 측으로 나뉘어, 앞에서 사용한 것보다 무겁고 던지기 힘든 창을 들고, 각각 원을 그리며 시계 방향으로 돈다. 최대한 두 원이 가까이 위치하도록 돈다. 그리고 스쳐 지날 때 방어 측이 든 방패의 중앙부를 목표로(그 이외의 부위를 노리면 부상의 위험이 있으므로) 창을 던진다. 공격 측이 창을 다 던지면 공수 교대하여 똑같이 반복한다.

이로써 그룹 경기가 끝나면 개인 경기에 들어간다. 아리아노스는 창을 앞으로 내밀고 보이지 않는 적을 쫓는 기술 외에, 갈리아어로 톨루테곤(Toloutegon)이라고 하는 기술을 소개하였다. 이 기술은 전방의 적에게 자신이 돌진해온다고 생각하게 만든 후 즉시 방향을 바꾸며 방패를 뒤로 돌려 등을 보호하며 후방의 적을 공격하는 기술이다.

또 마상이나 지상의 적을 검으로 공격하는 기술과 말 등으로 뛰어오르는 기술을 선보인다. 후자에는 다양한 종류가 있었는지, 나중에는 전력 질주하는 말 위로 뛰어오르는 '여행자'라는 기술까지 나온다.

<그림 11>: 칸타브리아의 원

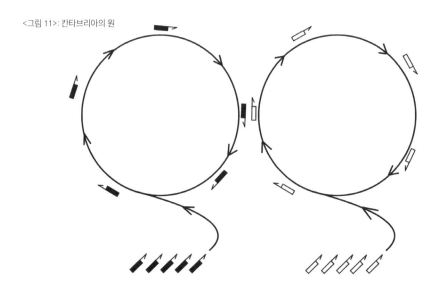

여기에서는 소개하지 않았지만, 로마 기병은 파르티아와 아르메니아 기병 궁병의 전술과 사르마트족 장창 기병과 갈리아 기병의 선회술과 기동술, 도랑과 벽을 뛰어넘는 기술, 승리의 함성 소리에 이르기까지 좋아 보이는 기술은 모조리 탐욕적으로 흡수하였다.

급료

아우구스투스 시기의 급료는 연간 225데나리우스(이후로 D라고 표기)였으며, 세 번 있는 1, 5, 9월 급료일(Stipendium)에 나누어서 지급하였다(1회 75D). 카이사르가 폼페이우스와의 전투를 앞두고 급료를 배로 올렸다고 하므로 그 이전의 군단병 급료는 절반인 112.5D였던 셈이다.

기원후 83년에 도미티아누스가 급료를 연간 300D(3분의 1 증가. 이를 연간 3회이던 급료일을 4회로 늘린 증거로 보는 학자도 있다)로 늘릴 때까지 약 100년간 군단병의 급료는 줄곧 변하지 않았다. 그다음에 급료가 늘어난 것은 세베루스 황제 때이며, 마찬가지로 100년 이상이 걸렸다. 이때 지급한 정확한 급료 액수는 분명하지 않으나, 400~500D로 추정되고 있다.

이 이후로는 급료 액수에 관한 기록이 남아 있지 않다. 모두 추측이다. 아버지 세베루스 황제에게 '병사를 만족시키며, 그 이외에는 아무것도 신경 쓰지 말라'는 말을 들은 카라칼라 황제는 병사의 급료를 추가로 50% 증액하였다. 또 막시무스 트락스가 급료를 배로 늘렸다고 하는데, 학자 중에는 디오클레티아누스 황제 때까지 급료는 변하지 않았다고 보는 사람도 있다.

또 이집트에서 출토된 급료일에 지불될 돈을 운반하는 호위대 문서에 따르면 알라는 7만 3,000D, 코호르트는 6만5,000D, 군단은 34만3,000D를 받았다. 또 2~3세기의 자료에는 보조 병사의 급료가 257.75D였다고 되어 있다.

근위 군단의 급료는 그보다 괜찮아서 군단병이 225D였을 때 375D를 받았으며, 300D로 올라갔을 때는 1,000D로 증액되었다. 하물며 포상금도 군단병보다 많이 받았다.

포상금은 처음에는 기념행사(전승, 황제 즉위, 원정 개시 등) 때 지불되는 임시 하사금이었으나, 나중에는 황제 즉위 기념일, 전승 기념일, 황제나 황족 생일 등의 기념일에 지급되는 보너스가 되었다.

백인대장 이상 계급의 급료는 억측이지만, 현재 유력한 설에 따르면 백인대장의 경우에 공화정 말기에는 병사의 5배, 기원후 1세기 이후에는 15배의 급료를 받았으며, 포상금은 더욱 고액을 받았다. 상급 백인대장과 수석 백인대장은 더 고액의 급료를 받았다. 추측치이기는 하나, 상급 백인대장은 일반 백인대장의 배(병사의 30배), 수석 백인대장은 여기에서 또 배(병사의 50배)를 받았을 것으로 추정되고 있다.

로마군 급료 체계 중에서 현재 가장 권위를 인정받고 있는 것은 스파이델(Michael A. Speidel)

	아우구스투스 (13BC)	도미티아누스 (83/84AD)	세베루스 (197AD)	카라칼라 (212AD)	막시미누스 (235AD)
근위 군단					
병사	750	1,000	2,000	3,000	6,000
백인대장	3,750	5,000	10,000	15,000	30,000
근위 기병대					
기병		700	1,400	2,100	4,200
데쿠리오		3,500	7,000	10,500	21,000
군단					
병사	225	300	600	900	1,800
기병	262.5	350	700	1,050	2,100
백인대장	3,375	4,500	9,000	13,500	27,000
상급 백인대장	6,750	9,000	18,000	27,000	54,000
수석 백인대장	13,500	18,000	36,000	54,000	108,000
야영지 지휘관	NA	18k-24k	36k-48k	54k-72k	108k-144k
트리부누스	NA	8333-9000	16666-18k	25k-27k	50k-54k
군단장	NA	25k	50k	75k	150k
Cohortes Civium Romanorum					
병사	225	300	600	900	1,800
백인대장	3,375	4,500	9,000	13,500	27,000
보조 부대					
Coh.병사	187.5	250	500	750	1,500
Coh.기병	225	300	600	900	1,800
Ala.기병	262.5	350	700	1,050	2,100
Coh.백인대장	937.5	1,250	2,500	3,750	7,500
Coh.데쿠리오	1125	1,500	3,000	4,500	9,000
Ala.데쿠리오	1,312.50	1,750	3,500	5,250	10,500
Coh.지휘관	NA	4,500	9,000	13,500	27,000
Ala.지휘관	NA	15,000	30,000	45,000	90,000

단위: 데나리우스

이 작성한 상기 표이다.

급료 지불일에는 퍼레이드가 펼쳐졌다. 각 병사는 최대한 잘 갖추어 입고 정렬하였으며, 한 사람 한 사람에게 급료가 전달되었다. 하지만 현금으로 지급된 것은 아니다. 급료는 기수가 관리하였으며, 각 병사는 지불 증명서를 수령하였다. 지급 대상자명, 지급자명, 소속 부대명, 지급일, 지급 금액, 경비 징수액, 증인명 등이 기록되어 있었을 것으로 추정된다. 당시 관습으로 미루어보아 서류는 2부를 작성하여 원본은 사령부 지하 금고에서 엄중하게 관리하였을 것이다.

병사의 장비 물품, 식비, 개인 예금, 장례조합 적립금 등은 경비로서 급료에서 제하였다. 급료 1%에 해당하는 정체불명의 징수금이 있었는데, 사무 경비 혹은 시설 사용료였을 듯하다.

이집트 니코폴리스(Nicopolis)에서 출토된 퀸투스 율리우스 프로쿨루스와 가이우스 발레리우스 게르마누스의 기록에 기원후 82년에 2명이 받은 급료와 징수금이 기록되어 있었다. 아쉽게도 그들이 군단병인지 보조 부대병인지 알 수 없지만, 급료는 일 년에 세 번 있는 지급일마다 247.5드라크마(drachma)를 받았다. 여기에서 차감되는 금액은 이하와 같다(d=드라크마)

- 공통·매회 고정: 여물 10d, 식료 80d, 신발·양말 12d
- 공통:
  1월 '야영지의 사투르날리아(Saturnalia)' 20d
  (아마도 전년 12월에 열린 사투르날리아 축제 비용),
  5월: '군기(軍旗)에' 4d
  (아마도 매장 조합 적립금 혹은 로살리아이 시그노룸[Rosaliae Signorum] 축제 비용)
- 복식비(프로쿨루스):
  1월 60d (항목명을 확인할 수 없으나, 정황상 거의 틀림 없다)
  9월 145.5d
- 복식비(게르마누스): 1월 100d, 9월 145.5d
- 징수금 합계(프로쿨루스): 1월 182d, 5월 106d, 9월 247.5d
- 징수금 합계(게르마누스): 1월 222d, 5월 106d, 9월 247.5d

이를 보면 지급되는 옷은 몇 종류의 등급 중에서 선택할 수 있고, 각각 가격이 달랐던 듯하다. 또 급료에서 상당한 금액이 차감되는데, 나머지는 모두 개인의 통장에 입금되었으며, 또 출금한 흔적도 없는 것으로 미루어보아 지급품만으로 충분히 생활할 수 있었거나 또는 잡비를 별도 수입으로 충당하였던 듯하다.

하지만 이 급료가 병사 실수령액의 몇 %를 점하였는가에 대해서는 의견이 분분하다. 왜냐하면 정기적, 부정기적으로 지급된 포상금 전액을 알 수 없기 때문이다. 급료는 거의 동일하였다고 보는 것이 오늘날의 견해지만, 이 또한 추측에 지나지 않는다.

기원후 2세기 후반에 이집트에서 발견된 편지에서는, 검의 가격이 30드라크마(20데나리우스)로, 청동제 갑옷의 약 4분의 1 가격이었다. 당시 병사의 급료가 연간 300데나리우스였다고 치면 고가인데, 편지를 쓴 병사가 이 가격을 파격적으로 저렴한 가격으로 보았다.

그 후 3세기가 되기 전에 안노나 밀리타리스(Annona Militaris)라는 제도가 제정되어 이후로는 급료에서 식비가 차감되지 않게 되었다. 남은 돈은 저축할 수 있었겠지만, 그래서 병사의 생활이 개선되었는지는 알 수 없다. 왜냐하면 막시미아누스(Marcus Aurelius Valerius Maximianus) 이후로 급격한 인플레이션이 발생하였음에도 급료가 올랐다는 기록이 남아 있지 않기 때문이다. 예를 들어 301년 디오클레티아누스가 시행한 가격 통제령에 따르면 최저 품질의 여성용 튜닉이 3,000데나리우스였는데, 이는 군단병 연간 수입인 1,800데나리우스의 배에 가까운 가격이다.

■ 퇴직금

퇴직금은 기원후 6년에 아우구스투스가 설립한 자금 금고(Aerarium Militare)에서 지급되었다. 그는 자비 1억7,000만 세스테르티우스(Sestertius)를 투자하여 기금을 만들고, 장래의 자금 공급원으로 경매의 1% 세금(centesima rerum venalium)과 5%의 상속세(vicesima hereditatum)를 제정하였다. 퇴직금(Praemium)은 아우구스투스부터 클라우디우스 황제 시기까지 군단병에게 3,000데나리우스를 지급하였고, 카라칼라 황제 시기에 5,000데나리우스로 인상하였다.

퇴역 시에는 퇴역 증명서(Diploma)를 주었다. 증명서가 발행되는 것은 군단병(기원후 70년 이후로는 거의 발생하지 않았다), 보조 병사, 근위 군단병, 해군병을 비롯한 각 조직의 퇴역자였으며, 결혼 허가(엄밀하게는 배우자와 그 자식에게 시민권 부여), 비로마인 병사에 대한 로마 시민권 부여 증명, 퇴역자에 대한 각 특권 증명 등을 보증하는 중요한 서류였다.

증명서는 로마에서 작성되었다. 퇴역자 리스트가 황제의 승인을 받아 법령(Constitutio)으로 포고되면 그해의 모든 퇴역자 이름이 적힌 청동판이 제작되어 로마 시내(아우구스투스 신전 등)에 게시되었다.

동시에 퇴역자 본인에게 전달될 증명서가 작성되었다. 증명서는 중앙에 구멍이 2개 뚫린 청동판 2장이었다. 한쪽 판에는 법령의 전문이, 다른 한쪽 판에는 증인 7명의 이름이 각각 새겨졌다. 문장을 확인한 후 청동판 2장을 겹쳐 철사로 단단하게 고정하면, 앞서의 증인이 각각 봉랍으로 증명서를 봉인하였다. 이 봉인에 반원형 커버를 씌우면 증명서가 완성된다. 증명서는 위조 의혹이 있을 때 외에는 열지 않으므로 겉면과 달리 안쪽 면은 상당히 대충 작성하는 것이 보통이었다.

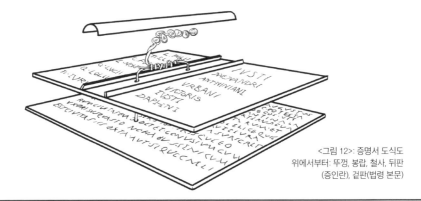

<그림 12>: 증명서 도식도
위에서부터: 뚜껑, 봉랍, 철사, 뒤판
(증인란), 겉판(법령 본문)

제4장
제정 후기

3세기의 위기라 불리는 시대에 로마는 연달아 발생한 내란으로 방어력이 크게 저하되었다. 235년부터 284년까지 황제의 평균 통치 연수는 불과 2년에 불과하였다. 정세 안정화를 도모할 시간이 없었고, 나아가 군인 출신 황제에게 정무 능력이 없었던 것도 재앙이었다. 내란에서 살아남기 위한 병력 강화, 충성심 유지를 위한 포상 연발, 방어비 등을 확보하기 위한 대규모 화폐 개량 탓에 물가는 제동 장치 없이 한없이 상승하였다. 예를 들어 이집트에서는 밀 1아르타바(약 27L)가 2세기에는 8드라크마였던 것이, 3세기 중반에는 24드라크마, 3세기 후반에는 220~300드라크마가 되었다. 여기에 박차를 가하듯이 역병이 대유행하면서 로마 경제는 회복 불가능할 정도로 타격을 입었다.

이와 같은 상황에서 갈리아 제국, 팔미라 왕국의 독립과 새롭게 대두한 사산 왕조 페르시아, 게르만계 알레만니족, 색슨족, 고트족 등의 침공이 잇따라 발생하였다.

■ 디오클레티아누스 황제의 개혁

284년에 즉위한 디오클레티아누스 황제는 대대적인 개혁에 착수하였다. 제국을 4개로 분할하고, 정제(正帝) 2명과 부제(副帝) 2명이 각각 제국의 동서쪽 방어를 담당하는 사두정치(Tetrarchia, 四頭政治) 제도를 도입하였다. 동시에 속주를 세분화하고, 지방군의 명령 계통을 개혁하고, 관료와 군인의 경력을 좀 더 명확하게 나누어 능력 있는 사관을 공급할 수 있도록 하였다. 이러한 개혁은 모두 제국 국경 수호라는 군사적인 목표에 맞추어 이루어졌으며, 제국의 모든 통치 기구는 전쟁을 위해 존재하게 되었다.

군대를 전선에 상주하며 국경선을 지키는 '방위 부대'와 후방에서 대기하다가 위기가 발생한 곳으로 뛰어가거나 경우에 따라서 적지를 침공하는 '기동 부대'의 두 종류로 정리한 것도 디오클레티아누스 황제라고 한다. 기동 부대는 결코 새로운 것은 아니었다. 2세기 말의 제2군단 파르티카를 비롯하여 기존에도 존재하던 것이다. 하지만 그는 이를 한층 발전시켜 코미타투스(Comitatus)라는 부대를 편성하였다. 코미타투스는 기병과 보병 모두를 포함하는 부대로, 황제 4명을 호위하는 존재였다. 그들이 정말로 기동 부대의 핵을 이루는 존재였는지에 대해서는 여전히 논의가 이루어지고 있지만, 적어도 그에 가까운 존재였던 것은 확실하다.

■ 콘스탄티누스 황제의 개혁

324년에 로마의 단독 황제가 된 콘스탄티누스 황제는 대규모 군 개혁에 착수하였다. 그는 '야전군'과 '방어군'을 명확하게 나누고, 전자는 코미타텐세스(Comitatenses), 후자는 리미타네이(Limitanei)라고 불렀다.

방어군은 전선 부근의 요새와 도시에 주둔하며 도적 등의 범죄 집단이 출몰하거나 소규모 습격이 있을 때에는 요새에서 출격하여 이를 격파하였고, 대규모 집단을 상대할 때는 요새로 대피하였으며, 만약에 적이 요새를 포위하면 적의 보급이 끊겨 철수하든가 후방에서 원군이 도착할 때까지 시간을 벌며 적의 발을 묶었고, 만일에 적이 다른 요새를 포위하거나 요새 안으로 공격해 들어온 경우에는 소규모 부대를 출격시켜 적의 정찰대와 물자 조달대를 공격함으로써 적이 철수하지 않을 수 없게 만들었다. 한편 야전군은 대규모 습격군을 격퇴하거나 적지에 쳐들어갈 때 중심 부대가 되었다.

제국의 안전 보장 정책이 방어 중심이 되면 요새의 구조도 변한다. 이때까지 요새는 방어 시설이 아니라 행정, 비축, 작전의 중심지였으며, 본격적인 공성전은 상정한 적이 없었다.

하지만 3세기 후반부터 4세기에 걸쳐서 요새는 방어 거점으로서의 성격이 강해졌다. 새로운 구조의 요새는 기존의 장방형에서 정방형이 되었고, 벽의 두께도 두꺼워졌다. 오래된 요새는 많은 경우에 성문을 하나만 남기고 폐쇄하였으며, 문 양쪽에 세워진 탑을 연결하여 반원형의 탑을 세웠다.

또 성벽과 모퉁이에 세워져 있던 탑도 지금까지와 달리 바깥쪽으로 튀어나오도록 건축하여 성벽에 매달린 적을 측면에서 공격할 수 있게 하였다. 내부 구조의 경우에는 성벽을 따라서 나 있던 통로가 없어졌으며, 숙소는 벽 가까이에 건축되었다.

또 가도(街道)에는 감시탑이 설치되어 요새화된 자재 저장 창고를 한눈에 볼 수 있게 되었다. 주요 하천의 상류 지점(선원의 휴식 및 교대, 보수 작업 등에 이용된 소규모 요새)에는 강 쪽으로 길게 튀어나온 성벽이 추가되었다.

■ 주력 병종의 변화

4세기 말까지 로마군의 주력 병종은 보병이었으며, 기병의 주된 역할은 보병을 지원하는 것이었다. 하지만 6세기에 들어서면서 기병이 전투의 주력 병력이 되었으며, 보병은 전열을 유지함으로써 기병이 재집결하거나 퇴각할 장소를 제공하는 역할을 하게 되었다. 이러한 변화가 생긴 이유는 당시 로마 세계를 위협하던 유목민(4세기의 훈족, 5세기의 불가르족[Bulgars], 6세기의 아바르족[Avar])의 영향 때문이었다.

그리고 보병의 전열은 밀집 대열로 바뀌어 적의 공격을 막아내는 것이 주된 역할이 되었다. 보병은 콘투베리날리스 8명이 1열의 종대를 이루었다. 제일 앞 열은 가장 경험이 풍부한 리더로 이루어졌으며, 옆 병사와 방패를 연결하여 방패 벽을 만들고, 창과 검으로 전투하였다. 나머지 병사는 머리 위로 투창이나 플룸바타이(Plumbatae)를 비롯한 여러 투척용 무기를 던져 제일 앞 열을 지원하였다.

또 이 시기는 기마 궁병의 규모가 확대된 시기이기도 하다. 5세기까지 로마 기병의 전술은 그때까지와 마찬가지로 적군 기병 제거, 아군 보병 엄호, 도주하는 적군 추격이 주된 역할이었는데, 5세기에 들어서면서 훈족이 사용하는 강력한 복합궁(=합성궁)과 그들의 전술을 도입하여, 기마 궁병이 공격한 후에 이어서 중무장 기병이 공격하는 방식으로 자웅을 겨루게 되었다. 6세기가 되자 기마 궁병은 갑옷을 껴입고 중무장을 하기 시작하였고, 유스티니아누스 1세(Justinianus I, 6세기 전후)의 이탈리아 재정복에서 큰 역할을 하였다.

이 시대의 군대는 이전 시대에 비해 훨씬 소규모였다. 할든(Haldon)의 계산에 따르면 6세기경 제국의 총 병력은 30만~35만 명 정도였으며, 대부분이 지방 방위군이고, 원정군의 규모는 기껏해야 1만6,000~3만 명이었다고 한다. 『스트라테기콘(Strategikon)』에 따르면 통상의 원정군은 5,000~1만5,000명, 대규모 원정군은 2만 명가량, 베게티우스에 따르면 통상의 원정군은 1만2,000명, 대규모 원정군은 그 2배를 넘지 않았다고 한다. 사료에는 7,500~3만 명이라고 기록되어 있다.

수뇌부

이 시기 최대의 변혁은 순수한 직업 군인 사관이 생겨난 것이다. 이는 3세기에 직위 선정 기준이 기존에 비해 실력주의로 이행한 결과, 원로원 의원이 군사 직위를 차지하기 어려워진 것에서 발단되었다. 공석인 직위 대부분을 기사 계급 출신자, 그것도 군 경력자가 차지하게 되었다. 그들 중에는 밑바닥 일반 병사에서부터 용기와 실력으로 올라온 자도 있었으며, 황제 자리까지 오른 자도 있었다.

실력주의가 만연함에 따라 정부 내부에 군인과 관료라는 두 가지 루트가 생겨났고, 기존의 군정 양립 전통이 사라지게 되었다.

마기스테르 프라이센탈리스(Magister Praesentalis)

야전군을 지휘하는 장관은 마기스테르 프라이센탈리스라고 불렸으며, 황제 직속 최고 군사령관이었다. 그 정점에 있는 것이 마기스테르 밀리툼(Magister Militum)이고, 그 밑의 마기스테르 에퀴툼(Magister Equitum, 기병 부대 지휘관)과 마기스테르 페디툼(Magister Peditum, 보병 부대 지휘관)

이 각 야전군을 실제로 지휘하였다.

둑스(Dux)

2세기경부터 관료(특히 원로원 계급)와 군인의 경력을 분리하려는 움직임이 생겨났는데, 이를 처음으로 정책으로서 분명하게 제시한 사람은 갈리에누스 황제(253~268년)였다. 그 후 디오클레티아누스 황제가 군인과 문관을 분리하면서 속주 총독은 군사 지휘관을 잃게 되었다. 속주 군사령관은 둑스(Dux)라고 불렸으며, 여러 속주를 방위하는 경우에는 둑스 리미티스(Dux Limitis, 국경의 둑스)라고 불렸다.

테오도시우스 법전에 따르면 둑스의 임무는 코미타텐세스를 제외한 지방군의 지휘와 국경 방위, 국경 방위선의 정비 및 수리, 새로운 요새 건설, 신병 징집과 분배, 군수 물자 공급, 근위 군단장(근위 군단은 콘스탄티누스 황제에 의해 해산되었으며, 군단장직은 군의 곡물 공급 담당 사관으로 역할이 바뀌어서 남았다)에게 계절별로 보고서를 제출하는 것 등이었다.

코미테스(Comites)

원래는 황제 등의 측근을 지칭하였는데, 이 시대에는 다양한 관료와 군인을 지칭하였다. 군 지휘관인 코미테스 레이 밀리타리스(Comites rei militaris), 테오도시우스 법전에는 코메스 리미티스(Comes Limitis)라는 직책이 기재되어 있고, 그 외에도 소규모 부대 지휘관부터 둑스에 필적하는 일개 지방군 사령관까지 다양한 위계의 코미테스가 존재하였다. 둑스와 코미테스의 직분과 위계는 시대의 정세에 따라서 크게 변하여 그 변화의 전모를 모두 설명하는 것은 불가능하다.

부대 지휘관

다양한 부대의 지휘관에는 프라이포시투스(Praepositus), 트리부누스(Tribunus), 프라이펙투스(Praefectus)라는 세 종류의 명칭이 부여되었다. 세 종류의 사관직에는 명확한 직무와 담당 부서의 차이는 없었으며, 한데 뒤섞여 존재하였다.

본래 프라이포시투스는 소규모 부대 지휘관을 지칭하는 말로, 백인대장이나 트리부누스, 프라이펙투스 등이 누메루스나 분견대 등을 지휘할 때의 직책이었는데, 그 후 종류가 늘어나 제정 후기에는 확인된 것만으로도 프라이포시투스 리미티스(Praepositus Limitis), 레기오니스(Legionis), 아욱실리이(Auxilii), 코호르티스(Cohortis), 밀리티스(Militis), 에퀴툼(Equitum)의 여섯 종류 프라이포시투스가 있었다.

군 개혁에 동반하여 트리부누스도 군의 사관과 같은 역할을 하게 된다. 최고 등급 트리부누스는 스콜라이의 지휘관이 되었다.

ND(노티티아 디그니타툼)에는 프라이펙투스가 다양한 군단의 지휘관으로서 동서의 두 제국에 등장하는데, 알라 사령관으로서는 서방 제국에서만 등장한다.

야전군(Comitatenses, Palatini)

제국 내로 침입해온 세력을 요격할 때, 국경 밖 적 세력과 전투하러 원정을 떠날 때 중핵이 되는 부대였다. 초기에는 중앙 코미타텐세스뿐이었으나 다방면에서의 공격에 대응하기 위해 지방 코미타텐세스도 창설하여 ND에는 12개 야전군이 기록되어 있다. 병사 수 측면에서는 야전군이 로마군의 약 40%를 차지하였다고 한다.

야전군은 추정치로 약 500기가 소속된 벡실라티오 코미타텐세스(Vexillatio Comitatensis)라는 기병대와 추정치로 1,000~1,200명이 소속된 레기오 코미타텐세스(Legio Comitatenses)라는 보병대로 이루어졌다. 하지만 실제 병사 수는 이보다 훨씬 적었다고 한다.

보조 팔라티니(Auxilium Palatinum)

콘스탄티누스가 325년경에 편성한 부대이다. 나중에 코미타텐세스와 팔라티니로 분리되면서 팔라티니가 되었다.

팔라티니(Palatini)

코미타텐세스의 지방 야전군이 창설된 후 중앙 야전군에 붙은 칭호이다. 지휘관은 마기스테르 에퀴툼(Magister Equitum[in Praesenti/Praesentalis])이며, 위계적으로는 코미타텐세스의 위, 스콜라이의 아래에 위치하였다.

기병 부대는 벡실라티오 팔라티나이(Vexillationes Palatinae)라고 불렸으며 500기가 소속되어 있었다. 보병은 레기오 팔라티나이(Legiones Palatinae) 1,000~1,200명과 그보다 적은 보조 팔라티니(Auxilia Palatina)로 구성되었다.

프세우도코미타텐세스(Pseudocomitatenses)

코미타텐세스에 부속된 방위군 부대로, 프세우도(Pseudo)는 그리스어로 '가짜의, 거짓의'라는 뜻이다. (원정 등의) 필요에 따라서 방위군 부대에서 특히 숙련도가 높은 부대를 선발하여 만들었으며, 보병으로 구성되었다. 378년에 아드리아노플에서 크게 패한 후 전력을 보충하기 위해 다수의 프세우도코미타텐세스를 방위군에서 선발하였다.

 # 방위군(Limitanei)

국경 부근의 도시를 중심으로 전선 지역의 방위와 치안 유지를 맡았으며, 원정군이 편성될 시에는 병력을 제공하였다. 프라이포시투스(Praepositus)가 각 부대의 지휘를 맡았고, 그 위의 속주 통치관(Comes, Dux, Praepositus 등)이 지역 전체를 지휘하였다. 5세기경에는 전군의 60%가 방위군이었다고 한다.

초기에는 직업 군인으로서 국가에서 급료를 받았으며 질도 야전군과 다름없었으나, 점차로 반농반병(半農半兵)으로 변하였고 질도 떨어졌다. 또한 우수한 지원자를 야전군에 우선적으로 보낸 것도 방위군의 질 저하에 한몫하였다.

리펜세스(Ripenses)

특정한 부대명이 아니라 방위군의 상급 부대(군단 등)를 지칭하는 카테고리 명칭이다.

아욱실리아레스(Auxiliares)

기존의 보조 부대와 명칭은 같으나 전혀 다른 부대로, ND에만 등장하는 보병 부대이다. 콘스탄티누스 또는 그의 아버지 콘스탄티우스 클로루스(Constantius I Chlorus)가 창설한 갈리아나 게르마니아의 여러 부족 병사로 편성한 부대인 듯하다.

에퀴테스 프로모티(Equites Promoti)

현재는 갈리에누스 황제가 설립한 것으로 받아들여지고 있다(여태까지는 디오클레티아누스 황제가 설립한 것으로 보았다). 황제 직할 기병 부대로, 군단 기병 및 코호르스 에퀴타타(Cohors Equitata) 기병에서 선발한 병사로 구성되었다. 그 후 황제 직할 부대에서 방위군으로 변경되었다.

벡실라티오네스(Vexillationes)

갈리에누스 황제 후에 창설된 부대인 듯하다. 그가 증원한 군단 기병이 분리되어 독립 부대가 되었다. 위계 수준은 군단과 같았다.

레기오네스(Legiones)

군단을 뜻한다. 디오클레티아누스 황제는 잇따라 군단을 창설하여 군단 수를 60개로 늘렸다. 이때 군단의 병력은 대략 1,000명이었으며, 이에 맞추어 당시 군단 근거지는 규모가 대폭으로 축소되었다(5,000명 규모 군단의 경우, 증원 인원 10만 명을 징집하는 것은 인적 자원 측면에서 불가능하다). 하지만 실상은 종래 군단의 총 병사 수가 1,000명으로 줄어든 게 아니라 각지에 파견된 분견대가 독립하여 그렇게 보일 뿐이다. 예를 들어 4세기의 제3이탈리카는 레겐스부르크(Regensburg), 베르그호프(Berghof), 켐프텐(Kempten), 퓌센(Fussen), 지를(zirl)을 수비하였을 뿐 아니라 야전군에 병력을 분견하기도 하였다.

에퀴테스(Equites, Cunei Equitum)

그 밖의 기타 기병 부대이다. 양자 사이에는 차이가 없으며, 단순히 이전 시대의 명칭을 계속 사용하였을 뿐인 듯하다. 중무장 기병 부대였던 듯하다.

알랄레스, 코호르탈레스(Alales, Cohortales)

이전 시대의 보조 부대인 알라와 코호르스이다. 이 당시에는 (군단병이 감소한 것과 같은 이유로) 상당수가 감소한 것으로 관찰된다(어떤 요새에서는 옛 면적의 10%밖에 사용하지 않게 되었다고 하니, 단순 계산하면 50명밖에 없었던 셈이 된다). 모든 리미타네이 중에서 가장 위계가 낮은 부대이다.

알라는 콘스탄티누스 황제 시기에 없어졌으며, 코호르스는 아욱실리아(Auxilia)와 교체되어 배후지로 이동하였다.

 기타

스콜라이(Scholae Palatinae)

친위 기병대. 지휘관은 트리부누스이며, 제1순위 코메스(Comes)와 동격이고, 임기 후에는 지방의 둑스(Dux)와 동격이 되었다. 반란을 일으키지 않도록 총사령관은 없었으며, 황제가 직접 지휘하였다. ND에는 동방에 7개, 서방에 5개 스콜라이가 있었다고 기록되어 있다. 서방 스콜라이는 6세기 테오도리쿠스(Theodoricus) 시기까지 존속하였으나, 동방은 5세기의 레오 1세(Leo I) 치세 때 엑스쿠비토르(Excubitor)로 교체되었다.

프로테크토레스(Protectores)

본래는 '호위'나 '측근'이라는 뜻으로, 요직에 있는 인물을 호위하는 것을 의미하였으나, 갈리에누스 시대에 황제에게 남다른 충성심을 보이는 사관을 부르는 명예 칭호가 되었다. 그 사후에 프로테크토레스는 부대화되었다. 그들은 마기스테르 밀리툼 프라이센탈리스 지휘하에 황제와 마기스테르 밀리툼을 비롯한 군 고관을 보좌하는 역할로서 개인 또는 소수 그룹으로 각지에 파견되었다. 담당 업무는 보좌, 정보 수집, 징병 등으로 광범위하였으며, 군 간부 후보생의 등용문과 같은 역할을 하였다.

겐틸레스(Gentiles)

스콜라이 팔라티나이(Scholae Palatinae)의 경기병대이다. 프랑크족, 스키타이족, 고트족 등의 야만 민족 병사로 구성되었던 것으로 추정된다.

발리스타리이(Ballistarii)

프세우도코미타텐세스(Pseudocomitatenses)의 하나로, 갈리에누스 황제가 그때까지 군단에 부속되어 있던 대형 병기대를 독립시켜 통합한 것이 시초이다. 대형 병기가 필요치 않을 때는 석궁(Crossbow)을 들었다.

 병사

징병 문제

군사력을 유지하기 위해 황제들은 징병 문제에 단호한 자세를 취하였다. 365년에는 탈주병을 잡고, 그를 은닉해준 자는 엄벌에 처하고, 시종 등의 모습으로 분장하고 도망쳐 병역을 지지 않으려 한 자에 대한 단속을 강화하고, 병사의 신장 기준을 낮추었다. 2년 후에는 엄지손가락을 절단함으로써 병역을 지지 않고 도망치려 한 자를 강제로 군에 편입시키라는 칙령을 발포하였다. 이듬해에는 엄지손가락을 자른 자는 화형에 처하고, 가장도 마찬가지로 처형하라는 칙령을 내렸다. 그 후 테오도시우스 황제는 징병 기피자를 사형시키지 않고 군에 강제 편입시켰으며, 그 집 가장은 다른 청년을 1명 더 군대에 보내야 한다는 법률을 제정하였다. 병사 출신자의 자식은 반강제로 징집하였고, 나아가 406년에는 노예 부대도 허용하는 사태까지 벌어졌다.

부족한 것은 사람만이 아니라 군마와 하역용 동물도 마찬가지였다. 때로는 부패 사관의 범죄도 군마 부족 문제에 박차를 가하였다. 바라글리다이라는 부대의 지휘관이 군마를 모두 팔아치워 기마 궁병 부대가 보병 궁병 부대가 된 사건이 있었다며 5세기 초의 키레나이카 사제 시네시우스(Synesius)가 이를 기록으로 남겼다. 이 정도의 대규모 횡령은 드문 일이지만, 적어도 비슷한 부정 사건은 일상적으로 일어난 듯하다.

야만 민족화

하지만 징병 문제의 근본적인 해결법을 찾을 수 없어 로마 제국은 야만 민족을 제국 내에 이주시키는 대신에 징병 의무를 지우게 함으로써 이 문제를 해결하고자 하였다. 이는 결코 새로운 해결책이 아니었다. 아우구스투스는 게테족 5만 명을 모이시아에, 티베리우스는 게르마니아인 4만 명을 갈리아와 라인강 연안에, 마르쿠스 아우렐리우스는 사르마트족 5,500명과 나리스티족 3,000명을 받아들였고, 3세기에 프로부스(Marcus Aurelius Probus)는 바스타르나이족 10만 명을, 콘스탄티누스는 사르마트족 30만 명을 제국 내에 받아들였다.

이들 야만 민족은 겐틸레스(Gentiles)와 라이티(Laeti)로 구분되었는데, 그 차이에 관해서는 명확하게 알려진 바가 없다. 라이티는 갈리아와 이탈리아에서만 관찰되며, 로마인 관료가 감시(관리)하였다.

그들은 이방인으로서 늘 의심의 눈초리를 받았다. 5세기에 시네시우스는 군대 고관에서 야만 민족 출신자를 배제함으로써 군을 '정화'하라고 권고하였으며, 378년 하드리아노폴리스 전투에서 로마군이 고트족에게 대패한 것을 계기로, 발렌스 황제가 전사하였을 때는 퍼레이드를 한다는 명목으로 고트족 병사를 한곳에 모은 후 말살하라는 비밀 지령을 동방 제국의 각 군대에 내렸다. 386년에도 야만 민족 병사의 학살이 있었다. 그 후 동방 제국은 야만 민족 병사의 비율이 최소한으로 유지되도록 징병 제도를 개편하였다.

서방 제국에서는 408년에 게르마니아인 병사가 학살되고, 반달족 출신의 명장 스틸리코(Flavius Stilicho)가 처형되었다. 그러나 당시에 만연하던 실력주의 덕분에 야만 민족 출신이라는 것이 군내에서 출세의 걸림돌이 되지는 않았다. 라이티족 출신 황제 마그넨티우스(Flavius Magnus Magnentius, 4세기 중반)는 발렌티니아누스 2세(Valentinian II)의 마기스테르 밀리툼이었고, 트리어(Trier)의 코메스(Comes)였던 아르보가스트(Flavius Arbogast, 4세기 말)는 프랑크족 출신이었다. 하지만 스틸리코가 처형된 후로는 로마인 외에는 상급 사관이 되는 경우가 거의 없었다.

상급 사관을 로마인이 독점하게 된 후에도 병사 대부분은 야만 민족이었다. 그렇다면 군의 야만 민족화가 서방 제국의 붕괴를 앞당긴 요소일까? 이 질문에 대한 답은 예스이기도 하고 노이기도 하다. 로마군 병사로서 지켜야 하는 규율을 잘 교육하면 출신 부족에 상관없이 모범적인 로마군 병사가 될 수 있다는 것을 그때까지의 로마군 역사가 증명한다. 하지만 본디 그들을 교육하였어야 하는 선임병은 하드리아노폴리스에서 태반이 전사하였고, 그 때문에 유실된 전통과 규율을 되찾을 시간적, 경제적인 유예가 끝내 주어지지 않아 군은 제국을 지킬 능력을 상실하게 되었다.

이를 상징하는 사건이 406~410년 사이에 일어난 브리타니아 포기 사건이다. 브리타니아에서 귀환한 병사들은 어디로 갔을까? 얼마만큼의 병사가 고향 브리타니아에 머물기로 하였을까? 모두 수수께끼로 남아 있다.

이렇게 보면 로마군의 야만 민족화는 오늘날의 이민 문제와 흡사한 복잡한 양상을 띠었던 듯하다.

제국 내외에 있는 야만 민족에서 초집된 병사는 포에데라티(Foederati)라고 불렸다. 그들은 로마인 장군의 지휘하에 편입되었는데, 부대장은 그 야만 민족의 족장이 맡았다. 그들에게 지급된 보수(Annonae Foederaticae)는 처음에는 식료품 등의 현물로 지급되다가 나중에는 현금으로 매년 지급되었다.

동로마 제국에서는, 5세기경에 포에데라티는 비정규 부대였다가 야만 민족으로 구성된 정규 부대를 부르는 말이 되었고(6세기경부터 로마인도 입대하게 되었다), 본래 포에데라티가 뜻하던 야민 민족 부대는 동맹 부대라고 부르게 되었다.

편성

콘스탄티누스 황제가 개혁을 단행한 후 종래의 군단 코호르스 알라의 지휘 계통은 그대로 유지되었고, 한편 새롭게 창설된 스콜라이와 쿠네이, 벡실라티오 등에는 보병·기병 공통의 새로운 지휘 계통이 생겼다.

그리고 사두정치 이후로 종래의 백인대장 제도는 사라지고, 대신에 백인대를 지휘하는 백인대장과 전력이 2배인 이백인대를 지휘하는 이백인대장(Ordinarius)이 등장하였으며, 이들을 합하여 프린키피아(Principia)라고 불렀다.

새로운 부대에는 백인대장과 이백인대장에 상당하는 백인장(Centenarius)과 이백인장(Ducenaris)이라는 계급이 생겼고, 이들을 합하여 프리오레스(Priores)라고 칭하였다. 이백인대장과 이백인장의 최선임 이백인대장은 필두대장(Primicerius)이라고 불렸으며, 프린키피아와 프리오레스를 통괄하고 또 도메스티쿠스(Domestics)로서 부대장을 보좌하고 부대장 부재 시에는 비카리우스(Vicarius)로서 부대를 지휘하였다.

　도메스티크스란 사령부의 사무 보좌로서 4세기 말경에 만들어진 직무이며, 팔라티니와 지방군의 사령관이 선발하였다. 계급은 필두대장과 동격(때로는 겸임)이며, 사령관 부재 시에는 비카리우스로서 부대를 지휘하였다. 프로테크토레스의 한 부대에도 도메스티크스가 있었는데, 이는 고관의 자제를 군으로 끌어들여 사관으로 삼기 위한 별도 조직이었다.

　이러한 백인대장들 중에도 다양한 계급과 직무가 있다. 백인대장에는 아우구스탈레스(Augustales)라는 계급이 있었으며, 백인장인 플라비알레스(Flaviales)보다 계급이 높았다. 이백인장 중에서도 상위 계급인 자는 세나토르(Senator)라고 하였다.

　알라 계급 조직은 그때까지와 마찬가지로 투르마는 데쿠리오가 지휘하였고, 최선임 데쿠리오를 프린켑스(Princeps)라고 하였다. 한편 코호르스는 군단과 조직 편성이 같았다.

　히에로니무스(Eusebius Hieronymus)에 따르면 4세기 후반 기병 부대의 부대 내 계급은 밑에서부터 신병(Tiro), 기병(Eques, 보병[Pedes]), 세미살리스(Semissalis), 키르키토르(Circitor), 이대장(Biarchus), 백인장(Centenarius), 이백인장(Ducenarius), 세나토르(Senator), 트리부누스(Tribunus)였으며, 보병 부대의 편성도 마찬가지였다고 한다. 이 중에서 키르키토르는 군 시설 관리를 맡았고, 이대장은 병사에게 배급하고 지도하는 교관과 같은 역할을 하였다. 그의 기록에는 적혀 있지 않으나, 이대장 밑에는 십인장(Decanus)이 있었으며 콘투베리날리스가 감독하였는데, 기병 부대에서는 십인장과 이대장이 분명하게 구분되지 않았으며, 동일한 직책을 부르는 다른 명칭으로 사용되었다.

　스콜라이 조직은 다소 차이가 있어서 십인장 이하의 계급은 없었다.

　동서 및 연대에 따라서 부대 조직과 계급 명칭이 크게 달랐으며, 현재까지도 상세한 부분까지는 밝혀지지 않았다.

　이하의 예는 디오클레티아누스 황제 시기에서 콘스탄티누스 황제 시기 사이에 퇴역한 병사 아우렐리우스 가이우스의 경력이다. 이를 통해 당시 군 조직의 상하 관계 등을 엿볼 수 있다.

● 소속 군단:
　제1이탈리카(모이시아)→제8아우구스타(게르마니아)→제1이오비아 스키티카(스키타이와 판노니아. 디오클레티아누스가 창설한 군단)

● 계급:
　기병 훈련생→(기병?) 란키아리우스→옵티오 트리아리우스→옵티오 오르디나리우스→옵티오 프린켑스→제1이오비아 스키티카(선발?)의 황실 코미테스 옵티오

● 파견·원정지:

(중동 방면) 아시아, 갈리아, 리디아, 리카오니아, 실리시아, 시리아 포에니케, 이집트, 알렉산드리아, 인도, 메소포타미아, 카파도키아, 갈라티아, 비티니아

(유럽 방면) 트라키아, 모이시아, 게르마니아, 달마티아, 판노니아, 갈리아, 히스파니아

(아프리카) 마우레타니아

(원정?) 다키아 카르피, 사르마티아 4회, 판노니아 비미나키움, 고트족 영토 2회

코완에 따르면 옵티오 트리아리우스는 '제3랭크 백인대의 옵티오(제3랭크가 무엇인지는 불명확)', 옵티오 오르디나리우스는 '제1코호르스 백인대의 옵티오', 옵티오 프린켑스는 '제1코호르스 제1백인대의 옵티오', 마지막의 황실 코미테스 옵티오는 '황제 친위대의 옵티오'라고 하며, 제1군단 소속인 채 파견된 형태를 띠고 있다.

장비·외견

생산

군 장비는 주로 파브리카(Fabrica)라는 국립 공방에서 제작되었다. 파브리카는 디오클레티아누스 황제가 예전부터 생산 거점이었던 곳 혹은 군단 근거지가 있던 곳에 만들었을 것으로 추정된다.

파브리카에는 방패 공방(Scutaria)과 갑옷 공방(Armorum, Loricaria)이 많으며, 서방에 많은 '화살 파브리카'가 동방에서는 거의 관찰되지 않는다. 이는 화살을 생산하는 전통이 있는 동방에서는 개인 공방에서 생산되었기 때문이라고 한다. 즉, 파브리카는 모든 군 장비를 생산하는 공방이 아니라 현지에서 입수하기 어려운 장비를 생산하기 위한 공방이었음을 알 수 있다.

ND에 따르면 파브리카는 마기스테르 오피키오르(Magister Officior)가 관리하였으며, '부관(Adiutor)', '부관 보좌(Subadiuvae adiutoris)', '공방장(Subadiuuae fabricarum diversarum)', '감찰관(Curiosur curseus publici in praesenti)', '속주 시찰관(Curiosi omnium provinciarum)', '통역(Interpretes omnium gentium)' 등에 의해 운영되었다.

또한 파브리카 외에 제국 각처에 직물 공방(Gynaecium), 리넨 직물 공방(Linificium), 염직 공방(Baphium), 자수 공방(Branbaricarium) 등이 있어서 군대 의류도 여기에서 생산되었을 수 있다. 이러한 생산품은 운송 부대장(Praepositus Bastagarum)이 지휘하는 운송대가 각지로 운반하였다.

외견

이 시기에는 세그멘타타는 입지 않게 되었으며, 무릎까지 오는 사슬 갑옷과 찰갑이 주류가 되었다. 옷자락 길이는 무릎까지 내려올 만큼 길어졌다. 근육 갑옷은 여전히 상급 사관이 착용하였다. 방패는 타원형 또는 원형이었으며, 오목한 형태를 띠었다. 어깨에 걸치는 케이프는 사굼이 일반적이었으며, 페눌라(Paenula)는 자취를 감추었다. 사굼을 여미기 위해 병사만 사용하는 크로스보우형 브로치가 사용되었다. 평소 머리에는 원통형 모자를 썼다.

기원후 4세기가 되면 로마 병사는 창과 투창, 그리고 스파타를 장비하게 된다. 검에서 창으로 이행된 상세한 과정에 관해서는 알려진 바가 없다.

<그림 1>: 3~5세기의 기병

A: 트리폰, 콘트라리우스(3세기). 사르마트족의 보조 부대 병사로 추정되며, 수염을 깎고 머리를 기른 것으로 미루어보아 3세기 말경인 듯하다. 묘비에는 투구가 매끈하게 표현되어 있지만, 실제 출토품이나 트라야누스 원기둥에서는 상기의 그림처럼 여러 개의 피스로 이루어져 있다. 볼 보호대는 트라야누스 원기둥을 참고하였으며, 가죽제인 듯하다. 갑옷 앞쪽의 벌어진 부분은 동방의 갑옷 등을 바탕으로 상상하여 그린 것이다.

B: 콘스탄티누스. 갑옷은 빌라 로마나 카사 다 메두사(Villa Romana Casa da Medusa) 모자이크를 참고하였다. 철제 근육 갑옷이며, 붉은 가죽제 어깨 보호대는 제1부 제3장의 <그림 5>에서 B병사가 입은 알바이울리아의 복합형과 흡사한 좌우가 일체화된 타입이다. 검은 스페인에서 발견된 현존하는 유일한 독수리 머리가 달린 스파타이다. 투구는 유명한 '베르카소보(Berkasovo) 헬멧'이다. 헬멧 전체에 금박을 입혔으며, 전체에 유리와 돌이 박혀 있다. 같은 형태의 투구가 콘스탄티누스의 경화(硬貨)에도 그려져 있다. 마구는 콘스탄티누스의 개선문 부조를 참고하였다.

C: 스콜라이 스쿠타리오룸 클리바나리오룸 소속의 클리바나리우스(동방 제국, 5세기). 투구는 프랑스 베제론스(Vezeronce)에서 출토된 스팡겐헬름(Spangenhelm, 5세기 후반)이다. 공작 날개 크레스트는 황제나 근위 병사 등이 달았다. 그림의 클리바나리우스는 독특하게도 방패를 들고 있는데, 디자인은 ND를 참고하였다. 말 갑옷의 경우에는 몸통은 두라에우로포스에서 출토된 것이며, 그 이외는 두라에우로포스의 벽화를 바탕으로 복원하였다.

<그림 2>: 4~5세기의 보병
A: 4세기의 병사. 전체 이미지는 스트라스부르(Strasbourg)에서 출토된 레폰티우스의 묘비를 참고하였다. 투구는 이집트에서 출토된 스팡겐헬름이며, 4분할되어 있다. 크레스트는 깃털이 상자 같은 것에서 튀어나와 있는데, 상자는 투구의 일부인 듯하다. 닭이 그려진 군대 깃발이 그려져 있었으나, 의미는 불명이다. 갑옷은 갈레리우스(Valerius Maximianus Galerius) 개선문(4세기 초반)을 참고하였다. 방패 디자인은 마기스테르 밀리툼 프라이센탈리스 휘하의 레기오니스 팔라티나 필두 보병 부대(즉 동방 제국 최강의 보병 부대)인 란키아리이 세니오레스(Lanciarii Seniores)의 것을 참고하였다. 이 부대는 하드리아노폴리스 전투에서 1명도 남지 않고 전멸할 때까지 동방의 정예 부대로서 활동하였다. 레폰티우스 본인의 소속은 불명이다. 신발은 4세기경부터 유행한 타입으로, 거의 검은색이다.

B: 5세기의 백인대장. 방패 디자인은 이집트에서 출토된 방패 겉면 커버 중 하나를 참고하였다. 가죽제이며 병사와 흑인 원주민이 전투하는 모습이 그려져 있다. 보스는 색슨족의 것이며, 적의 공격을 받아넘길 수 있는 형태로 되어 있다. 인물의 머리 모양과 수염, 의복 디자인(황실과 관련이 있음을 나타내는 케이프의 검은색 사각형 패치 타블리온[Tablion]) 등으로 미루어보아 5세기경의 인물인 듯하다. 투구는 영국 리치버러(Richborough)에서 출토된 것이며, 특수한 T자형 닭벼슬은 Helm 2를 참고하였으며, 전체 디자인은 Helm 1을 참고하였다. 볼 보호대는 하부가 구부러진 독특한 형태로 되어 있으며, 크레스트 앞에 달린 키로(Chi-rho)는 당시 투구에서 종종 관찰되는 장식이다. 투구는 로마의 비아 라티나 지하 묘비(Via Latina) 벽화(320~350년)를 참고하였다. 크레스트, 케이프, 바지, 신발은 로마 산타 마리아 마조레 대성당(Basilica di Santa Maria Maggiore)의 모자이크를 참고하였다. 검(그림에서는 손잡이와 칼집의 일부만 보인다)은 쾰른(Köln)에서 출토된 것이다.

<그림 3>: 두라에우로포스에서 발견된 사산 왕조 페르시아의 클리바나리우스 벽화. 늘어뜨린 사슬이 달린 분할식 투구(실물이 같은 곳에서 발견되었다)이다. 몸통과 허리는 찰갑, 팔다리는 세그멘타타식 방호구로 감싸고 있다. 허리 부분 모양은 당시에 스텝 민족에게서 발상된 형식으로, 허리에 세로로 긴 판을 나란히 붙였다. 로마군 클리바나리우스도 이와 흡사한 장비를 착용하였을 것으로 추정된다.

제5장
군단병의 일상

이번 장에서는 기원후 1~2세기 중엽까지 군단병의 일상과 이와 관련된 사항에 대해 설명하겠다.

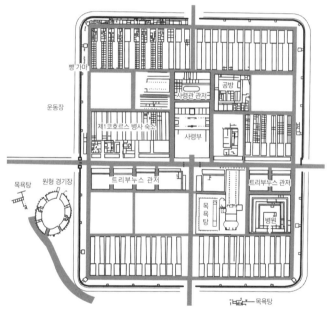

<그림 1>: 이스카(Isca, 현 칼리언과 웨일스)의 제2군단 아우구스타의 근거지. 기원후 100년경에 석조로 개축되었다. 시가지에 위치하여 전체적으로 발굴이 이루어지지는 않았다. 회색 부분은 도로를 나타낸다.

◆ 아침

군단의 하루는 일출과 함께 시작된다.

군의 시간을 관리하는 코르니켄이 야간 시간이 끝났음을 고할 무렵이 되면 병사와 노예들은 아침 식사 준비에 착수한다. 성벽 가에 있는 군단의 빵 가마(그림에서는 왼쪽 윗부분의 모퉁이) 앞에는 빵 반죽을 손에 들고 순서를 기다리는 노예가 줄지어 늘어섰고, 각 병사 숙소에서는 아침 식사로 먹을 음식을 조리하였다. 빵에는 판니스 밀리타리스 카스트렌시스(Panis Militaris Cast-

137

rensis)와 판니스 밀리타리스 문두스(Panis Militaris Mundus)의 두 종류가 있었다. 전자는 병사용 통밀빵, 후자는 사관용 흰 빵이었다. 그 밖에도 밀가루에 뜨거운 물을 섞어서 만드는 포리지(Pulmentum), 삶은 압맥에 우유를 넣고 끓이는 우유죽(Granea Tricitea)을 일반적인 주식으로 먹었다.

얼굴을 내민 태양을 찬양하며 예배하는 목소리가 여기저기에서 들린다. 유피테르 등의 전통적인 신을 제외하면, 군내에서 가장 널리 신앙된 것은 태양신 신앙과 미트라 신앙이었다. 태양신 신앙은 아우구스투스가 아폴로 신앙을 도입하면서부터 신앙되었다. 나중에는 '정복되지 않는 무적의 태양신(Sol Invictus)'으로서 신앙되었고, 3세기 후반이 되면 제국의 공식 종교라 할 수 있는 지위에까지 오른다.

미트라교도 동방에서 기원한 종교이다. 미트라교는 교의를 외부로 발설하는 것은 금하였기 때문에 교의 등에 관한 상세한 내용은 알려진 바가 없으나, 남성만의 종교였으며, 7단계의 계급제가 있었고, 회식하는 관습이 있었으며, 사후 환생 등을 믿었다.

한편 그리스도교도는 병사로 받아주지 않았다. 신앙이 문제가 아니라 신과 황제, 두 주인을 동시에 섬기는 그리스도교도 병사의 충성심에 의문을 품지 않을 수 없었기 때문이다. 예를 들어 식전을 거행할 때 본인은 그리스도교도이며 사람을 죽이는 것은 금기이기 때문에 선서를 할 수 없다고 주장하다가 처형된 백인대장의 죄목은 선서를 하지 않음으로써 백인대장의 직을 더럽혔다는 것이었다. 그러나 시대가 흐름에 따라서 그리스도교도 병사도 보이게 된다.

황제 숭배 문제에 대해서는 당시 그리스도교도 사이에서도 예배를 강요당하면 '도망치거나' 혹은 '일단 예배하고 나중에 속죄하면 된다'고 생각하는 자가 많았다. 그리스도교도 병사는 일단 형식적으로만 숭배하며 적당히 상황을 넘겼을 듯하다. 또 유대교도는 신념이 남다른 것을 고려하여 특별 카테고리로서 황제 숭배를 면제해주었다.

하지만 299년에 디오클레티아누스는 그리스도교도가 신을 숭배하는 정신을 더럽히고 있다면서 신들에게 예배를 올리라고 군에 강요하였고, 거부한 자는 무신론자라며 군에서 추방하였다. 이러한 상황은 311~313년에 콘스탄티누스가 종교 관용 정책을 펼쳐 재차 그리스도교도를 군에 받아들일 때까지 계속되었다. '제4장 제정 후기'에서 경력을 소개한 아우렐리우스 가이우스가 이 시기의 그리스도교도 병사여서 코완은 그가 한 차례 군에서 추방되었다가 콘스탄티누스 황제의 친위대로 군에 재입대한 게 아닐까 하고 추정하였다.

군 근거지는 야영지의 텐트를 석조 건물로 바꾼 것이다. 그래서 병사 숙소(Centuria)도 그 구조를 그대로 계승하고 있다. 숙소는 가늘고 긴 건물로, 콘투베리날리스에 속하는 8명이 공유하는 방이 여러 개 연결된 형태이다. 원래는 10구획이어야 하는데, 실제로는 넉넉하게 몇 구획을 더 만들어놓았다. 아마도 백인대의 간부(옵티오, 기수, 테세라리우스 등)가 사용하였던 듯하다.

통로에 면한 부분은 벽도 없으며 그저 위에 지붕을 씌웠을 뿐인 베란다로 되어 있다. 베란다에는 대개 나무 뚜껑을 덮어놓은 구멍이 있었으며, 그 안에는 소쿠리가 묻혀 있었다. 이 구멍은 쓰레기통인데, 긴급용 간이 화장실로도 사용되었다. 문을 열고 들어가면 있는 자그마한 방은 무기고(Arma)로, 병사의 장비 등을 보관하는 곳이다. 거기에서 더 안으로 들어가면 병사들이 취침하는 방(Papili)이 있다. 방의 가장 안쪽 벽에 화로가 설치되어 있는 경우도 있다. 바닥에 벽돌을 빈틈없이 깔고 반원형으로 돌을 둘러쳤을 뿐인 간단한 화로이며, 연기를 배출하기 위한 연통이 달려 있다. 그동안 보조 부대 등의 요새 내부에 마구간이 없어서 어디에서 말을 사육하였는지 수수께끼였다. 그런데 최근 들어 말도 병사와 함께 숙소에서 사육된 것으로 밝혀졌다. 이를 고려하면 병사들의 거주 환경은 상당히 열악하였다고 할 수 있다.

이러한 방이 여러 개 붙어 있고, 그 끝에 백인대장의 숙소가 있다. 일반병 8명이 쓰는 방의 크기가 겨우 9㎡인 데 반해 백인대장의 숙사는 230~259㎡로 그야말로 하늘과 땅 차이가 났다. 인테리어도 호화로워서 2세기에 들어서면 모자이크와 배수구, 바닥 난방 시설, 프레스코화가 걸린 석고가 칠해진 벽 등이 등장한다. 상급 백인대장의 거주구는 더욱 호화로우며 규모 또한 트리부누스 숙사와 거의 다름없을 정도였다.

아침 식사가 끝나면 백인대장은 군단 사령부(Principia)로 간다. 군단 근거지에서 가장 거대한 건물로, 정문(Groma)은 근거지의 설계 기준점이었으며, 로마의 위대함을 과시하기 위해 의도적으로 장엄한 구조로 만들었다. 중앙 정원을 에워싸듯이 건물을 배치한 전형적인 지중해식 건축물로, 중앙 정원에 면한 부분에는 주랑(柱廊)을 설치하고 저수탱크로 빗물이 흘러들도록 배수구도 설치하였다

중앙 정원을 사이에 두고 정문의 반대쪽에 있는 건물이 군단의 중심부이다. 입구로 들어가면 입구 바로 앞부분은 거대한 회당(Basilica)으로 되어 있으며, 연설대도 설치되어 있다. 회당에는 사령관을 비롯한 군단 간부들이 모두 모여 있다.

군단이 그날 제일 먼저 하는 일은 병사 수 일일 보고 확인과 그날의 암호 확인, 특별한 지시 등으로, 3세기 초에 두라에우로포스에서 발견된 문서에 따르면 대략 다음과 같다.

3월 27일
Cohors XX Palmyrenorum Alexandriana. 총 병사 수 923명.
그 가운데 백인대장 9명, 2배급병 8명, 1.5급병 1명.
낙타병 32명. 그 가운데 1.5급병 1명.
기병 223명. 그 가운데 데쿠리오 5명, 2배급병 7명, 1.5급병 4명.
트리부누스, 율리우스 루피아누스는 일곱 개의 혹성에서 암호를 (선택하여) 보낸다.
『성스러운(?) 메르쿠리우스』

5명의 병사를 …에 파견. 그 가운데 낙타병 …명, 기병 1명.
백인대 마리아누스 소속 아우렐리우스 리키니우스. 백인대 푸덴스 소속 아우렐리우

스 데메트리오스. 백인대 니그리누마 소속 아우렐리우스 로마누스와 아우렐리우스 루푸스. 안토니누스 부대(투르마?) 소속 오데아투스의 아들 이알라보레스.

귀환: 아파다나(?)의 …에 파견한, 티베리누스… 대 소속….

티미니우스 파울리누스 데쿠리오는 여기에 오늘 명령을 전달한다. 모든 명령에 따를 것. 우리의 주인 알렉산데르 아우구스투스의 군기를 경호하는 자는 데쿠리오 티미니우 스 파울리누스, 신성 지역 관리인은 아우렐리우스 실바누스, …. 바발라투스의 아들 …, 관리인은 아우렐리우스 루바투스, 순찰 검열관은 마르쿠스의 아들 이알라이우스, 관 리인 보좌는 클라우디우스 아그리파, 기병….

로마군 병사 수에는 '정원', '서류상의 병사 수', '실제 병사 수'의 세 종류가 있었는데, 보고서 를 보아서는 소속 병사 관리를 무척 엄격하게 한 듯하다. 군단은 일일 보고, 월간 보고(병사 수), 연간 보고(그해 병사 수의 증감, 분견한 병사 수)의 세 종류 병력 보고서를 작성하여 속주 총감에게 제 출하였다. 각종 임무에 병력을 배분할 때도 콘투베리날리스 단위가 아니라 여러 백인대에서 랜덤으로 선택한 듯하다.

 # 오전

로마인은 오전 중으로 일을 끝내고, 오후에는 여가를 즐기거나 잔업을 하는 데 사용하였 다.

사령부(Principia)의 회당 안쪽에는 여러 개의 방이 가로로 나란히 배치되어 있다. 가운데 방 이 가장 신성한 곳으로 여겨지는 신전(Aedes)이다. 군단의 성스러운 영혼이 머무는 곳이며, 군 단의 군기를 보관하는 곳이기도 하다. 앞의 명령서에 나오는 '군기 경호'도 신전을 경비하는 것을 말한다. 신전은 군단 근거지 내에서도 가장 엄중하게 경비되는 곳이다. 그리고 신전 바 닥에 달린 문을 열고 계단을 내려가면 그 아래에 금고실(Aerarium)이 있다. 군자금 외에 각 백 인대의 부대 자금, 병사의 예금 통장 등을 보관하는 군단의 심장부라고 할 수 있는 방이다. 필 시 중요한 서류 등도 여기에서 보관하였을 것이다.

그 옆에 나란히 배치된 작은 방(신전을 가운데 두고 양쪽에 2개씩 4개의 방이 있는 것이 일반적)은 사무소 (Officia)로, 코르니쿨라리우스 등이 사무를 보는 군단 사무소, 공문서고(Tabularium Legionis), 기 수 등이 근무하는 회계사무소 등으로 쓰였다. 회당에 면해 있는 벽은 높이가 허리까지밖에 올라오지 않으며, 그 윗부분에는 격자 철창이 끼워져 있었다. 벽에 마모 자국이 심하게 나 있는 것으로 미루어보아 병사는 사무소에 들어가지 않고 격자 철창 너머로 이야기를 주고받은 듯하다.

회계사무소에 병사 1명이 찾아와 용건을 말한다. 병사는 속주 총감의 명령을 받고 수도교를 건설하기 위해 준비 조사를 하러 가려는 참이다. 급료일을 지나서까지 돌아오지 못하는 장기 파견 임무인 경우에는 병사는 급료를 미리 받을 수 있었다. 명령서 등을 서로 대조하여 확인한 후 급료를 건낸 후 기수는 회계 장부에 '사전 지불 완료(Devet ex prione ratione)'라고 기재한다.

사무원 대부분은 후술하겠지만 특무병에 속하며, 코르니쿨라리우스의 지휘하에 있었다.

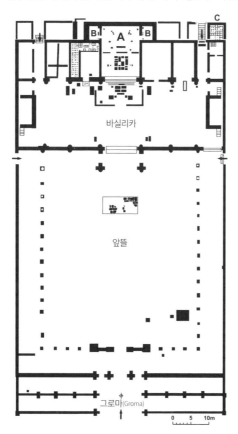

바실리카

앞뜰

그로마(Groma)

0 5 10m

<그림 2>: 노아이(Novae)에 있던 제1 군단 이탈리카 군단 사령부의 겨냥도. 검은색 부분은 벽, 기둥, 석조 바닥 등을 나타낸다. 화살표는 사령부로 들어갈 수 있는 입구를 나타낸다.
A: 신전, B: 금고실, C: 스콜라

각종 고관을 보좌하는 베네피키아리우스를 필두로 아크타리우스(Actarius, 물품이나 급료를 지불), 회계관(Actuarius, 기수 밑에서 회계 실무를 맡았다. 병사에게 재무 관련 자문을 해주는 역할도 하였고, 병사들의 불만을 대변해주어 반란의 주모자가 되는 경우가 많았다), 복제사(Librarius, 사무원. 백인대에 2~5명이 있었으며 문서 복제 등을 한다) 등이 방대한 수의 서류를 작성하고 처리하였다. 이들에 대해서는 일반적으로 거의 언급하지 않지만, 군단은 그들 없이는 하루도 제대로 기능할 수 없었을 것이다.

서류는 전 제국 공통으로 라틴어 서식으로 기록하였기 때문에 어디에 있든 언어의 장벽에 부딪칠 일은 없었다. 회화용 언어도 마찬가지로 세르모 밀리타리스(Sermo Militaris)라는 군대 내 언어가 사용되었다. 이는 라틴어를 기본으로 하며 전문 용어(예를 들어 마상술 용어의 경우에는 갈리아어에서 기원한 말을 많이 사용하였다)와 현지어를 섞은 것으로, 일반 시민이 쓰는 라틴어하고는 다소 차이가 있었다.

현대에도 그렇지만 군대에서 쓰는 문장에는 다양한 약칭과 기호, 관용 표현이 사용되기 때문에 이를 완전히 습득하는 것이 사무원이 되기 위해 제일 먼저 해야 하는 일이었다. 예를 들어 백인대는 '>' 기호로 표기하였고, 이 기호 뒤에 대장 이름을 기재하여 식별하였다. 만일 후임 대장이 부임지에 도착하지 않은 경우에는 기존 대장 이름을 형용사화하여 적었다. 예를 들어 말키우스(Malchius) 백인대는 서류상에 '>Malchius'라고 표기하고, 그가 해당 직책을 다하고 떠난 후 후임 백인대장이 도착할 때까지는 '>Malchiana'라고 표기하였다. 그 밖에 코호르스 내에서 백인대의 위치가 어떠한지를 나타내는 기호도 있었다. 계급순으로 ' ㄴ: Pilus Prior', ' ㄱ: Pilus Posterior', 'ㅗ: Princepus Prior', 'ㅜ: Princeps Posterior', 'ㄴ: Hastatus Prior', 'ㄱ: Hastatus Posterior'로 표기한다. 기호의 의미를 이해하기 어려운데, 아래와 같이 그려놓고 보면 한눈에 파악된다.

사령부라고 하였지만, 군단장이나 트리부누스는 사령부가 아니라 본인의 숙사에 마련된

<그림 3>: 백인대장의 표기와 위치 관계

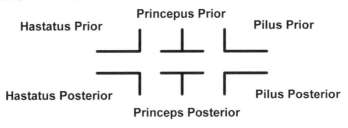

집무실에서 업무를 보았다. 그들에게는 각각 사무원이 할당되었다. 2세기 세베루스 황제 시기에 제작된 비문에 따르면 원로원 계급 트리부누스의 사무원은 코르니쿨라리우스 1명과 베네피키아리우스 11명으로 대가족이었다.

일반 병사들은 오전에 군사 훈련을 하며 시간을 보냈다. 근거지 바로 밖에는 연병장 겸 운

동장이 있었다. 운동장에는 열병식 때 지휘관이 오르는 연단이 있고, 새해 첫날에 행해지는 식전 때 봉납되는 비석이 세워져 있다. 이 비석은 이듬해에 땅속에 묻었다.

병사들은 대열을 이루어 선 다음 백인대장과 교관의 호령에 따라 여러 가지 훈련을 하였다. 그중에서도 가장 많은 시간을 들여 훈련한 것은 대열을 갖추는 법과 행진 훈련이었다. 당시에는 오늘날처럼 보조를 맞추어 행진하지 않고 행진 속도를 일정하게 유지하는 것에 주안점을 두었다. 구체적으로는 대열의 최우익 병사가 기준이었으며, 그보다 앞으로 나가지 않도록 스피드를 조절하면서 걸었다.

그 옆에서는 훈련용 나무 기둥을 목검과 창으로 베고 찌르는 연습을 하거나, 투창 훈련을 하였다. 활과 슬링, 발리스타 등을 다루는 훈련도 하였다. 말뚝 위에 소머리를 올려놓은 것을 적군으로 삼고 훈련하였던 듯 발리스타 화살 자국인 듯한 구멍이 무수하게 뚫린 소 두개골이 출토되었다.

다른 한 부대는 근거지에서 다소 떨어진 곳에 있는 언덕으로 향하였다. 옛날에 이 땅에 살던 야만 민족의 요새 터이다. 영국에서는 이러한 언덕의 일부를 이용하여 공성전 훈련을 하였던 듯한 유적이 발견되고 있다. 공격 측과 방어 측의 양쪽 입장에서 해자를 팠다가 다시 묻고, 성벽의 안팎에서 활과 돌을 쏘고 던지고, 방패를 맞대어 아군을 보호하며 성벽에 매달리는 방법 등을 훈련하였다. 어쩌면 조그맣게 제작한 공성 병기 모형을 들고 건설법과 운용법 등을 설명한 아이디어 번뜩이는 교관도 있었을지 모르겠다.

땀 흘리며 훈련하는 병사들을 흘긋 보고는 특별 임무를 맡은 병사들은 묵묵히 도로를 따라서 걸어갔다. 로마군은 치안 유지 조직이기도 하였다. 각처에 설치된 감시소에서 경계를 섰으며, 때로는 적군 영토 내까지 깊이 파고드는 정찰대 역할을 하기도 하였다. 도적을 비롯한 범죄자 검거와 영내 현지인 감시 등을 위해 제국 안팎을 빠짐없이 순찰하는 것도 병사가 하는 중요한 역할이었다.

그들 대부분은 갑옷을 입지 않았다. 영화에 등장하는 로마 병사는 어디를 가든 완전무장한 상태로 활동하지만, 실제로 갑옷을 입는 것은 전투가 예상될 때뿐이었다. 전투에서도 기동력과 지구력을 확보하기 위해 갑옷을 벗고 싸운 사례가 여럿 확인되고 있으므로 산악 지대 등의 상하 움직임이 심한 지역에서 활동한 병사는 방패와 투구만 장비하였을 듯하다. 당연히 근거지 내부에서 작업하거나 훈련하는 사람은 평상복 차림이었다.

그런 그들에게는 눈길도 주지 않고, 그날 노역을 명받은 병사들이 피곤한 얼굴로 자기 할 일을 하였다. 노역은 화장실 청소, 도로와 건물 청소, 목욕탕 가마에 불피우기와 청소, 야간 순찰 등으로 다양하였다. 백인대장과 옵티오에게 뇌물을 바치면 이러한 잡일에서 해방될 수 있지만, 그가 빠진 만큼 다른 병사에게 부담이 가므로 자주 써먹을 수는 없었다. 만일 정말로 노역에서 해방되고 싶다면 방법은 출세하는 것뿐이다. 그러기 위해서는 먼저 특무병이 되어

야 한다.

특무병은 '직인 계열', '특수 기능 계열', '사무 계열'의 세 종류로 나누어진다.

직인 계열은 물건을 만드는 기능직으로, 선박 목수(Naupegus), 발리스타 직인(Ballistrarius), 유리 직인(Specularius), 대장장이(Ferrarius), 석공(Lapidarius), 정육업자(Lanius), 지붕 기와 직인(Scandularius) 등이 있었다.

특수 기능 계열에는 각종 의사, 수의사(Veterinarius 또는 Mulomedicus), 측량사(Mensor, 토지 측량 및 지도 제작 등), 측량·수준 계측사(Librato, 경사면의 경사 측정 및 수로교와 운하 등의 물과 관련된 수리[水利] 설계), 건축가(Architectus), 물길 안내자(Gubernator), 수도 정비사(Plumbarius), 견습 호른수(Adiutor Corniculariori) 등이 있었다.

사무 계열에는 전술한 사무원을 비롯하여, 교도관(Optio Carceris, 감옥의 관리 및 감시), 고문 전문가(Questionarius), 공방 감독관(Optio Fabrica), 곡물창고 관리관(Librarius Horreori), 은행 관리관(Librarius Depositori), 유류금 관리관(Librarius Caducori) 등이 있었다.

특무병은 기술과 기능을 높이 평가받아 다양한 곳에 파견되는 일이 잦았다. 특히 수요가 많았던 것은 건축·측량 계열의 기능을 가진 자로, 오늘날까지 남아 있는 다양한 건축물은 그들의 협력과 지도하에 건설된 것이다. 예를 들어 제3군단 아우구스타의 측량사 노니우스 다투스(Nonius Datus)의 경우에는 옆 속주 마우레타니아 카이사리엔시스의 총독이 잘못된 수도 터널 공사의 원인을 규명하여야 한다며 콕 집어 노니우스 다투스를 파견해달라고 하였을 정도이다. 그는 도적에게 가지고 있는 것을 몽땅 털리면서까지 현지에 도착하여 무사히 공사를 성공으로 이끌었다.

속주 총독부의 사무원 역할을 하는 것도 군단병이 하는 중요한 업무 중의 하나였다. 속주 총독 사무원은 약 100~150명이 있으며, 그들은 대부분 병단에서 파견된 병사와 백인대장이었다. 소(小)플리니우스(Gaius Plinius Caecilius Secundus)와 트라야누스가 주고받은 편지를 보면 속주 총독의 사무 편성은 황제가 결정하였음을 알 수 있다(Epistle 10권 20~23). 당시 속주 폰투스의 총독 소속 사무원은 백인대장 1명, 기병 2명, 보병 10명뿐이어서 총독들이 황제에게 항의하였다.

특무병 중에서도 특별한 업무를 하는 병사가 있었다. 바로 무기 관리관(Custos Armorum)이다. 그의 임무는 백인대장 밑에서 병사들의 무기와 방호구, 백인대 소속의 여분 무기가 적절하게 보충되고 정비되어 있는지를 확인하고, 부족한 물품을 보충하거나 수리를 맡기는 일이었으며, 백인대 간부가 되는 등용문과 같은 직책이었다.

무기 관리관이 살펴본 결과, 병사 1명이 다른 병사에게 필룸을 판 것으로 판명되었을 경우에는, 해당 보고를 받은 백인대장이 해당 병사를 들고 있던 몽둥이로 가차 없이 두들겨 팼다.

병사들에게 백인대장은 공포와 증오의 대상이자 동시에 동경과 존경의 대상이었다. 그들은 가혹하고 잔혹하였고, 병사들에게서 뇌물을 받아 챙겼고, 민간인을 폭행하였으며, 누구보다도 용감하며 두려움을 모르는 전사였다. 반란이 일어나면 병사들이 자신의 손으로 제일 먼저 참살하였고, 전투 시에는 모두가 의지하였다. 그들은 사회의 엘리트이자 귀중한 지식인 계급의 일원이기도 하였다.

그런 백인대장의 직무는 군사 업무에만 국한되지 않고 행정 및 사법 관련 업무에 이르기까지 광범위하였다.

명확하게 판명되지는 않았으나, 엑세르키타토레스(Exercitatores)는 총독 친위대(기병, 보병 포함)를 지휘하던 백인대장인 듯하다. 군단이 없는 원로원 속주 내의 보조 부대를 지휘하기 위해 옆 속주의 군단에서 파견된 백인대장은 스트라토레스(Stratores)라고 한다. 프린켑스 프라이토리이(Princeps Praetorii)는 속주 내의 사무 전반을 감독하던 백인대장이다. 특정 지역을 통치하기 위해 파견된 백인대장은 지역 백인대장(Regionarius)이라고 한다.

백인대장에게 날아갈 정도로 세게 얻어맞은 병사는 피투성이가 되어 병원(Valetudinarium)으로 실려간다. 사실, 현재 병원이라고 부르는 건물이 정말로 병원이었는지는 확실치 않다. 약초와 의료 기구가 발견되었을 뿐이다. 병원(으로 추정되는 건물)은 중앙 정원 둘레를 주랑 있는 건물이 에워싸고 있는 구조로 되어 있다. 입구로 들어가면 제일 먼저 회당이 나오는데, 이곳에서 진료와 치료가 이루어졌을 듯하다.

병원은 병원장(Optio Valetudinarius)이 관리하였다. 명칭은 옵티오지만, 일반 특무병이며, 순수 사무직이었다.

그의 밑에는 여러 명의 군의와 위생병이 있었다. 최하급 위생병은 붕대 담당자(Capsarius)였다. 붕대용 상자(Capsa)에서 명칭이 유래하였으며, 간단한 응급 처치를 담당하였다. 세플라시아리우스(Seplasiarius)는 약제사 같은 존재였다. 그들 위에 전문적인 의사가 있다. 메디쿠스 레기오니스(Medicus Legionis)는 민간 의사로, 계약 군의로서 근무하였다. 군의(Medicus Ordinarius)는 과거에는 백인대장급으로 여겨졌으나, 실제로는 2배급병이었다. 또 외과의(Medicus Chirurgus), 안과의(Medicus Ocularius) 등의 전문 의사의 존재도 확인되고 있다.

쉴 새 없는 훈련과 노역, 중장비를 짊어지고 하는 장시간의 행진 등 병사의 일상은 그들의 몸에 막대한 부담을 주었다. 선임병은 류머티즘과 골절, 짐의 압력에 의한 사지 변경 등으로 고통받는 경우가 다반사였다. 모이시아의 수도 비미나키움(Viminacium)에서 출토된 뼈에서는 24~28세라는 젊은 나이에도 불구하고 무거운 무게의 압박을 받은 흔적이 견갑골, 골반, 무릎, 발뒤꿈치에서 뚜렷하게 관찰되었다.

당시 군의의 기술은 최고 수준이었지만, 마취와 소독, 인체 내부 구조에 관한 지식 결여로 오진하거나 잘못된 치료를 하는 경우도 종종 있었다.

오후

낮 근무 시간이 끝나면, 병사들은 점심 식사를 가볍게 하였다. 1일 2식을 하던 당시에 병사들은 간단한 음식을 집어 먹는 수준으로 식사를 끝내고 오후에 대비하였다.

일반병은 오전으로 훈련 시간이 끝났지만, 신병은 오후에도 훈련을 하였다. 근거지 밖에 설치된 승마장에서 마상술 훈련을 받는 자도 있고, 도로 옆의 땅을 파내며 야영지 만드는 법을 배우는 자(유적을 살펴보면 가장 어려운 모퉁이 부분을 건설하는 법을 집중적으로 훈련하였음을 알 수 있다)도 있고, 달리기와 도약, 수영 강습을 받는 자도 있었다. 몇 명은 재능이 뛰어나 기병 등의 특별 부대에 편입되기도 하였다.

나머지 병사들은 하루의 피로를 풀기 위해 삼삼오오 모여서 어디론가 갔다.

병사들이 가장 많이 모여서 북적거렸을 곳은 목욕탕(Therma)이다. 모든 요새와 근거지에 반드시 목욕탕이 설치되어 있어 병사들이 위생 관리를 하는 데 도움이 되었다. 군단 근거지의 경우에는 근거지 내부에 건설되는 경우가 많았고, 보조 부대 요새의 경우에는 공간 여건상 외부에 건설되었다. 군단 근거지 내에서의 위치는 정해진 바가 없지만, 대개 병원 옆에 건설되었다.

목욕탕에는 목욕 공간 외에 대개 운동장과 회랑 등이 있어서 병사들의 사교 공간으로 이용되었다. 병사들은 가벼운 운동과 세상 돌아가는 이야기, 일에 대한 푸념 등을 하며 이야기꽃을 피웠다. 물론 각종 게임과 도박도 왕성하게 이루어졌다.

'12포인트(Duocedim Scripta)'라는 게임은 3×12칸으로 된 말판 위에 말 15개를 올려놓고 하는 주사위 게임의 일종으로, 주사위 3개를 사용하였다.

'병사와 도적(Ludus Latrunculorum)'은 그리스의 페테이아(Petteia)라는 게임을 발전시킨 전술 게임이다. 8×8칸으로 된 말판 위에 올려놓은 말을 체스의 룩처럼 움직여, 상대방의 말을 양쪽에서 포위하면 내가 가져오는 식이다. 승자는 임페라토르라고 불렸다.

'탈리(Tali)'는 양쪽 끝을 깎은 연필처럼 생긴 주사위(Talus)를 쓰는 게임이다. 주사위에는 1, 3, 4, 6의 네 면밖에 없으며, 이를 네 번 던져서 나온 숫자로 역할을 정한다. '개(Dog, 1, 1, 1, 1)'와 '육(六, 1, 1, 1, 3)'이 나온 플레이어는 돈을 내고, 처음으로 '베누스(1, 3, 4, 6)'가 나온 자가 여태까지 모인 돈을 모두 가져간다.

근거지에서 나와 도시에 가는 병사도 있었다. 제국의 동서를 불문하고 군 주둔지 주변에는 병사에게 물건을 팔려는 사람으로 바글거렸다. 이러한 촌락을, 군단 근거지의 경우에는 카나바이(Canabae), 보조 부대 요새의 경우에는 비쿠스(Vicus)라고 하였다.

이러한 촌락은 기본적으로 자치권이 없었으며, 입지도 부대가 정하였다. 대개 촌락은 요새 옆에 형성되었지만, 어떨 때는 강 건너편에 있는 등 몇 km씩 떨어져 있기도 하였다. 근거지와 요새 주변의 땅은 군이 소유한 땅(Territorium, 또는 Prata)이어서 해당 범위 내에서 하는 활동은 군의 관리를 받았기 때문이다. 군대 소유 땅이라도 일반인이 가옥이나 점포를 짓기 위해 임대하거나 구매할 수 있었다. 땅 주인이 군대라고 하면 삼엄한 느낌이 들지만, 비교적 쉽사리 빌리거나 구매할 수 있었다. 단, 병사에게는 소속된 속주의 토지를 구매할 권리가 없었다.

촌락에 사는 민간인은 대개 퇴역한 병사였을 것이다. 군에 입대하여 퇴역할 때까지 25년간을 살아온 땅은 그들에게 제2의 고향이라고 할 만큼 애착이 가는 장소였을 것이다. 서로 속속들이 잘 아는 동료에게 물건을 팔고, 마음 내키면 옛 동료와 술이라도 마시며 옛이야기를 나누었을 것이다.

외출만큼 병사의 기분을 풀어주는 것은 없었다. 무엇보다 여자가 있었기 때문이다. 일단 법률상으로는 백인대장 이하의 병사는 결혼이 허용되지 않았지만, 전혀 지켜지지 않았다(단, 퇴역할 때까지 정식 아내로 인정되지 않았으며, 자녀도 로마 시민권을 가지지 못하였다). 여자 입장에서 보면 일정 금액의 급료가 들어오고 출세 여부에 따라서는 꿈 같은 상류 생활을 누릴 가능성이 있는 병사가 주변에 널린 농민보다 매력적인 상대였다. 독신 백인대장에게 여성 무리가 독수리 떼처럼 달려들었다고 하여도 이상할 것이 없다.

하지만 단독주택을 가진 백인대장은 그렇다 치더라도 비좁은 방에서 8명이 함께 지내는 일반병이 결혼한 경우에는 프라이버시를 어떻게 확보하였을지 모르겠다. 요새에서 나와 근처 임대주택에 들어갔다는 게 가장 타당성 있는 설이지만, 근거는 아무것도 없다.

비번인 병사로 북적이는 거리는 언뜻 보기에는 평화로워 보이지만, 병사에게 물건을 판매하는 일은 실제로는 상당한 리스크를 동반한다. 적지와 가깝기도 하지만, 가장 큰 이유는 병사 자체에 있었다.

로마 병사의 난폭함은 그야말로 전설적이다. 병사가 직업화된 이후로 민간인과 군인 사이에 생긴 골은 점점 깊어져, 2세기가 되면 일반인은 야만 민족과 도적보다 병사를 더욱 질 나쁜 존재로 여겼다.

병사는 시민법의 구속을 받지 않았다. 즉 치외법권, 하고 싶은 대로 마음껏 행동할 수 있었다. 병사들은 수시로 시민의 소유물을 강탈하였고, 저항하면 가차 없이 폭력을 휘둘렀다. 고소할 수 있었지만, 고소를 받아들이는 자가 속주 총독이었다. 요컨대 병들의 상사이다. 재판이 제대로 이루어질 리도 없고, 실제로 별다른 벌도 받지 않고 석방되는 사례가 태반이었다.

황제조차 이러한 문제에는 무력하였던 듯하다. 238년에 트라키아의 스카프토파라(Scapto-para) 마을은 온천을 즐길 목적으로 방문한 병사들이 속주 총독이 직접 내린 명령을 어기고 마을 물건을 약탈하여 난민이 발생하고 있다며 황제에게 호소하였다. 이에 대해 황제는 단호한 처벌을 내리지 않고, 속주 총독에게 조치를 위임하고 넘어갔다.

반대로 정의로운 병사도 많았다. 앞의 스카프토파라 마을을 대신하여 황제에게 직접 상소를 올린 사람도 근위 군단 병사였고, 이집트에는 어느 요새의 사령관이 병사들의 횡포로부터 근처 마을 사람들을 줄곧 지켰다는 기록이 남아 있다.

사기와 공갈, 협박도 빈번하게 일어났다. 납세할 때 곡물의 무게를 재는 추를 조작하는 짓은 귀여운 축에 속하였다. 시민에게 곡물을 먼 곳에 운반하라고 명령한 후 대신 운반해주는 대가로 수고비를 요구하거나, 자릿세나 보호세 명목으로 돈을 요구하는 일이 수시로 일어났다. 이집트에서는 상인이 병사에게 지불한 보호세의 실태를 기록한 기원후 2세기의 자료가 출토되었다.

- 경비 임무 수행 중인 병사에게 · · · · · · · · · · · · · · · · ·2드라크마 1오볼(Obol)†
- 선물 ·240드라크마
- 새끼돼지 ·24드라크마
- 호위에게 ·20드라크마
- 보호세(Diaseismos) ·2,200드라크마†
- 경찰관 2명 ·100드라크마†
- 경찰관 헤르미아스 ·100드라크마†
- …에게 ·2,574드라크마 3오볼

후반기 파메노트(Famenot)
- 병사의 요구로 ·500드라크마†
- 환전 수수료 ·12드라크마
- 와인 8항아리, 10드라크마 1/8오볼 · · · · · · · · · · · · ·?
- 경찰장에게 ·?†
- 용수로세 ·1드라크마
- 소(牛) 관련 세금 ·1드라크마
- 병사의 요구로 ·400드라크마†
- 환전 수수료 ·15드라크마

단검 표시(†)를 붙인 것이 보호세나 뇌물로 추정되는 지출인데, 빈도와 금액에 놀라지 않을 수 없다.

이와 같이 병사들은 민간인을 상대로 방약무인한 짓을 일삼았으나, 일단 근거지로 돌아가면 처지가 바뀌어 이번에는 그들이 착취의 대상이 되었다.
노역을 면제받거나 휴가를 신청하기 위해 뇌물을 바치는 것은 물론 소유물을 강탈당하기도 하였다. 옵티오에게 곡괭이를 빼앗긴 병사가 아버지에게 곡괭이를 보내달라고 부탁하는

편지가 발견되었다. 당연한 이야기지만, 옵티오는 곡괭이를 쓸 만한 작업에서 면제되므로 처음부터 팔아치울 요량으로 곡괭이를 빼앗은 것이다.

그러한 착취를 피하기 위해 또는 이득을 보려고 꾸준히 뇌물을 바치거나 연줄을 만드는 데 공을 들이는 병사도 많았다. 당시에는 지극히 당연히 연줄로 인사가 결정되었기 때문에 이를 부끄럽게 여기지 않았다. 그런 만큼 오히려 연줄을 쌓는 능력이 긍정적으로 평가되었다.

뇌물을 바치기보다는 능력을 연마함으로써 출세하려는 병사도 있었다. 앞서 설명한 특무병이 되기 위해 기능 훈련을 받기도 하였고, 무엇보다도 먼저 읽기, 쓰기와 간단한 계산 능력을 키워야 하였다. 그런 병사를 위해 오르토그라푸스(Orthographus)라는 군대 소속 민간인이 철자를 가르쳤다.

부업으로 돈을 버는 병사도 많았다. 현대의 군인이나 공무원과 달리 로마 병사는 자유롭게 경제 활동을 하는 것이 허락되었다(하물며 세금 면제 특권이 있었다). 내부 거래 규제가 없던 당시에는 본인 소속 부대를 상대로 장사하는 경우가 많았다. 예를 들어 공방에서 사용할 가죽을 대량 구매하기로 계약한 병사의 편지가 발견되었다. 노예도 마찬가지로 도시락 가게 등을 하며 병사에게 식료품을 판매하였을 가능성이 있다. 다만, 부업인지 군 활동의 일환이었는지는 불분명하다.

사르토리우스의 『유대 전쟁』 44권 5절을 보면, 노예들이 병사와 함께 주변 농가를 약탈하고, 소와 노예 등을 데려가고, 이를 상점에 가서 외국산 와인 등의 사치품으로 교환하고, 또 본인이 배급받은 곡물을 팔아 빵을 사거나 하였다는 내용이 나온다.

사령부가 사무소 일부를 개방하여 여기에서 콜레기움(Collegium) 회합이 이루어졌다. 콜레기움이란 직업 조합이나 특정한 목적이 있는 사람들의 모임이다. 반란의 온상이 되기 때문에 정부의 허가를 받아야 하는 허가제로 운영되었지만, 실제로는 무수한 무허가 콜레기움이 있었다.

군 질서를 유지하기 위해 일반병의 콜레기움 참여와 설립은 허용되지 않았지만, 백인대 간부나 백인대장은 그러한 제약의 영향을 받지 않아서 하드리아누스 황제 때가 되면 병사 콜레기움이 등장하기 시작한다. 콜레기움은 코르니켄 조합, 옵티오 조합, 사무관 조합, 정찰병 조합, 직인 조합 등의 동업자 조합과 OB 모임이 많았다. 콜레기움 집회 장소는 스콜라(Schola)라 하였으며, 실내에는 황제나 콜레기움 수호신 등의 신상을 안치하였고, 예배 등도 올렸다.

콜레기움은 어떤 역할을 하였을까? 람바이시스(Lambaesis)의 사례를 살펴보면 입회 희망자가 납입한 입회금(Scamnarium)을 회원이 퇴역할 때나 다른 부대로 이동할 때, 좌천되었을 때, 특정한 필수 장비를 구입할 때 등에 보조금으로서 지원하는 등 공제조합과 같은 역할을 하였다.

그 외 대표적인 콜레기움으로는 장례조합을 들 수 있다. 일정 금액을 적립하면 사망 시에 묘비 제작을 비롯하여 매장 비용을 부담해준다. 내일을 알 수 없는 병사에게는 마음의 버팀

목이 되어주는 귀중한 존재였다.

병사에게는 유서 작성에 일반적으로 필요한 법적 절차를 밟지 않아도 되는 특권(Libera Testamenti Factio)이 있었다. 따라서 갑작스럽게 사고를 당하거나 전쟁터에서 치명상을 입은 경우에는 증인이나 서면 없이 구두로 유언을 남길 수 있었다.

저녁

오후 훈련을 끝마치고 신병이 돌아오면 근거지에서는 저녁 준비가 시작된다. 병사들은 일정량의 배급(Militaris Cibus, 곡물 배급[Frumentum]과 부식 배급[Cibaria]의 두 종류)을 받았다. 식사가 꽤 잘 나왔는지, 기록으로 남아 있는 반란 이유나 불만의 목소리 중에 식사와 관련된 것은 단 한 건도 없다.

식사한 음식은 지역에 따라서 꽤 달랐다. 예를 들어 이탈리아에서는 돼지고기를 주로 먹었지만, 브리타니아에서는 양고기를 많이 먹고, 다키아에서는 소고기를 많이 먹었다.

식사는 기본적으로 직접 만들어 먹었지만, 예외적으로 조리 부서가 만든 음식을 식당에서 먹는 식당제도 있었고, 상인이 조리된 음식을 팔기도 하였다(육군과 달리 해군은 식당제로 운영되었다).

곡물 배급은 식사량의 65~70%를 차지하였다. 하루 배급량은 2섹스타리우스(Sextarius, 1.08L, 대략 800~865g)이었으며, 1개 콘투베르날리스는 1모디우스(Modius, 약 8.6L)의 배급을 받았다. 백인대장 등은 몇 배의 배급을 받았다. 그들이 고용한 시종(노예)의 몫이거나 혹은 명목상으로는 '곡물'이지만 잉여 식량은 특별 수당으로서 받은 것일 수도 있다.

부식 배급은 곡물 이외의 모든 식량 및 음료를 포괄하였다. 소금에 절인 돼지(또는 베이컨), Lardum을 비롯한 육류, 치즈(Caseus), 포스카(Posca, 시큼한 와인에 물을 섞은 것), 콩류(Faba)를 비롯한 채소류(특히 렌즈콩[Lentes]을 자주 주었다), 소금(Sal), 시큼한 와인(Acetum, 공화정 중기 이후), 올리브 오일(Oleum, 병원용 식사로도 제공되었다) 등을 먹었다. 이상의 내용을 바탕으로 짐작하였을 때 당시 하루 치 식사 배급량은 이하와 같았을 것으로 추정된다.

곡물 850g(=군용 빵 850g, 흰 빵 600g), 육류: 165g, 채소류: 30~70g, 치즈: 27g, 올리브 오일: 44ml, 와인: 270ml(와인잔 2잔 분량), 소금: 1스푼. 1일 약 3,400kcal, 단백질 140g

이 배급품들은 다른 식료품과 교환하는 데 사용되기도 하였다. 이러한 물품을 곡물고(Horrea)에서 보관하였다. 통기성을 유지하면서 쥐의 침입을 막기 위해 고상식(高床式)으로 지었으며, 창문도 곡물고는 통기성을 고려하여 달았다. 타키투스에 따르면 창고에는 부대의 일 년

치 식량이 저장되어 있었다고 한다. 단순 계산하였을 때 약 2,000톤의 곡물을 저장할 수 있는 수납 능력이 요구된다. 명칭은 곡물고지만, 곡물 이외의 식료품과 자재도 보관하였다. 곡물 고를 관리하는 곡물고 관리인(Dispensator Horreorum 또는 Horrearius)이라는 특무병이 있었다.

로마인이라고 하면 떠오르는 대표적인 모습은 누울 수 있는 의자에서 뒹굴며 식사하는 모습이지만, 병사들은 의자에 앉아서 식사하였다. 당시에는 음식을 손으로 먹었다. 나이프 등의 식기는 음식을 자르는 데만 사용되었다.

병사들이 조신하게 식사한 데 반해, 군단장과 트리부누스들은 우아하게 만찬을 즐겼다. 제정기에 지휘관과 간부는 가족과 함께 부임지에 가는 게 보통이었다. 생일 파티 초대장 등이 발견되고 있는 바와 같이 다른 부대의 사령관 가족하고도 적극적으로 교류하였다. 연회에 참석할 때는 정장용 복식(Tunica Cenatria)과 케이프를 입었는데, 원정 중에도 만찬에 참석할 때는 정장을 입고 출석하는 것이 규칙이었다.

사령관 숙사(Praetorium)는 사령부 옆에 건축되었다. 원로원 의원 계급에 걸맞은 거대한 건물이었으며, 로마의 고급 주택을 본떠 설계하였다. 가운데에 중앙 정원이 있고 그 주변을 에워싸듯이 배치된 건물에는 응접실 겸용 집무실, 가족의 개인 방과 노예 거주 구역이 있었으며, 개인 욕실인 듯한 공간이 있는 사례도 발견된다.

트리부누스 숙사(Domus)는 근거지 중앙을 좌우로 횡단하는 도로 옆에 가로로 나란히 세워져 있다. 이 구역은 스캄눔 트리부노룸(Scamnum Tribunorum)이라고 한다. 군단장 숙사보다 작지만, 계급에 걸맞은 호화로운 구조로 되어 있다.

그들을 본받아 백인대장도 저마다 만찬을 즐겼다. 어느 백인대장은 가족이 다 함께 식탁에 둘러앉아 자녀들의 학교생활 이야기를 들었다. 그들 대부분은 본인의 경험으로 말미암아 교육의 중요성을 잘 알았기 때문에 자녀 교육에 열을 올렸다. 기원전 1세기의 시인 호라티우스(Quintus Horatius Flaccus)는 어린 시절에 들어가고 싶어 하였던 학교에 백인대장 자녀들이 다녔다고 한다.

어떤 백인대장은 혼자서 늘 술에 취해 있었다. 주변 사람, 특히 그의 부하들은 얼마 전까지만 해도 용감하며 흠잡을 데 없는 백인대장이던 그의 변모에 고개를 갸웃거릴 뿐이었다. 그를 모시는 노예의 말에 따르면 한밤중에 갑자기 벌떡 일어나기도 하고, 작은 소리에 겁을 먹기도 하고, 난폭하게 날뛰기까지 한다고 하였다. 군의는 'χαλαστο?(신경 쇠약, 전투 피로증)'라고 진단하였지만, 아무도 그리스어를 이해하지 못하였고, 애당초 저 호랑이 대장이 병에 걸렸다고는 믿을 수 없었다.

전투 공포와 스트레스가 병사의 정신에 어떤 영향을 끼쳤는지에 대해서는 이미 잘 알려져 있다. 그 대표적인 예가 스키피오 아프리카누스(Publius Cornelius Scipio Africanus Major)의 아버지이다. 티키누스 전투에서 부상한 그는 다른 병사들은 재차 전투에 임하려 하였음에도 혼자만 줄곧 전쟁에 반대하였고, 동료 집정관에게 '육체보다 마음에 깊은 상처를 입었다. 부상한 공포가 그를 겁쟁이로 만들었다'는 평가를 받았다. 자살하는 경우도 있었다. 아피아노스는 마케도니아 종군 후 예전에 자신이 소속되어 있던 군단이 다가오고 있음을 알자마자 자택에 불을 질러 분신자살한 케스티우스라는 병사에 관한 이야기를 남겼다.

이러한 병사는 의사 여러 명이 내린 진단 결과를 바탕으로 재판관이 제대 여부를 결정하였다. 분류상으로는 상병(傷病) 제대지만, 병사 입장에서는 특권을 유지한 채 퇴역하는 셈이었다. 이에 대한 판단 기준은 무척 모호하였다. 재판관인 속주 총독이 독자적인 판단으로 결정하였는데, 대개는 온정 어린 결정을 내렸다.

마음에 드는 부하를 초청하여 연회를 여는 백인대장도 있었다. 이러한 연회는 본인 자랑이나 옛날이야기로 이야기꽃이 피어졌지만, 이 또한 교육의 일환이었다. 실패담과 성공담, 자랑에는 일반적인 훈련만 받아서는 배울 수 없는 교훈과 아이디어가 가득 담겨 있었다. 대충 흘려들은 그 이야기가 본인이 백인대장이 되었을 때 도움이 될 것이다.

그리고 다른 숙사에서는 어느 백인대장이 한창 시를 짓는 중이었다. 백인대장과 시 창작이라니 무척 어울리지 않지만, 기원후 1세기에 마르티알리스(Marcus Valerius Martialis)가 백인대장들이 자신이 쓴 시집을 모조리 읽고 필사하여 배포까지 하는데 본인에게는 한 푼도 들어오지 않는다며 한탄한 것처럼, 백인대장 중에는 독서를 즐기는 자가 많았다. 시와 소설, 역사책 등을 닥치는 대로 읽던 사람이 어느 날 자신도 한번 써볼까 하는 마음을 내었다고 하여도 이상할 게 없다. 사실 그들이 쓴 시 몇 개가 오늘날까지 전해진다. 백인대장 마르쿠스 포르키우스 이아스쿠탄이 쓴 기원후 222년에 요새의 정문을 복원한 부하들의 위업을 찬양하는 시와, 각 행의 앞머리 글자를 연결하면 자신의 이름이 되는 시 등이 그것이다.

그중에서도 가장 유명한 시는 아래에 소개한 누미디아의 어느 무명 수석 백인대장이 비문에 남긴 시이다.

Optavi Dacos tenere caesos, tenui.
다키아인의 시체를 원하였고, 이루었다.

Optavi in sella pacis residere, sedi.
평화를 가져올 장관의 의자에 앉기를 원하였고, 이루었다.

Optavi claros sequi triumphos, factum.
개선식을 하고 싶다 원하였고, 이루었다.

Optavi primi commoda plena pili, habui.
수석 백인대장이 되는 영예를 원하였고, 이루었다.

Optavi nudas videre Nymphas, vidi.
요정의 벗은 몸을 보길 원하였고, 이루었다.

이윽고 해가 저물 때가 되면 만찬도 끝나고 사람들도 귀로에 오른다. 일몰 후는 야간 순찰 시간이어서 야경 임무를 맡는 병사 외에는 밖을 돌아다니는 사람 그림자가 없었다. 사령부를 비롯한 모든 시설은 엄중하게 문을 걸어 잠갔고, 병사들은 잠자리에 들어 내일 아침이 밝기를 기다렸다.

column 8

군 내부 문서

로마군은 조직을 유지·관리하기 위해 방대한 양의 문서를 작성하였다. 서류 작성 시에는 파피루스나 나무판을 사용하여 현재까지 남아 있는 예가 극히 적다. 하지만 역사서에는 적혀 있지 않은 병사의 일상생활을 엿볼 수 있는 귀중한 자료이다.

('…' 말줄임표는 문장이 훼손되었음을 나타낸다)

A. 신분증: AD 92년, 이집트 파이윰(Faiyum)

티투스 플라비우스 롱구스, 제3군단 키레나이카의 아르테리우스(?) 백인대의 옵티오는 폼페이우스 Reg… 백인대의 푸론트와 Cre… 백인대의 루키우스 롱기누스 케렐과 베테라누스인 루키우스 헤렌니우스 푸스쿠스를 보증인으로 세워, 본인은 로마 시민권을 가진 자유인이며 군단에 입대할 권리가 있음을 여기에 선언한다.

따라서 여기에서 증인 푸론트, 루키우스 롱기누스 케렐, 루키우스 헤렌니우스 푸스쿠스는 지고의 신 유피테르와 임페라토르 카이사르 도미티아누스 아우구스투스 게르마니쿠스의 성령에게 전술한 티투스 플라비우스 롱구스가 로마 시민권을 가진 자유인이며, 군단에 입대할 권리가 있음을 선언한다.

이상, 제3군단 동영지, 황제 야영지에서 임페라토르 카이사르 도미티아누스 아우구스투스 게르마니쿠스 치세 17년, 퀸투스 볼루시우스 사투르니누스와 루키우스 베누레이우스 아포니아누스가 집정관인 해에 수령.

B. 상병(傷病) 퇴역 증명서(필사본): AD52년, 이집트 옥시링쿠스(Oxyrhynchus)

퇴역 증명서 필사본.

임페라토르 카이사르 도미티아누스 아우구스투스 게르마니쿠스 치세 12년 파르무디(Pharmuthi)달 29일. 서명자, 구나이우스 벨기리우스 카피토 (상하의 양 이집트) 총감.

디오니시우스―옥시링쿠스 도시의 직물 제작자―의 자식 트리폰은 백내장에 의한 시야 장애(로 퇴역하였다). 그는 알렉산드리아에서 진단을 받았다.

C. 신병 배속 전달서(필사본): AD103년, 이집트 옥시링쿠스

필사본.

가이우스 미니키우스 이탈루스가 케르시아누스에게. 경례.

내가 승인한 이하의 6명 신병을 귀관이 지휘하는 코호르스에 편입하도록 명한다.

명령 발행일은 2월 19일이다. 신병의 이름과 신체상의 특징을 이하에 기재한다.

친애하는 형제에게 보냄.

가이우스 베툴리우스 게메루스, 21세, 특징 없음
가이우스 롱기누스 플리스쿠스, 22세, 왼쪽 눈썹에 상처
가이우스 율리우스 막시무스, 25세, 특징 없음
… 율리우스(?) 세쿤투스, 20세, 특징 없음
가이우스 율리우스 사투르니누스, 23세, 왼쪽 손에 상처
마르쿠스 안토니우스 발렌스, 22세, 이마 오른쪽에 상처

우리의 트라야누스 황제 치세 6년 2월 24일에 사무관 플리스쿠스가 수령. 나 아비디우스 아리아누스, 제3코호르스 이투라이노룸의 코르니쿨라리우스는 본서의 원본이 코호르스 문서고에 소장되어 있음을 보증한다.

D. 사절의 통행 통지: AD3C, 시리아

마리우스 막시무스가 각 부대 지휘관에게, 경례. 이 편지에 우리의 총독 미니키우스 마르티알리스에게 써 보낸 서면을 첨부하므로 확인 요망.
제군들의 건강을 기원하며.

'필사본'
파르티아에서 온 사절단 고케스가 통과할 부대의 부대 예산을 파악하고 통례대로 환대하라, 그 후 환대에 필요한 경비를 귀관은 우리의 중요한 기반이 되는 총독님께 보고할 것.
가지카(Gazica)
아파다나(Apadana)
두리(Dura)
에다나(Eddana)
비블라다(Biblada)

　　　　　　　　　※마지막에 나오는 이름 5개는 사절단이 통과할 도시 이름이다.
　　　　　　　　　편지는 두라에우로포스 한가운데서 발견되었다.

E. 문의하는 서신: AD 100경, 브리타니아 빈돌란다

전송
플라비우스 케리알리스 프라이펙투스께
마스크루스 데쿠리오 보냄

본문
마스크루스가 위대한 케리알리스 님께, 경례

프라이펙투스님, 만약에 괜찮으면 내일 행동 예정을 지시해주시겠습니까?
이대로 전원이 군기와 함께 귀환하여야 할까요? 아니면 절반만 귀환합니까?
(두 줄, 결락)
… 가장 큰 축복 받으시고 또 아무쪼록 저를 너그럽게 봐주십시오.

우리 부대의 맥주가 바닥났습니다. 다소간 보내주신다면 감사하겠습니다.

※마스쿠루스가 정말로 하고 싶었던 말은 당연히 추신에서 한 말이다.

제 2 부 전투

제1장
전투의 기본

 ## 승패를 나누는 요소

사기의 중요성

고대 전투에서 가장 중요한 요소는 사기였다고 한다. 처음으로 이와 같이 주장한 사람은 아르당(Ardant du Picq, 1870년에 사망)이다. 승자와 패자의 전쟁 사상자 차이가 10배 가까이 나는 점, 소수가 다수를 종종 격파하는 점 등을 이유로 사기의 중요성을 주장하였다.

고대 군대는 세로로 긴 대열을 이루어 싸웠는데, 근접 무기의 공격 가능 범위로 미루어보아 실제로 적군과 싸우는 것은 제일 앞 열 혹은 앞의 몇 열이다. 나머지 병사는 거의 몇 m 앞에서 아군이 싸우고 다치고 죽어가는 것을 물끄러미 쳐다보아야만 하는 스트레스에 지속적으로 노출된다. 그리고 눈앞의 참상과 자신이 싸울 순서가 다가오는 것을 줄곧 기다리는 스트레스 때문에 대열이 붕괴된다고 한다.

대열을 이룸으로써 각 병사는 적군이 돌아서 뒤쪽에서 공격해오지 못하도록 서로 돕는다. 이것이 무너지면 대열이 가지는 상호 협력 효과가 사라져 모든 위치에 있는 병사가 위험 존에 있게 되고, 더 큰 스트레스를 받게 되어 뿔뿔이 흩어지기 시작한다. 이렇게 되면 패자 측은 적군과 싸우는 것을 포기하고, 한편 승자 측은 적을 추격하는 것이 목표가 되기 때문에 전투 양상이 일방적인 살육으로 바뀐다.

이는 현재 전쟁 메커니즘 연구의 기본이 되는 이론이기도 하다. 전쟁터에서 승패를 결정하는 것은 병사의 물리적인 살상이 아니라 주로 공포에서 오는 병사의 사기 붕괴이며, 어떻게 자군의 사기와 통제력 저하를 막으면서 적에게 물리적, 정신적 대미지를 주어 적군의 사기(그리고 대열)를 떨어뜨릴 것인가가 당시나 지금이나 변함없는 전쟁의 기본인 것이다.

명령 전달

전쟁터에서 승패를 나누는 가장 중요한 요소는 정보 전달이라고도 한다.

당시에 가장 빠른 전달 수단은 악기 연주를 통한 명령 전달법이었다. 로마군은 주로 나팔과 호른을 사용하였다.

각각의 명령에 대응하는 곡이 있었다. 창작곡의 경우에는 음정 수로 명령을 전달하는데, '다 들을 때까지 신경을 집중하여야 한다', '전쟁통에 음을 놓칠 가능성이 높다', '명령이 많아지면 음정 수도 많아져 셈을 잘못할 수 있다' 등의 이유로 실용적이지 않다.

한편 기존에 있던 곡의 경우에는 '몇 초만 들으면 곡(명령)을 판별할 수 있다', '곡의 일부를 듣지 못하더라도 문제가 되지 않는다', '명령의 개수를 마음껏 늘릴 수 있다' 등의 이점이 있다. 6세기 프로코피우스(Procopius)에 따르면 고대 군단병은 호른으로 서로 다른 두 계층의 음높이를 동시에 연주할 수 있었다고 한다. 악기의 구조는 단순하나, 꽤 복잡한 곡을 연주할 수 있었던 듯하다.

베게티우스에 따르면 전쟁 중에 트럼펫은 병사에게 명령을 내릴 때 사용하고, 호른은 기수에게 명령을 내릴 때 사용하였다고 한다.

그 밖에 전령과 명령서 등도 전달 수단으로 빈번하게 사용되었다.

포진

로마군은 지형을 이용하여 포진하는 것을 가장 중시하였다. 최고의 방법은 절대적으로 유리한 지형에 포진한 다음, 적군이 로마군과 싸울 수밖에 없도록 상황을 끌고 가는 것이었다. 유리한 지형에는 높은 곳, 측면이나 후방이 벼랑이거나 숲인 곳, 강가 등의 자연적인 장애물이 보호해주는 곳, 우리 측 기병이 우세할 경우에는 평야, 열세인 경우에는 장해물이나 늪지대 등 기병의 기동력을 낮출 수 있는 지형 등이 있다.

가장 기본적인 포진법은 중앙에 보병, 그 양옆에 기병을 배치하는 방식이었다. 일반적으로 경무장 보병은 보병 앞에 포진하여 적군의 경무장 보병을 제거하거나 적군의 보병을 사이가 떨어진 곳에서도 사용할 수 있는 무기로 공격하였다.

하지만 제정기에 들어 경무장 보병은 보병(군단병이나 보조 보병)의 후방에 위치하며 아군의 머리 위로 투창 등의 무기를 던져 적군을 공격하는 일이 많아졌다. 대표적인 예로 아리아노스의『대알란족 작전』과 마우리키우스(Mauricius Flavius Tiberius)의『스트라테기콘』등을 들 수 있다. 이 전법은 기병이 중심인 적군과 싸울 때 주로 사용되었다. 앞 열이 밀집 대열(후술)을 한 후 방패를 맞대고 필룸과 창으로 적의 공격을 막는 동안 후방의 경무장 보병이 적을 저격하였다. 또 테스투도(후술) 대열을 하고 적을 향해 전진하는 보병을, 후방에서 화살 등을 쏘아 지원하는 방법을 쓰기도 하였다.

기병을 보병의 후방에 배치하는 포진은『대알란족 작전』에 등장한다. 원문을 읽어서는 무척 이해하기 어려운데, 8개 부대로 편성된 기병대가 보병 부대의 후방에서 대기하다가 적군

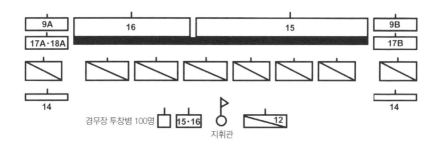

<그림 1>: 『대알란족 작전』의 포진. 숫자는 제1부 3장의 '행군' 항목에 있는 번호이다. 사선이 그어진 부대가 기병이고, 검은색 사각형은 궁병(9, 10, 11과 이투라이오룸[Ituraeorum]의 궁병)이다. 이 포진에서는 10과 11이 누락되어 있다. 9A: 키레나이카 분견대 100명, 17A: 아르메니아, 트라브존, 리지아의 투창병, 18A: 아풀라, 9B: 이탈리코룸 300명, 17B: 아르메니아, 바사케스, 아르벨로스의 궁병

이 공격해오면 보병의 머리 위로 투창을 던지고, 적이 물러서면 보병 사이로 빠져나와 적을 추격하였다.

■ 지휘관의 위치

지휘관의 위치에 관한 자료는 거의 남아 있지 않다. 남아 있는 유일한 사료는 베게티우스가 작성한 것으로, 지휘관은 우익 보병과 기병 사이, 부관은 중앙, 세 번째 지휘관은 좌익을 지휘하였다고 한다. 그 밖에 갈리아 전기를 비롯한 여타 기록을 보면 지휘관의 위치는 일정하지 않으며 상황에 따라서 다양한 곳에 위치하였다.

◆ 기본적인 진형 및 전술

단열진(單列陣, Simplex Acies)

로마인은 부대의 열을 검날에 비유하여 아키에스(Acies)라고 하였다.

단열진(Simplex Acies)은 전 부대가 가로 일 열로 늘어서는 가장 단순한 진형으로, 압도적인 숫자의 적이 포위해오는 것을 막거나 적의 기습 공격에 재빠르게 대처하기 위해 펼치는 진형이다.

그 대표적인 예를 기원전 46년 루스피나 전투에서 찾아볼 수 있다. 폼페이우스 측의 경무
장 보병과 대규모 기병 부대를 맞닥뜨린 카이사르는 3개 군단 30개 코호르스를 가로 일 열로
세우고, 나아가 병사 간 간격을 위험할 정도로 벌려 전열을 넓게 퍼뜨리고 그 양옆에 기병을
배치했다.

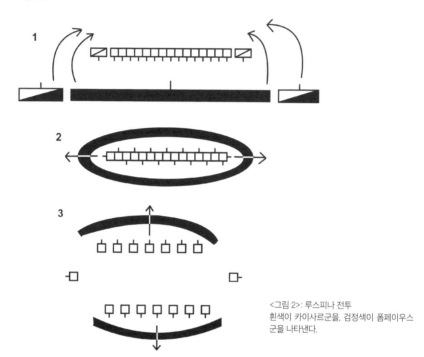

<그림 2>: 루스피나 전투
흰색이 카이사르군을, 검정색이 폼페이우스
군을 나타낸다.

하지만 라비에누스(Titus Labienus)군은 카이사르군보다 포진을 더 넓게 벌려 주위를 완전히
포위하였다. 카이사르 부대는 타원형(Orbis)으로 포진을 바꾸어 이에 대항하였다고 하는데, 그
후의 전개로 미루어보아 대열 전체가 타원형으로 선 게 아니라 각 백인대의 외연부에 위치하
는 병사가 바깥쪽을 향한, 미니 포진과 같은 대열을 취하였던 게 아닌가 한다. 나아가 카이사
르는 휘하의 코호르스를 하나 걸러 하나씩 뒤돌아서게 한 후 좌우 코호르스에 옆으로 진격하
라고 명하여 적의 포위를 뚫었다. 동시에 다른 코호르스에 전진 명령을 내려 카이사르 부대
는 적의 포위망을 돌파하는 데 성공하였다.
압도적인 숫자의 적군에게 포위되는 것을 방지해주는 효과가 있어서 기병이 중심인 적군
을 방어하는 방법으로 주로 사용되었다. 그(실패) 사례가 카이사르 전투이다. 파르티아 기마
궁병과 카타프락트에게 포위당하지 않도록 단열진을 펼치라는 막료의 충고를 무시하고, 사
령관 크라수스는 방진(方陣)을 펴고 적에 대항하였다. 하지만 방진은 완전히 방어 진형이었기

때문에 효과적인 공격 수단이 없었고(공격의 핵심이 되는 기병이 보병 열에 둘러싸인 형국이 되어 재빠르게 밖으로 나갈 수 없다), 또한 전군이 사각형을 이루기 때문에 전투 열이 축소되어 적군에게 쉽사리 포위된다는 결점이 있다. 결국 로마병은 손 한 번 써보지 못하고 화살받이가 되었다.

성공 사례로는 기원후 217년의 니시비스 전투를 들 수 있다. 단열진을 펼친 로마군은 밀집 대열로 포진한 군단병을 방벽 대신으로 쓰며, 경무장 보병으로 적을 공격하였다. 적이 돌격해오면 마름쇠(끝이 송곳처럼 뾰족한 네 개의 발을 가진 쇠못. 도둑이나 적을 막기 위해 흩어두었다-역자 주)를 뿌리며 보병 전열로 도망쳐 돌아왔다가, 마름쇠를 밟아 움직일 수 없게 된 적을 되돌아가서 공격하는 전법으로 적의 접근을 막았고, 양측 모두 전사자만 산만큼 쌓이고 승패는 나지 않았다. 또『대알란족 작전』에서도 이 진형이 사용되었다.

이 진형은 적을 포위하는 진형으로도 사용되었다. 가장 유명한 사례는 기원전 202년 자마 전투 최종 국면에서 펼친 단열진이다. 앞 열의 하스타티가 적군의 제1열과 제2열을 격파하고 기병이 적군 기병을 격파하고, 이제 한니발이 키운 정예병만 남자, 스키피오는 프린키페스와 트리아리이에게 하스타티의 좌익과 우익에 진을 펼치라고 명하였다. 그리고 장대한 단열진으로 한니발군을 포위하여 섬멸하였다.

이열진(二列陣, Duplex Acies)

공화정기부터 제정 초기까지의 시기에는 거의 볼 수 없던 진형으로, 기원후 3세기에 헤로디아스가 '로마인은 이전처럼 세로로 긴 대열을 하지 않고, 포위되는 것을 방지하기 위해 전열을 옆으로 길게 늘이게 되었다'라고 말한 것처럼 2세기 후반에서 3세기 초 사이에 군단의 기본이 된 진형이다.

이토록 실례가 적은 진형이 어떻게 기본 진형이 되었을까? 이열진이 채용된 시기와 장비, 이에 동반하여 전법이 변화된 시기가 거의 일치하므로 양자 사이에 관련성이 있다고 생각하는 게 자연스러운 흐름일 것이다. 주로 밀집 대열을 하는 방어 중심 전투 방식을 쓰게 되자 제3열이 불필요하다고 여겨져 전열을 길게 늘이는 데 제3열 부대를 쓴 것이 아닐까?

기원후 357년에 있었던 아르겐토라툼(또는 스트라스부르) 전투가 전형적인 이열진 전투이다. 로마군 사령관 율리아누스(Flavius Claudius Julianus, 후대에 배교자라 불리게 된 율리아누스 황제)는 보병을 이열로 배치하였다. 앞 열은 중앙에 4개 군단 4,000명, 양옆에 2개 보조 군단 1,000명씩, 또 전위로서 도보 궁병대 2개를 배치하였다. 후열대는 한참(아마도 수백 m) 후방에, 1개 군단을 중앙에, 2개 보조 군단을 각각 양옆에 배치하였다.

사령관 본인과 근위병 약 200기는 두 열의 중앙에 위치하였다. 나아가 우익에는 6개 기병 부대(2개 카타프락트, 1개 경무장 기병, 1개 기마 궁병, 2개 기병대. 각 500기), 좌익의 조금 후방에 세베루스가 지휘하는 4개 보조 부대 200명을 배치하였다.

적 알라마니족은 중앙에 대왕 5명이 이끄는 보병 부대 약 1만4,000명, 좌익에 알라마니군 총

사령관 크노도마르(Chnodomar)가 이끄는 보병과 기병의 혼성 부대 4,000명, 우익에 펼쳐져 있는 숲에서는 크노도마르의 조카 세라피오(Serapio)가 이끄는 기습 부대 2,000명이 대기하였다.

전투가 시작되자 알라마니족 병사들은 크노도마르에게 말에서 내려 보병을 이끌고 싸워달라고 요청하였다. 압력을 이기지 못하고 그는 말에서 내려 보병 부대를 지휘하였다. 카타프락트를 중심으로 로마군 기병대가 알라마니군 기병대를 들이쳤지만, 그들과 함께 배치되어 있던 보병에게 큰 타격을 입고 뿔뿔이 흩어져 로마군 보병의 우익으로 숨어들었다. 하지만 우익의 보조 부대(보조 팔라티니 부대)는 혼란에 빠지지 않고 대열을 유지하였다. 도망친 기병들

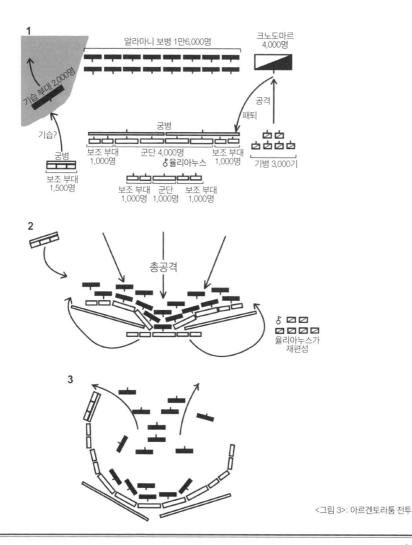

<그림 3>: 아르겐토라툼 전투

은 보병의 후방으로 피신하였고, 율리아누스가 직접 설득하여 거우 진정시켰다.

기병이 패퇴함과 동시에 알라마니족 보병이 총공격을 해왔다. 로마군은 방패를 맞대고 밀집 대열 태세를 갖추고 맞받아 싸우며 반복하여 들이치는 적군을 밀어냈다. 하지만 족장과 정예병 집단은 밀집 대열을 공격하여 끝끝내 로마군의 중앙 전열을 무너뜨렸다. 절체절명의 위기에 빠졌지만, 로마군은 버티며 대열을 계속 유지하였다.

전열을 뚫은 알라마니 병사는 후열대를 공격하였지만, 군단은 이들을 격퇴하였고 반격에 나섰다. 동시에 후열의 보조 부대와 좌익의 세베루스 부대가 앞 열의 측면에 늘어서 전열을 연장하자 로마군의 앞 열이 초승달 모양이 되었고 차츰 적을 에워싸게 되었다. 그러자 끝내 알라마니군은 도망치기 시작하였고, 로마의 승리가 확정되었다. 기록에 따르면 적군의 사망자 수는 6,000명, 로마군의 사망자 수는 243명(전사한 트리부누스 4명 가운데 2명은 카타프락트 지휘관)이었다고 한다.

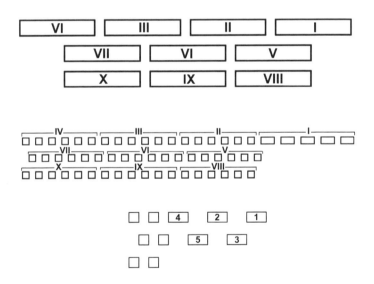

<그림 4>: 상단은 일반적으로 소개되는 모식도. 깔끔하게 정렬한 듯 보이지만, 실제 백인대 정렬(중단)로 바꾸면 제1코호르스가 완전히 고립된다. 제1코호르스의 병사 수가 2배인 것도 이와 같은 상황에 대처하기 위함인 듯하다. 그리고 하단은 제1코호르스만 이열진을 펼친, 필자의 안(案)이다. 아라비아 숫자는 1: 프리무스 필루스, 2: 프린켑스 프리오르, 3: 프린켑스 포스테리오르, 4: 하스타투스 프리오르, 5: 하스타투스 포스테리오르, 로마 숫자는 코호르스 번호이다.

삼열진(三列陣, Triplex Acies)

가장 기본이 되는 진형이다. 마니풀루스 군단은 하스타티, 프린키페스, 트리아리이의 순서로 정렬하였고, 그 전방에 벨리테스가 위치하였다. 이 시대에는 백인대 단위로 정렬하였고, 마리우스 군단 때 코호르스제로 이행하면서부터 코호르스 단위로 정렬하였다. 예를 들어 기원전 49년 일레르다 전투에서 카이사르는 코호르스를 전방에서부터 4-3-3으로 정렬시켰는데, 이것이 기본 배치법이다.

확실히 코호르스 단위로 보면, 부대 간 틈새를 다음 열의 부대가 커버하는 형태로 되어 있어서 깔끔하다. 하지만 실제 백인대 단위로 바꾸고 보면 〈그림 4〉처럼 제1코호르스가 완전히 고립된다. 제1코호르스의 전력이 2배인 것도 이와 관련이 있을 가능성이 있다. 또한 베게티우스가 말한 것처럼 사령관의 위치가 보병과 기병 사이라면 사령관이 있는 곳은 제1코호르스 뒤쪽일 것이다.

이 진형은 제일 앞 열이 적과 싸우고, 제2열은 이를 백업하고, 제3열은 무슨 일이 있을 때를 위한 예비 병력이라서 다양한 상황에 유연하게 대처할 수 있다.

사열진(四列陣, Quadruplex Acies)

대단히 특수한 케이스로, 기원전 46년 타프수스 전투에서 사용한 것으로 추정되고 있으나 그렇지 않았을 수도 있다. 우세한 적을 상대로 방어할 때, 혹은 전쟁터의 넓이가 진형을 펼치기에 충분치 않을 때 채택하는 진형이다. 마니풀루스 군단 시기에는 전쟁터가 비좁을 시에는 부대의 폭을 줄인 만큼 세로 열의 인원수를 늘렸다. 대표적인 예가 칸나이 전투이다.

제 2 장
각 시대의 전투 방법

 ## 왕정기

로마 초기의 전투는 강력한 리더(왕)와 측근(친위대)이 선두에 서고, 그 뒤를 평민 중에서 징집한 일반병이 있는 형태를 취하였다.

왕은 자신의 용기와 힘을 과시함으로써 권위를 유지하고, 뒤따르는 병사들의 사기를 높였다. 그리고 마찬가지로 자신의 용맹함을 어필하는 적군의 리더와 빈번하게 1 대 1 대결을 하였고, 그 결과가 싸움의 승패를 거의 결정지었다. 기록으로 남아 있는 기원전 100년까지의 1 대 1 대결 사례 17건이 거의 기사 계급 전투이다. 이는 본디 1 대 1 대결이 왕족이나 귀족이 하던 전투 관습을 계승한 것이기 때문이다. 결투는 상류 계급의 특권이라고 할 수 있는 행위였다.

이 풍습은 그 후로도 오래 지속되어 후대 지휘관들은 1 대 1 대결을 하는 명예를 선택할 것인가, 군율을 따를 것인가 사이에서 갈등하였다. 또한 상대의 도전을 받아들여 전군 앞에서 대결하는 것 또는 전투 중에 적군의 지휘관과 1 대 1로 싸우는 것이 '결투'로, 조우전이나 소규모 전투에서 발생하는 1 대 1 대결하고는 그 의미가 달랐다.

플루타르코스가 남긴 헤라클레아 전투(기원전 279년) 묘사에 후자의 결투 모습이 자세히 나온다. 적군의 사령관인 에피루스 왕 피로스는 호위와 함께 전쟁터를 오가며 지휘하였는데, 그런 그를 멀찍이 떨어져 따라다니는 이탈리아 기병이 있었다. 이를 눈치챈 측근이 '저 기병이 폐하에게서 눈을 떼지 않으며 따라다니니, 잠시도 한눈을 팔지 않다가 어느 순간 있는 힘껏 공격해올 듯하다'고 경고하였다. 피로스왕이 말도 안 되는 소리라고 대답하던 바로 그 순간, 이탈리아 기병이 창을 들고 일직선으로 왕을 향해 돌격해와 왕이 타고 있던 말을 창으로 찔렀다. 그와 동시에 측근도 창으로 이탈리아 기병의 말을 찔렀고, 이탈리아 기병과 피로스왕은 한데 뒤엉켜 땅으로 떨어졌다. 피로스는 호위가 재빠르게 구해냈지만, 이탈리아 기병은 죽을 각오로 덤볐으나 허망하게 호위의 칼을 맞고 목숨을 잃었다(피로스 16장 7~10절).

결투가 끝나고 양군이 서로에게 다가가면 먼저 투창 공격이 시작된다. 이탈리아 전쟁 양상을 묘사한 가장 오래된 기록은 기원전 3세기에 엔니우스(Quintus Ennius, 제2차 포에니 전쟁에 동맹

군 병사로서 종군하였다)가 남긴 로마 제6대 왕 시대의 전쟁 묘사이다. 여기에 '창(Hasta ansatis, 손잡이가 달린 창=끈 달린 창)을 던지는 것에 질리자 병사들은 창을 손에 들고 전선(全線)에서 싸우기 시작하였다(3권 160~161절)'라고 되어 있다. 이보다 더 구체적인 모습은 알 수 없으나, 근세 인도인이 전쟁하는 모습을 본 영국인이 쓴 '제일 앞 열의 병사들은 믿을 수 없을 만큼 용감하고 대담하고 격렬하게 싸웠지만, 후방의 전사들은 무기를 돌리며 크게 소리치는 것만으로 만족하였다. 그렇게 한동안 싸우더니, 새끼 거미가 흩어지듯이 한쪽이 달아났다'라는 묘사가 이에 가장 가깝지 않을까 싶다.

왕정 말기부터 공화정 초기의 전투 모습은 추방된 로마 최후의 왕 루키우스 타르퀴니우스(Lucius Tarquinius Superbus)가 이끈 에트루리아군(타르퀴니아와 베이 연합군)과 신생 로마 공화국군 사이에 벌어진 실바 아르시아 전투(기원전 509년) 기록에 묘사되어 있다.

타르퀴니우스가 로마령에 침입하였다는 보고를 받고 초대 집정관 푸블리우스 발레리우스 포플리콜라(Publius Valerius Poplicola, 푸블리콜라[Publicola]라고도 한다. 보병을 지휘)와 루키우스 유니우스 브루투스(Lucius Junius Brutus, 카이사르를 암살한 브루투스의 선조. 기병을 지휘)는 군대를 이끌고 가서 실바 아르시아에 포진하였다.

보병과 발레리우스를 그곳에 남겨두고 브루투스는 기병과 함께 정세를 시찰하였는데, 그러다 아들 타르퀴니우스가 이끄는 기병대와 마주쳤다(아버지 타르퀴니우스는 보병을 통솔하고 있었다). 그들도 마찬가지로 정찰하던 중이었다.

리비우스에 따르면 아들 타르퀴니우스는 멀리서 릭토르(고관의 호위. 권위를 상징하는 직책)를 발견하고 거기에 집정관이 있음을 알았다고 한다. 나아가 가까이 접근하여 집정관이 브루투스임을 안 그는 즉시 브루투스를 향해 돌격하였고 1 대 1 대결에 나섰다. 브루투스도 이에 응하였고(리비우스가 '1대 1 대결을 걸어오면 이에 응전하는 것이 당시의 관습이었다'라고 사족을 달고 있다), 양자가 동시에 서로를 창으로 꿰뚫어 무승부가 되었다. 이어서 양군 기병이 전투에 돌입하였고, 뒤따르듯이 보병도 보병끼리 전투하였다. 전황은 일진일퇴를 거듭하였지만, 이윽고 양군의 우익이 적군의 좌익을 압도하기 시작하였다. 먼저 사기가 떨어진 것은 에트루리아군 좌익인 베이군이었다. 그들이 달아나는 것을 본 타르퀴니아군은 일몰과 함께 철수하였고, 로마는 승리를 선언하였다.

전투 양상을 보면 고래부터 내려오던 1 대 1 대결 풍습이 건재하였음을 알 수 있다. 사실, 역사가들이 남긴 기록을 보면 공화정 초기에 들어선 이후로도 여전히 씨족장 등의 리더가 솔선하여 적군 지휘관과 1 대 1 대결을 펼쳤다고 한다. 기원전 340년에 집정관 만리우스 토르콰투스가 적의 도발에 응하여 결투하지 말라는 통첩을 찢은 아들을 처형한 유명한 일화가 있어서 이 풍습이 얼마나 뿌리 깊은지를 말해준다.

마니풀루스 군단 이후

마니풀루스 이후 로마군은 조직 편제는 달랐으나 전투 방법과 진형이 거의 변하지 않았으므로 통합하여 설명하겠다.

로마군은 전투 방식이 늘 공격적이었던 것으로 유명하다. 설령 방어전이라 하더라도 적이 오기를 제자리에서 가만히 기다리는 일은 결코 없었다. 적을 맞닥뜨리면 반드시 적을 향해 돌격하였다. 요새로 적이 몰려오더라도 요새 안에 틀어박혀 버티기보다는 밖으로 나가 전투하는 쪽을 선호하였다.

보병의 전투법

■ 병사의 위치

로마병 대열과 병사 위치에 관한 종래의 해석에는 학자들 머리에 박혀 있는 18세기 보병 전열 전통의 영향이 짙게 배어 있다. 즉, 각 병사는 전후좌우의 병사와 간격을 늘 일정하게 유지하였으며 대열 내의 정해진 지점에서 한 걸음도 벗어나지 않았다는 것이다.

하지만 최근에는 로마병은 훨씬 자유롭게 행동하였다는 설이 받아들여지고 있다. 예를 들어 리비우스(22권 38장 4절)에 따르면 병사들은 '투창을 가지러 갈 때, 적을 쫓아가 공격할 때, 동료를 도울 때' 이외에는 결코 대열에서 벗어나지 않겠다고 맹세하였다고 한다. 이는 거꾸로 말하면 상기의 세 가지 사항에 해당할 때는 자유롭게 대열에서 이탈하여도 된다는 말이다. 전투 중에도 마찬가지였다. 대열 내 위치는 어디까지나 기준에 불과하였으며, 앞 열을 지원할 때나 대열에 뚫린 구멍을 막을 때는 상황에 따라서 유연하게 위치를 바꿀 수 있었다.

■ 병사의 간격과 두 종류의 대열

병사 간 거리는 폴리비오스에 따르면 '완전 군장한 로마 병사는 (팔랑크스와 마찬가지로) 한 변이 90cm인 공간을 차지하는데, 그들의 전투 방식은 각 병사가 자유롭게 싸우기 위해, 즉 방패를 적군이 오는 방향으로 향하고 몸을 보호하며 검으로 베거나 찌르며 싸우기 위해 그만큼의 공간이 필요하다. 따라서 각 병사는 효과적으로 싸우기 위해 전후좌우에 각각 90cm의 간격이 필요하다(18권 30장 6~7절)'고 한다.

요컨대 병사는 한 변이 90cm인 정사각형 공간을 차지하며, 효과적으로 싸우려면 90cm만큼 더 떨어져 있어야 한다는 말이다. 필자의 저서 『고대 그리스 중장 보병의 전술』에서는 상

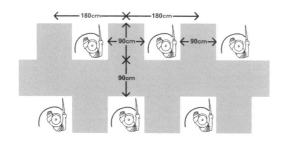

<그림 5>: 병사 간의 간격

기의 문장을 '병사의 몸+90cm'라고 계산하였는데, 각 병사는 전후좌우 180cm의 공간을 차지하였다고 하겠다.

너무 넓다고 보는 견해도 있지만, 좌우로 한 걸음씩 이동하며 싸우기에 딱 좋은 거리이다. 간격이 90cm면 옆으로 움직일 때 아군과 부딪칠 위험성이 있을 뿐 아니라 휘두른 검을 아군이 맞을 가능성도 있다(후술하겠지만, 로마 병사가 검을 찌르는 데만 사용하였다는 것은 오해이다).

1명이 180cm의 폭을 차지하는 대열을 '산개 대열(散開隊列)'이라고 한다. 로마군의 기본 대열 중의 하나였다. 또 하나의 기본 대열이 1명이 90cm 폭으로 정렬하는 '밀집 대열'이다. 이는 딱 방패의 폭보다 조금 더 넓은 간격으로, 가로 1열로 주르륵 방패를 빈틈없이 맞대고 서서 적의 투창, 활 같은 무기나 기병의 돌격을 막을 때 이용되었다. 하물며 대열을 펼칠 때는 제2열이 앞으로 나와 제1열 사이에 끼어들기만 하면 되고, 해제할 때는 제1열 병사가 한 걸음 앞으로 나오기만 하면 된다.

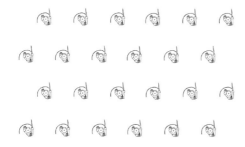

<그림 6>: 산개 대열(상단)과 밀집 대열(하단). 보는 바와 같이 제2열이 전진하기만 하면 밀집 대열이 된다. 실제 전투 상황에서는 투창을 앞 열의 머리 위로 던지기 위해 제일 앞 열을 제외하고는 줄곧 산개 대열을 하였을 수 있다.

169

제정기에 들어선 이후에도 이 간격은 유지되었다고 하는데, 기원후 4세기에 베게티우스는 병사 1명이 차지하는 공간은 가로 90cm, 세로 180cm라고 하였다. 필자는 3세기경에 전투 방식이 산개 대열(공격적)에서 밀집 대열(방어적)로 변화한 결과, 병사들의 가로 간격이 줄었다고 본다. 스쿠툼의 모양이 원통형에서 타원형으로 바뀐 것도 이러한 변화에서 연유하므로 어쩌면 검이 글라디우스에서 스파타로 변한 것도 이 때문일지 모른다. 밀집 대열을 하면 반걸음도 가로로 이동할 수 없을 만큼 옆 사람이 가까이에 있기 때문에 검을 휘두르거나 이리저리 돌아다닐 수 없다. 이러한 상황에서는 방패가 몸을 감싸주는 형태보다는 옆 사람의 방패와 맞대어 벽을 만들 수 있는 평평한 형태가 유용하다. 적군을 베려고 휘두른 검을 아군이 맞지 않도록 검술을 찌르기 중심으로 바꾸어, 창처럼 공격 범위가 긴 스파타를 선호하게 된 것이 아닐까?

column 9

동로마 제국의 언어

제정기 이전부터 동지중해 지역에서는 그리스어를 공통 언어로 사용하였고, 동로마 제국에서도 그리스어를 공용어로 사용하였다.

하지만 정부 내부, 특히 군대 내부에서는 라틴어가 꽤 나중까지 사용되었다. 마우리키우스가 6세기에 쓴 것으로 추정되는 『스트라테기콘』을 보면 이를 확실하게 알 수 있다. 이 책의 특징은 실용성을 중시하였다는 것이다. 기존 전문서의 특징인 추상적인 이론과 그리스어로 번역된 전문 용어를 배제하고, 실용적인 사안을 구체적으로, 현장에 있는 사람이 사용하는 언어로 썼다.

이 특징 덕분에 당시 군대가 여전히 라틴어를 사용하였다는 것을 알 수 있다. 『스트라테기콘』에 기재된 명령문은 상당히 단순한 것이 많아, 평소 대화는 그리스어로 하고 명령만 라틴어로 하였을 것으로 해석하는 경우가 많다. 하지만 개중에는 주의 사항으로밖에는 생각되지 않는 라틴어 명령, 예를 들어

'정숙. 명령을 따르라. 두려워하지 말고 정위치에 머물러라. 군기에서 떨어지지 말고, 적을 쫓아라 / *Silentum, mandata captate. non vos turbatis, ordinem sevate. bando sequute. nemo demittat bandum et inimicos seque*'

등의 기재가 있으므로 당시에도 군대 내에서는 라틴어로 말하였을 가능성이 높다.

군대와 정부에서 라틴어를 사용하지 않게 된 것은 그 후인 기원후 7세기이다.

■ 종심과 대열

마니풀루스 군단의 백인대는 세로로 6열, 마리우스 군단 이후로는 4열 또는 8열이었다는 게 오늘날 정설로 받아들여지고 있는 숫자인데, 사실 그다지 근거 없는 숫자이다. 백인대 병사 수를 나누었을 때 깔끔하게 딱 떨어지는 숫자 중에서 가장 그럴듯한 숫자를 고른 것에 지나지 않는다.

기록에 남아 있는 종심은 이하와 같다.

출처	종렬 수	상황
공화정기. 정설: 6열		
대(大)카토『군사학 논고(De re militari)』	4	불명
리비우스, 44권 9장 6절	4	테스투도, 기원전 169년
프론티누스(Sextus Julius Frontinus), 2권 3장 22절	10	전투, 기원전 48년
플루타르코스『안토니우스』45장 2절	3	테스투도, 기원전 36년
제정기. 정설: 4/8열		
요세푸스『유대 전쟁사』2권 172장	3	폭동 진압, 26~36년
요세푸스『유대 전쟁사』5권 131장	3	방어, 70년
요세푸스『유대 전쟁사』3권 124장	6	행군 대열의 폭, 60년대
아리아노스『대알란족 작전』16~17장	8	전투
베게티우스 1권 26장	4	훈련
베게티우스 3권 14~15장	3/6/9	전투

공화정기의 테스투도는 밀집 대열이므로 산개 대열 시 종심은 배가 된다. 따라서 공화정기에는 8열, 제정기에는 6열 또는 8열이 가장 자주 등장하는 숫자이다. 또『스트라테기콘』에서도 보병의 종심이 8열(플러스 궁병 1열)이었다고 하므로 아마도 모든 시대에 보병의 대열은 산개 8열이고 밀집 4열인 8/4열 종심이 기준이고, 때에 따라서 6/3열을 하였을 것으로 필자는 추정한다. 하지만 이러한 필자의 주장에는 결점이 있다. 공화정기 백인대 60명의 경우에는 딱 떨어지지 않고 나머지가 생긴다는 것이다.

본서도 그렇지만, 제정기 병사는 홀수 열과 짝수 열이 겹치지 않도록 정렬한 상태로 재현하는 경우가 많다. 근거가 있는 것은 아니고, 단순히 필룸을 던질 때 후방의 병사를 찌르지 않도록 지그재그로 엇갈려 세운 것이다. 하지만 병사 간 간격이 180cm였다고 하면 지그재그로 정렬하면 앞 열 병사 사이의 틈새를 후열이 커버하여 적이 쉽사리 들어오지 못하도록 견제해 주는 효과도 있다. 결코 아무 생각 없이 무턱대고 재현한 것은 아니다.

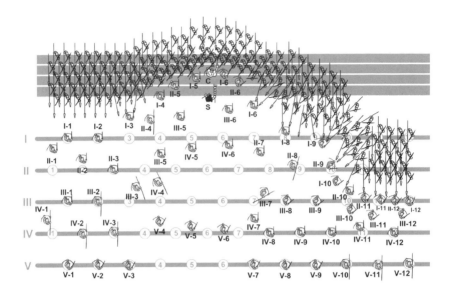

<그림 7>: 전투 모식도. 로마 숫자는 종렬의 번호, 아라비아 숫자는 횡렬 번호, 흰색 동그라미 숫자는 대열에서의 본 위치이다. 창을 들지 않은 적군 병사는 대열이 지나치게 밀집되어 전투 불능 상태에 빠졌음을 나타낸다.

〈그림 7〉은 백인대의 전투 상황을 나타낸 모식도이다. 병사들이 서로를 서포트하며 주변 병사와 적절한 거리를 유지하며 움직였다는 가정하에 그린 것이다.

부대의 좌익은 적과 서로 노려보고 있다. 아마도 대부분의 전투 시간 동안 이런 식으로 서로 노려보았을 것이다. 후열 병사 중에는 필룸을 아군의 머리 위로 던지는 자(III-2, III-3 등)도 있었다.

중앙은 백인대장(C)이 앞장서서 적에게 돌격한 상황이다. 적은 대열이 밀려 창을 사용할 수 없는 상태가 되었다. 백인대장을 뒤따라 전진한 아군의 구멍을 막기 위해 후열 병사가 앞으로 나아가 삼각형 모양으로 병사의 벽이 만들어졌다. 언뜻 보기에는 후속 열이 계속하여 앞으로 나오지 않고 있는 듯 보이지만, 바로 뒤에 병사가 바짝 붙어 있으면 방해가 되기 때문에 이 정도면 충분하다. 병사 III-5와 III-6은 앞장서 돌격한 부대를 지원하는 중이다.

우익은 반대로 밀리고 있다. 보는 바와 같이 앞 열 부대가 후방으로 밀리면 자동적으로 밀집 대열이 되어 완강하게 저항할 수 없다. 나아가 주목할 점은 병사의 앞뒤 간격이 아군이 밀렸을 때 완충재 역할을 하여 대열이 흐트러졌음에도 그 영향이 후방까지 미치지는 않는다는 점이다. 여기에서는 병사들이 제3열까지 밀렸음에도 제4열은 영향을 받지 않아 깔끔하게 횡렬로 늘어서 있다. 단, 만일 아군에 사상자가 다수 발생하면 제4열이 전투에 휘말리게 된다.

이를 고려하면 종심이 4열이면 안정적이지 못하다는 『스트라테기콘』의 주장은 틀리지 않은 듯하다.

■ 부대 간격

로마군을 연구하면서 학자들이 관심을 가장 많이 가지는 부분은 부대 간 간격이다. 고대 저술가는 한결같이 로마군은 정렬 시에 옆 부대와 간격을 벌리고 포진하였다고 기술하였다. 그 간격은 마니풀루스 군단기에는 마니풀루스, 마리우스 군단 시기 이후에는 코호르스와 같은 폭이었다고 하는데, 그러면 폭이 지나치게 넓어 위험하므로 필시 마니풀루스와 코호르스 백인대와 같은 폭이었다고 말하려던 것이 아니었을까 하고 대개 추측한다. 각 전열의 부대는 틈새가 커버되도록 지그재그로 정렬하였다. 앞 열과 후열은 이 틈새를 통해 교대하여 늘 기운 넘치는 부대가 적과 대치하도록 하였다.

하지만 부대 간 간격이 크면 적군이 전열 내에 침입하는 것을 허용하게 되어 배후로 돌아 공격해올 가능성이 있기 때문에 적과 전투하기 전까지만 간격을 벌리고 있고, 전투 직전에 어떠한 형태로든 틈새를 메꾸었을 것으로 추정된다. 하지만 현재는 이러한 주장이 부정되고 있다.

<그림 8>

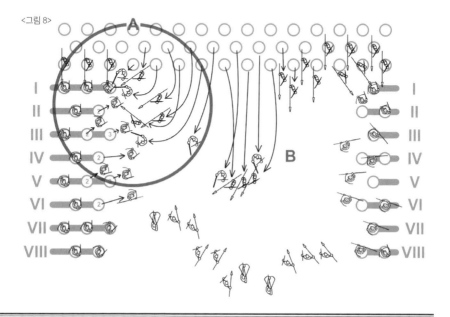

〈그림 8〉은 제정기 군단의 전투 상황을 모식화한 것이다. 여기에서 백인대는 가로 10명, 세로 8명으로 하고, 부대 간 간격은 백인대의 정면 폭(16m)과 같게 그렸다. 먼저 적과 거의 접촉하지 않는 우측 부대를 보면 산개 대열일 때는 병사 간 간격이 상당히 벌어져 있어서 적의 공격에 취약해 보인다.

하지만 왼쪽 부대의 A에어리어를 보면 알 수 있는 것처럼 적이 측면으로 돌아서 파고들려고 할 때 짝수 열 병사가 앞으로 한 걸음을 내디디는 것만으로 간단하게 틈새 없는 벽을 만들 수 있다. 또한 이때 적은 옆으로 90도를 돌아야 하므로 틈새에 있는 경무장 보병과 후속 군단병(병사 III-8과 V-8)에게 등을 노출하게 된다. 방패로 어떻게든 막을 수 있지 않을까 하고 생각할 수 있으나, 앞 군단병과 싸우면서 왼쪽 경무장 보병을 경계하는 것은 불가능에 가까울뿐더러 차원이 다른 수준의 심리적 압박감을 받는다. 적군에게 측면 공격을 가하고 있지만, 실제로 측면 공격을 당하고 있는 것은 자신들이다. 어지간해서는 앞으로 나아가는 것조차 불가능할 것이다. 특히 발리스타 같은 대형 병기가 설치되어 있다면 더욱 그렇다.

물론 적군의 후속 군단병이 차례로 앞으로 나오면 이야기는 달라진다. 하지만 그러면 적의 앞 열이 차례로 백인대의 측면을 공격할 것이므로 전열에 구멍이 뚫리지 않게 하려면 후열이 계속하여 앞으로 나와야 한다. 백인대 측면을 완전히 메울 정도로 적군이 전진해 나오면 적

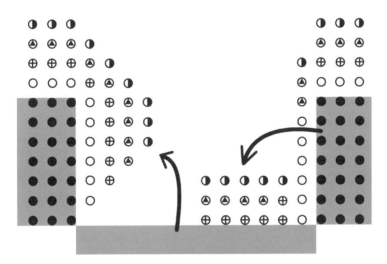

<그림 9>: 적이 틈새로 파고들었을 때의 모델
틈새는 12단위의 넓이. 왼쪽은 되도록 본래의 대열을 유지하였을 때이며 중앙에 큰 구멍이 뚫린다. 오른쪽은 틈새 후방의 부대에 대한 경계 수준을 높였을 때이며 측면이 얇아진다. 실전에서는 이러한 양극단 모델 사이에 긴 상황이 된다. 화살표는 로마병의 반격 루트를 나타낸다.

군 전열의 중앙이 상당히 얇아진다. 이를 경무장 보병이 집중 공격하고, 추가로 후열에서 대기하던 백인대가 돌격하면, 잠시도 버티지 못하고 적군 전열은 붕괴되고 만다. 이때 양옆 백인대도 마찬가지로 적군을 밀어내기 위해 전진하면 틈새로 들어와 있던 적군 부대는 좌우 둘로 분단되고 각각 전후좌우의 세 방향에서 압살당하게 된다.

B에어리어는 적이 어중간하게 전진하였을 때의 상황이며, 전술한 바와 같이 측면을 공격하려고 병사가 선회하기 때문에 전열이 얇아진다. 이에 전진한 병사들은 고립되고, 경무장 보병의 집중 공격을 받는다. 이러한 상황들을 고려하면 설령 부대 사이에 틈새가 있다고 하더라도, 측면을 파고 들려다가 등을 공격당할 공포와 후속 군단병이 나오지 않아 적진 한가운데 고립될 공포 등으로 말미암아 기껏해야 수 m 파고드는 게 고작이었을 것이다. 측면 공격은 사실상 불가능하지 않았을까?

그럼 실제 부대 간격을 계산할 수 있을까? 테일러(Don Taylor)는 공화정 로마군의 보병이 적군 보병의 전열 이상으로 자군의 전열을 늘리지 않은 점에 주목하여 이를 바탕으로 백인대 사이의 간격을 계산하였다. 그는 각 병사가 차지하는 폭을 135cm로 계산하였으므로, 필자가 폭을 180cm로 하여 다시 계산하니, 테일러가 계산한 다섯 번의 전투 모두에서 종심이 6열(백인대의 폭 16.2m)인 경우에는 백인대의 간격이 0~12m, 종심이 8열(폭 14.4m)인 경우에는 간격이 1.6~14.1m, 종심이 10열(폭 10.8m)인 경우에는 간격이 5.2~17.7m라는 결과가 나왔다.

이 계산 결과는 양군 보병의 폭이 같다는 것과 적군 보병의 숫자와 그 부대를 정확하게 파악하고 있다는 것이 전제이므로 참고만 하면 될 듯하다. 그럼에도 마니풀루스 군단이 다양한 병사 수의 적군에게 가장 유효하게 대처할 수 있는 것은 종심이 6열 또는 8열일 때라고 하겠다.

또 다른 주장 중에 백인대의 간격은 백인대 폭의 절반이라는 주장이 있는데, 이 또한 상당히 설득력이 있다. 부대 교체 시에 앞 열은 옆으로 밀착하여 절반 폭의 밀집 대열이 되어 후방으로 물러나고, 후열이 산개 대열인 채로 전진한다는 것이다.

이상을 바탕으로, 이론상으로 1개 군단의 정면 폭을 추정하면 6열 종심일 때 648(486)m, 8열 종심일 때 576(432)m(괄호 안의 수치는 부대 간격이 부대 폭의 절반일 경우)이다.

■ 전열 교대

전열 교대 방법에 관해서도 여러 가지 논의가 이루어지고 있다. 적과 싸우면서 조금씩 후퇴한다지만 자칫 잘못하였다간 패퇴로 이어질 우려가 있다는 것이 대다수의 의견이기 때문이다. 특히 전투 직전에 부대 간 간격을 메웠다는 정설을 받아들이면, 불가능에 가까울 정도로 복잡하게 기동하여야 전열 교대가 이루어질 수 있다.

부대 간 간격이 벌어져 있으면, 후열이 틈새로 들어와 적군을 밀어내고 한편 그때까지 앞

열에 있던 부대는 뒤로 물러나면 되므로 이야기가 간단하다. 앞서 언급한 앞 열이 밀착하여 폭을 줄인 후 후퇴한다는 주장은 언뜻 생각하기에는 무리가 있을 것 같지만, 방어에 집중하면서 밀착하고 후퇴하면 어렵지 않을 듯하다.

최근에 완전히 다른 시점에서 접근한 '휴식 모델'이라는 설이 지지를 받고 있다. 이는 양군이 전투하더라도 병사들은 몇 시간씩 계속 싸우는 게 아니라 몇 분간 싸운 후 지친 양군의 병사는 자연히 일단 뒤로 물러나 호흡을 정돈하고 재차 전진하여 싸우고를 반복하였을 것이라는 설이다.

휴식 시간에 양군 모두 휴식과 재보급 외에 큰 소리로 고함을 치거나 투창을 던지거나 부상자를 후방으로 옮겨 대열을 정돈하였으며, 이때 전열도 변경하였다고 한다. 이 주장대로라면 전열을 교체하는 데 어려움도 없고, 전열을 교체하여 앞 열로 나온 부대가 즉시 공격을 개시하면 지친 적군에 비해 로마군이 훨씬 유리한 입장에 설 수 있다는 이점도 있다.

■ **백인대장의 위치**

백인대장(과 기수)은 백인대의 우측면 또는 중앙에 위치하였다고 한다. 필자는 부대 편성과 상황 증거 등으로 미루어보아 백인대장(과 기수)의 위치는 상황에 따라서 달랐을 것이라 생각한다. 필시 부대를 선도할 때는 중앙의 선두, 밀집 대열 등일 때는 부대의 오른쪽 앞 열, 전투시에는 중앙 또는 오른쪽 앞 열에 있었을 것이다.

■ **개인 전투**

로마군은 전투가 시작되면 먼저 필룸을 던졌고 그 직후에 검을 빼내 적에게 달려들었다. 적에게 극한의 공포감을 주기 위해 마지막 순간까지 침묵을 지키다가 공격을 개시하는 순간 일제히 함성을 지르며 돌격하는 전법을 자주 썼다. 이 기본 방식은 방어전일 때도 같았다.

하지만 필룸에 대해서는 여태까지처럼 모든 병사가 일제히 필룸을 던지지는 않았을 것이라고 생각하기 시작하였다. 모든 병사가 필룸을 일제히 던지면 도달 거리나 타이밍 문제로 아군이 필룸을 맞을 가능성이 높기 때문이다. 또 필룸을 던지지 않고 근접 전투 상황에서 사용하는 경우도 많다. 따라서 돌격하기 전에 필룸을 던지는 것은 앞쪽의 몇 열뿐이고, 나머지는 필룸을 창으로 사용하거나 전투 중에 아군의 머리 위로 던지는 식으로 사용하지 않았을까 한다.

로마병의 기본 전투 자세는 왼발을 앞으로 내밀어 자세를 낮추고 방패로 정면을 가리는 자세이다. 이렇게 하면 거의 몸 전체를 방패 뒤에 숨길 수 있다. 적에게 맨살이 노출되는 부위는 눈과 왼쪽 무릎뿐이다. 검의 길이에 따라서도 달라지겠지만, 왼쪽 다리를 앞으로 하고 방패를 정면으로 향하는 자세를 계속 유지하려면 공격 가능 범위가 대단히 짧아서 적군의 몸에 말 그대로 방패를 가져다 댈 정도로 가까이 가야 한다. 이는 병사에게 엄청난 정신력을 요구하는 전투 방식이지만, 적군의 창이나 장검을 완벽하게 무력화할 수 있다는 장점이 있다.

이러한 전투 방식은 중량급 검투사의 전투 방식과 흡사하다(검투사를 교관으로 삼아 군단병을 훈련시킨 몇몇 일화가 있는데, 이는 양자의 전투 방식이 흡사하기 때문일 것이다). 방패 뒤에 몸을 가린 견고한 태세를 유지하며 적군에게 조금씩 바싹바싹 다가가다가 공격 가능 범위 내에 들어온 순간 단숨에 적군을 공격하였을 것이다. 로마 검술에서 방어는 늘 방패로 하였다. 영화에서처럼 검으로 검을 받아넘기는 일은 어지간한 긴급 사태가 아니고서는 없었다.

방패는 공격에도 사용되었다. 전투하기 전에 하는 연설에서도 여러 차례 언급된 것처럼, 방패에는 방패를 든 사람을 보호하기 위한 보스라는 금속구가 달려 있는데, 이것으로 적을 힘껏 내려쳤다.

적은 자세가 흐트러지거나 혹은 방패에 짓눌려 움직임이 크게 제한된다. 이때 검으로 일격을 한 차례 더 가한다. 스파타든 글라디우스든 로마 검의 제1기술은 찌르기이다. 적에게 빈틈을 보이지 않으며 재빠르게 공격할 수 있을 뿐 아니라 내장과 동맥을 절단하여 더욱 큰 대미지를 줄 수 있기 때문이다. 그뿐만이 아니다. 양자의 방패에 시야가 가릴 뿐 아니라 좌반신 자세에서 오는 시야 제한에 의해 찌르기가 들어오는 좌하방이 완전히 사각이 된다. 로마병도 동일한 조건이지만, 방패의 모양 때문에 같은 방향에서 오는 공격이 자동적으로 차단된다.

<그림 10>: 왼쪽은 그리스(하르모디오스, 베기), 오른쪽은 로마(아담클리시 기념비 37번 석판). 화살표는 검의 궤도를 나타낸다.

종래에는 로마 검술은 찌르기에 지나치게 편중되었다는 말을 들었지만, 최근에는 칼로 베는 참격도 로마군의 중요한 공격 수단의 하나로 여겨지고 있다. 노리는 부위는 머리, 팔, 넓적다리와 정강이 노출부였다. 테일러는 회화 사료를 바탕으로 그리스와 로마의 참격법에는 근본적인 차이가 있다고 주장한다. 그리스 참격법(하르모디오스[Harmodios])의 경우에는 팔꿈치가 늘 전방을 향한다. 이는 검을 되도록 옆으로 휘두르지 않으며 베는 방법으로, 밀집된 군열 내에서 전투하는 데 적용한 결과로 생긴 공격법이다. 한편 로마군은 팔꿈치가 늘 후방을 향한다. 이는 검을 사선으로 내려치는 자세로, 내려칠 때 검이 가로로 큰 호를 그리는데, 이는 옆에 있는 아군이 칼을 맞을 우려가 없을 만큼 간격을 벌리고 싸웠기 때문이라는 주장이다.

기병의 전투법

고대 전투(그리스, 마케도니아, 로마 등)는 보병이 주력이었기 때문에 기병의 제일 중요한 목적은 적군 보병의 격파로, 적군 기병의 격파 여부는 승패에 별다른 영향을 주지 않았다.

그러나 한편으로 기병은 자군 보병을 적군 기병으로부터 보호하여야 한다. 전술한 바와 같이 기병이 최대의 효과를 발휘하는 것은 보병을 측면이나 후방에서 공격할 때이다. 즉 적군 기병이 자군 보병의 측면이나 후방으로 돌아가지 못하게 막으면서, 동시에 적군 보병을 측면이나 후방에서 공격하여야 한다. 그러한 목적을 달성하기에 가장 적합한 위치가 보병 부대의 양옆이었다.

기병의 효과를 가장 잘 보여주는 것은 기원전 193년의 무티나 전투이다. 로마군과 대치하였던 것은 갈리아인 보이족이었다. 다른 군단은 후방에서 대기하였고, 좌익 동맹 군단과 경무장 보병이 전진하여 전투에 돌입하였다. 그 후 보이군에 압도된 경무장 보병을 구조하기 위해 제2군단이 전투에 참여하였고 교착 상태에 빠졌다. 이에 집정관은 동맹 기병에게 적군의 측면을 공격하라고 명하고, 군단 기병을 서포터로 붙였다.

기병의 공격을 받은 적병은 혼란에 빠져 통제를 잃었고, 대열이 무너지기 시작하였다. 적군의 대장들은 두려워하는 병사들의 등을 막대기로 때려 전열로 돌아가게 함으로써 도주를 막으려 하였으나, 동맹 기병들이 적군의 전열 속을 이리저리 뛰어다니며 적군 대장을 방해하였다. 이를 본 집정관은 보병에게 전진하라고 일갈하였다. 보이족에게 대열을 재정비할 기회를 주지 않음으로써 결국 그들을 격파하였다.

기병의 진정한 위력은 적군에게 심리적인 압박감을 주고, 나아가 적군에게 태세를 재정비할 시간을 주지 않는 데 있음을 알 수 있다. 그 밖에 흥미로운 점으로는 보이족 대장의 행동이 로마군 옵티오의 그것과 완전히 동일한 점, 보이족의 전열에는 기병이 뛰어다닐 수 있을 만큼의 공간이 있었던 점(로마군처럼 전열을 교대할 수 있도록 포진하지 않았던 듯하다) 등을 들 수 있다.

■ 대(對)보병 전투

보병 부대를 공격할 때는 보병과 협력하여 싸웠다. 보병끼리 정면으로 충돌하고 있을 때 측면이나 후방에서 습격하는 것이 전형적인 예인데, 만일 기병 단독으로 공격한다면 대개는 적군의 전열이 흐트러진 상태일 때 공격하였다. 그 대표적인 예를 기원전 207년에 남이탈리아에서 벌어진 그루멘툼 전투에서 찾아볼 수 있다.

동계 야영을 하기 위해 각지에 흩어져 있던 부대를 집결시킨 한니발은 그루멘툼 도시의 바로 옆에 진을 쳤다. 며칠간 양군 사이에 소규모 전투가 있었는데, 로마군은 한니발의 발을 묶는 데 전념하며 야영지에서 꼼짝도 하지 않았다. 한편 한니발은 병사를 야영지에서 끌고 나와 진을 치고, 기회를 보아 로마군을 격파하려 하였다. 로마 집정관은 적군의 적극성을 역으로 이용하기로 하고, 어느 날 밤에 5개 코호르스(아마도 동맹 군단)와 5개 마니풀루스(로마 시민 군단)를 한니발군의 왼편에 있는 언덕 건너편에 배치했다.

다음 날 로마군이 적군보다 먼저 야영지에서 나와 전열을 펼치자, 이 사실을 알고 한니발군도 서둘러 전열을 갖추려고 야영지에서 앞다투어 뛰쳐나왔다. 적군이 혼란에 빠졌음을 눈치챈 집정관은 제3군단 기병에게 돌격하라고 명하였다. 기병이 돌격해오자 혼란에 빠져 있던 한니발군은 대열을 짜기도 전에 마구 흐트러졌고, 그런 차에 제1군단과 우익 동맹 군단까지 덮쳐들었다. 한니발군은 복병의 출현으로 패퇴하여 야영지에서 농성하기로 하였다.

정찰과 조우전 등에서 기병은 경무장 보병(벨리테스)과 함께 싸우는 경우가 많았다. 경무장 보병은 적군의 기병과 경무장 보병으로부터 기병을 지키는 방패가 되었고, 기병은 그들의 비호하에 적군과 접근전을 벌였다.

제정기에 들어 기병의 대열은 10기 1열이 기본이 되었다. 1열씩 투창을 던지면서 보병의 전열에 접근하다가 재빠르게 되돌아서 거리를 두는 전법이 기병의 주요 공격법이었다. 훈련법으로 미루어보아 적군 대열의 한 점을 집중 공격하여 적군의 대열을 무너뜨림으로써 후속 보병과 기병대가 공격할 수 있는 구멍을 만드는 게 그 역할이었던 듯하다. 한 차례 적군을 공격한 기병은 보병과 아군 기병의 원호를 받을 수 있는 위치로 돌아와 말을 휴식시키고 여분의 창을 건네받는다.

이 원칙은 제정 후기까지도 바뀌지 않았지만, 기병이 주력 병종이 된 후 여러 전열이 서로 원호하며 싸우게 된다. 여태까지와 다른 점은 카타프락트와 클리바나리우스가 주력인 중기병대가 적극적으로 보병 전열을 공격하게 된 점이다.

■ 대(對)기병 전투

공화정기 로마 기병의 전투 이념은 기동력에 중점을 둔 그리스, 마케도니아의 기병과는 많이 달랐다. 그리스, 마케도니아의 기병은 적에게 접근하여 투창 또는 창으로 공격한 후 재빠르게 후퇴하여 대열을 재편성하고 재차 공격하는 사이클로 싸웠다. 한편 로마 기병은 적을 향해 일직선으로 돌격하여 혼전 상태로 몰고 간 후 말에서 내려 그대로 계속 싸웠다.

이렇게 보면 창 하나를 들고 그저 돌격할 뿐인 중세 기병이 접근과 후퇴를 반복하는 것이 주특기인 몽골이나 이슬람의 기병에 패배한 것처럼, 로마 기병도 기동력이 더 뛰어난 그리스, 마케도니아 기병에게 꼼짝도 못 하고 당하였을 것 같지만 어째서인지 로마 기병은 계속 승리하였다.

당시 기병에게는 안장이나 등자와 같은 몸을 지탱해주는 마구가 없어서 떨어지지 않고 말 위에서 있는 것만도 쉬운 일이 아니었다. 그래서 훨씬 유리하게 잘 싸우려면 말에서 내려버리는 편이 나았다. 나아가 적군과 본격적으로 근접 전투하는 전통이 없는 문화의 기병으로서는 근접 전투에 휘말리는 일은 그만큼 불안을 자극하고 사기를 저하시키는 일이다. 거리를 두려 하여도 재빠르게 추격해오는 로마 기병에게 쫓겨야 한다는 공포 때문에 사기가 더욱 저하된다. 이러한 사이클이 로마 기병이 강할 수 있었던 비결이었는지도 모르겠다.

하지만 이것도 적군을 포위할 수 있을 만큼 승마 실력이 뛰어나기 때문에 가능한 것이다. 기원전 207년 카르모나 전투에서는 경기병 중에서 당시에 최강이었다고 할 수 있는 누미디아 기병을 상대로 두 차례 완승을 거두었다. 어떤 전투법을 썼는가 하면 창을 던질 틈을 주지 않고 바짝 접근하여, 달아나는 적군을 그대로 적군 야영지로 몰아넣는 식이었다. 당연한 이야기지만, 전쟁 경험이 많은 누미디아 기병을 단순히 전진하는 것만으로 몰아넣을 수는 없다. 적군이 후방으로 퇴각할 수밖에 없도록, 즉 측면으로는 달아날 수 없도록 말을 몰려면 누미디아 기병과 같은 수준 또는 그 이상의 승마 실력이 요구됨은 말할 필요도 없을 것이다.

제정기가 된 후에도 변함없이 적군 기병을 격퇴하는 것은 언제나 기병의 중요한 역할이었다. 안타깝게도 기병끼리 어떻게 싸웠는가에 관한 기록은 거의 남아 있지 않지만, 후대의 정보를 종합해보면 보병처럼 전열을 조직적으로 이루어 싸우는 방식이 아니라 수십 기로 이루어진 그룹이 서로 빠르게 교차하는 유동적인 방식이었던 듯하다.

3세기 후반 이후로는 적군과 접촉하였을 때 후퇴하는 척하다가 추격하느라 대열이 흐트러진 적군을 재빠르게 되돌아가서 공격하거나 또는 매복하고 있던 적을 꾀어내는 전법을 많이 썼다.

제3장
특수 진형·전술

테스투도(Testudo)

테스투도란 거북이라는 뜻으로, 이름 그대로 방패로 전면과 윗면 그리고 경우에 따라서는 측면까지 감싸는 진형이다. 가장 유명한 것은 트라야누스 원기둥에 묘사되어 있는 테스투도 이지만, 실제로는 테스투도라 불린 다양한 종류의 진형이 있었다. 하지만 적군의 투창이나 활 같은 무기에 대항하기 위한 방법이라는 것은 모두 같다.

고대에 테스투도가 가장 일반적으로 의미한 것은 밀집 대열의 일종이었다. 밀집 대열을 갖춘 병사들은 방패로 벽을 만들어 날아오는 무기를 막는다. 경우에 따라서는 앞 열의 방패 위에 후열의 방패를 씌우고, 또 그 위에 제3열 병사의 방패를 씌우기도 하였다. 이 상태로 적군을 맞아 싸우거나 혹은 적군을 향해 전진하였다. 『스트라테기콘』에서는 풀쿰(Fulcum, Foulkon. 게르마니아어에서 기원하였으며 현재의 독일어 '인민[Volk]'과 어원이 같다)이라는 용어를 사용하였다.

다른 사례에서는 방진의 일종으로 나온다. 카시우스 디오가 남긴 묘사(49권 30장)가 이에 관한 가장 상세한 기록이다. 그가 220년대에 속주 판노니아 총독이었을 때 실제로 훈련한 모습인데, 방진을 펼치고 중앙에 치중대와 기병을 피신시킨다. 주위를 둘러싼 보병은 앞 열의 중무장 보병이 (오목한) 방패를 앞을 향해 들고, 후열의 경무장 보병은 (평평한) 방패를 머리 위로 들어 지붕을 만들었다.

하지만 가장 유명한 테스투도는 병사들이 사각형으로 정렬한 후 앞과 좌우, 그리고 위를 방패로 모조리 감싸는 것이다. 본래는 퍼레이드용 퍼포먼스였는데, 나중에 실전에서도 사용하게 되었다.

'제정 초기·중기'의 장(66페이지 참조)에서 설명한 바와 같이 기병용 테스투도도 있었다. 적군을 향해 비스듬하게 등을 돌리고 늘어서서 방패로 등과 말을 감싸는 대형으로, 적군이 던지거나 쏘는 무기를 막으면서 공격의 기회를 엿볼 때 쓰는 진형이다.

겸자(Forfex, 집게)

적을 양쪽에서 포위하여 섬멸하는 진형(전술)으로, 기원후 312년 토리노 전투 때 사용되었다. 로마를 향해 진군하던 콘스탄티누스군은 토리노 근교에서 로마 황제 막센티우스의 군대와 마주쳤다. 양군 모두 기병을 중앙에, 보병을 양익(또는 기병의 후방)에 배치하고 전투에 돌입하였다. 적군 기병이 돌격해오자 콘스탄티누스군의 기병은 후퇴하며 좌우로 갈라지고 동시에 보병도 옆으로 이동하여 적군 기병에게 길을 터주었다. 적군이 전열을 빠져나가자 좌우로 갈라졌던 기병대가 적군을 양측에서 공격하였고, 동시에 보병은 적군 보병을 양측에서 포위하기 위해 이동하기 시작하였다. 적군 기병이 달아나자 보병 부대가 적군을 에워싸고 공격을 개시하였다. 기병도 이에 합세하자 적군 보병은 잠시도 버티지 못하고 뿔뿔이 흩어졌다.

겸자 전법은 토리노 전투에서 콘스탄티누스군 기병이 쓴, 적군을 유인하면서 좌우로 갈라졌다가 양쪽에서 반격한 전법을 말한다. 한편 베게티우스는 V자형으로 늘어선 대열을 겸자 대열이라고 불렀다.

쐐기(Cuneus), 돼지머리(Capto Porcinum)

밀집 대열의 일종인 듯하다. 쐐기 대열은 이름처럼 삼각형으로 대열을 이루지 않고 사각형

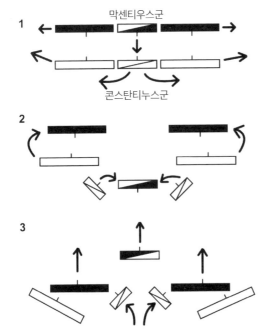

<그림 11>: 토리노 전투
1: 막센티우스군 기병이 돌격해오자 콘스탄티누스군 기병은 둘로 갈라져 길을 터주었다. 2: '겸자'전법. 콘스탄티누스군 대열 내로 깊이 들어온 막센티우스군 기병을 좌우에서 공격하여 격파한다. 3: 남은 막센티우스군 보병을 공격하여 격파한다.

으로 대열을 이루는 것을 말한다. 정면 폭보다 종심이 깊거나 같은 대열을 지칭하는 용어인데, 전문 용어로는 기원후 69년에 반란을 일으킨 바타비인 보조 부대처럼 백인대의 둘레 전체를 방어하는 소형 방진을 지칭하기도 하였다.

쐐기 대열은 바타비인 부대를 진압하러 간 제1게르마니카 군단이 단열진을 펼치느라 꾸물거렸을 때 군단의 전열을 격파하는 데 사용되었다.

<그림 12>: 둘레 전체를 방어하는 소형 방진으로서의 쐐기 대열.

이와 비슷한 대열에 돼지머리 대열이 있다. 베게티우스에 따르면 제정 후기에 로마군은 돼지머리 대열을 쐐기 대열의 별칭으로 사용하였다고 하는데, 그의 설명에 따르면 전방의 열이 후방의 열보다 좁은 사다리꼴 대열이며, 적군의 한 점을 투창으로 집중 공격하는 데 적합하나, 대신에 겹자 대열에 약하다고 한다.

또한 코완은 1940년에 람메르트(Lammert)가 주장한 설을 인용하며 종심이 깊은(혹은 옆을 향한) 부대가 2개 열을 만들고 '팔(八)'자형으로 각각 적군 전열의 한 점을 향해 비스듬하게 돌진하는 전법이라고 소개하였다. 한 점을 향해 전진하며 투창으로 집중 공격하다가 적의 전열이 무너지면 옆을 향해 퍼지면서 적군을 격파하는 전법이다.

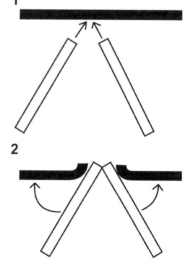

<그림 13>: 돼지머리 대열
람메르트에 따르면 1처럼 한 점을 향해 전진하다가 2처럼 퍼지면서 공격하는 전법이라고 한다.

초승달진(Lunaris, Bicornis, mênoeidês)

적군을 포위하는 것이 목적인 진형으로, 명칭과 달리 초승달 모양이 아니다. 『스트라테기콘』에 따르면 중앙에 주력 부대(기병 또는 기병과 보병의 혼성), 좌익에 측면 수비대(기병), 우익에 포위대(기병)를 배치하고, 적군의 좌익을 돌아가서 뒤쪽에서 공격하는 전법이라고 한다.

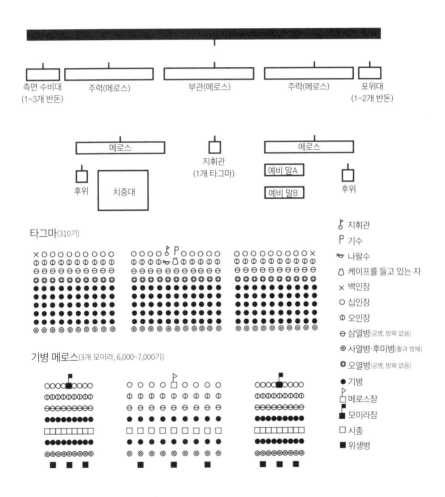

<그림 14>: 『스트라테기콘』 제3권을 참고하여 그린 기병 부대의 포진도. 기본적으로 후열은 전투에 참가하지 않고, 앞 열 포위대가 공격을 맡는다. 중단, 하단은 타그마와 메로스(양쪽 모두 기병뿐)의 대열 방식이다. 6세기 동방 제국의 군 편성은 3이 기본 단위였다.
반돈: 300기. 모이라: 3개 반돈, 약 1,000기. 메로스: 3개 모이라

제 3 부 장비

제 3 부 장비

제 1 장
무기

 ## 검·단검

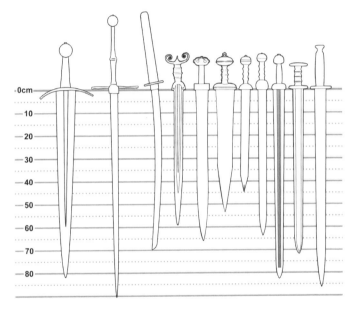

\<그림 1\> : 검의 길이 비교. 숫자는 검날의 길이
왼쪽에서부터: 중세 최대급 한손검(81.8cm, 14세기), 롱 스워드(91.4cm, 15세기 후반), 일본도(70cm), 더듬이검(Antennal Sword, 59.5cm, 기원전 8세기), 공화정기의 글라디우스(63.1cm, 기원전 69년경), 마인츠식(52.5cm, 1세기 전반), 폼페이식(44.7cm, 1세기 후반), 초기의 스파타(63cm, 1세기 후반), 아이스불(Ejsbøl)型 스파타(약 82cm, 4세기), 일레럽 III형 스파타(약 71cm), 훈족식 스파타(약 86cm, 5세기 중반)

초기의 청동검

기원전 8세기경에는 청동검이 주류였다. 더듬이검 타입은 모두 청동제이며, 폼멜이 나비의 더듬이처럼 동그랗게 말려 있다. 전체 길이는 약 70cm로 길며, 또 초기의 또 다른 한 타입과 비교하였을 때 중심이 포인트(Point, 칼끝) 쪽으로 살짝 치우쳐 있어서 조작성은 뒤떨어지지만 칼로 베는 데는 편리하다.

다른 한 타입은 빌라노바형 검이다. 폼멜이 T자로 되어 있으며, 청동 슴베(Tang, 칼·괭이·호미 따위의 자루 속에 들어박히는 뾰족하고 긴 부분-역자 주)를 나무나 뿔, 뼈 등으로 만들어진 손잡이에 샌드위치 접합 방식으로 고정해 만들었다.

사이포스(Xipos)

그리스에서 기원한 직검으로 검날의 길이는 약 45~55cm이며, 검신 중앙부가 아주 살짝 얇은 '웨스트형'의 날을 지닌다. 원래 사이포스는 '검' 일반을 두루 지칭하는 일반 용어로, 당시에는 특정한 검을 가리키지 않았다. 기원전 4~5세기에 만들어진 로마제 청동 잉곳(ingot, 금속 또는 합금을 한번 녹인 다음 주형에 흘려넣어 굳힌 것-역자 주)에도 새겨져 있는 것으로 미루어보아 그 시대의 주력 검이었을 것으로 추정된다. 제2차 포에니 전쟁 때 사용된 주력 검도 사이포스였다.

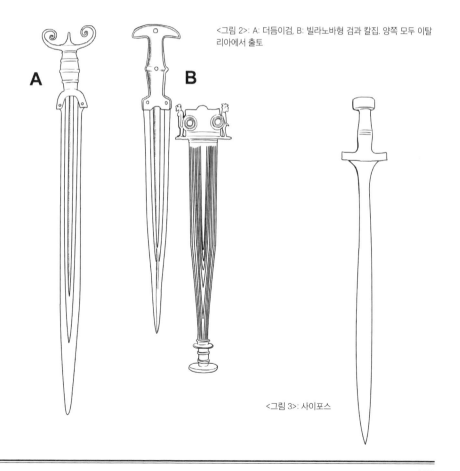

<그림 2>: A: 더듬이검, B: 빌라노바형 검과 칼집. 양쪽 모두 이탈리아에서 출토

<그림 3>: 사이포스

팔카타(Falcata)

이베리아반도의 켈티베리아인(Celtiberians, 갈리아계 히스파니아인)이 사용한 두 종류의 검 중에서 글라디우스의 기원이 되지 못한 쪽 의 검이다. 칼날 쪽으로 휘어진 곡도이며, 그리스의 코피스와 대단히 흡사하지만 기원 이 다른 무기이다. 찌르기에도 사용할 수 있 지만, 베기에 좀 더 적합하다.

팔카타를 로마병이 장비하였을지에 관 한 분명한 언급은 없다. 하지만 기원전 197 년에 로마 기병이 '히스파니아검(Gladius His- paniensis)'으로 난도질해놓은 아군의 시체를 본 적병이 공황 상태에 빠졌다는 글(리비우스 제31권 34절)에 그 시체의 모습이 '팔은 어깻죽 지에서 떨어져나갔고, 목은 비틀려 날아갔 으며, 내장이 흘러나올 정도로 뻐개져 있었 다'라고 묘사되어 있으므로 여기에서 말한 히스파니아검이 팔카타일 가능성이 대단히 높다. 그리스에서 흔히 코피스는 기병이 쓰 기에 적합하다고 하였는데, 이 또한 '히스파 니아검=팔카타'설을 뒷받침해준다.

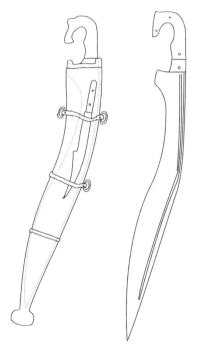

<그림 4>: 왼쪽: 칼집에 넣은 상태. 점선은 내부에 든 칼의 모습을 나타낸다.
오른쪽: 팔카타

글라디우스 히스파니엔시스(Gladius Hispaniensis)

로마군을 대표하는 검이다. 제2차 포에니 전쟁기에 켈티베리아인의 검을 모방하여 만들었 다는 것이 현재의 정설로 받아들여지고 있는 설이다.

도입 시기는 불명확하지만, 당시에는 장비를 사비로 구매하였으므로 어느 날 갑자기 바뀌 지는 않았을 것이다. 그렇다면 로마인이 처음으로 켈티베리아인과 마주친 제1차 포에니 전 쟁기(기원전 264~241년)부터 도입되기 시작하여, 늦어도 기원전 197년에는 일반적으로 사용될 만큼 널리 퍼졌을 것이다. 현존하는 가장 오래된 글라디우스는 삼니움족의 성지에서 발견된 기원전 4세기 말에서 기원전 3세기 초 사이의 것으로, 아마도 로마병에게서 빼앗은 전리품인 듯하다.

거의 모든 타입이 공통적으로 칼자루(손잡이) 길이가 7.5~9.5cm, 즉 평균 8.4cm로 성인 남성의 손 폭과 기의 같다. 그리고 검의 길이가 짧다는 말을 많이 듣지만, 출토된 실물을 보면 초기 글라디우스는 검날이 62~67cm, 폭이 4~5cm, 포인트 길이가 14~27.5cm로 글라디우스 종류 중에서도 가장 긴 부류에 속한다. 중량도 재현품이기는 하나 1.2~1.6kg으로, 한손검 중에서는 인류사를 통틀어서 최대급에 속한다(일본도가 검날이 70cm이고 무게가 0.7~1.4kg, 중세 시대 한손검의 검날이 60~80cm이고 중량이 1~1.3kg이라고 하면 글라디우스가 어느 정도로 거대한지 감이 올 것이다).

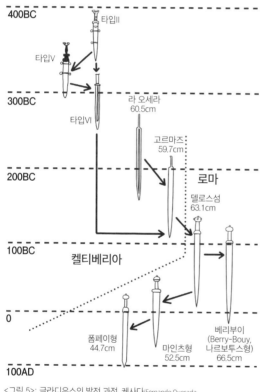

<그림 5>: 글라디우스의 발전 과정. 케사다(Fernando Quesada Sanz)의 서적을 바탕으로 작성하였다. 숫자는 검날의 길이이다.

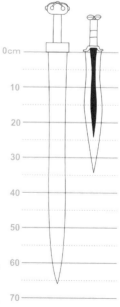

<그림 6>: 왼쪽: 델로스섬에서 출토된 글라디우스 그립과 핸드 가드는 상상. 기원전 69년경 오른쪽: 글라디우스 원형 중의 하나인 위축형 더듬이검 타입 VI 기원전 3~2세기. 검날의 길이는 평균 34.4cm

로마인은 대체 히스파니아인 검의 어떤 점에 감탄하여 이를 도입한 것일까? 그들이 사용하던 검에는 두 종류가 있었다. 글라디우스의 바탕이 된 검은 갈리아(켈트)인 검(La Tène I형)의 계보를 잇고, 그 기원은 청동기 시대로까지 거슬러 올라간다. 포인트가 무척 긴 검으로, 프레임식 칼집(목제 칼집 본체의 테두리를 금속 프레임으로 보강한 형식)과 2~3개의 고리가 달린 것이 특징이다. 검날은 40~50cm가 일반적이며, 짧은 경우에는 거의 30cm 정도이다.

로마인은 '긴 포인트'와 '칼집' 디자인만 카피하였으며, 길이는 따라 하지 않았다. 즉, '글라디우스(의 디자인)'를 도입한 이유는 검 성능(찌르기 능력과 휴대성)의 하한선을 높이는 것이 목적이었을 뿐 새로운 검술이나 전투법이 도입되었기 때문은 아니다.

따라서 현재 널리 받아들여지고 있는 정설은 단검화한 글라디우스의 존재를 알고 있던 고대 역사가가 당시 글라디우스도 본인 시대와 같은 단검이었다고 여긴 데서 기인한 듯하다.

나아가 주의하여야 할 점은 글라디우스는 온갖 종류의 '검'을 지칭하는 일반 명사이며, 특정 타입의 검을 지칭하는 말이 아니라는 것이다(이에 특별히 필요성이 있을 시에는 히스파니엔시스를 붙여서 글라디우스 히스파니엔시스라고 하였다). 이는 후술할 스파타도 마찬가지이다. 옛 문헌 자료를 읽을 때 글라디우스나 스파타라는 단어가 나왔다고 하여 오늘날과 같은 의미로 글라디우스나 스파타를 이해하는 것은 올바르지 않다.

공화정 후기까지도 긴 글라디우스 시대는 계속되었다. 검신은 아주 살짝 '웨스트형'이며, 검날의 길이는 60cm를 넘고, 폭은 더욱 넓어져 최대 약 6cm까지 넓어졌다. 폼멜은 클로버 모양이 많은 것이 특징이다.

■ 마인츠형(Mainz Type)

아마도 가장 유명한 글라디우스 타입일 것이며, 여섯 종류의 서브 타입으로 분류된다. 1세기 후반까지 사용되었다. 포인트가 길며, 칼날은 아주 살짝 '웨스트형' 또는 평행이다(초기의 것일수록 가늘고 길다). 가장 큰 특징은 길이이다. 초기 타입에 비해 상당히 짧아졌다. 핸드 가드는 타원형을 반으로 잘라놓은 듯하며, 그립은 단면이 육각형이며 손가락이 고정되도록 움푹 파여 있다(단면이 타원형이며 손가락을 고정하기 위한 파임이 없는 것도 있다). 폼멜은 타원형으로 바뀌었고, 끝에 검신의 슴베를 고정하기 위한 버튼이 달려 있다.

칼집의 기본적인 구조는 여태까지와 다름없으나, 장식용 패널이 붙게 되었다. 이 판은 금속판을 두들기는 기법으로 정교하게 세공되어 있다.

검날의 길이가 34.4~59cm(평균 50cm), 폭은 3.6~7.5cm, 포

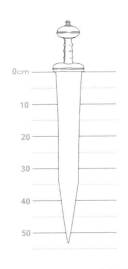

<그림 7>: 마인츠형

인트 길이는 16~20cm이며, 현대 재현품의 무게는 약 0.68~0.8kg으로 상당히 가볍다.

■ 나우포르투스형(Nauportus Type), 퐁틸레형(Fontillet Type)

기원전 1세기 중반부터 등장하기 시작한 타입으로 갈리아검과 글라디우스의 두 특징을 모두 가지고 있다. 정복 후의 갈리아인 묘지에서 발견되어 글라디우스의 영향을 받은 갈리아인의 검으로 추정된다. 나우포르투스형은 기원후 25년경까지, 퐁틸레형은 기원후 50년까지 사용되었다.

검 자루와 칼집은 로마식이다. 검신이 약 60~70cm로 동시대의 마인츠식보다 길다. 스파타의 선조일 가능성도 있지만 확실하지 않다.

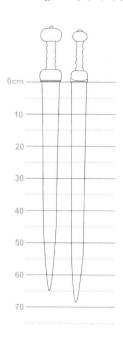

<그림 8>: 왼쪽: 퐁틸레형
오른쪽: 나우포르투스형

■ 폼페이형(Pompeii Type)

1세기 후반(적어도 60년에는 브라타니아에서 사용되었다)에 등장한 타입으로 세 종류의 서브 타입이 있으며, 검신은 칼날이 평행하고, 포인트는 짧다. 포인트 선단 부분을 더욱 두껍게 하여 관통력을 높인 것도 있다. 폼멜은 구형에 가까워졌다.

마인츠 타입에 비해 소형이며, 10~20%가량 경량화되었다. 검날은 길이가 36.5~56.5cm, 폭이 3.5~7cm, 포인트 길이가 7~9cm, 무게는 0.66kg이다.

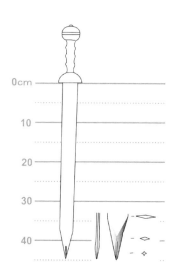

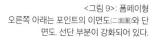

<그림 9>: 폼페이형
오른쪽 아래는 포인트의 이면도(二面圖)와 단면도. 선단 부분이 강화되어 있다.

■ 독수리 머리형

황제나 근위 군단 병사의 검으로 곧잘 등장하는 검으로, 검 자루가 독수리 머리 모양이다. 특정한 타입의 검이 아니라 장식의 일부이다. 폼페이에서 출토된 검은 검날의 길이가 39.6cm이고 폭이 4.2cm이며, 검날과 직각으로 머리가 붙어 있다.

■ 링폼멜형(Ring Pommel Type)

2세기에 도나우강 유역에서 거주하던 다키아인의 영향을 받아 만들어진 검이며, 링크나우프슈베어트(Ringknaufschwert)라고 한다. 중국의 환두검(環頭劍)이 그 원형이라고 한다. 검의 슴베에 단접(鍛接) 방식으로 붙인 고리형 폼멜이 가장 큰 특징이며, 금속제 막대 핸드 가드가 달려 있다(보통 글라디우스의 핸드 가드는 나무나 뼈 등으로 만들어졌다). 기존의 글라디우스와 마찬가지로 오른쪽 허리에 찼으나, 차는 방식은 많이 달랐다. 칼집에 달린 슬라이드에 검대를 끼워 늘어뜨리는 '슬라이드 방식'을 채용하였다. 2세기 후반에 널리 사용되었으며, 3세기에 들어 자취를 감추었다.

검날의 길이는 45~50.5cm, 폭은 3~5cm, 포인트는 약6cm였다.

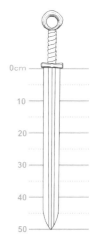

<그림 10>: 링폼멜형

■ 세미스파타(Semispatha)

링폼멜형 후에 등장한 단검이다(당시에 사용되던 대거[Dagger]보다 짧은 것도 있다). 3세기에 사용되었다. '반(半)스파타'라는 명칭은 베게티우스의 저작에 단 한 번 등장한다. '그들의 무기는 스파타라는 대형 검과 세미스파타라는 소형 검…(2권 10장)'이라는 문장으로, 본디 대거를 지칭하였을 가능성도 있으나 어감이 좋아서 사용되고 있다.

몇몇 사례를 보면 스파타를 잘라 짧게 만들어놓았으며, 스파타형 포인트 모양을 하고 있다. 칼날은 폼페이형처럼 평평한 타입과 삼각형 타입이 있다. 검신이 무척 짧은 것이 특징이다. 짧은 글라디우스에서 긴 스파타로 이행하던 시기에 짧은 검을 선호하는 병사가 사용하였다는 설도 있지만, 이 설은 '세미스파타'라는 현대의 분류명에 지나치게 집착한 해석 방식이라고 필자는 생각한다.

이 단검은 '검의 손잡이 형태를 하고 있는 대거'라고 생각하는 편이 자연스러울 듯하다. 중세 시대에도 그러하였지만, 이 시기에도 검과 손잡이 모양이 같은 대거를 차는 게 일부 병사 사이에서 유행하였던 것이 아닐까 싶다.

검날의 길이는 29~39cm, 폭은 4~7.5cm, 포인트 길이는 3~39cm였다.

스파타(Spatha)

기병용 검으로 여겨졌으며, 글라디우스에 비해 가늘고 길다. 폼페이형 글라디우스와 거의 동시에 등장하여 어떤 관련성이 있을 가능성이 지적되고 있다. 길이가 강조되는 검이지만, 필자는 글라디우스와의 차이는 포인트 길이에 있다고 생각한다. 글라디우스가 폼페이형을 제외하고는 포인트가 긴 데 반해 스파타는 포인트가 짧은 편이다. 그 이유는 말 위에서 적을 베는 것을 상정하고 만든 검이기 때문인 듯하다.

연대가 특정된 것 가운데 가장 오래된 것은 영국에서 출토된 뉴스테드형 스파타이다. 이 타입은 검날의 길이가 63cm이고 폭이 3~3.5cm 정도인데, 거의 같은 시기의 것으로 추정되는 독일 로트바일(Rottweil)에서 출토된 스파타는 검날의 길이가 76.8cm이고 폭이 3.3cm로 꽤 길다.

2세기가 되면 새로운 제조법과 디자인이 시도된다. 그중에서 가장 유명한 것이 모양단조법이다. 연철과 강철을 포갠 막대를 비튼 것을 심으로 삼고 그 주변을 단단한 강철로 감싸서 만드는데, 강도와 유연성이 모두 뛰어날 뿐 아니라 비틀린 막대가 독특한 파도 문양을 만들어내 심미성도 뛰어났다. 그 밖에 검의 단면이 기존에는 렌즈형이었으나 그 외에 다각형으로 만들기도 하고 여러 개의 홈통을 넣기도 하였으며, 검 자루 부근에 상감기법으로 금장식을 하기도 하였다.

그리고 2세기 후반이 되면 글라디우스의 인기는 시들고, 스파타가 표준 장비가 된다(글라디우스가 장검화했다고 하는 게 정확할 듯하다). 2세기 전반에는 검 대부분의 검날 길이가 50cm 전후로 60cm를 넘는 검은 20%가량밖에 되지 않았지만, 2세기 후반이 되면 50%가량이 검날 길이가 60cm 이상이고 70cm를 넘는 것도 14%에 달하게 된다. 3세기에는 장검이 완전히 주류가 되어 93%가 60cm 이상이었으며, 그 가운데 절반이 70~80cm였다.

3세기의 검 타입은 아래의 두 종류로 분류된다.

슈트라우빙(Straubing)형/니담(Nydam)형: 가늘고 긴 타입이다. 검신은 칼끝으로 갈수록 미세하게 가늘어지고, 포인트는 짧다. 검날의 길이는 65~80cm, 폭은 4~5.6cm이다. 대개의 사례가 3세기 중반에서 후반 사이에 집중되어 있다.

라우리아쿰(Lauriacum)형/흐로모브카(Hromówka)형: 2세기 후반에 등장한 짧고 폭이 넓은 타입이다. 검신은 거의 평행하며, 포인트는 길다. 폼페이식 글라디우스의 발전형이라고 할 수 있다.

4세기 이후로도 검이 길어지는 경향은 계속되어 평균 검날 길이가 80cm를 넘게 되었지만, 검 타입은 3세기에 확립된 두 타입이 그대로 존속하였다.

슈트라우빙형은 3세기 후반에 아이스불(Ejsbøl)형과 일레럽(Illerup)형/월(Wyhl)형으로 분화되었다. 전자는 검의 폭이 포인트로 갈수록 좁아지지만, 후자의 폭은 거의 변함이 없다.

라우리아쿰형은 오스터부르켄(Osterburken)형/케마텐(Kemathen)형으로 바뀌었다. 검신은 무척 폭이 넓고(6~7.7cm, 대부분은 6~6.5cm), 핸드 가드에서부터 포인트까지 폭이 일정하다. 포인트도 짧아서 찌르기보다 베기에 적합한 타입으로 보인다.

5세기가 되면 사산 왕조 등의 영향을 받아서 검 자루의 형태가 여태까지와는 많이 달라진다. 검을 차는 방식도 마찬가지로 어깨가 아니라 허리에 두른 벨트에 달게 된다.

같은 시기에 새로운 타입의 검이 도입되었다. 이는 침입해온 훈족의 검이 원류인 듯하며, 처음에는 도나우강 강가에서 사용되다가 나중에는 스페인까지 퍼졌다. 기병전에 적합한 장대한 검신이 특징이며 평균적으로 83cm, 간혹 90cm를 넘는 것도 있다. 폭은 거의 일정하며 완만하게 포인트로 이어진다. 핸드 가드가 금속제가 된 것도 이전의 검과는 다른 또 하나의 특징이다.

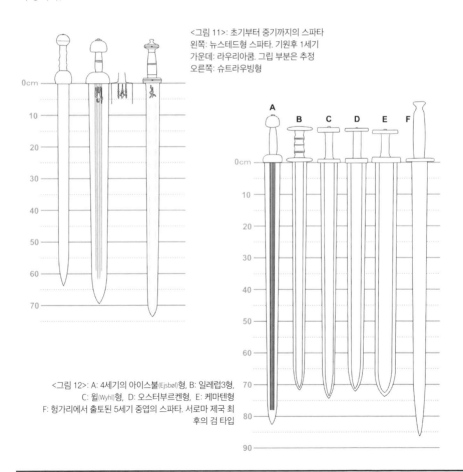

<그림 11>: 초기부터 중기까지의 스파타
왼쪽: 뉴스테드형 스파타. 기원후 1세기
가운데: 라우리아쿰. 그립 부분은 추정
오른쪽: 슈트라우빙형

<그림 12>: A: 4세기의 아이스뵬(Ejsbøl)형, B: 일레럽3형,
C: 윌(Wyhl)형, D: 오스터부르켄형, E: 케마텐형
F: 헝가리에서 출토된 5세기 중엽의 스파타. 서로마 제국 최후의 검 타입

푸기오(Pugio)

어원은 '찔러서 꿰뚫다(Pungo)'이다('주먹[Pugnus]' 또는 '검술[Pugna]'이 어원이라는 설도 있다). 키케로가 카이사르 암살 때 사용한 것이 현재 확인되고 있는 푸기오에 관한 가장 오래된 기록이다. 칼날 중앙부가 가느다란 양날 대거이며, 검 자루 중앙부가 볼록한 것이 특징이다.

고대 저술가들이 푸기오의 기원에 관한 글을 남기지 않았으나, 칼날 형태와 검 자루 구조 등으로 미루어보아 틀림없이 히스파니아에서 기원한 검일 것으로 추정된다. 로마 군단에는 기원전 153~133년 누만티아 전쟁기에 전리품으로 도입되기 시작하였고, 기원전 1세기 전반에는 병사들의 통상 장비로 지급되었다.

현재는 세 타입으로 분류되고 있으며, 시대가 내려옴에 따라서 대형화하는 경향이 있다. 초기 푸기오는 기원전 2~1세기에 걸쳐 사용되었으며, 검날의 길이는 17~22cm였고 폭은 3~3.5cm였다. 전체적으로 가느다랗고, 장식은 없다. 중기(기원전 1세기~기원후 2세기 전반)에는 검날의 길이는 18~25cm였고 폭은 3~4cm였다. 가느다랗고, 장식이 대단히 정교하게 되어 있다. 후기(2세기 후반~3세기)에는 검날의 길이는 30~35cm이고 최대 폭은 7cm였으며, 장식은 줄고 모양새가 간소해졌다.

군단병, 보조병, 기병, 보병의 모든 병종이 사용하였다.

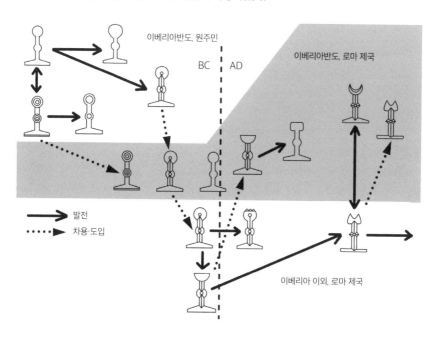

<그림 13>: 푸기오 자루의 발전도. 케사다의 그림을 인용

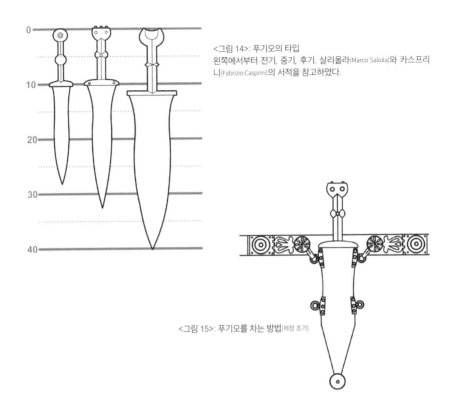

<그림 14>: 푸기오의 타입
왼쪽에서부터 전기, 중기, 후기. 살리올라(Marco Saliola)와 카스프리니(Fabrizio Casprini)의 서적을 참고하였다.

<그림 15>: 푸기오를 차는 방법(제정 초기)

칼집(Vagina)

유럽어권에서 버자이나(Vagina)는 여성의 성기를 뜻하는데, '칼집'을 뜻하는(남성 성기는 '검[Gladius]') 단어에서 파생된 고대의 은어이다.

그리스에서 도입된 사이포스는 어깨에 멘 검대에 달고 다녔다. 사이포스를 이런 방식으로 매달면 흔들거려서 발이 걸리기도 하고 거추장스럽기 때문에 모종의 방법으로 고정해야 한다. 로마군을 재현하는 후대 재현자들은 허리 벨트를 그 위에 감아서 고정하고 있는데, 그와 흡사한 방법을 썼을 것이다.

그 후 글라디우스와 함께 히스파니아식 패용법이 도입되었고, 이후로 이것이 기본 패용법이 되었다. 허리 벨트에 달린 끈을 칼집에 달린 고리에 묶어 고정하는 방식으로, 기존의 검대 방식에 비해 훨씬 안정감 있는 패용법이다. 일반적으로는 고리 3~4개 가운데 위에 달린 2개를 사용하는데, 말할 것도 없이 개인의 취향에 따라서 자유롭게 사용할 수 있었다. 중세 시대에 비해 검을 상당히 높이 매다는 경향이 있었다. 칼집 입구가 허리 위까지, 폼멜이 옆구리 밑까지 올라왔다. 초기 제정기에는 검용 벨트와 대거용 벨트 두 줄을 겹치지 않게 각각 허리에 둘렀다.

검을 오른쪽 허리에 차면 언뜻 생각하기에 칼을 뽑기 불편할 것 같지만, 실제로 해보면 꽤 잘 뽑힌다고 한다. 이 이유에 관해서는 여러 가지 설이 있는데, 그 가운데 설득력 있는 두 가지 설을 소개하자면, 왼쪽 허리에 차면 검에 손을 댈 때 몸(과 방패가)이 회전하여 방패에서 몸이 빠져나온다는 설과 검을 뽑기 전에 접근전이 벌어져 몸과 방패가 밀착되면 검을 뽑을 수 없다는 설이다. 한편 백인대장과 사관은 왼쪽 허리에 검을 찼다. 이는 지위를 나타내기 위함이라고 한다. 본디 창을 던질 필요가 없기 때문에 왼쪽 허리에 차도 문제 될 것이 없었던 것이 자연히 스테이터스의 심벌로 변화한 것이다.

1세기 말이 되면 다시 검대를 사용하게 되고, 벨트는 대거용 한 줄만을 차게 된다.

2세기에 들어 글라디우스가 스파타로 교체되면서 검도 왼쪽 허리에 차게 되었다. 검이 길어져 오른쪽 허리에서 뽑기 불편해졌기 때문이다. 동시에 칼집을 차는 방식도 검대식으로 돌아갔고, 칼집에 슬라이드라는 Ω형 부품이 달려, 검대 끝을 슬라이드 고리를 통과시키고 그 후에 칼집을 한 바퀴 감아 고정하였다.

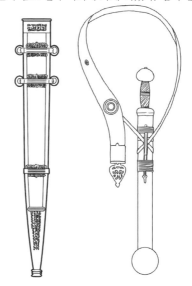

<그림 16>: 제정기의 칼집. 왼쪽: 공화정기부터 제정 초기까지 사용된 칼집. 오른쪽: 2세기 이후의 스파타 착용법. 가느다란 가죽끈은 두꺼운 벨트의 원반형 금속구 뒤에 있는 고리에 달려 있다. 길이 조절도 이 부분에서 하였다.

창(Hasta)

창은 가장 범용적으로 사용된 무기였다. 검에 비해 저렴하고, 필요한 제조 기술 수준도 낮고, 공격 가능 범위가 길뿐더러 사냥할 때도 사용할 수 있었기 때문이다. 창은 라틴어로 보통 하스타(Hasta)라고 하는데, 리비우스가 벨리테스가 쓰는 투창을 하스타 벨리타리스(Hasta Velitaris)라고 한 것처럼 투창을 지칭할 때도 있다. 마니풀루스 군단의 하스타티는 하스타에서, 트리아리이의 별칭인 필루스(Pilus)는 필룸(Pilum)이 각각 어원인데, 필자 생각에는 마니풀루스

창단 당시에는 하스타와 필룸의 의미가 반대여서 하스타가 투창, 필룸이 창을 뜻하였던 흔적이 아닐까 싶다.

금속제 창은 기원전 10세기경에 등장하였고, 검과 마찬가지로 청동제가 주류였다. 찌를 때의 충격에 버틸 수 있도록 축에는 선단까지 보강용 돌출선이 있다. 촉만 보고 왕정기의 창과 투창을 구별할 수 있는 방법은 없다. 현재로서는 작은 것은 투창이고 큰 것은 창, 정교하게 장식된 것은 창이고 그렇지 않은 것은 투창이라는 식으로 구별하지만, 실제로는 겸용이 대부분을 차지하였을 것이다. 촉이 큰 타입은 길이가 무려 40~60cm에 달하며, 폭이 넓은 촉은 목표(인간이나 대형 동물)에게 큰 대미지를 줄 수 있다.

기원후 2세기경에 창은 군단병의 메인 무기에서 제외되었지만, 기병의 무기로서는 오래도록 사용되었다.

나중에 하스타는 '전투용 란케아(Lancea Pugnatoria)'라 불렸다. 3세기 아우렐리우스 사투르니누스의 묘비에 표현되어 있는 것처럼 정찰병 또는 전령은 표식으로 촉 바로 밑에 깃털 장식을 달았다. 4세기에 창은 다시 보병의 장비가 되었다. 하지만 모든 병사가 창을 장비한 것은 아니며, 전통적인 투창과 검을 장비한 자도 많았다. 당시 창의 길이가 어떠하였는지는 불명확하지만, 대체로 2~2.7m였을 것으로 추정되고 있다. 회화 자료 등을 보면 창의 자루가 형형색색으로 채색되어 있다. 기원후 6세기가 되면 창의 자루 중앙에 가죽끈을 달아 편리성을 높인 아바르족식의 창이 등장한다. 창은 병사가 가지런히 밀집한 상태일 때 최대의 효과를 발휘하는 무기로, 산개 상태의 전투에는 적합하지 않다. 따라서 나중 시대에 창이 부활한 것은 로마군의 전투 대열이 밀집 대열로 바뀌었음을 시사한다고 하겠다. 나아가 창은 방패 표면을 타고 미끄러져 적군의 얼굴이나 다리를 공격한다는 특징이 있다.

방벽용 스파이크(Pilum Muralium)

'벽의 필룸'이라는 뜻으로 벽을 '보호'하는 데 사용되는 창이다. 그 이외의 정보는 없지만, 일반적인 창과 다르지 않았을 듯하다. 양쪽 끝이 뾰족한 방어용 울타리를 만드는 스파이크(Sudes)와는 다른 것이다.

 투창(Veru)

기원전 4세기 반까지 투창과 근접전용 창은 거의 같은 형태인 '겸용창'이었다.

투창을 던지기 위해서는 어느 정도의 공간이 필요하다. 기원전 195년에 로마가 벌인 스파르타 공성전에서 스파르타군의 투창은 위력도 형편없고 명중률도 낮았다. 이에 대해 리비우스는 '(병사들이 밀집되어 있어서) 달려가다가 던지는 가장 위력이 강해지는 방법을 채택할 수 없었을 뿐 아니라 방해받지 않으며 단단하게 땅을 디디고 던지는 것조차 불가능하였다'(34권 39장)고 말하였다.

투창에는 가죽끈(Amentum)을 달았다. 이를 창에 말고, 루프 끝에 손가락을 걸고 던지면 날아가는 거리가 50%가량 늘어난다. 또 창이 회전하기 때문에 자이로스코프 효과(물체가 자전운동을 하면 속도가 빠를수록 중심축이 흐트러지지 않는 현상-역자 주)가 발생하여 창의 탄도가 안정되고 명중률도 올라간다. 위력이 상당하였는지, 이탈리아의 분묘 벽화에 팔과 다리, 나아가 방패까지 관통된 그림이 그려져 있다. 기원전 331년 판도시아 전투에서 에피루스 왕 알렉산드로스(알렉산드로스 대왕의 숙부)는 투창의 일격을 맞고 전사하였다.

경량 투창은 촉의 길이가 15~35cm(대부분은 20~30cm)이고, 촉과 자루 접합부를 의도적으로 짧게 만듦으로써 명중 시 머리 부분이 잘 깨지도록 하였다. 다른 타입으로는 후술할 필룸을 소형화한 듯한 형태도 있다. 폴리비오스에 따르면 벨리테스의 투창은 전체 길이가 90cm, 두께가 약 2cm, 촉 길이가 23cm로 목이 가늘고 길어서 지면에 꽂으면 휘는, 후술할 경량 타입 필룸이라고 한다. 재현품을 살펴보아도 무게 230g 중에서 촉 무게가 90g인 상당히 가벼운 경량 투창이다.

필룸(Pilum)

글라디우스와 함께 로마 군단병의 상징이라고 할 수 있는 무기는 목이 긴 투창이다. 기원전 4~3세기에 로마군의 장비로 도입되었다. 필룸(그리스어로는 Hyssos)이라는 명칭은 당시에도 현재와 같은 의미로 쓰인 명칭인데, 그 밖에도 라틴어로 베루(Veru), 베루툼(Verutum), 가이숨(Gaesum), 팔라리카(Falarica), 그리스어로 오벨리스코스(Obeliskos), 가이손(Gaison), 콘토스(Kontos) 등으로 불리기도 하였다.

그 원형으로는 히스파니아의 '솔리페레움(Soliferreum, 모든 것이 철로 되었다는 뜻)'이라는 창과 '팔라리카(Phalarica 또는 Falarica)'라는 창이 가장 유력시되고 있다. 전자는 손잡이를 포함하여 모든 부분이 철로 만들어진 창이고, 후자는 목이 긴 촉이 달린 창이다. 다른 유력한 후보로는 삼니움족이 기원전 6~5세기경에 사용한 목이 긴 창을 들 수 있다. 그 밖에 기원전 5~4세기 북이탈리아 갈리아인의 묘지에서 출토된 역시나 마찬가지의 창(전체 길이는 50~95cm. 미늘[barb, 한번 박히면 빠지지 않도록 화살촉에서 뒤쪽을 향해 삐쳐 있는 갈고리-역자 주]이 달려 있다. 불시[Vulci]에서 출토된 창은 전체 길이가 122.5cm이고 촉 길이가 15cm, 폭이 3.2cm)을 비롯하여 당시 각지에서 동일한 형태의 창이 사용되었으므로 필룸은 여러 타입의 창에서 기원하였을 것이다.

필룸에는 두 종류가 있다. 두꺼운 필룸(무거운 필룸)은 머리 부분의 밑동이 평평한 슴베로 되어 있어서, 이를 자루의 슬릿에 박아넣고 철제 볼트로 고정하는 타입이다. 가느다란 필룸(가벼운 필룸)은 '투창' 항목에서 소개한 타입으로, 통상적인 소켓식이다. 이 차이는 필룸의 역사 내내 줄곧 일관되게 유지된 부분인데, 이 유는 명확하지 않다. 특히 슴베식은 필룸의 조상 후보인 창이 모두 소켓식인 것을 고려하면 명백하게 이질적이다. 무거운 필룸의 전체 길이는 2m 정도였을 것으로 추정된다.

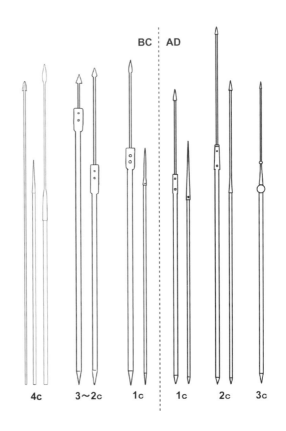

BC AD

<그림 17>: 필룸의 형식. 제일 왼쪽의 것은 기원전 4세기의 창으로, 필룸의 원형일 것으로 추정하는 창이다. 왼쪽에서부터 솔리페레움(히스파니아), 팔라리카(히스파니아), 갈리아인의 창(복이탈리아)이다. 손잡이 길이와 두께는 필자가 상상하여 그렸다.

4c   3~2c   1c   1c   2c   3c

■ 무거운 필룸

무거운 필룸 출토품 중에서 가장 오래된 것은 기원전 3세기 후반에서 2세기 후반에 만들어진 것으로, 미늘이 달린 촉과 짧은 목, 슴베식 접합부가 특징이다(텔라몬[Telamon]형, 쉬미헬[Šmihel]형 등). 머리 부분은 전체 길이가 27~40cm, 촉 길이가 3.5~6.5cm, 폭이 2~3cm, 슴베는 길이가 7.5~10cm, 폭이 4.0~6.5cm, 창의 전체 무게는 약 1.3~1.4kg(촉 0.3kg)이다.

기원전 2세기 중반이 되면 목이 긴 타입(레니에블라스[Renieblas]형, 카민레알[Caminreal]형 등)이 등장한다. 머리 부분은 전체 길이가 70cm, 촉이 6cm, 폭이 1.5cm, 목이 55.4cm, 슴베는 길이가 9cm이고 폭이 5.5cm, 무게는 약 1.7kg, 촉의 무게는 약 0.7kg이다. 촉은 피라미드형이 되었고, 미늘이 없어졌다. 레니에블라스형은 슴베의 폭이 넓지만, 기원전 1세기 전반의 카민레알형은 가늘고 길다.

이 시기에 필룸 설계 방식이 변화하였다. 미늘이 달린 기존의 촉은 사이즈가 크고 목이 짧아서 방패 등을 꿰뚫는 데는 적합하지 않았다. 명백하게 경장갑 적군에 대한 살상력을 높이는 것이 목적이었다고 하겠다. 한편 신형 촉은 소형이고 미늘이 없어서 살상력은 상당히 낮았지만, 반면 방패를 뚫고 방패 뒤편에 있는 사람까지 찌를 수 있었다.

제정 초기의 필룸은 카민레알형을 발전시킨 것으로(오베라덴형이 대표적), 가장 오래된 사례는 기원전 15년으로까지 거슬러 올라간다. 이 타입의 가장 큰 특징은 접합부의 선단부에 끼우는 캡이 있다는 점이다(볼트에 끼우는 사각형 와셔[Washer]가 처음으로 사용된 것도 이 타입이다). 이러한 부품들을 쓴 이유는 접합부의 목재가 사용 시에 갈라지지 않도록 하기 위함으로, 해당 부분이 필룸의 구조상 약점임을 말해준다. 머리 부분은 전체 길이가 76.5~87.5cm, 축 길이가 4~5cm, 폭이 1cm로, 살짝 긴 편이다.

플라비우스 왕조(69~96년) 초기에 개편이 이루어져 필룸의 형태가 확 바뀐다. 접합부 밑에 구형의 추가 달린다. 이는 관통력을 높이기 위한 장치이다. 비숍(M.C.Bishop)은 당시가 내란기였던 것에 주목하여 베니어합판 구조로 된 스쿠툼을 꿰뚫기 위해 개조하였을 것이라고 주장하였다. 하지만 그의 주장은 그 이전 내란기에 개편이 이루어지지 않은 이유를 설명하지 못한다. 필자는 당시에 사용되기 시작한 로리카 세그멘타타가 직접적인 원인일 것으로 추정한다. 3세기경이 되면 추가 2개 달린 것도 등장한다. 현재까지 출토된 사례가 없어 추의 소재가 무엇인지는 정확하게 알 수 없지만, 어쩌면 목제일 수도 있다.

또 2세기 중반부터 무거운 필룸의 구조가 슴베식에서 소켓식으로 바뀌기 시작한다. 이에 맞추려는 듯 필룸의 목에 하나 이상의 돌기가 생긴다. 이 돌기의 기능이 무엇인지는 아직 밝혀지지 않았다. 비숍은 추를 달기 위한 앵커 포인트로 보았다. 하지만 필자는 그림이나 사진상으로 보아서는 단순한 장식이거나, 목 부분을 여러 가지 부품으로 만들게 되어 접합부를 보강하려다 보니 생긴 것이 아닌가 한다. 실물이 출토되지 않은 현 시점에서는 목제일 가능성이 높다.

상기의 점을 제외하면 필룸은 거의 변하지 않았다. 머리 부분은 전체 길이가 약 80cm, 축의 길이가 3~4cm, 폭이 약 1cm이다.

■ 가벼운 필룸

가벼운 필룸의 디자인은 전술한 벨리테스의 투창과 거의 같다. 촉은 무거운 필룸과 같은 피라미드형이며, 목이 가늘고 길다.

다양한 자료와 해설서에 따르면 필룸은 목이 잘 휘어진다고 한다. 실제 출토품도 촉이 파손되어 있거나 목이 구부러진 상태로 발견되는 경우가 많다. 그러한 방식을 더욱 발전시킨 것이 마리우스가 시행한 것으로 추정되는 개혁으로, 촉을 고정하는 볼트를 잘 부러지도록 목제로 바꾸었다.

하지만 출토된 필룸 실물을 보면 언제나 견고함을 제일로 고려하여 디자인되어 있다. 제정기에 채용된 캡도 그중의 하나이다. 또 필룸을 근접전에서 사용한 기록이 남아 있는데, 근접전에서 사용하려면 최소한 근접전용 창과 같은 수준의 내구성이 요구된다. 재현품을 사용한 실험에서도 필룸은 잘 휘어지지 않는다는 결론이 나왔다.

따라서 '필룸은 견고함을 염두에 두고 만든 무기이며, 흔히 말하는 것처럼 쉽사리 구부러지지 않는다'는 것이 가장 깔끔한 결론이다.

그럼 출토된 필룸 대부분이 휘어져 있던 것은 어떻게 설명하여야 할까? 비숍은 수리하려던 필룸을 모종의 이유로 폐기하였기 때문이라고 설명한다. 그는 실험 결과 등을 바탕으로 다양하게 구부러진 필룸의 형태에 대해, 목의 중간이 구부러진 것은 전쟁 시에 지면에 꽂아두었던 필룸을 부대가 전진할 때 후열에 방해가 되지 않도록 밟고 지나간 결과이고, 촉 바로 뒷부분이 구부러진 경우는 방패를 관통한 필룸을 강제로 뽑으려고 한 결과라고 한다.

플룸바타(Hasta Plumbata)

일반적으로는 플룸바타라고 줄여서 말한다. 분류상으로는 다트의 일종인 초소형 투창이다. 베게티우스는 마티오바르불라(Mattiobarbula), 기원후 6세기에 쓰인『스트라테기콘』에서는 마르조바르불론(Martzobarboulon) 또는 립타리아(Riptaria)라는 그리스어 애칭으로 불렀다.

활에 비해 사거리가 길다고 한다. 베게티우스에 따르면 보병은 플룸바타 5개를 방패 뒤에 장착하고 다녔으며, 적을 향해 차례로 던졌다고 한다. 마우리키우스의 플룸바타는 베게티우스의 것보다도 대형이어서 가죽 주머니에 넣어 다녔다고 한다. 전투 시에는 제일 처음에 플룸바타를 던지고 그다음에 투창과 창으로 공격하도록 권장하였다.

문헌 자료와 출토품의 구조는 거의 일치한다. 미늘이 달린 촉에 목제 손잡이를 달고, 손잡이 뒤쪽에는 화살처럼 깃털을 달았다. 촉과 손잡이 접합 부분에 납으로 추를 달아 접합부를 보강함과 동시에 위력과 사거리를 높였다. 출토품 사이즈는 촉의 길이가 98~275mm이고 무게가 130~350g이다. 전체 길이와 사거리는 손잡이 길이를 어떻게 해석하는가에 따라서 달라지는데, 105cm일 경우에는 50m, 51cm일 경우에는 61.3m라는 기록이 있다.

깃털 뒤쪽에 손잡이를 조금 남겨두어 그 부분을 잡고 소프트볼처럼 언더핸드로 던지면 가장 효율 좋게 날아간다고 한다. 하지만 슬링이나 스태프 슬링으로 투척하는 것도 가능(실제로 헬레니즘 시대에는 다트 전용 슬링[Kestro-

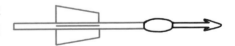

<그림 18>: 플룸바타(전체 길이는 약 50cm) 복원도. 머리 부분의 전체 길이는 16cm이다.

sphendon]이 있었다)하며, 엘리엇(Paul Elliot)이 실시한 실험 결과에 따르면 사거리가 100m에 육박할 수도 있다고 한다.

그 밖의 창

■ 란케아(Lancea)

켈트어 또는 켈티베리아어를 어원으로 하며, 영어 랜스(Lance)의 어원이 된 투창이다(본래 라틴어에서는 란케아가 투창 이외의 다른 뜻으로도 쓰이므로 주의하여야 한다). 현대적인 정의에서는 필룸처럼 목이 길지 않고 촉이 나뭇잎 모양인 투창 전반을 지칭하며, 특정한 종류의 투창을 가리키지 않는다. 기원후 2세기 후반경부터 등장하는 란키아리우스는 이 창을 장비하였다고 한다. 경량 투창은 란케아 수바르말리스(Lancea Subarmalis)라고 부르기도 하였다.

■ 스피쿨룸(Spiculum)

필룸의 뒤를 잇는 창으로, 베게티우스의 저작에 등장한다. 스피쿨룸은 '바늘'이라는 뜻으로, 가벼운 필룸처럼 목이 가늘고 긴 창이었을 것으로 추정된다. 하지만 비숍은 스피쿨룸이라는 단어가 창과 투창을 지칭하는 일반 명사인 점, 고고학적인 측면에서 스피쿨룸으로 추정되는 유물이 출토되고 있지 않은 점을 들며 베게티우스가 오해했다고 주장한다.

■ 가이숨(Gaesum)

가이숨이라는 명칭은 알프스 남쪽의 갈리아 부족, 가이사타이족(Gaesatae)에서 유래하였다. 가벼운 필룸처럼 머리 부분(길이 55~60cm)은 목이 긴 소켓식이며, 폭이 넓고, 미늘이 달려 있다. 게르마니아부터 브리타니아에 이르는 넓은 범위에서 사용되었으며, 게르마니아의 투창이 로마군에 도입되었을 것으로 추정된다.

■ 루쿨레아스(Luculleas)

수에토니우스(Gaius Suetonius Tranquillus)가 쓴 도미티아누스 전기에 등장하는, 브리타니아에서 기원된 것으로 추정되는 창이다. 브리타니아 속주 총독 살루스티우스 루쿨루스(기원후 80년대?)가 개발하였다고 한다. 상세한 내용은 명확하게 밝혀지지 않았으나, 사람들이 그를 칭송하자 이를 질투한 황제가 그를 처벌하였다고 한다.

■ 베루툼(Verrutum)

경량 투창. 또는 투창 일반을 지칭하는 단어로, 특정한 창을 지칭하는 명칭이 아니다.

그 밖의 무기

도끼(Securis)

전투용 도끼는 왕정기에 제작된 조각상 등에 등장하며, 신분이나 계급을 나타내는 표식이었다.

주로 청동제이며, L자 형태로 굽은 손잡이에 도끼 소켓을 끼우는 타입이었다. 그 후 전투용 도끼는 무기로서 일반적으로 사용하지 않게 되었고, 3세기 후반 갈리에누스 황제 시기에 기병용 무기로서 다시 등장하였다. ND 삽화에는 각종 장비에 섞여 양날과 단날의 전투용 도끼가 등장한다.

또 다른 것으로는 기원후 3세기경에 프랑크족이 쓰는 프랑세스카(Francesca)라는 투척용 도끼가 등장한다. 짧은 손잡이에 구부러진 독특한 도끼날이 달린 도끼이며, 도끼날의 형태로 미루어보아 근접전에서는 사용할 수 없었을 듯하다. 정교성이 떨어지고 사거리도 짧기 때문에 적과 대면하자마자 대량으로 투척하는 식으로 사용하였을 것으로 추정된다. 최대의 강점은 적의 방패를 부술 수 있는 능력과, 어디든지 맞기만 하면 설령 그것이 칼날 부분이 아니더라도 적군을 졸도시킬 만한 위력을 가졌다는 점이다.

곤봉(Fustis)

기원후 4세기에 페르시아 등의 중무장 기병에 대항하기 위해 사용된 무기이며, 나무 막대기에 철제 가시 또는 금속판이 붙어 있다. 금속제 갑옷은 검의 칼날은 막아주지만, 곤봉의 충격을 완화해주지는 못하기 때문에 중무장한 적군에게 특히 유효하였다. 기원후 3세기 초반 카라칼라 황제의 파르티아 원정에 참가한 스파르타인 병사 마르쿠스 아우렐리우스 알렉시스의 묘비에 곤봉을 든 그의 모습이 새겨져 있다(단, 이 곤봉은 헤라클레스의 후예를 자처하는 스파르타인의 상징으로 보는 견해도 있다).

게르마니아인은 투척용 곤봉을 사용하였다고 하는데, 이것이 로마에 도입된 흔적은 없다.

활과 화살(Arcus & Sagitta)

초기의 활은 그저 나무를 잘라 만들었을 뿐인 나무 활로, 위력이 형편없고 명중률도 낮았다. 그 후 로마군은 동방에서 기원한 복합궁을 사용하였다. 목제 본체에 동물의 뿔이나 힘줄을 덧대어 강도를 높였을 뿐 아니라 활에 응축된 에너지를 더욱 효과적으로 화살에 담을 수 있었다. 로마군이 사용한 활은 그 독특한 형태로 미루어보아 그리스를 경유하여 들어온 스키타이 활일 것으로 추정되며, 복원된 활의 경우에는 장력이 약 36~63kg에 달하였다.

기원후 5세기경에는 훈족(과 마자르인[Magyars])의 활이 도입되었다. 훈족의 활은 그립 부분이 뼈로 강화되어 있어서 사격하기 용이하다. 훈족의 활에는 상하 대칭인 것과 그렇지 않은 활의 두 종류가 있으며, 상하 비대칭인 활은 마상용이다.

6세기에 집필된 『스트라테기콘』에서 '힘차게 활을 쏘기 위해서는 속도가 중요하다. … 사실 제아무리 조준을 정확하게 하더라도 연달아 쏘지 못하면 의미가 없다(1권 1절)'고 말하는 것처럼 전장에서는 사격 속도와 위력이 중요하며, 정확도는 그다음으로 여겨졌다.

화살의 최대 사거리와 유효 사거리에 관해서는 다양한 설이 있다. 이는 활의 사거리와 위력은 활 자체의 구조보다도 사수의 기량에 크게 좌우되기 때문이다. 단, 고대부터 300m를 '화살의 거리(Bowshot, 비행 거리. 화살 거리가 표적 거리를 의미할 때는 133m)'로 보았으므로 당시에 활은 약 300m를 날아가며 130m부터 저격당할 위험이 있는 것으로 인식한 듯하다. 한편 유효 사거리는 50~100m이라는 것이 종합적인 의견이다.

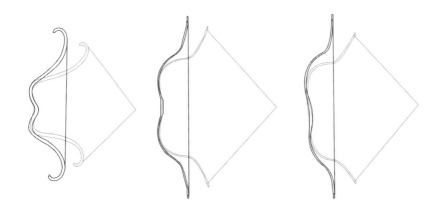

<그림 19>: 로마가 사용한 활. 왼쪽에서부터: 스키타이식, 훈족식(상하 대칭), 훈족식(상하 비대칭). 로즈(Mike Loades)의 서적을 바탕으로 작성하였다.

슬링(투석구, Fundus)

고대부터 전쟁 때나 몸을 보호할 때 사용한 원거리 무기로, 가장 단순한 형태의 무기 중 하나이다. 중앙에 주머니가 달린 끈이 있다. 주머니에 돌 등을 담아서 머리 위로 휘두르다가 적에게 던진다. 모든 군단병이(필시 보조병도) 슬링 사용법을 배웠다.

제 2 장
방호구

 투구

초기 라틴어에는 투구를 뜻하는 카시스(Cassis)와 갈레아(Galea)라는 두 단어가 있었다. 전자는 에트루리아어에서 기원하였으며 '금속제 투구'를 지칭하고, 후자는 '털 모자(Galeus)'가 어원이며 '가죽제 투구'를 지칭한다. 나중에 크라노스(Kranos)라는 그리스어 단어도 사용되었다.

왕정기

기원후 8세기경의 투구로는 빌라노바식 투구가 대표적이다. 빌라노바(Villanova)란 초기 철기시대 문명의 이름으로, 흔히 에트루리아 문명 등의 모체라고 한다. 빌라노바식 투구는 청동제이며, 세로로 거대한 청동제 크레스트가 달린 것이 특징이다.

또 볼로냐에서는 고리버들 세공으로 만들어진 본체에 청동제 원반을 붙이고 그 틈을 징으로 채운 투구가 발견되기도 하였다.

이 무렵부터 그리스에서 기원한 투구가 에트루리아 등에서 유입되기 시작하였다.

레미 호수에서 출토된 기원전 7세기의 프로토코린트식 투구가 대표적인 예이며, 가

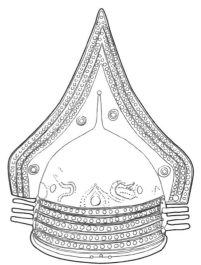

<그림 20>: 빌라노바식 투구. 그림은 투구의 옆면이다. 크레스트가 앞뒤로 길게 세로로 달려 있다. 트래비스(John Travis)의 그림을 참고하였다.

죽 안감에 모피가 수염 모양으로 달려 있다.

기원전 6세기에 에트루리아에서 생겨난 새로운 타입의 투구는 네가우식 투구라고 부른다.

투구의 정수리 부분은 산마루(Ridge)가 앞에서 뒤로 길게 뻗어 있는 것처럼 봉긋하고, 투구 아래쪽은 해자를 빙그르르 파놓은 것처럼 오목하고, 테두리는 모자의 챙처럼 펼쳐져 있다. 볼 보호대는 없으며, 가죽 턱 끈으로 고정하였고, 크레스트를 달기도 하였다. 공화정 초기가 되

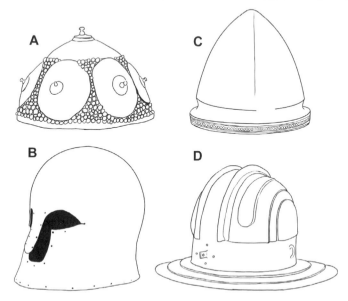

<그림 21>: A: 고리버들 세공 위에 청동제 원반과 징을 붙인 투구. B: 레미 호수에서 출토된 프로토코린트식 투구. C: 네가우식 투구 D: 네가우식의 일종

면 정교한 장식이 된 것이 등장하기 시작한다.

이 시기의 크레스트(Crista)는 앞뒤로 길게 달리는 타입이 주류였다. 크레스트는 말의 털 혹은 새의 깃털로 만들었으며, 키를 더욱 커 보이게 함으로써 상대를 위협하는 효과가 있었다.

좌우로 긴 크레스트(Crista Transversa)도 왕정기에 등장하였다. 신분이나 지휘관(특히 백인대장)임을 나타내는 표식이었다. 이 타입의 크레스트는 그리스에서 기원한 것으로 추정된다.

공화정기

공화정기에는 그리스에서 기원한 투구가 널리 사용되었는데, 대부분 이탈리아 투구를 수정한 것이었다.

네가우식 후에 유행한 것이 아풀로코린트식 투구이다. 그리스의 코린트식 투구를 얼굴 전체에 쓰지 않고, 머리 위에 올려놓은 듯한 모양새이다. 기원전 6세기에 중앙 이탈리아에서 등장하였으며, 진짜처럼 눈구멍과 볼 보호대 틈새를 뚫어놓은 것부터 구멍은 뚫지 않고 선으로 모양만 낸 것에 이르기까지 다양한 형태가 있으며 다섯 타입으로 구분된다. 본체의 두께는

0.5~2mm이며 무게는 1kg이고, 볼 보호대가 달린 것도 있다. 투구 본체의 볼 부분에 멧돼지, 스핑크스, 사자, 소, 말 등이 선으로 새겨져 있는 경우가 많다.

아티카식 투구도 널리 사용되었다. 기원지인 그리스 본토에서는 인기를 얻지 못하였지만, 수출지인 이탈리아에서 대유행하여 나중에 고대 투구의 대명사가 된 타입이다. 코 보호대는 없으며, 볼 보호대에 경첩이 달려 있고, 크레스트가 앞뒤로 긴 것이 특징이다. 볼 부분은 기존의 투구와 달리 마치 다른 금속판을 부착한 것처럼 길게 늘어져 있다.

같은 시기에 남이탈리아, 특히 마그나 그라이키아(Magna Graecia)라는 그리스 식민도시를 중심으로 삼니움 지방에서 대유행한 칼키스식 투구도 사용되었다. 코 보호대를 작게 만듦으로써 안면 노출부를 넓게 하였으며, 볼 보호대에는 뱀처럼 보이는 소용돌이무늬가 새겨져 있다. 후두부를 보호하기 위해 투구의 머리 사발 부분을 길게 늘렸고, 이에 맞추어 귀 개구부를 깊게 뚫어놓았다.

이탈리아에서는 머리 부분에 동물 머리 조각을 붙인 것이 여러 개 발견되었다.

필로스라는 원추형 모자를 본뜬 투구도 사용되었다. 특이한 출토 사례 중에는 여신이나 숲의 신 파우누스(Faunus)가 입체적으로 조각된 마스크가 부착된 투구도 있다.

프리지아식 투구도 이탈리아에 도입된 후 독자적으로 발전하였다.

기원전 5세기 후반에 등

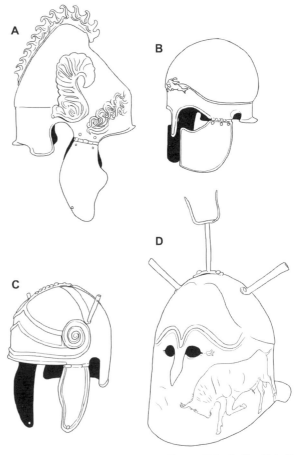

<그림 22>: A: 콘베르사노형, B: 칼키스식, C: 아티카식, D: 아풀로코린트식

장하였으며 발견된 곳의 지명을 붙여 콘베르사노형 투구라고 부르는 타입은 두정부에는 파도 모양의 청동 크레스트가 달리고 관자놀이에는 청동 깃털이 달린 것이 특징이다.

■ **몬테포르티노형**(Montefortino Type)

공화정 후기에 가장 널리 사용된 것은 갈리아에서 기원한 몬테포르티노형 투구이다. 형태가 단순하여 제조 비용이 적게 들기 때문에 기원전 4세기부터 기원후 1세기까지 폭넓게 사용되었다. 청동제 투구 사발에 작은 목 보호대가 달린 형태이다. 다른 타입에 비해 제조 코스트가 낮으면서도 적당한 방어력을 지녔다. 정수리 부분에는 구멍이 뚫린 작은 꼭지가 달려 있어서 여기에 크레스트를 부착할 수도 있다. 목 보호대에는 구멍이 나 있어서 여기에 목 끈을 끼우기 위한 고리 등을 달았다. 목 끈은 목 보호대에서부터 시작하여 볼 보호대 안쪽 면 또는

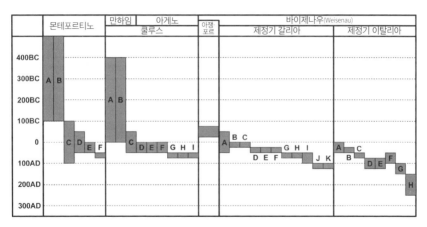

<그림 23>: 공화정기부터 제정 중기까지의 투구 사용 시기. 트래비스의 도표를 바탕으로 작성하였다.

투구 측면에 달린 고리를 통과시킨 후 턱밑에 묶었다.

현재까지 A~F의 여섯 타입이 확인되고 있다.

A와 B는 기본형으로, 로마 외에 갈리아와 카르타고에서도 사용되었다. 둘의 차이는 장식의 유무이며, 모양새가 간소한 쪽이 B이다. 투구 머리 사발의 테두리 부분을 장식하는 것이 일반적이나, 머리 사발을 비늘로 덮여 있는 듯이 장식해놓은 경우도 있다. C와 D는 기원전 1세기에 등장한 타입이다. 장비를 정부에서 제공하는 것으로 방침이 바뀜으로써 투구를 대량 생산할 필요성이 생겨 이와 같이 발전한 듯하다. C타입은 버그넘(Buggenum)형이다. 모양은 A나 B와 비슷하지만 더 간소해졌으며, 정수리의 꼭지가 작아졌고, 목 보호대는 넓고 평평해졌

다. D타입은 정수리의 꼭지를 별도로 제작하여 투구에 붙였다. 이 무렵부터 녹 방지 처리와 장식용 주석 도금 된 사례가 관찰된다(주석 도금은 은 도금과 외견상 흡사하다). 기원전 1세기부터 기원후 1세기까지 시기에 만들어진 마지막 형태가 E와 F이며, 목 보호대가 더욱 넓어졌다.

초기 타입에는 볼 보호대가 없었으며, 가죽제 턱 끈으로 고정하였다. 초기의 볼 보호대는 원형 세 개를 조합한 갈리아식이었는데, 기원전 3세기경에 광대뼈와 턱을 보호하는 형태로 바뀌었다.

폴리비오스에 따르면 투구에 높이 46cm짜리 검정색 혹은 자색(또는 붉은색) 깃털 3개를 크레

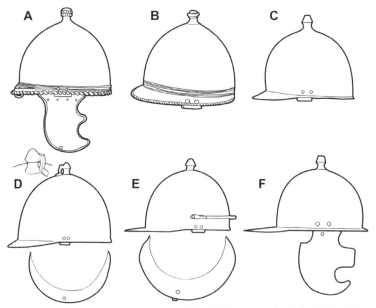

<그림 24>: 몬테포르티노형 투구. 트래비스의 서적을 바탕으로 작성하였다.

스트로 꽂았다고 하는데, 당시의 회화 자료를 보면 말총(대개 좌우로 나누어져 있다)만 달린 경우가 많다. 또 측면에 새의 깃털을 꽂는 것도 인기가 많았다. 코완에 따르면 이 유형의 크레스트가 군신 마르스(또는 삼니움의 군신 마메르스[Mamers])의 상징이기 때문이라고 한다.

제정기

■ 쿨루스형(Coolus Type)

기원후 1세기부터 주류가 된 투구 형식이며, 유럽 대륙의 갈리아인 투구를 바탕으로 한 것이다. A~I의 아홉 가지 타입이 있으며, 만하임(Mannheim)형(A~C) 또는 아게노(Hagenau)형(D~G)이라고도 한다.

A~C: 기원전 1세기경에 등장하였다. 머리 사발은 몬테포르티노형에 비해 평평하고, 크레스트를 달 수 있는 꼭지가 없어서 제조하기 훨씬 수월해졌다. A타입은 볼 보호대가 없고, C는 목 보호대가 옆으로 퍼져 있는 것이 특징이다. 카이사르가 진두지휘한 갈리아 전쟁기부터 대량으로 공급되었다.

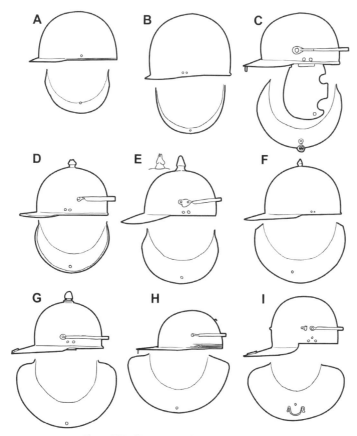

<그림 25>: 쿨루스형 투구. 목 보호대는 위에서 본 모습. 트래비스의 서적을 바탕으로 작성하였다.

D~G: 정수리에 꼭지는 달려 있는데, 이는 제조소가 갈리아에서 이탈리아로 이전하였기 때문이거나 군단병과 보조병의 차이일 것으로 추정한다(A~C가 두툼하고 질이 좋다). 목 보호대는 대형화되면서 옆으로 퍼져 목덜미와 어깨를 보호할 수 있게 되었다.

H: 이마 부분에 보강용 판이 붙었다. I타입은 머리 사발의 후두부 길이를 한층 더 길게 하여 적의 공격을 받았을 때 투구가 쉽게 벗겨지지 않도록 하였다. 볼 보호대를 부착할 때 리벳을 3개 쓰게 되었다(이전에는 2개를 썼다).

C타입부터 챙이 생긴다. 햇빛 가리개가 아니라 정면에서 쏟아져 내리는 공격으로부터 얼굴을 보호하기 위함이다.

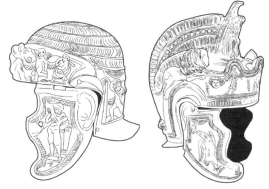

■ **아티카형**(Attic type)

기원후 1세기 말에서 3세기까지 시기에 이마 부분을 위로 올릴 수 있는 형태로 바꾸었다. 무척 정교하게 장식

<그림 26>: 제정기의 아티카형 투구(또는 식전용 기사 투구 I타입)
왼쪽: 세르비아에서 출토. 1세기 후반~2세기
오른쪽: 테일렌호펜(Theilenhofen)에서 출토. 2세기 후반

된 투구가 많으며, 마스크가 달린 것도 있다. 하지만 이들 대부분은 불필요할 정도로 두껍고 (최대 7mm인 사례도 있다. 보통은 1~3mm 정도), 머리 움직임을 제한할 정도로 대형이다. 전투 상황을 고려하지 않은 퍼레이드용도 얼마간 섞여 있는 듯하다.

이 타입은 4세기 조각에도 같은 시대에 사용된 투구와 함께 등장한다. 특히 동방에서 인기가 많았다. 회화 자료에서 최종적으로 사라진 것은 6세기에 들어선 후로, 대략 1,000년간 최전선에서 사용되었다고 할 수 있다.

■ **아쟁형**(Agen Type),
　포르형(Port Type)

유럽 본토의 갈리아인 철투구의 일종이며, 제정기 갈리아형의 원형 중 하나이기도 하다.

아쟁형은 테두리 전체에 챙이 달려 있다. 현재까지 4

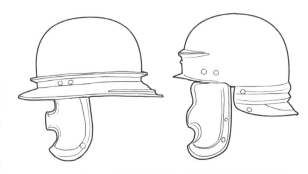

<그림 27>: 왼쪽: 아쟁형, 오른쪽: 포르형. 트래비스의 그림을 바탕으로 작성하였다.

개 사례가 확인되었으며, 1개를 제외하고는 크레스트를 붙일 수 있는 금속구가 없다.

포르형은 투구 사발이 깊은 것이 특징이며, 소형 목 보호대 위에는 지지대 두 줄기가 기다랗게 튀어나와 있다. 머리 사발 정면에는 눈썹처럼 보이는 독특한 문양이 있다. 이 장식은 이후의 투구에도 계승된다.

■ 제정기 갈리아형(Imperial Gallic Type)

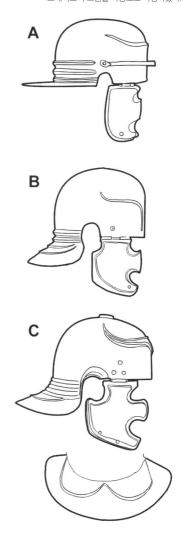

<그림 28>: 대표적인 제정기 갈리아형 투구.
트래비스의 그림을 바탕으로 작성하였다.

갈리아 정복 후에 등장한 타입이다. 갈리아인의 투구를 베이스로 하여 설계하였으며, 현재까지 A~K의 11가지 타입이 확인되고 있다. 대표적인 타입은 그림과 같다.

A: 전체적인 모양은 포르형에서 채용하였으며, 챙과 장식용 지지대를 동일선상에 배치하여 아쟁형처럼 지지대가 머리 사발을 한 바퀴 돈다. 목 보호대는 더욱 대형화되어 옆으로 퍼졌고 챙도 강화되었다. 볼 보호대는 눈과 입 부분을 개방할 수 있는 타입이지만, 귀 부분은 개방되지 않는다.

B: 머리 사발이 더욱 동그래졌으며, 귓구멍 상부에 귓바퀴 덮개처럼 생긴 돌출부가 달려 있다. 목 보호대는 조금 축소되었지만, 아래쪽으로 경사지게 함으로써 커버 범위가 줄어들지 않도록 하였다. 볼 보호대 뒤쪽 상단을 잘라내어 귀가 더 노출되도록 하였다.

C: B와 마찬가지로 머리 사발이 동그랗다. 후두부는 아래쪽으로 쭉 내려가서, 옆으로 퍼진 목 보호대와 함께 효과적으로 목을 보호해준다. 볼 보호대는 뒤쪽이 바깥으로 튀어나와 전방에서 받은 공격을 바깥쪽으로 흘러보낼 수 있게 하였다. 눈과 입 개구부에 달린 돌출부의 커브가 완만한 곡선을 그리게 되었다.

F: 기원후 1세기 후반부터 등장한다. 눈썹 장식이 커졌고, C타입에 비해 후두부의 단차가 적다. 목 보호대는 각이 졌던 부분이 더 동그래져서 옆으로 튀어나오지 않게 되었다. 가장 큰 특징은

정수리 부분의 크레스트 접속 부분으로, 제정기 이탈리아형 특유의 턴키식이었다(단, 제작 시부터 슬롯식이었는지, 도중에 개조된 결과인지는 알 수 없다.)

G: 반구 형태의 머리 사발에는 간략화된 눈썹 무늬가 새겨져 있고, 밭이랑 같은 것이 후두부에 3이랑, 목 보호대에 2이랑(이 가운데 하나는 D자형 고리 부착용 리벳을 장치할 장소를 확보하기 위해 반원 2개를 붙인 형태로 되어 있다) 있다. 목 보호대의 리벳, 볼 보호대 부착용 리벳 2개, 볼 보호대의 리벳 3개(이 중에서 제일 하단부의 하나를 제외한 2개는 장식)에는 장식용 보스를 씌워놓았다.

볼 보호대는 더욱 둥그스름해졌다. 청동 테두리 덮개와 목덜미를 보호하기 위한 돌출부,

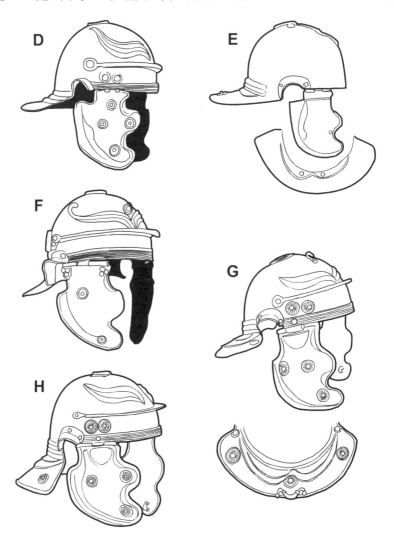

경첩 밑에는 강도 강화용 이랑이 있다.

H: G타입의 목 보호대를 아래로 더욱 깊이 내려 단 투구이다. 청동제는 I타입으로 분류된다.

■ **제정기 이탈리아형**(Imperial Italic Type)

제정기 갈리아형에 이탈리아의 전통적인 특징을 도입한 타입으로, 갈리아형 투구를 바탕으로 이탈리아 공방에서 제작하였을 것으로 추정된다. 갈리아식과 다른 점에는 챙 부분이 강화된 점(갈리아식처럼 철판을 그대로 붙이지 않고, 외연부를 직각으로 구부려 강도를 높였다), 턴키식 크레스트 부착법을 채용한 점(갈리아형은 슬롯식), 볼 보호대 하부에 앞 목을 보호하기 위한 돌출부를 만들지 않은 점(목덜미를 보호하기 위한 돌출부는 있음), 눈썹 모양을 없앤 점 등이 있다.

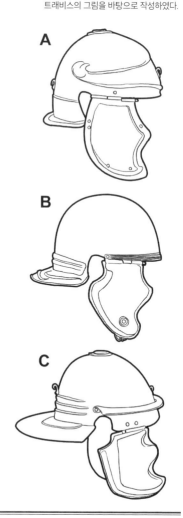

<그림 29>: 제정기 이탈리아형 투구
머리 사발 앞뒤에 달린 작은 혹은
크레스트를 고정하기 위한 금속 장치이다.
H타입의 볼 보호대는 필자가 추측하여 그려 넣었다.
트래비스의 그림을 바탕으로 작성하였다.

A~H의 여덟 가지 타입이 확인되고 있다. F타입은 딱 1개 사례만 발굴되었다. 특수 제작 투구인 듯하므로 여기에서는 설명하지 않겠다.

A: 기원후 1세기경에 사용된 타입으로, 폼페이와 같은 시기에 화산재 밑에 묻힌 헤르쿨라네움(Herculaneum)에서도 출토되었다. 정황상 거리의 경찰 및 소방관 역할을 하였던 비길레스(Vigiles) 대원의 투구인 듯하며, 장식 양식이 상당히 예스러워 식전용 투구였을 것으로 추정된다.

후두부는 직선으로 뚝 떨어지고, 귓구멍은 귀를 감싸듯이 곡선을 그린다. 목 보호대는 수평이며 작다. 이마 부분은 아티카식 이마 보호대처럼 장식되어 있다. 크레스트 장착 방법에는 턴키식과 T자 슬롯식이 있다. 그 가운데 몇몇 사례는 머리 사발 앞뒤에 혹이 달려 있어서 크레스트의 앞뒤를 여기에 고정할 수 있도록 되어 있다.

B: 철제. 후두부는 수직으로 떨어지고, 이랑이 있다. 목 보호대는 작고, 양쪽 모퉁이가 둥글고, 중앙에 보강용 이랑이 한 이랑 있다. 갈리아식과 달리 턱 끈을 끼우는 D자형 고리가 목 보호대의 테

두리 부근에 달려 있다. 귓구멍 테두리는 바깥쪽으로 살짝 펼쳐져 있어서 귀를 보호해준다. 머리 사발 전방 테두리에 청동제 보강판이 붙어 있다.

C: 청동제. 후두부의 이랑은 폭이 넓고 평평하다. 목 보호대는 평평하고 넓다. 챙이 부착된 첫 번째 타입이며, 출토품으로 미루어보아 기원후 69년경에 사용된 듯하다.

D: 겉모습은 C타입과 비슷하지만, 좀 더 장식성이 강하다. 귀 보호대가 생겼으며, 이마 보강판은 폭이 넓다. 후두부에는 동일한 보강판이 붙어 있는데, 이쪽은 후두부뿐 아니라 목 보호대까지 넓게 퍼져 있다. 목 보호대는 C타입과 마찬가지로 폭이 넓고 모퉁이가 둥글지 않으며, 목 보호대 중앙 부분에 운반용 손잡이가 달려 있다. 챙은 갈리아식에 비해 작으며, 더 앞쪽에 붙어 있다.

E: D형과 흡사한 디자인이지만, 목 보호대가 경사졌고, 볼 보호대 안쪽의 턱 끈을 끼우는 D자형 고리가 2개 달려 있다.

G: 2세기의 투구이며, 헤브론식(Hebron) 투구라고도 한다. D타입, E타입과 생김새가 비슷하다. 머리 사발이 깊으며, 목 보호대는 폭이 넓고 경사가 져 있다. 목 보호대에는 반원 2개를 연결한 듯한 모양으로 보강용 이랑이 튀어나와 있으며, 중앙 부분에 운반용 손잡이와 턱 끈을 끼우는 D자형 고리가 달려 있다.

이 타입의 가장 큰 특징은 투구의 전후좌우에 길게 붙어 있는 보강용 지지대이다. 위에서 내리쳐 목 등을 베려는 공격에 대처하기 위한 조치이다. 투구가 사용된 시기로 미루어보아 다키아인이 양손으로 쓰는 낫, 검, 팔랑크스에 대항하기 위한 것이라는 설도

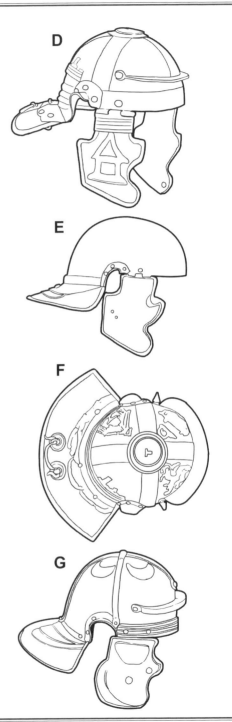

있지만, 확실치 않다. 이 지지대 때문에 크레
스트를 부착할 수 없다.

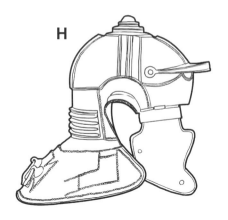

H: 2~3세기에 사용된 최종 발전형 투구
로, 기존의 투구와는 전혀 다른 디자인이다.
머리 사발의 후두부가 아래로 한참 내려왔
고, 깊은 밭고랑이 다섯 이랑 만들어져 있다.
거기에 연결된 목 보호대는 폭이 넓으며 깊
게 경사져 목을 완전히 커버한다. 대형 운반
용 손잡이가 달려 있다. 머리 사발에는 보강
용 지지대를 달거나, 보강용 지지대처럼 전
후좌우로 길게 튀어나오도록 모양을 냈고,
정수리 부분에는 대형 버튼 장식을 달았다.

■ 보조 보병형

제정기의 저품질 투구이며, 과거에는 보조 부대의 보병이 사용하였을 것으로 추정하였다.
하지만 소속 군단명이 새겨진 투구가 발견됨으로써 군단병도 사용하였다는 것을 알게 되었
다. 필자의 생각에는 보조 부대와 군단병의 장비에는 큰 차이가 없었으며, 보조 보병형 투구
란 그저 저품질 투구를 말한다고 여기는 편이 좋을 듯하다.

A: 기원후 1세기 중엽의 투구이며, 쿨루스 I형과 디자인이 흡사하다.

B: 제정기 갈리아형과 디자인이 흡사하며, 챙이 높이 달려 있다.

C: 2세기의 투구이다. 기병형 D타입이나 E타입과 만듦새가 흡사하며, 보강용 지지대가 달
려 있다. 하지만 보강용 지지대의 부착 위치가 모두 동일한 높이로 되어 있는 점이 기병용 투

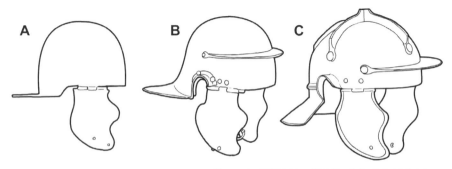

<그림 30>: 보조 보병형 투구. A타입의 볼 보호대는 필자의 추정이다.
트래비스의 그림을 바탕으로 작성하였다.

구와 다른 점이다. 소형 챙이 달려 있는데, 챙 중앙부에 작은 돌출부가 있다. 이를 투구에 열린 슬롯에 꽂고 돌려서 고정한다.

■ 기병형

보조 부대의 기병용 투구와 식전용 투구 타입을 모아놓은 유형으로, 기병용 9종과 식전용 10종의 도합 19종이 있다. 이와 같이 분류하는 데 깊은 의미는 없으며, 보병용과 실전용으로 볼 수 없는 투구를 기병용이라는 카테고리로 일괄하여 묶었을 뿐이다.

하지만 보조 보병형에서도 언급한 바와 같이 현재에는 이러한 분류 구분에 큰 의미가 없다. 대부분의 타입(특히 C타입 이후)을 기병과 보병이 모두 사용하였으며, 화려하게 장식된 투구를 실전에서 쓰기도 하였던 것으로 밝혀졌기 때문이다.

기병용 A: 바일러(Weiler)형이라고도 하는 기원후 1세기의 투구이다. 반구형의 머리 사발과 밑에까지 길게 내려온 후두부에 소형 목 보호대가 달려 있다. 몸체는 철을 베이스로 하여 만들고, 철판을 두들겨 바깥으로 도드라지게 하는 방식으로 머리카락 무늬를 낸 후, 철동이나 은으로 도금한 사례가 관찰된다. 이마에 폭넓은 보강판도 덧대었다.

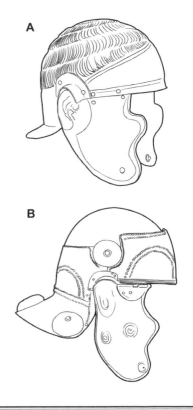

<그림 31>: 기병용 투구. B와 H는 트래비스의 그림을 바탕으로 작성하였다.

기병용 B: A와 흡사하지만, 목 보호대가 경사지고 더 넓어졌다. 귓구멍 부분에 귀 보호대가 달려 있는데, 정작 귓구멍 부분은 볼 보호대에 완전히 가려 있다. 볼 보호대는 제정기 갈리아형 등에 비해 요철이 적고, 모양이 둥그스름하며, 귓구멍 부분에는 귀 모양이 새겨져 있다. 영국의 위챔 그래블(Witcham Gravel)에서 발견된 투구에는 머리 사발 중심선에 리벳이 2줄로 박혀 있어 고정식 크레스트가 달려 있었을 것으로 추정된다.

기병용 C: 2세기경에 등장한 타입으로, 이 이후의 타입은 니더비거(Niederbieger)형이라고도 한다. 챙이 뾰족한 것이 특징적이다. 머리 사발의 뒷부분이 거의 어깨에 닿을 정

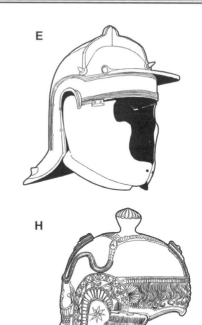

도로까지 내려오며, 작고 경사가 살짝 진 목 보호대가 달려 있다.

기병용 D~I: 2세기 중반에 등장하여 4세기 초반까지 사용된 타입이다. 니더비거형의 일종으로, 로마군 투구 가운데 가장 방어 성능이 뛰어나다. 머리 사발의 뒷부분이 어깨까지 길게 내려오며, 경사진 목 보호대가 달려 있다. 챙은 뾰족한 경우가 많으며, 위쪽을 향해 또는 아래쪽을 향해 달린 경우도 많다. 또한 챙 밑에는 보강용 판을 달았다. 귓구멍이 있지만, 마찬가지로 볼 보호대로 덮여 있다. 머리 사발에 보강용 지지대를 붙인 타입도 있으나, 기존의 막대 형태가 아니라 판 형태이며, 머리 사발의 표면에 직각으로 붙였다. 종래의 투구보다 효과적으로 충격을 흡수해줄 뿐 아니라 적군의 무기가 머리에 접촉하지 못하게 해준다. 또 보강용 지지대를 고정한 리벳이 가시처럼 뾰족하다.

볼 보호대가 대단히 크며, 볼 보호대와 머리 사발 사이에 틈새가 전혀 없다. 또 양쪽 볼 보호대를 턱 앞에서 겹쳐 턱과 입을 가리는 타입도 있다.

식전용 B: 기원후 1세기 말에서 2세기 초반까지 사용된 타입이며, 투구는 전사와 동물, 신화 속 동물 등의 조각으로 덮여 있다. 챙이 위를 향해 달려 있다(대개 뾰족하다).

식전용 D: 마스크 상단 중앙에 경첩을 달아 마스크를 들어 올릴 수 있게 한 타입이다. 칼크

<그림 32>: 식전용 투구
굵은 선은 마스크와 본체의 경계선을 나타낸다.
I타입은 그림 26을 참조

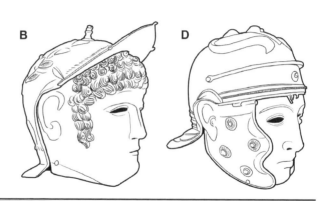

리제형 마스크의 본체이다.

식전용 F: 후술할 T형 마스크를 사용한 타입이며, 프론도르프(Pfrondorf)형이라고도 한다. 투구 본체가 앞뒤로 분할된다. 여태까지와 같은 머리 사발이나 볼 보호대가 없다. 마스크는 앞면의 T자형 개구부에 끼워 넣은 후 이마 부분(과 아마도 턱도)을 핀으로 고정한다.

식전용 G: 2세기 후반부터 3세기 초반까지 사용한 투구이며, 헤데른하임(Heddern-heim)형이라고도 한다. F와 마찬가지로 투구 본체가 앞뒤로 나누어지는 타입이다. 단, 이 타입은 투구의 뒷면이 정수리를 덮어서 투구를 살짝 걸쳐 쓴 것처럼 보인다. 여기에 고정식 마스크가 붙는다.

식전용 I: 3세기의 투구이다. 아티카식 투구 형태를 모방한 투구이나, 이마 조작부가 굴곡져 있다.

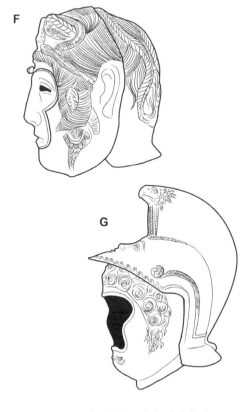

■ 인테르시사형(Intercisa Type)

사산 왕조 페르시아의 투구가 그 원형이다. 중세 초기 투구의 원형이기도 하다. 다양한 타입이 있으나, 공통적인 특징은 머리 사발을 좌우 2장으로 나누어 만든 후 이마에서부터 후두부까지 앞뒤로 길쭉한 띠를 대고 리벳으로 고정하여 만들었다는 점이다. 이 띠에는 구조 강화를 위해 불룩하게 튀어나온 융기부(산마루=Ridge)가 장치된 사례가 많다. 이에 리지(Ridge)형 투구라고도 한다.

3세기 후반에 등장하였으며 4세기에 일반화되었다. 오늘날에는 네 타입으로 분류되며, 코 보호대와 귓구멍의 유무, 볼 보호대의 모양, 머리 사발과 볼 보호대 사이에 끈이 달렸는가에 따라서 크게 구분된다. 이 중에서 I타입와 II타입은 보병용, III타입과 VI타입은 기병용으로 보고 있으나 증거는 없다.

코 보호대는 이마 부분에 달린 경첩으로 여닫을 수 있는 가동식(또는 제거 가능)인 경우도 있다. 후두부를 보호하는 목 보호대를 투구 전체에서 분리할 수 있으며, 벨트와 버클로 달아놓았다.

웅장하고 아름답게 장식된 투구가 다수 출토되고 있으며, 투구 전체에 금 도금이 되거나 보석이 박힌 것도 발견되고 있다. 또 4세기에 그리스도교가 전파됨에 따라서 그리스도교적

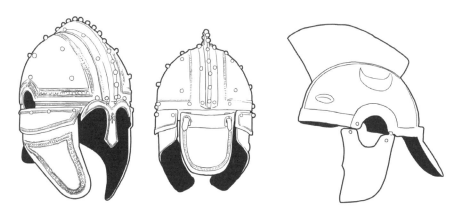

<그림 33>: 인테르시사형 투구. 왼쪽과 가운데 그림은 리지형 투구이며, 코 보호대에 키로가 새겨져 있다. 오른쪽은 크레스트가 부착된 인테르시사형 투구이다. 이 타입은 주로 크레스트의 전면에 키로 마크가 새겨져 있다.

인 장식도 등장하기 시작한다. 가장 일반적으로 장식된 것은 그리스도교의 대표적인 상징물 '키로(Chi Rho, P와 X가 겹쳐진 형태의 십자가)'였다.

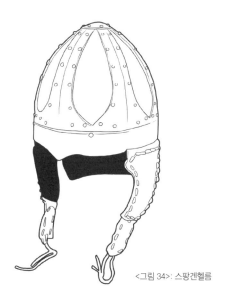

<그림 34>: 스팡겐헬름

■ **스팡겐헬름**(Spangenhelm)

5세기 중반부터 널리 사용된 투구이다. 머리 사발은 4~6개의 판으로 이루어져 있으며, 정수리 부분에 있는 원반으로 연결한다. 볼 보호대는 가늘어졌으며, 여태까지처럼 디자인이 복잡하지 않다. 후두부를 보호하는 목 보호대가 없어졌고, 대신에 사슬 갑옷과 같은 소재의 사슬을 늘어뜨려놓았다. 사르마트족 투구를 로마인이 모방하여 만든 것이다.

■ **마스크**(Simulacra humanorum vultuum, Personatus)

마스크가 달린 투구는 공화정기의 부조(Relief)에 전리품으로서 자주 등장하지만, 당시 로마병이 마스크가 달린 투구를 썼다는 증거는 없다. 하지만 조각을 보아서는 얼굴과 마스크의 구별이 되지 않기 때문에 그렇게 보이는 것뿐일 수도 있고, 무엇보다 개인적으로 본인의 취향으로 마스크가 달린 투구를 쓴 병사가 있었을 수도 있다. 고고학적인 데이터에 따르면 마스크는 아우구스투스 시대에 급속하게 퍼졌으며, 2~3세기의 것은 도나우강 유역(특히 속주 라이티아)에 집중되어 있고, 4세기의 것은 출토된 바가 전혀 없다고 한다.

칼클리제(Kalkliese)형: 가장 초기 형태의 마스크로, 기원후 1세기 초반에 게르마니아 지방에서 처음으로 등장하였다. 안면의 전면부만 가린다. 마스크와 투구가 이마에 달린 경첩만으로 연결되어 있어서 마스크를 볼 보호대로 눌러 고정하여야 하는 구조이다. 그래서 필요에 따라서 마스크를 위로 들어 올릴 수 있다.

네이메헌(Nijmegen)형: 70년대에 등장한 마스크이다. 이 타입은 볼 보호대를 없앴고, 귀를 포함한 얼굴의 측면까지 가린다. 볼 보호대가 없어진 탓에 고정하기 위해 가죽 벨트가 필요해졌다. 벨트는 귀밑에 있는 리벳 버튼 혹은 링을 통과시킨 후 목 보호대 위에 달린 버클로 고정하였다. 이마 경첩도 시대와 함께 변화하여 훅이나 간단한 핀으로 고정하게끔 간략화되었고, 이에 마스크를 위로 들어 올릴 수 없게 되었다. 이 마스크의 아종 중에 립체스터(Ribchester)형이라는 것이 있다. 끝이 뾰족한 거대한 챙이 달렸으며, 이마부에 관이나 곱슬머리 모양의 장식대가 달린 것이 특징이다. 장식대를 붙일 공간을 확보하기 위해 투구 본체의 이마 위치가 정수리 쪽으로 후퇴하여 있다.

<그림 35>: 네이메헌형 마스크

헤르조겐부르크(Herzogenburg)형: 1세기에 등장하여 2세기 하드리아누스 황제 시기에 완성형이 된 타입이다. 일명 알렉산드로스형이라고도 하는데, 이는 머리카락을 표현한 마스크의 부조 장식이 당시 알렉산드로스 조각상의 머리카락 모양과 일반적으로 흡사하기 때문이다. 이 마스크는 정수리 부분까지 올라온다. 이에 맞추어 투구 본체(식전용 C타입)는 정수리 부분이 없는, 뒤통수만 보호하는 투구형이 되었다.

T자형: 3세기경에 등장하였다. 눈, 코, 입 주변부만 본뜬 마스크이며 당시 주류이던 얼굴을 감싸주는 볼 보호대와 함께 착용하였다.

여성형: 여성의 모습을 형상화한 마스크이다. 다마토에 따르면 '아마존형(위로 높이 뻗은 헤어스타일)', '마테르 카스트로룸(Mater Castrorum)형(당시 귀부인의 모습을 본뜬, 파도가 일렁이는 듯한 헤어스타일)', '메두사형' 등이 있으며, 기병 경기 대회 때 착용하였다고 한다.

과거에는 마스크를 퍼레이드나 의식용으로 여겼으나, 기원후 9년 토이토부르크 숲 전투의 유적에서 마스크가 출토되었고, 무기(아마도 검)를 맞아 대미지를 입은 마스크도 발견되어 마스크를 실전에서도 사용하였다고 여기게 되었다. 투구에 말총으로 만든 가발을 씌워 훨씬 진짜같이 보이게 한 것도 있다.

1세기의 마스크는 상당히 두툼하여, 투구 본체보다 2~4mm가량 두껍다. 한편 2~3세기의 마스크는 상당히 얇다.

그런데 마스크를 쓴 채 전투하는 것이 가능할까? 다마토에 따르면 재현품을 쓰고 실험한 결과, 상당히 과격하게 운동하여도 호흡에 문제가 없으며, 운동 시에 발생한 땀이 마스크 안쪽에 차서 불쾌하지만 그러한 느낌에도 곧 익숙해진다고 한다. 시야의 경우에는 주변 시야는 완벽하게 상실되지만, 개구부가 눈에 밀착되어 정면 시야는 양호하다고 한다(검투사용 투구와 중세 투구에 비해 시야 확보가 잘된다고 한다). 청각의 경우에는 착용자의 호흡 소리, 입과 귓구멍으로 바람이 들어오는 소리가 거슬리기는 하나 그 이외에는 문제가 없다고 한다.

■ **크레스트**(Crista)

투구에 부착하는 장식이다. 주로 새 깃털이나 말총(말의 갈기나 꼬리털)으로 만들었으나, 개중에는 청동 등으로 만든 조각상을 붙인 경우도 있다. 크레스트를 부착하는 이유는 키를 더욱 커 보이게 함으로써 적군에게 겁을 주거나, 지휘관 등이 자신의 위치를 알리거나, 특정한 신의 가호를 받기 위함이었다.

크레스트 중에서 특히 유명한 것은 백인대장이 부착한 크리스타 트란스베르사(Crista Transversa)이다. 이 크레스트는 가로로 넓게 펼쳐진 형태여서 멀리서 보더라도 한눈에 알아볼 수 있다. 백인대장의 크레스트는 붉게 물들였는데, 깃털 크레스트의 경우에는 흰색 깃털의 끝부분을 붉게 물들였다. 이 크레스트는 기원후 2세기 초반 이후로는 인기가 시들어, 이후에는 일반적인 세로로 긴 타입이 사용되었다. 베게티우스에 따르면 백인대장의 크레스트는 은을 도금하여 멀리서도 알아볼 수 있도록 하였다고 한다.

갈리아 전기에 적군의 기습을 받아 '투구에 표식을 달 여유조차 없었다'는 문장이 나오는 것처럼, 공화정기 이후에는 크레스트를 평소에는 달지 않았다.

특수한 타입의 크레스트 사례로는, 기원전 29~28년에 있었던 모이시아 전투에서 코르니투라는 백인대장이 투구 위에 장치된 소형 화로에 불을 붙여 마치 머리에서 불이 뿜어져 나오는 것처럼 보이도록 한 사례, 트라시메누스 호수 전투에서 전사한 플라미니우스라는 자가 투구에 수에비족의 머리카락으로 만든 크레스트를 단 사례 등이 기록으로 남아 있다.

투구 위에 덮개를 씌우기도 하였다. 기원전 48년에 있었던 디라키움 포위전에서는 폼페이우스 측의 병사가 투구 위에 고리버들 세공으로 만들어진 덮개를 씌웠고, 네덜란드의 네이메헌에서 출토된 투구에는 새 깃털이 달린 가죽제 덮개의 파편이 부착되어 있었다.

■ 두건(Cucullus)

3세기 중반의 두라에우로포스 벽화에는 투구 대신에 사슬 또는 찰갑식 두건을 쓴 병사의 모습이 그려져 있다. 마찬가지로 3세기 란키아리우스 묘비에서도 찰갑식 투구처럼 보이는 무언가를 쓴 병사의 모습이 관찰된다. 하지만 문헌 자료 중에서는 두건의 존재를 증명할 수 있는 것이 없다. 존재하였던 것은 틀림없으나, 일반적으로 사용되지는 않았던 듯하다.

<그림 36>: 출처는 두라에우로포스 시나고그(Synagogue)의 '에벤에젤 전투' 프레스코화.

방패

왕정기·공화정 중기

당시의 도상 자료로만 보면 방패의 주류는 원형과 타원형이었다. 나무 또는 버들고리 세공으로 만든 본체에 가죽을 씌웠으며, 방패 소지자의 공간을 확보해주고 또 손을 보호하기 위해 중앙부에 볼록하게 튀어나온 부분(보스. 라틴어로는 Umbo)이 있었다.

기원전 8세기경에 상류층 전사는 청동제 원형 방패를 사용하였다. 정교한 부조 장식이 된 청동판 뒷면에 가죽과 나무를 덧대어 더욱 튼튼하게 강화하였다. 재현품을 만들어 실험한 결과, 여러 번의 전투를 견뎌낼 수 있을 만큼 내구성이 뛰어난 것으로 밝혀졌다. 또 로마에서 출토된 기원전 8세기 방패의 경우에는 외연부 안쪽에 철제 보강재가 덧대어져 있었다.

하지만 이러한 방패들은 의식용이었다고 주장하는 사람들도 많다. 정교하게 장식된 값비싼 장비를 실전에서 사용하였을 리 없다는 것이 그 이유인데, 일본 전국시대의 무장을 보더라도 알 수 있는 것처럼 화려한 무구는 적군과 아군에게 과시할 때 비로소 그 효과가 발휘되는 법이다. 덧붙여 이러한 무구를 주문 제작할 수 있는 자라면 전쟁을 치를 때마다 방패를 수리하여 완전히 새롭게 만들 수 있을 만한 재력도 갖추고 있었을 것이다.

손잡이는 중앙부에 달렸으며, 리벳 머리가 장식의 일부가 되도록 고정하였다. 또한 뒷면에 달린 4~5개의 고리에는 운반용 어깨끈을 꿰었을 뿐 아니라 움직일 때마다 소리가 나는 청동제 장식을 달았다. 직경은 약 60cm이며, 1m에 달하는 것도 있다.

8자형 방패도 있었다. 로마의 제2대 왕 누마 폼필리우스(Numa Pompilius) 시대에 하늘에서 떨어졌다는 전쟁의 신 마르스의 성스러운 방패 안킬리아(Ancilia)가 이에 해당한다. 소용돌이 모양으로 된 S자 문양이 양쪽에 그려진 표주박형 방패이다.

그 후 팔랑크스가 도입됨에 따라서 그리스에서 기원한 원형 방패 아스피스를 사용하기 시작하였다. 나무토막을 볼 모양으로 오목하게 파낸 후 얇게 청동을 입힌 것으로, 여태까지와 같은 손으로 드는 타입이 아니라 팔을 끼워서 드는 타입이었다. 직경은 80~122cm였으며, 일반적인 것은 90cm 전후, 중량은 약 6~8kg 정도였다. 이탈리아에서는 기원전 6세기경부터 등장하기 시작하였고, 기원전 4세기경이 되면 스쿠툼으로 대체된다.

그리스에서는 보병이 사용하였으나, 이탈리아에서는 기병도 이 타입의 방패를 즐겨 사용하였다. 실제로 중량을 제외하면 아스피스는 기병이 사용하기에 적합하다. 양손으로 고삐를 쥘 수 있고, 방패의 중심이 팔꿈치에 오기 때문에 평소와 같은 승마 자세를 유지하기만 하여도 몸의 왼쪽 면을 완벽하게 커버할 수 있기 때문이다. 그러므로 기병이 사용한 아스피스는 폴리비오스가 말한 '버들고리 세공으로 만든 본체에 가죽을 씌웠을 뿐인 경량 방패'였을 수 있다. 목제 방패와 크기가 같다고 가정하면 중량이 절반 이하로 내려간다.

공화정기 이후

■ 스쿠툼(Scutum)

스쿠툼은 라틴어로 '방패'를 뜻하는 일반 명사로 특정한 방패를 지칭하는 말이 아니지만, 오늘날에는 여타 형식의 방패와 구분하는 데 사용된다. 회화 자료에서는 기원전 340년에 캄파니아 지방에서 처음으로 등장하지만, 문헌에서는 주로 삼니움족의 장비로 등장하여 그들에게서 로마인이 스쿠툼을 들여왔을 것으로 해석하고 있다. 한편 갈리아인이 사용한 타원형 방패(그리스어로는 시레오스[Thyreos]라고 한다)와 공통점이 많다는 점도 무시할 수 없다. 로마인은 삼니움인보다 갈리아인과 먼저 전쟁을 하였으므로 갈리아인에게서 기원하였을 가능성도 배제할 수 없다.

스쿠툼의 가장 큰 특징은 중앙부에 긴 목재(척추[Spina])를 달아 방패의 강도를 높였다는 것이다. 이집트 파이윰에서 출토된 기원전 2세기의 방패는(실제로는 갈리아인 용병이 사용한 방패지만) 높이가 128cm이고 폭이 63.5cm이다. 얇은 자작나무 판을 삼중으로 겹쳐 접착한 베니어합판식으로, 강도를 높이기 위해 나뭇결이 서로 직각이 되도록 포개어 붙였다. 이리하여 만들어진 판은 중앙부는 두껍고 외연부는 얇아 유연성이 있고 충격을 잘 흡수한다. 그러한 방패 전체에 울 펠트를 씌우고, 중앙부에 목제 못을 박았다. 위아래의 끝부분에는 방패가 찢어지는 것을 막기 위해 금속 테두리를 둘렀을 것으로 추정된다. 방패는 오목한 형태여서 몸을 감싸준다. 중량은 약 10kg으로 추정된다.

하지만 스쿠툼이 모든 시대에 이와 같은 디자인이었던 것은 아니다. 예를 들어 베이에서 출토된 기원전 5세기의 조각상은 어깨부터 무릎까지 오는 크기의 평평한 사각형 스쿠툼을 들고 있다. 이처럼 초기 스쿠툼은 평평하고 모양도 제각각이었다.

제정기에 들어서면 방패를 들었을 때 시야가 가려지지 않도록 윗부분을 수평으로 잘라버린다. 그 후 측면도 직선이 되어, 오늘날 우리가 잘 알고 있는 사각형이 된다. 하지만 역시나 늘 사각형이었던 것은 아니다. 육각형도 있었다.

이 시기의 스쿠툼은 두라에우로포스에서 출토된 3세기의 것이 유일하다. 전술한 파이윰에서 출토된 방패도 구조적으로는 크게 바뀌지 않은 3층 베니어합판 구조이며, 뒷면에는 '밭 전(田)'자 모양으로 철 보강재를 붙였고, 테두리는 가죽을 둘러 보강하였다. 크기는 길이 105cm, 폭 85cm이며, 중량은 약 7~10kg이다.

스쿠툼은 3세기 후반에 타원형 방패로 대체된다.

■ **원형 방패**(Clipeus)

거의 모든 시대에 사용되었다. 공화정기에는 벨리테스가 직경이 약 90cm 정도 되는 원형 방패를 사용하였다. 원형(타원형) 방패는 모두 이 카테고리에 속하기 때문에 모양과 재질이 그야말로 천차만별인데, 나무판을 가로로 나란히 붙여 연결한 본체에 가죽이나 펠트, 천을 씌우고 중앙에 손잡이를 단 것이 주류였다.

스쿠툼이 주류에서 벗어남에 따라서 점점 원형(타원형) 방패의 인기가 높아졌다. 처음에는 타원형 방패가 주류였다가, 기원후 4~5세기가 되면 원형 방패가 주류가 된다. 방패는 나무판을 가로로 나란히 모아 붙여 만들었으며, 강도를 높이기 위해 깊이가 얕은 볼 모양으로 오목하게 만들었다.

이집트 파이윰에서 이 시대의 방패가 여러 개 출토되었는데, 여기에서 출토된 방패는 삼나무로 만들어졌으며, 겉면에는 염소 또는 양의 가죽이 씌워져 있었다. 폭 4~6cm, 두께 7mm의 판을 나란히 붙였고, 가죽은 동물성 접착제로 붙였다. 또 기다란 가죽을 테두리를 따라서 꿰매 붙여 보강하였다. 방패는 직경이 약 1m이고 깊이가 5.5~6cm인 볼형이다.

전반적으로 같은 크기와 구조를 하고 있는 앵글로색슨족 방패의 경우에는 두께가 5~13mm(일반적으로는 6~8mm)이고 무게가 약 3~5kg으로, 스쿠툼과 비교하였을 때 중량이 절반밖에 되지 않는다.

같은 시기에 그려진 초상화에 직경이 약 30cm가량 되는 소형 방패가 그려진 그림이 있다. 문헌에 따르면 이 방패는 '손방패(Cheiroskoutaria)'라고 불렀다고 한다.

4세기가 되면 방패의 보스가 스파이크처럼 뾰족해진다. 이 타입의 보스는 기원후 2세기 말 마르코만니 전쟁 무렵부터 등장하기 시작하며, 로마군 대부분을 게르마니아인이 점하게 됨에 따라서 그들의 장비를 수용하는 형태로 퍼져나갔다고 한다. 이 시대의 방패 중에서 가장 유명한 것은 게르마니아인 로마군 사관의 무덤에서 출토된 것이다. 보스는 직경이 20cm에 높이가 16cm이며, 은을 씌우고 다시 한 번 금으로 도금하였다. 뒷면의 리벳으로 고정해놓은 길이 36cm짜리 손잡이에도 은이 씌워져 있다. 방패 본체도 마찬가지로 화려하다. 겉면에는 붉은빛이 도는 보라색 가죽을 입히고, 그 위에 얇은 금박을 씌웠다.

방패 장식

공화정기 방패에는 다양한 무늬가 그려져 있다. 스키피오 아프리카누스의 방패에는 부친과 백부의 초상화가 그려져 있었다고 한다. 현재까지 남아 있는 모조품 등을 보면 고르곤의 얼굴이나 비늘, 깃털, 그 밖에 로마의 신이나 빅토리아, 디오스쿠로이(Dioskuroi, 쌍둥이자리가 되었다는 쌍둥이 형제 카스토르와 폴리데우케스) 등의 모습이 그려져 있으며, 가죽으로 엠보싱 효과를 주어 입체적으로 표현해놓은 것도 있다.

공화정 말기가 되면 식물 문양이나 번개, 별자리의 심벌, 신화 속 동물 등을 그려 넣기 시작한다. 때로는 방패에 대단히 화려하고 정교한 그림을 그려 넣기도 하였다. 퍼레이드용 방패는 화려하게 장식하였는데, 현재로서는 어느 것이 퍼레이드용이고 어느 것이 실전용인지 구별할 수 있는 방법이 없다. 단, 두라에우로포스에서 발견된 타원형 방패는 앞면을 가죽 등을 씌워 보강하지 않았고, 판자 본체에 문양이 직접 그려져 있어서 퍼레이드용일 것으로 추정되고 있다.

방패 문양은 단순한 장식이 아니라 부대의 인식표 역할을 겸하였다. 유명한 문양으로는 기원후 312년 밀비우스 다리 전투 때 사용된 문양이 있다. 전날 하늘에 나타난 십자가와 '키로(Chi Rho, P와 X가 겹쳐진 형태의 십자가)' 마크를 보고, 이를 방패에 그려 넣고 전쟁에 임하였다고 한다.

당시 화가들은 흰색, 검정색, 황갈색(노란색), 적갈색(적색) 안료를 사용하였으며, 다른 색깔을 원할 시에는 주문자가 직접 안료를 준비해야 했다고 한다. 그래서 문양 대부분이 이 기본색으로 그려졌다.

또 방패의 보스도 선각이나 부조, 도금 등으로 화려하게 장식하였다. 보스가 화려한 방패 중 몇몇은 손잡이가 없다. 이러한 보스는 벽에 매다는 장식용 방패이거나 또는 보스가 아닌 다른 무언가, 예를 들어 마구나 방패 장식일 수 있다.

 갑옷

가슴 보호대(Kardiophylax)

초기에는 갑옷을 카르디오필락스(Kardiophylax, 카르디아[Kardia]=심장, 필락스[Phylax]=방호구)라고 불렀다. 기원전 760~720년경에 중동에서 도입된 것으로 추정되며, 기원전 7~6세기에 가장 널리 사용된 갑옷이다. 기본적인 형태는 가슴과 등을 보호하는 청동판을 오른쪽 어깨와 옆구리에 달린 끈으로 고정하는 방식이었으며, 기원전 6세기에 오른쪽 어깨끈은 청동판이 되었다.

로마에서 발견된 것은 세로 23cm 폭 19cm의 사각형이며, 가죽 안감을 꿰맨 자국이 남아 있는데, 이는 폴리비오스의 기술하고도 일치한다. 이는 기원전 160년경까지 이 타입의 갑옷이 사용되었음을 시사한다. 일반적인 사이즈는 세로가 16~20cm, 가로가 14~19cm가량이며, 각 변이 안쪽으로 휘어져 있다. 초기의 것은 부조로 도트 무늬 장식이 되어 있다. 전쟁의 신 마르스의 신관 살리이(Salii)가 제사를 지낼 때 착용한 가슴 보호대(Aeneum Pectris Tegumentum)도 이 타입이다.

중앙 및 남이탈리아에서는
직경이 20cm가량 되는 원형
카르디오필락스를 착용하였
다. 이 지역의 카르디오필락
스 중에는 안쪽에 철을 덧대
어놓은 것도 있다. 2장을 쌍
으로 착용하였으며, 1장으로
는 가슴을, 다른 1장으로는 등
을 보호하였다. 2장은 오른쪽
어깨 너머 부분에서 금속제
띠로 연결하여 입었다.

이 갑옷은 심장 부분만을
보호하기 때문에 방어 효과가
지극히 낮았음에도 놀랄 정도
로 광범위한 지역에서 그리고
오래도록 사용되었다. 그 이
유를 번스(Michael Burns)는 종
교적, 사회적인 상징이 담겨
있었을 것으로 추정한다.

그 후 이 갑옷은 삼니움족
을 중심으로 널리 착용된 삼
원반식 갑옷, 근육형 갑옷 등
으로 발전하였다.

<그림 37>: 가슴 보호대. 왼쪽은 갑옷의 본체 모습이다. 아래쪽 원반이 앞으로 오도록, 위쪽 원반이 등쪽으로 오도록 착용한다. 오른쪽은 카페스트라노에서 발굴된 전사 조각상을 참고하여 가슴보호대를 장착한 모습이다. 화살표가 가리키는 고리에는 검을 끼운다.

<그림 38>: 흉갑

흉갑(Lorica)

판초형 흉갑은 방호구인지 아닌지 논의되고 있는 품목 중 하나이다. 청동제이며, 앞면과
뒷면의 2장으로 나누어지고, 마치 판초를 입은 것처럼 어깨와 가슴 부분을 보호해준다. 기원
전 8세기경에 에트루리아에서 사용되었다.

삼원반식 갑옷(Triple Disc Cuirass)

흔히 '삼니움식 갑옷'이라고 하는 타입이다. 기원전 5세기 초에 이탈리아 중앙부의 알페데
나 부근에서 만들어졌으며, 기원전 3세기까지 남이탈리아에서 사용되었다. 원반 3개로 이루

어진 가슴판과 등판을 어깨와 옆구리를 보호해주는 판으로 연결하는 형태이다. 가슴판과 등판은 가로가 26~28cm이고 세로가 27~32.5cm, 어깨판은 경첩식이며 길이가 8~12cm이고 폭이 3.5~7cm, 옆구리판은 길이가 16~24.5cm이고 폭이 5.7~8cm이다. 가슴판과 등판에는 안쪽에 가죽 안감이 덧대어져 있다.

<그림 39>: 삼원반식 갑옷

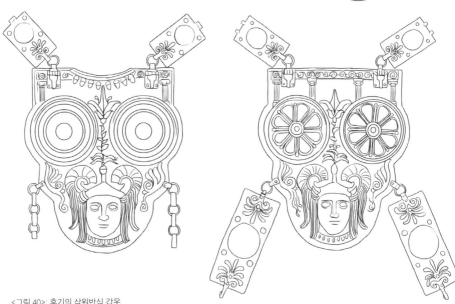

<그림 40>: 후기의 삼원반식 갑옷
왼쪽이 앞판이고, 오른쪽이 뒤판이다. 등의 옆판에 훅이 달려 있어서 이것을 앞판에 달린 고리 사슬에 걸어 고정하였다. 이때 몇 번째 고리 사슬에 훅을 거는가로 사이즈를 조절할 수 있었다.

근육형 가슴 보호대(Kardiophylax)

뒤에서 나올 근육 갑옷의 영향을 받은 가슴 보호대의 일종으로, 남성의 상반신 근육 모양인 가슴판과 등판으로 구성된다(여성의 상반신 근육 모양인 것도 단 1건의 사례가 현존하나, 남성 무덤의 부장품으로 출토되었으므로 여성용은 아니다). 가슴판은 높이가 29.5~37cm이고 폭이 25~30cm, 등판은 높이가 29.5~31cm이고 폭이 27.5~30cm이다. 이를 양어깨와 옆구리의 경첩식 청동판 또는 사슬로 연결하여 착용하였다. 근육은 판의 크기 때문인지 실제보다 작게 표현되어 있다.

4세기 후반의 분묘에서만 출토되고 있는 것으로 미루어보아 지극히 단기간 동안만 사용된 듯하다.

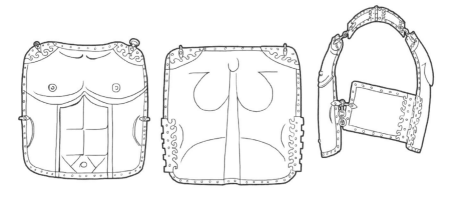

<그림 41>: 근육형 가슴 보호대. 장착 방법은 삼원반식과 동일하다.

리노토락스(Linothorax)

기원전 6세기 말경에 도입되었다. 본래는 페르시아에서 기원한 갑옷으로, 에트루리아가 팔랑크스와 함께 도입하였거나 혹은 교역(라이벌) 관계에 있던 카르타고를 경유하여 들어왔을 것으로 추정된다. 기원전 4세기경에 에트루리아에서 가장 보편적으로 사용한 갑옷 타입이다.

원래는 리넨을 여러 겹 붙이거나 또는 가죽에 리넨을 붙여 만들었다. 몸에 두르는 몸통과, 어깨와 목 뒤를 보호하는 어깨 보호대의 두 부품으로 구성된다. 몸통 아랫부분은 몸을 구부릴 때 방해가 되지 않도록 세로로 잘라놓았는데, 스트랩처럼 잘라놓은 이 부분을 프테르구스(Ptergus)라고 한다.

에트루리아식 리노토락스는 그리스 리노토락스와 달리 직사각형 미늘 조각이 갑옷 전체에 붙어 있다(남이탈리아에서는 미늘 조각을 붙이지 않았다). 또 기원전 3세기의 조각상을 보면 윗부분과 아랫부분이 전혀 다른 소재로 만들어진 것처럼 표현되어 있다. 그리스 리노토락스처럼 몸통 부분에 작은 미늘 조각이 달려 있지 않고, 공통적으로 가슴 부분에는 큰 미늘 조각이 붙어 있으며, 몸통 부분은 그물코 모양이고, 또한 가슴 부분과 몸통 사이의 경계선에는 가죽제인 듯한 띠가 길게 달려 있다. 아무래도 몸통 부분은 사슬 갑옷이고, 가슴 부분은 리노토락스 또는 찰갑(또는 사슬 위에 미늘 조각을 붙인)으로 된 복합식인 듯하다. 어깨 보호대는 무척 폭이 좁아서 벨트처럼 보이기도 한다.

<그림 42>: 리노토락스의 아종
왼쪽과 가운데는 독일 글라우베르그(Glauberg)에서 출토된 켈트족 전사 조각상(기원전 500년)의 갑옷을 복원한 것이다. 통상적인 리노토락스에 비해 등쪽에 드리워져 있는 것의 길이가 길고, 갑옷의 길이도 가랑이까지 내려올 만큼 길다. 오른쪽은 에트루리아 리노토락스이다. 갑옷의 길이가 마찬가지로 가랑이까지 내려올 만큼 길다. 그림은 당시 조각상의 표현 방식을 그대로 옮겨 표현하였다.

근육 갑옷(Lorica Musculata, Thorakion Heroikon, Gyala)

남성의 상반신을 본뜬 갑옷으로, 주로 에트루리아에서 사용되었다. 그리스에서 좀 더 리얼한 형태의 갑옷이 등장한 기원전 5세기 초에 마그나 그라이키아를 경유하여 도입되었다(초기의 '벨[Bell]형'은 현재까지 발견되지 않았다). 제일 먼저 이 타입의 갑옷을 사용한 것은 에트루리아인이며, 에트루리아에서 로마로 전파된 듯하다.

이탈리아에서는 길고 짧은 두 종류의 타입이 사용되었다. 짧은 타입은 높이가 35~44cm이고 폭은 33~37cm이다. 앞면의 하단부가 아래로 길게 내려와 있다. 당시의 풍습이던 폭넓은 벨트와 함께 착용하였을 듯하다. 긴 타입은 길이가 42~53cm(최장 62cm)이고 폭이 31.2~42.7cm이며, 앞면의 하단부가 마찬가지로 아래를 길게 내려와 아랫배를 보호하여준다. 긴 타입 중 몇몇에는 목을 보호하기 위한 깃이 달려 있는데, 그중에 긴 것은 3cm에 이르기도 한다. 두께는 0.6~1mm이며, 무게는 약 5kg 정도이다. 이탈리아의 근육 갑옷에는 쇄골이 표현되어 있으며, 어깨 부분에 연결용 판이 달려 있다.

몸에 꼭 맞지 않으면 착용감이 매우 나쁘기 때문에 피팅감 좋은 갑옷은 무척 고가에 거래되었다. 몸통을 구부리거나 펴는 것이 거의 불가능함에도 남이탈리아 벽화 등을 보면 주로 기병이 착용하고 있다. 이 타입이 기병과 같은 엘리트 계급만 구입할 수 있는 고가품이었기 때문인 듯하다.

　로마에서는 거의 언제나 근육 갑옷 속에 프테르구스가 달린 옷을 함께 입었다. 프테르구스는 이중 구조로 되어 있는데, 두 장의 길이가 같은 그리스식과 달리 바깥면 길이가 속면 길이의 절반쯤 되었다.

　허리가 잘록한 타입과 그렇지 않은 타입이 있으며, 잘록하지 않은 타입은 2세기 오현제 시대에 사라졌다. 로마(특히 제정기 이후)에서는 사관이나 황제, 근위병이 주로 착용하였다. 부조 장식이 정교하고, 다른 갑옷에 비해 몸을 움직이기 불편하므로 실전용이 아니었을 것으로 추정된다. 하지만 3세기 초에 근육 갑옷을 입는 풍습이 일반 병사에게까지 재차 퍼졌다. 이 시기의 근육 갑옷은 가죽제가 일반적이었으며, 금속제는 적었다고 한다. 회화 자료 등을 보면 황갈색, 보라색, 황금색, 은색, 갈색으로 채색된 금속 장식판 등이 달린 모습을 볼 수 있다.

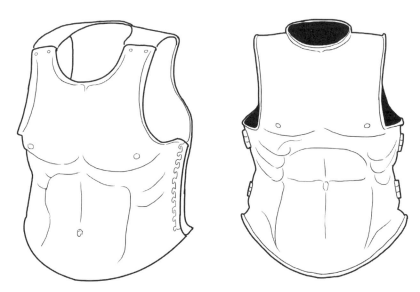

<그림 43>: 기원전의 근육 갑옷. 왼쪽이 짧은 타입이고, 오른쪽이 긴 타입이다. 양쪽 모두 허리 높이 부분에서 복부가 안쪽으로 푹 들어가 있다.

사슬 갑옷(Lorica Hamata)

　하마타(Hamata)는 혹이라는 뜻으로, 사슬을 구성하는 고리를 말한다. 로마인은 이 갑옷이 갈리아인에게서 기원하였다고 여겼는데, 현재 학자들도 대체로 그 설에 찬성하는 입장이다.

　사슬 갑옷의 가장 큰 장점은 바로 유연성이 뛰어나다는 것이다. 착용감이 가장 좋은 갑옷이다. 반면, 단단하지 않아서 충격을 완화해주는 역할은 전혀 하지 못한다. 그래서 갑옷 밑에 완충 효과가 있는 옷을 껴입는 것이 보통이었다. 로마식 사슬 갑옷은 위에서 아래로 내려치는 공격에 대비하여 반분리식 어깨 보호대를 달아 가장 취약한 쇄골을 보호하였다. 어깨 보호대는 리노토락스의 구조에서 힌트를 얻어서 만들어 단 듯하며, 가슴 앞부분에 있는 훅에 걸어서 고정하였다. 사슬 갑옷은 근거리와 원거리를 불문하고 거의 모든 공격을 나름대로 방어해주었다.

가장 시간과 비용이 많이 소요되는 타입이기도 하다. 심(D. Sim)에 따르면 갑옷 한 벌을 직경 6mm짜리 고리로 만들려면 약 4만 개의 고리가 필요하며, 고리를 그만큼 제작하려면 와이어 760m가 필요하다고 한다. 그리고 고리를 제작하는 데는 200일, 고리를 조합하는 데는 최장 30일이 걸린다고 한다.

로마 시대에는 대략적인 두께로 성형되어 있는 금속 덩어리를 가열한 후 규정에 맞는 두께의 구멍에서 사람이 직접 뽑아내 와이어를 만들었다. 이렇게 하여 만든 와이어를 막대기에 말아 코일 모양으로 만들고, 이를 절단하여 고리를 만들었다. 마지막으로 양쪽 끝을 평평하게 눌러준 후, 세밀한 드릴로 구멍을 뚫고, 리벳으로 고정하여 고리를 만들었다. 참고로 단순하게 고리만 만들 경우에는 펀치를 이용하여 금속판을 고리 모양으로 잘라냈다. 고리의 크기는 직경 약 6~10mm였는데, 그중에는 직경이 3mm이고 와이어 두께가 0.5mm인 아주 작은 사이즈의 고리도 있었다. 당시에는 확대경이 없었던 만큼 이토록 정확하게 구멍을 뚫고 리벳으로 고정한 그 기술에 놀라지 않을 수 없다.

찰갑(미늘 갑옷, Lorica Squamata, Squameis, Lorica Plumata)

청동, 철, 가죽 조각을 연결하여 만든 갑옷이다. 로리카 스쿠아마타(Lorica Squamata)라는 용어는 4세기에 편찬된 불가타 구약성서에서 골리앗의 갑옷을 묘사하면서 딱 한 번 등장하기 때문에 로마인이 실제로 어떤 명칭을 사용하였는지는 알 수 없다. 단, 3세기에 카시우스 디오가 동시대 사람인 마크리누스 황제의 근위 군단이 '비늘로 덮인 갑옷(Thorakas tou lepidoutos)과 같은 형태의 방패'를 들었다는 기록(제49권 37절)을 그리스어로 남겼으므로 필시 '비늘 갑옷'이라는 뉘앙스를 풍기는 명칭이었을 것이다. 고대에는 로리카 플루마타(Lorica Plumata)라는 명칭을 사용하기도 하였는데, 이는 '깃털 갑옷'이라는 뜻이다. 미늘 조각이 새의 깃털처럼 보이기 때문에 붙은 명칭으로, 미늘 조각의 중앙선에 지지대를 달아 방어력을 높인 타입을 지칭하는 명칭이었을 것이라고도 한다.

찰갑은 '미늘 조각의 모양', '미늘 조각의 단면 모양', '미늘 조각을 부착한 방식'에 따라서 분류된다. 이 중에서 갑옷의 방어력에 영향을 미치는 항목은 두 번째 항목과 세 번째 항목이다. 단면 모양에는 평평한 형, 반원형, 지붕형, 지지대형, 이중 지지대형의 다섯 종류가 있으며, 이 중에서 강도가 가장 센 것은 지지대형(반원형과 지지대형이 대다수를 차지)이다. 다른 타입에 비해 강철제와 청동제는 내구성이 2배가량 좋으며, 강철제와 청동제 사이에는 내구성 차이가 거의 없다. 미늘 조각 부착 방식의 경우에는 미늘 조각끼리 견고하게 결합되어 있을수록 유연성은 줄어들지만 충격을 광범위하게 분산해준다.

찰갑은 베기 공격을 막아주는 방어 효과가 특히 뛰어나다. 미늘 조각이 겹쳐져 있어서 일차적으로 검날이 미늘 조각의 모서리에 부딪쳐 위력이 줄어들고, 이차적으로 미늘 조각끼리 미세하게 미끌어져 충격을 분산·흡수해준다. 또 미늘 조각이 겹쳐져 있다는 것은 대부분의 갑옷 면적이 미늘 조각이 여러 장 겹쳐져 있어서 두툼하다는 뜻이기도 하다. 심에 따르면 찰갑의 표면적 가운데 홑겹인 부분은 11%, 2장인 부분은 68%, 4장인 부분은 21%라고 한다.

찰갑의 안쪽 면에는 미늘 조각이나 연결용 끈(가죽끈이나 청동·철제 와이어)에 피부가 쓸리는 것을 방지하고 충격을 흡수하기 위해 안감을 덧대었다. 안감은 가죽과 리넨을 조합하여 사용하였으며, 심에 따르면 피부가 닿는 부분에 리넨층을 한 층 만들고, 리넨과 갑옷 사이에 가죽을 덧대는 것이 가장 효과적이라고 한다.

로마가 찰갑을 언제 받아들였는가에 대해서는 알려진 바가 없지만, 사슬 갑옷보다 나중일 것으로 본다. 사슬 갑옷이나 에트루리아 등지에서 오랜 기간 사용된 리노토락스에서 볼 수 있는 어깨 보호대가 없으므로 찰갑은 이탈리아가 아닌 외부의 야만 민족, 아마도 스키타이 혹은 이집트에서 도입되었을 듯하다.

제정기(2세기 후반 무렵)에 들어서면 가슴 부분에 잠금쇠 역할을 하는 판이 달린다. 좌우 2장이 한 쌍이고, (주로) 청동제로 만들어졌으며, 판의 상부는 목이 쓸리지 않도록 움푹하게 파놓았다. 판끼리는 회전식 고정 장치로 고정하였다. 회전식 고정 장치를 한쪽 판의 뚫린 구멍에 넣고 90도를 회전시키면 회전식 고정 장치의 구멍에 핀이 꽂혀 고정된다(이 방법은 동시대의 뉴스테드형 세그멘타타에서도 사용되었다). 대단히 정교하게 장식된 것이 많다.

이와 거의 동시대에 1장짜리 판도 등장하였다. 좌우에 커다란 버튼이 3개씩 달린 것이 특징이며, 이것으로 가슴이나 등에 부착하였다. 무척 희귀한 부품이며, 또한 퍼레이드용으로 추정되는 무기 용품과 함께 출토되어 장식용일 것으로 추정된다.

혼합 갑옷(Lorica Hamata Squamataque)

찰갑의 안감으로 사슬 갑옷을 쓴 로마 특유의 갑옷이다. 겉으로 보기에는 보통의 찰갑과 똑같다. 미늘 조각 윗부분을 안쪽으로 90도 꺾은 후 구멍을 4개 뚫고 여기에 사슬을 꿰어 결합시켰다. 미늘 조각은 몹시 작아서 최대 길이가 11mm이며, 현재까지 발견된 9개 사례 모두 중앙에 지지대가 있다. 아우크스부르크(Augsburg)에서 출토된 갑옷은 거의 완전한 상태로 발견되었는데, 이를 보면 갑옷은 갈비뼈 부분까지만 덮이고, 몸통부에는 어깨가 없고, 등에서 뻗어 나와 있는 어깨 보호대를 앞가슴에 있는 2쌍의 훅으로 고정하도록 되어 있다. 사슬과 미늘 조각이 이상할 정도로 작으며(사슬 직경 3~4mm), 3만 개의 미늘 조각과 35만 개의 사슬로 이루어져 있다.

또 다른 갑옷 사례를 하나 더 살펴보면, 기원후 1세기 트라키아의 왕 로이메탈케스 3세의 것으로 추정되는 갑옷이 터키의 비제에서 발굴되었다. 앞의 사례와 거의 같은 디자인인데, 훨씬 더 완전한 형태로 발굴되었다. 어깨와 몸통 하부는 은으로 도금된 청동 미늘 조각과 철 미늘 조각으로 마름모꼴 모양을 냈으며, 그 이외의 부분에는 청동 미늘 조각이 달려 있다. 몸통 우측면에는 미늘 조각이 달리지 않은, 사슬만으로 된 부분이 있다. 착용할 때를 위해 남겨둔 틈새인 듯하다. 반대쪽은 사슬도 없이 벌어져 있어서 미완성품인 채 매장되었을 것으로 추정되고 있다. 또한 리넨 안감이 일부 남아 있어서 본래는 갑옷 안쪽 전체에 리넨이 덧대어져 있었음을 알 수 있다.

이 갑옷에 관한 가장 오래된 기록은 실리우스 이탈리쿠스(기원후 1세기)의 『포에니 전쟁』에 나오는 플라미니우스 네포스의 무구에 관한 묘사로, '서로 얼기설기 엮인 사슬은 견고한 주철과 황금 미늘 조각으로 장식되어 있었다(6권 132절)'고 한다. 그는 트라시메누스 호수 전투(기원전 217년) 때 한니발에 의해 죽음을 맞이하므로 이것이 역사적 사실이라면 상당히 기원이 오랜 갑옷이라고 할 수 있다.

하지만 출토품이 기원후 1세기에서 2세기 후반, 그것도 제국의 외곽(브리타니아, 게르마니아, 트라키아 등)에 집중되어 있는 것으로 미루어보아 기원전의 것하고는 다른 계통에서 발생한 갑옷임이 틀림없다.

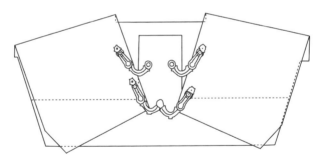

<그림 44>: 아우크스부르크에서 출토된 금강 갑옷의 모식도.
어깨 보호대 전체와 가슴 부분이 남아 있다. 중앙의 작은 사각형은 가슴 상부를 보호하는 역할을 한다. 그림의 중앙부에 가로로 그려진 파선은 몸통부의 윗부분(겨드랑이 높이이기도 하다)을 나타낸다. 혹은 상하에 2개가 달렸으며, 위는 풀린 상태이고 아래는 연결된 상태이다.

판갑(Lorica Segmentata)

로마군을 상징하는 대표적인 갑옷이다. 세그멘타타라는 명칭은 르네상스 시대에 붙여진 명칭으로, 당시에 실제로 사용된 명칭은 알 수 없다. 하지만 이 갑옷과 동일한 구조인 것을 형용하는 단어 등으로 짐작하자면, 당시 사람들은 '포개진 갑옷'이라는 뜻으로 로리카 라미나타 (Lorica Laminata)라고 불렀을 가능성이 가장 높다(그러나 본서에서는 세그멘타타라는 용어를 사용하겠다).

이 갑옷은 동방에서 기원하였을 것으로 추정된다. 로마 이전 헬레니즘 시대부터 완갑(=팔 갑옷) 등에 동일한 구조가 채용되었고, 소아시아의 페르가몬(Pergamon)에서 세그멘타타 계열 갑옷의 부품으로 추정되는 것이 출토되었기 때문이다. 또 사르마트족의 갑옷 중에도 비슷한 타입이 있다.

가장 오래된 사례는 토이토부르크 숲에서 전멸한 군단병이 입고 있던 갑옷으로, 기원후 9

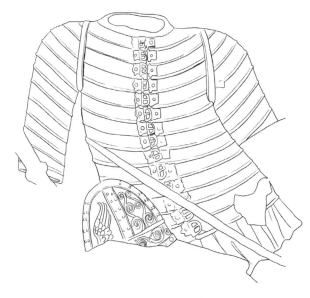

<그림 45>: 트라야누스 원기둥에 묘사된 사르마트족의 갑옷.
이들 전리품은 실물을 바탕으로 그려져 있어 그 나름대로 정확성이 있을 것으로 보고 있다. 갑옷 안쪽에는 천으로 된 옷이 달려 있다. 왼쪽 아래에 있는 것은 스팡겐헬름의 원형이 된 스텝(Steppe)식 투구이다. 오른쪽 아래의 기묘한 자국은 도끼에 맞은 흔적이다.

년에 만들어진 것이다. 이후로 스트랩 구조를 점점 단순화하면서 계속 발전해나갔다. 기존에는 3세기 중반에 사라진 줄 알았으나, 최근에 4세기 초반의 파편이 발견돼서 지금은 약 300년 간 사용된 것으로 보고 있다.

세그멘타타는 이하의 세 타입으로 분류된다.

칼크리제(Kalkriese)형(기원후 1세기 전반): 가장 오래된 타입으로, 상세한 구조를 가장 알 수 없는 타입이다.

코브리지(Corbridge)형(기원후 40~130년): 상세한 구조가 가장 잘 알려져 있는 타입이다. 몸통을 고정하는 부품이 벨트 방식에서 고리를 가죽끈으로 묶어 고정하는 방식으로 바뀌었고, 가슴 판과 몸통부의 연결부는 훅식(A형은 종래와 같은 방식이고, B형과 C형은 훅식)이 되었다. 현재 복원된 모조품은 이 타입이 대부분이다.

뉴스테드(Newstead)형(기원후 2세기 이후): 가슴판끼리, 등판끼리의 결합 방식이 핀 방식이 되었다.

세그멘타타는 금속판을 안쪽 면의 가죽띠에 리벳 방식으로 고정하여 만든다. 금속판은 담금질하지 않은 강철, 철, 또는 강철과 철을 겹친 베니어합판 구조의 강철판을 사용하며, 리벳 등은 청동제이다.

유연성이 좋은 편이며, 갖가지 공격에 충분한 방어력이 있다. 특히 창이나 화살 등의 관통 공격에 대한 방어력이 높다. 하지만 무엇보다 큰 장점은 제작 비용과 제작 시간이 적게 들고, 보수하여 사용하기 좋다는 것이다. 심은 고대 로마 기술자가 압연(壓延) 롤러로 강철판을 제작하는 기술을 가지고 있었다고 주장한다. 만일 그의 주장이 사실이라면 단시간 내에 적절한

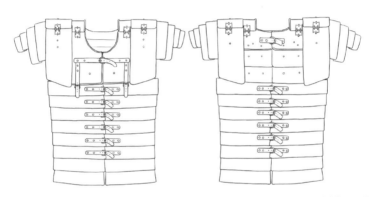

<그림 46>: 칼크리제형. 왼쪽이 앞면이고, 오른쪽이 뒷면이다.

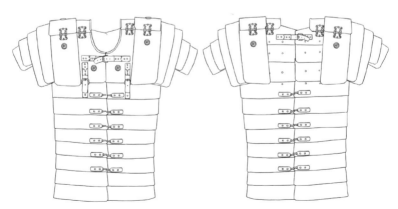

<그림 47>: 코브리지 A형. 몸통부를 고정하는 가죽끈은 생략하였다.

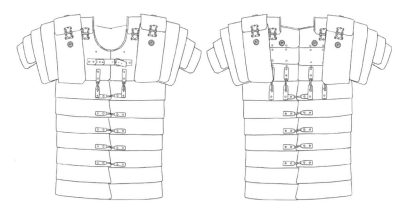

<그림 48>: 코브리지 B형. 가죽끈은 생략하였다. C형은 뒤쪽 몸통부와 등판을 접속하는 훅을, 앞면과 같은 것을 사용한다.

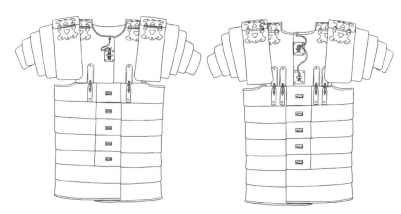

<그림 49>: 뉴스테드형. 몸통을 여미는 끈 또는 핀은 생략하였다. 가슴판의 잠금 장치는 턴키식이다. 앞면에 달린 훅의 2배가 등쪽에 달려 있다. 등쪽이 더 자주 망가졌던 듯하다.

두께의 강철판을 제작하는 것이 가능하다. 갑옷에 사용되는 철판은 가위로 잘라내면 되고, 여기에 구멍 몇 개만 뚫으면 부품이 완성된다.

한편 세그멘타타의 약점은 착용감이 좋지 않고, 커버되는 면적이 적다는 것이다. 다른 타입의 갑옷에 비해 착용감이 상당히 나쁘기 때문에 갑옷 속에 반드시 옷을 받쳐 입어야 한다('갑옷 속에 받쳐 입는 옷' 항목에서도 설명하겠지만, 어깨 패드가 없으면 가슴 중앙부가 들뜬다). 또 허리 밑은 커버되지 않아서 하복부나 둔부가 무방비하게 노출된다.

세그멘타타는 시대가 흐름에 따라서 점점 구조가 간편해졌지만, 유일하게 어깨 부분을 위로 올려주는 경첩은 생략되지 않았다. 이 부분은 갑옷의 유연성이나 착용감과 전혀 상관이 없는 부분이고, 본래라면 제일 먼저 생략되었어야 하는 부분인데, 생략되지 않았으므로 이 경첩이 중요한 부품이었다는 결론을 내릴 수밖에 없다.

그 이유를 설명해줄 수 있는 가장 유력한 설은 '갑옷을 입는 데 필요하기 때문'이라는 설이다. 오늘날에는 세그멘타타를 좌우로 각각 분리하여 마치 베스트를 입듯이 걸친 후 중앙부에서 여미는 방식으로 착용한다. 하지만 실제로는 몸통부는 처음부터 여며져 있고, 어깨 부분을 위로 올린 후 티셔츠를 입듯이 머리부터 쏙 내미는 방식으로 입고, 그 후에 어깨 부분을 내렸을 것이라고 한다(다른 타입의 갑옷도 이런 방식으로 입는다). 실제로 세그멘타타를 입어본 사람의 증언에 따르면 앞을 여미는 방식은 도우미가 도와주더라도 10분이 걸리는 데 반해, 머리부터 입는 방식은 혼자서 1분 만에 입을 수 있다고 한다. 단, 도중에 갑옷에 옷이 걸려 갑옷 속에 끼면 혼자서 탈출할 수 없기 때문에 현재는 이 방법으로 갑옷을 입지 않는다.

복합 세그멘타타

알바이울리아(Alba Iulia)형: 다키아의 알바이울리아에서 출토된 부조에 그려져 있던 타입이다. 세그멘타타의 몸통부에 찰갑의 어깨 보호대가 달려 있다. 제1부 제3장 〈그림 5〉의 B 그림을 참조하길 바란다.

아론형: 게르마니아 아론에서 발견된 부조 장식에 그려져 있는 기병이 입고 있는 타입이다. 사슬 갑옷에 세그멘타타 어깨 보호대가 달려 있다.

 그 밖의 방호구

에이프런(Apron)

초기 제정기의 보병(군단과 보조 부대 모두)이 벨트에 달아 늘어뜨린 장식품은 벨트를 매고 남은 부분을 늘어뜨리던 것에서 시작되었다. 차츰 늘어뜨린 스트랩 개수를 늘리다가 징과 펜던트 등으로 장식하게 되었고, 최종적으로는 벨트에서 분리되었다. 현재 스포란(Sporran)이라는 잘못된 명칭을 쓰는 경우가 있는데, 실제 명칭은 명확하게 알려진 바가 없다.

오늘날 콘텐츠 등에서 군단병이 등장할 때는 거의 100%의 확률로 에이프런을 차고 있는데, 실제로는 수명이 짧아 기원후 0년 전후에 등장하여 2세기 후반에 소멸하였다.

현재까지 세 종류의 타입이 확인되고 있다. 타입 1은 벨트 끝이 갈라져 있으며, 에이프런이 착용된 모든 기간에 존재하였다. 타입 2는 기원후 1세기 전반에 등장한 타입으로, 폭이 넓은 가죽띠의 한쪽 끝이 발처럼 갈라져 있고, 벨트(와 그 밑의 띠) 밑에 찔러넣어서 착용하였다.

타입 3도 마찬가지로 에이프런이 착용된 모든 기간에 존재하였으며, 벨트 위에 걸쳐서 착용하였다. 세 가지 타입 모두 시대가 흐름에 따라서 점점 짧아졌다.

에이프런의 기능에 관해서는 방호구라는 설, 부대 식별용이라는 설, 소리로 적군에게 위압감을 주기 위한 도구라는 설 등의 다양한 주장이 있으나, 필자가 생각하기에 가장 설득력 있

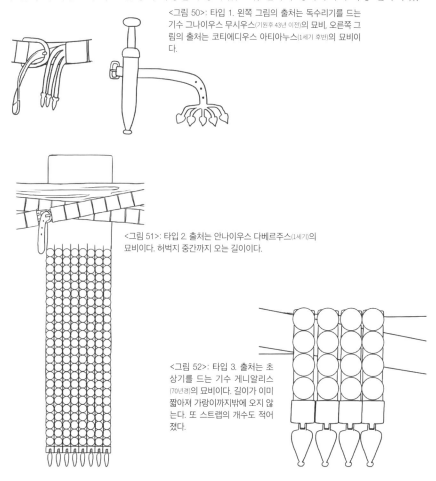

<그림 50>: 타입 1. 왼쪽 그림의 출처는 독수리기를 드는 기수 그나이우스 무시우스(기원후 43년 이전)의 묘비, 오른쪽 그림의 출처는 코티에디우스 아티아누스(1세기 후반)의 묘비이다.

<그림 51>: 타입 2. 출처는 안나이우스 다베르주스(1세기)의 묘비이다. 허벅지 중간까지 오는 길이이다.

<그림 52>: 타입 3. 출처는 초상기를 드는 기수 게니알리스(70년경)의 묘비이다. 길이가 이미 짧아져 가랑이까지밖에 오지 않는다. 또 스트랩의 개수도 적어졌다.

는 주장은 단순히 멋지기 때문에 착용하였다는 설이다(방호구로서 아무런 역할도 하지 못할뿐더러 빨리 달리면 에이프런이 출렁이다 샅을 강타하는 경우도 잦다. 부대 식별용 표식으로도 보기 힘들다). 비숍은 에이프런의 발전과 소멸이 벨트 장식의 융성과 동시대에 이루어졌음을 근거로 들며, 좌우간 화려한 벨트를 착용하고 매고 남은 부분을 늘어뜨려 오늘날의 지갑 체인처럼 짤랑거리는 소리를 내며 걷는 것이 당시 유행이었으며, 이 유행이 과격해진 결과가 아닐까 하고 추측하였다.

정강이 보호대(Ocrea)

정강이 보호대는 방패를 들어도 무방비하게 노출되는 정강이와 무릎을 보호해주는 중요한 장비이다. 청동판을 정강이 형태로 성형하고, 금속의 탄성을 이용하여 클립처럼 고정하는 그리스식이 널리 사용되었다. 이탈리아에서는 흔히 무릎판을 두들겨 입체적으로 얼굴 모양을 새겨넣었다. 안쪽 면에는 쿠션 역할을 하도록 가죽이나 해면으로 만든 스펀지를 덧댔다.

초기의 정강이 보호대는 두께가 0.5~1mm밖에 되지 않아 무기(특히 창)의 직격을 막아주지 못하였다(실제로 창에 관통당한 구멍을 수리한 흔적이 남아 있는 것도 있다). 하지만 정강이 보호대의 역할은 무기를 막는 데 있지 않고 곡면을 타고 적의 무기가 미끄러지도록 하는 데 있으므로 창이나 화살에도 충분한 방어력을 발휘하였을 것이다.

공화정기 군단병은 왼쪽 다리에만 정강이 보호대를 장착(단, 부장품으로 출토되는 것은 거의 반드시 쌍으로 출토되기 때문에 다소 미심쩍다)하였지만, 이는 비용을 절감하기 위함이므로 재산에 여유가 있는 자는 양쪽에 모두 장착하였을 것이다. 세르비우스 툴리우스가 감행한 개혁 내용을 보면 알 수 있는 것처럼 정강이 보호대는 보병, 그것도 유복한 자가 장착하는 것이며, 이러한 경향이 더욱 심해져 백인대장 이상인 자가 누리는 특권이 된 듯하다.

제정기에도 이러한 경향은 달라지지 않았지만, 기원후 2세기 초반 무렵이 되면 일반 군단병도 정강이 보호대를 왼쪽 다리에 장착하게 된다. 형태도 클립식에서 정강이 앞쪽에서 끈으로 묶는 타입으로 바뀌었다.

당시 정강이 보호대에는 짧은 것과 긴 것의 두 종류가 있었다. 짧은 것은 무릎이 노출되는 타입으로 보병용이다. 긴 것은 본체에 무릎 보호부가 경첩으로 달려 있다.

제정 후기가 되면 보병, 기병 모두 두루 장착한다. 6세기에 집필된『스트라테기콘』에 목제 정강이 보호대에 관한 기술이 나오는데, 이는 필시 나무 막대기를 세로로 나란히 붙인(줄사다리를 가로로 눕혔을 때의 형태와 흡사하다), 속된 말로 스플렌디드(splendid) 스타일이라고 생각한다.

넓적다리 보호대, 발 갑옷, 발뒤꿈치 보호대

넓적다리 보호대는 넓적다리의 아래쪽 절반을 감싸주는 보호구로, 정강이 보호대와 마찬가지로 클립으로 고정한다. 그리스에서는 재빠르게 사라졌지만 이탈리아, 특히 에트루리아에서는 오랜 기간 사용되었다.

긴 타입, 중간 타입, 짧은 타입의 세 가지가 있으며, 긴 타입은 기원전 5~4세기에 사용되었고, 길이는 약 27cm이며, 가장 출토된 개수가 많다. 중간 타입은 기원전 5~4세기에 사용되었고, 길이는 약 24cm이다. 짧은 타입은 기원전 4세기에 사용되었고, 길이는 21cm이다.

발 갑옷은 발등을 보호하는 보호구이며, 걷기 편하도록 경첩을 달아 구부러지도록 하였다.

발가락 모양을 본떠 정교하게 만들었으나, 착용감은 그리 좋지 못하여 의식용이라고 주장하는 사람도 있다. 기원전 6세기에 리노토락스가 등장한 후 다른 방호구는 사라지거나 인기가 시들었는데, 발 갑옷은 그러한 시기에 오히려 새롭게 등장한 장비이다. 당시 점점 늘어나던 장거리 무기에 노출된 발을 보호하는 역할을 하였다.

발뒤꿈치 보호대는 발뒤꿈치와 아킬렌스건을 감싸는 방호구로, 남이탈리아에서 사용되었다. 그리스의 것보다 사이즈가 크다. 높이가 21~27cm이고 폭은 12.5~17cm이다. 그리스식처럼

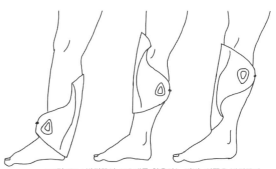

<그림 53>: 발뒤꿈치 보호대를 착용하는 방법. 왼쪽은 발뒤꿈치 보호대로, 가운데와 오른쪽은 정강이 보호대로 사용한 경우이다. 번스의 그림을 참고하였다.

후면 보호대를 장착하기 위한 구멍이 없다. 후면 보호대가 없었거나 또는 접착하여 붙였거나 또는 부츠 겉에 패드를 붙였을 것으로 추정된다.

하지만 번스는 그리스식과 달리 이탈리아식 발뒤꿈치 보호대는 좌우 구별이 없는 점, 어느 분묘에서는 사체의 정강이에 붙은 채 발견된 점, 발뒤꿈치 보호대의 사이즈가 발뒤꿈치보다 장딴지에 잘 맞는 점 등을 근거로, 정강이의 위쪽 절반과 무릎을 보호하는 정강이 보호대의 일종이라고 주장하였다.

마니카(Manica)

그리스와 헬레니즘 왕조에서도 사용된 팔 보호구이다. 로마에서는 검투사의 방호구로 사용되다가 나중에 병사의 장비로 도입되었다. 검투사는 대개 패브릭에 충전재를 넣어서 만든 마니카를 사용하였으나, 병사도 패브릭제 마니카를 사용하였다는 증거는 없다. 기원후 1세기 후반에 마인츠에 주둔하였던 군단병의 묘비에서 처음으로 등장하였다.

그다음에 마니카가 대대적으로 등장하는 것은 다키아 전쟁(100년경) 모습이 기록된 아담클리시 전승기념비이다. 이 기념비에 새겨진 군단병은 대부분 마니카를 장착하고 있어서, 마찬가지로 다키아 전쟁 모습이 새겨져 있는 트라야누스 원기둥의 병사들과고는 겉모습이 많이 다르다. 처음에는 다키아인이 쓰는 팔크스(Falx, 낫처럼 생긴 쌍수검) 공격을 막기 위한 방호구로 보았으나, 마니카가 가장 많이 출토되는 지역이 영국의 칼라일(제20군단 발레리아 빅트릭스의 근거지)이어서 제국 전역에서 사용하였을 것으로 추정되고 있다.

팔 형태에 맞추어 구부린 판을 여러 장 겹치고, 뒷면에 가로로 달린 가죽띠 3~4줄을 리벳

으로 고정하여 만든다. 회화 자료에서 볼 수 있는 것처럼 팔을 감싸는 것도 있고, 팔의 안쪽, 즉 검을 뽑아 들었을 때 상대방 쪽으로 노출되는 팔 부분을 보호하도록 장착하는 것도 있다. 유연성을 어느 정도 희생하여야 하지만, 검을 오로지 공격하는 데만 쓰는 로마식 검술에서는 그 정도로 충분하였다.

column 10

로마의 제조 기술

제정기 로마의 제조 기술은 2,000년도 더 된 옛날 기술이라고 생각할 수 없을 만큼 고도로 정교하였던 것으로 유명한데, 그 기술은 무기 및 방호구 제조에서도 유감없이 발휘되었다.

여태까지의 견해와 달리 규모는 작아서 일반적인 제철로(製鐵爐, 제철용 가마)의 생산량은 1회당 약 5~10kg, 최대 100kg 전후였다고 한다.

이리하여 제작된 주괴(鑄塊)를 철판으로 가공하였다. 로마 갑옷에 사용된 철판의 두께는 쇠망치로 두들겨 만드는 것보다 훨씬 균일하여 당시에 이미 압연 롤러로 성형하는 기술이 있었음을 시사해준다. 심은 당시 압연 롤러는 금속제이거나 또는 석제 롤러부와 목제 기어가 조합된 것이었으며, 압연 롤러가 발견되지 않는 이유는 금속제는 다른 용도로 재활용하였을 것이고, 목제 부분은 부식되었으며, 석제 롤러 부분만 남아서 롤러가 아닌 다른 물건으로 오인되고 있을 것이라고 주장하였다.

투구를 제작할 때 시간이 가장 많이 걸리는 것은 금속판을 돔 모양으로 성형하는 작업이다. 로마의 제조법은 부각(망치로 두들겨서 돔 모양을 만들어내는 방식)과 메탈 스피닝(Metal spinning, 틀에 판을 대고 회전시키며 막대나 롤러 등으로 압력을 가하여 성형하는 방식)의 두 종류가 있었던 것으로 확인되었다. 전자는 정수리 부분이 얇은 경향이 있고, 후자는 비교적 두께가 균등한 것이 특징이다.

제3장
기타

 ## 대형 병기

대형 병기는 노포(Tormenta)라고 한다. 다른 말로는 캐터펄타(Catapulta), 스콜피오(Scorpio), 발리스타(Ballista), 카로발리스타(Carroballista), 오나거(Onager)라고도 한다. 어떤 명칭이 어떤 병기를 지칭하는가는 시대(저술가)에 따라서 달라지는데, 기본적으로는 돌을 날리는 대형 병기(이후로는 캐터펄트[Catapult]라는 용어를 사용하겠다)와 활을 날리는 소형 병기(이후로는 발리스타라는 용어를 사용하겠다)의 두 종류로 크게 구분된다. 대개는 공성전용 무기이나, 소형 병기(특히 바퀴가 달린 카로발리스타)는 야전이나 해전에서도 사용되었다.

로마인이 처음으로 이러한 대형 병기를 목도한 것은 기원전 264년부터 241년까지 지속된 제1차 포에니 전쟁 때였다. 제2차 포에니 전쟁 때는 적군에게서 빼앗은 병기를 사용하였으나, 아직 제조할 능력은 없었다. 그 후에도 대형 병기는 기본적으로 전리품을 사용하였으며, 제조법을 습득한 것은 기원전 1세기 무렵이 되어서이다. 카이사르의 시대였던 기원전 50년대에 처음으로 군단의 기본 장비로서 등장한다.

노포는 동물의 힘줄 등으로 만든 로마식 용수철을 비틀었을 때 발생하는 반발력을 이용하는 병기로, 기원전 4세기 중반에 완성형이 나온다. 구조상 용수철이 2개 있는 병기의 경우에는 두 용수철의 장력이 균등하여야 한다. 이에 기원전 1세기에 비트루비우스(Marcus Vitruvius Pollio)가 집필한 『건축서(De Architectura)』 10권 12장 2절에 따르면 용수철을 손으로 당겨 그 소리를 들어봄으로써 장력을 조절하였다고 한다.

그에 따르면 용수철의 직경(강도)은 병기로 발사할 물체의 중량에 따라서 결정되며, 이를 기준으로 다른 부품의 사이즈가 결정되었다. 용수철 직경을 정하는 방정식은 기원전 270년경에 이집트 알렉산드리아의 학자가 발견하였다고 한다. 그 방정식에 따르면 발리스타의 용수철 직경은 화살 길이의 9분의 1이다. 캐터펄트의 경우에는 다소 복잡하다. 'D를 닥틸루스(약 19mm) 단위로 나타낸 용수철의 직경', 'M을 미나(약 440g) 단위로 나타낸 투사체의 중량'이라고 할 때 D(용수철의 직경)는 M(투사체의 중량)의 100배의 세제곱근의 1.1배이다. 당시 사람들이 이를 계산할 수 있었을까 싶지만, 기원전 4~3세기에 세제곱근 계산척(計算尺)이 발명되어서 사용법

만 알면 누구든 간단하게 계산할 수 있었다(비트루비우스는 시간이 없는 사람을 위해 책에 환산표까지 첨부
해놓았다).

하지만 비트루비우스가 '본인의 경험과 스승님의 가르침'을 바탕으로 설계한 결과, 그리스
식의 약 4분의 3 두께의 용수철로 충분하다고 한다. 이는 용수철을 눌러주는 한 쌍의 와서 중
에서 위쪽 와서의 내경을 타원형으로 만듦으로써 좀 더 많은 용수철 재료를 같은 공간 내에
집어넣는 데 성공하였기 때문이다.

초기 타입

처음으로 등장한 대형 병기는 발리스타이다. 기원후 1세기에 있었던 크레모나 전투의 유
적지에서 발견된 발리스타 부품(용수철을 고정하는 와서)으로 미루어보아 화살은 길이가 약 80cm
전후이고 중량이 200g이었을 것으로 추정된다.

로마식 발리스타는 그리스식 설계를 발전시켜 만들었으며, 구조는 더욱 단순하고 견고해
졌고, 위력을 한층 높이기 위해 스프링 홀더 부분의 폭을 좁힘으로써 높이를 높였다.

제정 초기의 로마군이 사용
한 가장 큰 캐터펄트는 약 26kg
짜리 돌을 발사할 수 있었다.
하지만 대부분의 캐터펄트는
10~40kg짜리 돌 탄환을 발사할
수 있는 그리스식에 훨씬 못 미
치는 가벼운 탄환밖에는 발사하
지 못하였다. 기원후 70년대에
있었던 유대-로마 전쟁의 공성
전 유적지에서 발견된 캐터펄트
탄환은 대부분이 2~4kg으로, 제
일 작은 것은 300g, 제일 큰 것인
90kg(딱 하나)이었다.

<그림 54>: 제정 초기의 발리스타
크레모나에서 발견된 69년에 만들어
진 발리스타의 전면 패널에는 군단명
과 엠블럼이 새겨져 있었다. 콘스탄틴
노소브(Konstantin Nossov)의 『고대 및 중
세의 공성 무기(Ancient and Medieval Siege
Weapons)』에 실린 그림을 바탕으로 작
성하였다.

후기 타입

기원후 100년경에 병기 설계에 혁명이 일어났다. 트라야누스 원기둥에도 기록된 이 타입
은 프레임이 금속제이며, 용수철이 멀리 떨어져 설치되어 있다. 프레임의 재료가 나무에서
금속으로 바뀜으로써 전체적인 강도가 높아졌는데, 무엇보다 큰 특징은 팔이 안쪽을 향해 달
렸다는 점이다.

종래의 타입은 팔이 활과 마찬가지로 바깥쪽으로 퍼지는 형식으로 가동하였는데, 새로운 타입은 안쪽에서 바깥으로 펼쳐지는 형식으로 가동하였다. 이 덕분에 종래의 2배 이상의 거리(=시간)를 들여 용수철의 운동 에너지를 투사물에 담을 수 있었고, 약한 용수철도 여태까지보다 더 강한 위력을 발휘할 수 있게 되었다.

또 금속 프레임의 상부 중앙이 반원형으로 구부러진 요자 모양이 되었다. 이는 간단한 조준 역할을 해줌과 동시에 발사 시에 화살과 탄환이 위로 튀어 올라 프레임을 직격하는 사고를 막아준다. 그 밖에도 용수철 부분을 금속 실린더에 격납하여 습기로부터 용수철을 보호하였다고 하는데, 실린더는 실물이 출토되지 않았으므로 단순히 오해하였을 가능성도 있다.

여기에 바퀴가 달린 것이 카로발리스타이다. 트라야누스 원기둥을 보면 노새 혹은 말 두 마리가 끄는 이륜식 짐수레에 통상의 발리스타를 탑재한 것과 애초부터 바퀴가 달린 것의 두 종류가 등장한다.

이 병기들의 위력은 대단하여

<그림 55>: 신형 발리스타. 출처는 브라이언 캠벨(Brian Campbell)의 『그리스와 로마의 포병(Greek and Roman Artillery, 399BC~AD363)』이다.

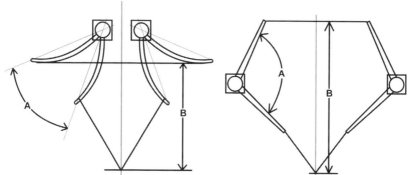

<그림 56>: 신형 발리스타와 구형 발리스타의 성능 비교도. 왼쪽이 구형이고, 오른쪽이 신형이다. A는 팔의 회전 각도이고, B는 화살의 가속 거리(=가속 시간)이다. A와 B가 길수록 뒤틀린 용수철이 만들어내는 에너지가 화살에 더 많이 담겨 위력이 세진다. 부차적인 효과도 있다. 신형의 경우에는 팔이 프레임 밖으로 나가지 않으므로 발리스타 옆에 서 있던 병사가 사격 시 팔에 맞는 사고가 일어나지 않는다.

359년 아미다 공성전에서는 밤의 어둠을 틈타 로마군이 지키는 탑에 침입한 사산 왕조의 궁병 70명을 발리스타 5대로 공격하여 간단하게 섬멸해버렸다. 이때 발사된 화살 중 몇 발은 하나가 두 사람을 꿰뚫었다고 한다.

4세기에 암미아누스 마르켈리누스(Ammianus Marcellinus)가 당시의 병기를 소개하였는데, 여기에서 처음으로 등장한 신형 병기가 오나거이다. 오나거란 수당나귀라는 뜻으로, 병기의 파워를 당나귀의 강력한 발차기에 비유한 것이다. 이 무기는 수평으로 설치된 용수철에 팔을 직각으로 달아, 바다를 향해 낚싯줄이 날아가듯이 돌이 날아간다. 이때의 팔 움직임 때문에 이전까지는 스콜피오(Scorpio)라고 불렀다(마르켈리누스 시대에는 스콜피오는 발리스타를 지칭하였다).

이 병기의 가장 큰 장점은 용수철을 1개로 줄여, 여태까지처럼 용수철 2개의 장력을 조절할 필요가 없어졌다는 것이다.

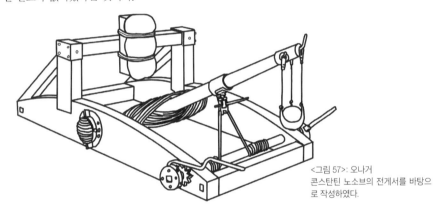

<그림 57>: 오나거
콘스탄틴 노소브의 전게서를 바탕으로 작성하였다.

◆ 의복·외투

튜닉(Tunica)

초기의 튜닉은 장방형의 천 2장을 겹친 후 머리와 팔과 다리 구멍 이외의 부분을 모두 꿰매, 『위지왜인전』에서 왜인이 입은 관두의(貫頭衣)와 같은 구조였다. 그리고 허리 부분에 끈을 묶으면 완성이다. 소매로 보이는 부분은 단순히 천의 주름이다. 당시 로마인은 소매가 있는 옷(특히 긴팔)을 '우스워 보인다'고 생각하였다. 회화 자료 등을 보았을 때 튜닉의 폭은 꽤 넓어서 약 1m 정도는 되어 보인다. 속옷은 입지 않았다.

격렬한 운동이나 노동을 할 때는 오른쪽 어깨의 실을 풀어 어깨를 내놓고, 늘어진 천은 등쪽으로 돌려 하나로 묶었다.

당시에는 수공업으로 의복을 만들었기 때문에 실을 대량으로 뽑아내야 하는 의복은 상당히 고가였던 듯하다. 전리품이나 전쟁 배상금, 동맹 공출금의 일부, 포상으로 의복이 자주 등장한다. 일반적으로 전쟁터로 향하는 병사는 가장 좋은 옷을 입고 가는 것이 풍습이었다. 호화로운 옷은 자긍심과 자신감을 높여주고, 적군을 위압할 뿐 아니라 신들의 눈을 즐겁게 하여 은총을 받을 수 있다고 여겼다. 옷은 기본적으로 민무늬였으며, 원로원 의원과 기사 계급만 중앙에 선을 넣는 것이 허용되었다.

장비를 자비로 마련하여야 하였던 공화정기에는 의복도 개인이 준비하였기 때문에 일정한 규격의 제복이 존재하지 않았다. 다만 '싸울 때 입는 옷을 입는다'라는 표현이 있었던 것으로 미루어보아 어떠한 특징이 있지 않을까 한다(필자는 <그림 59>와 같은 옷이 아니었을까 하고 생각한다). 병사용 튜닉은 통상용 튜닉에 비해 길었으며, 이를 걷어 올려 팔꿈치가 드러나도록 입었다. 기원후 137년에 카파도키아의 직물공에게 보낸 발주서를 보면, 군용 튜닉은 세로 155cm, 폭 140cm, 중량 1.6kg, 가격 24드라크마로 설정되어 있다. 이는 지금까지 발견된 튜닉 중에서 가장 큰 사이즈이다. 하지만 갈리아 등에서 발견된 튜닉은, 일본의 기모노와 마찬가지로, 허리 부분에서 천을 한 차례 올려 접었다가 다시 내린 후 겹쳐진 부분을 꿰매는 방식으로 길이 조절을 하였다. 군용 튜닉도 동일한 방법으로 길이를 섬세하게 조절하였다. 또한 기원후 2세기 후반부터 3세기 초반까지 활동한 인물 테르툴리아누스는 허리의 접힌

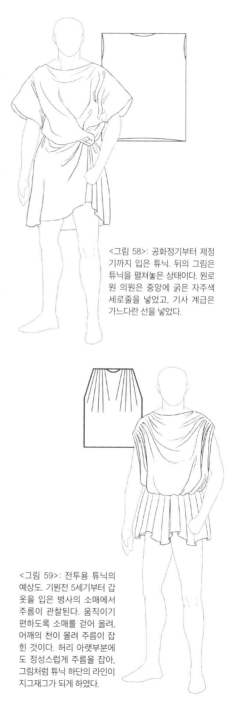

<그림 58>: 공화정기부터 제정기까지 입은 튜닉. 뒤의 그림은 튜닉을 펼쳐놓은 상태이다. 원로원 의원은 중앙에 굵은 자주색 세로줄을 넣었고, 기사 계급은 가느다란 선을 넣었다.

<그림 59>: 전투용 튜닉의 예상도. 기원전 5세기부터 갑옷을 입은 병사의 소매에서 주름이 관찰된다. 움직이기 편하도록 소매를 걷어 올려, 어깨의 천이 몰려 주름이 잡힌 것이다. 허리 아랫부분에도 정성스럽게 주름을 잡아, 그림처럼 튜닉 하단의 라인이 지그재그가 되게 하였다.

부분을 남에게 보이는 것은 대단히 볼썽사나운 짓이라며 허리에 띠를 둘러 감출 것을 권하였다.

제정기에 들어 국가가 의복을 지급하면서 디자인이 규격화되기 시작하였다. 의복 위탁 생산을 하청한 상인에게 규격 디자인과 품질을 유지하라고 명한 이집트의 문서가 남아 있지만, 다른 지역도 마찬가지였는지 의심스럽고, 규격이 있었다고 하더라도 상당히 허술한 규격이었을 것으로 추정된다.

또 튜닉을 입는 방식도 지역에 따라서 차이가 났다. 부조 등을 보면, 제정 초기 게르마니아 방면의 병사는 섬세한 주름이 대단히 규칙적으로 잡힌 옷을 입고 있지만, 다른 지역에서는 그와 같은 주름을 볼 수 없다. 아무래도 게르마니아 지역의 병사들은 섬세하게 주름을 잡고 다림질을 하였던 듯하다. 양쪽 팔의 옷자락을 걷어 올리고, 벨트 혹은 허리띠로 고정하는 방식으로 옷을 입었다. 기병용 튜닉은 말에 올라타기 편하도록 짤막하게 만들었다.

또 검을 뽑기 쉽도록 끈을 왼쪽 어깨에서 오른쪽 겨드랑이 밑으로 한 바퀴를 돌려 묶는 방식으로 입기도 하였다

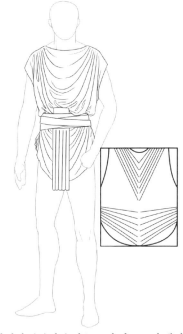

<그림 60>: 게르마니아 지방의 튜닉 착용법 예상도. 게르마니아 병사들은 그림처럼 U자형으로 주름이 들어간 옷을 입었다. 처음에는 팔과 다리의 움직임을 편안하게 하려던 조치였던 것이 차츰 패션이 된 듯하다. 그림과 같이 어깨와 허리 아래에 주름을 잡은 후(소매 길이와 허리 아래쪽의 옷자락 길이가 짧아진다), 세밀한 선 부분에 다시 한 번 다림질을 하였을 듯하다.

3세기가 되면 긴 팔 튜닉이 주류가 된다. 또 양어깨 부분에 수직으로 된 선(Clavi)이 생긴다. 이 선은 시대가 흐름에 따라서 짧고 굵어지다가 4세기경이 되면 복잡한 도형과 문양이 들어간 직물을 별도로 만들어 옷에 꿰매어 단다. 어깨와 넓적다리 앞부분이 닿는 부분에는 원형 장식 문양을 꿰매어 달았다.

특수한 튜닉에는 연회용 튜닉인 튜니카 케나트리아(Tunica Cenatria)가 있다. 연회용 케이프와 함께 입는 옷이며, 통상의 튜닉보다 낙낙하게 만들어졌다.

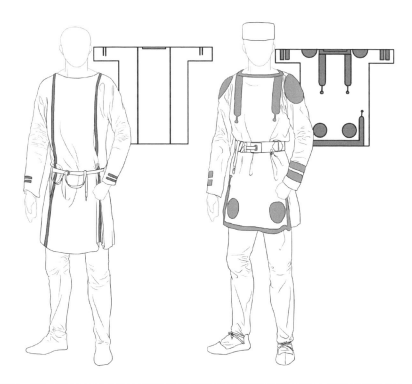

<그림 61>: 왼쪽: 3세기 튜닉. 당시 조각상 등을 보면 벨트를 허리가 아니라 골반에 착용하고 있다. 이 시기의 튜닉을 '십자 튜닉'이라고도 하는 것처럼 천을 십자 모양으로 자르고 어깨에 닿는 부분을 반으로 접은 후 소매 아래와 양 옆구리 부분을 꿰매어 만들었다. 장식선은 두라에우로포스에서 나온 출토품을 참고하여 그려 넣었다.
오른쪽: 4세기 튜닉. 장식선이 더 두꺼워졌다. 장식은 다른 천으로 만든 후 꿰매어 붙였다. 색깔은 언제나 보라색이었으며, 복잡한 문양으로 장식하였다.

사굼(Sagum)

추위와 비를 막아주는 케이프는 병사의 건강과 안전을 위해 빼놓을 수 없는 중요한 장비이다. 그중에서도 가장 일반적으로 널리 사용된 것이 사굼이다. 사각형 천(아마도 두툼한 울. 술 장식이 달린 것도 있었다)을 몸에 두르고, 오른쪽 어깨 위에서 브로치나 잠금장치로 고정하여 착용하였기 때문에 오른쪽 팔을 자유롭게 움직일 수 있었다. 특히 병사와 밀접하게 관련되어 있어서 '사굼을 걸치다(Saga sumere)'라는 말에 '전쟁하러 가다'라는 의미가 담겨 있을 정도였다. 제정기에 사굼은 일반 병사가 입는 옷으로 여겨졌다.

기원후 3세기경부터 사굼과 팔루다멘툼(또는 그 밖의 케이프)을 장식하기 시작하였다. 보통은 천 모퉁이에 L이나 H형, 때로는 갈고리 십자가형의 장식을 꿰매어 붙이거나, 복잡한 모티브를 짠 원형 장식을 앞뒤에 꿰매어 붙였다.

4세기가 되면 무릎이나 장딴지까지 오던 케이프 길이가 발목까지 길어지고, 케이프를 고 정하던 어깨 브로치는 독특한 십자 형태(일반적으로는 석궁형이라고 한다)로 바뀐다. 이 브로치는 군 인만 착용하였다.

언뜻 생각하기에는 합리적이지 않은 것 같지만, 사각형 모양이어서 담요나 텐트 시 트, 간이 방공호의 지붕으로도 쓸 수 있어서 범용성이 높다. 여러 사례를 통해 직물을 만 들 때 울의 기름기를 빼지 않음으로써 방수 효과를 냈을 것으로 추정되고 있다.

<그림 62>: 사굼. 특수한 방식으로 사굼을 착용한 모습. 앞 으로 오는 부분을 한 번 접은 후 어깨에서 고정하여 발에 걸 리지 않고 편안하게 걸을 수 있도록 하였다. 2세기경부터 외 출 시에는 사굼 등의 케이프는 반드시 착용하였다. 이에 방 한, 방수의 필요성이 없을 때는 활동에 방해가 되지 않도록 그림과 같이 입었다.

페눌라(Paenula), 비루스(Byrrus)

페눌라는 판초 타입의 케이프이다. 반으로 접은 천의 긴 변 한쪽을 봉합하여 원추형이 되 도록 만들었다. 길고 끝이 뾰족한 후드를 달기도 하고, 벌어진 목 부분을 막기 위해 삼각형 천 을 덧대어 꿰맨 것은 비루스라고 한다.

병사용 페눌라는 활동에 방해가 되지 않도록 아래까지 완전히 봉합하지 않고, 앞면의 모퉁 이 부분을 잘라내 둥글렸다. 또 앞면을 봉합하지 않고 단추나 토글(toggle, 외투 등에 다는 짤막한 막 대 모양의 단추-역자 주)을 달아 갑옷을 입은 상태에서도 재빠르게 껴입을 수 있게 하였다. 페눌라 는 양팔을 자유롭게 움직이기 위해 양 옆구리 천을 걷어 올려 입는 때가(병사들 사이에서는) 많았다.

기원후 2세기 후반에 사굼이 페눌라로 대체된다.

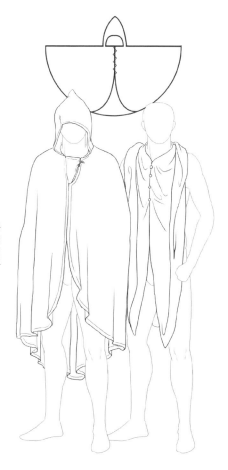

<그림 63>: 왼쪽: 비루스. 오른쪽: 군대 방식으로 페눌라를 걷어 올려 입은 모습. 위의 도형은 후드가 달린 페눌라의 평면도이다. 원형 천을 반으로 접어 머리 구멍을 뚫고, 전면의 중앙선을 일직선으로 잘라서 텄다. 지그재그선은 봉합된 부분을 나타낸다.

팔루다멘툼(Paludamentum)

장군이나 사관이 입는 케이프의 일종으로, 실용적인 의복이라기보다 신분을 나타내는 계급장과 같은 의복이었다. 브로치로 왼쪽 어깨에 고정할 때와 오른쪽 어깨에 고정할 때가 있었는데, 왼쪽 어깨에 고정할 때는 팔루다멘툼이 떨어지지 않도록 갑옷에 잠금장치 역할을 하는 금속구가 달려 있었을 것이다. 오른쪽 어깨에 고정할 때는 사굼처럼 고정하였다. 케이프 본체는 늘어뜨리지 않고 몸이나 왼팔에 감았다. 테두리에 술 장식이 달리는 것은, 제정기에는 황제만 착용하는 것이 허용되었다.

페리조마(Perizoma)

라틴어로는 수블리갈리쿰(Subligalicum)이라고 하며, 흔히 에이프런이라고 번역된다. 이는 허리에 두르는 옷으로, 허리끈이나 벨트에 반원형 또는 삼각형 모양의 늘어진 부분이 달려 있다. 늘어진 부분은 앞뒤에 달린 경우도 있고, 앞면에만 달려 엉덩이가 그대로 노출되는 경우도 있다. 샅을 가리기 위해 알몸 위에 착용하는데, 그다지 효과를 기대할 수 있을 성싶지 않다. 이에 관한 가장 오래된 기술은 기원전 6세기에 등장하는데, 그보다는 역사가 길다고 확신한다. 기원전 4세기 말까지 사용되었다.

갑옷 안에 입는 옷(Subarmalis)

갑옷 안에 입는 옷은 몸과 갑옷이 직접 접촉하거나 마찰이 발생하는 것을 막아줄 뿐 아니라 제2의 방호구로서의 역할도 하는 대단히 중요한 장비였다. 하지만 근육 갑옷 안에 프테르구스가 달린 옷을 입었을 가능성에 대해서는 꽤 오래전부터 논의되었지만, 다른 갑옷 안에도 옷을 입었다는 사실이 확실하게 밝혀진 것은 불과 20년밖에 되지 않았다.

로리카 세그멘타타 복원품이 나온 것이 그 계기였다. 복원품을 착용해보니 가슴 부분이 사선으로 기울면서 심장 부근에 틈새가 생겼다. 세그멘타타는 가슴에서부터 몸통까지 판을 수평하게 겹쳐 달아서 만든다. 하지만 사람 어깨의 자연스러운 곡선으로 말미암아 가슴 부분이 한쪽으로 기울어 틈이 생겼다. 또한 가슴부에 수평하게 달린 버클과 벨트도 부자연스럽게 뒤틀렸다. 이를 해결할 방법은 안쪽에 가슴 패드를 대는 것이다. 어깨 패드는 어깨에 받은 타격을 완화해줄 뿐 아니라 짐을 짊어지고 행군할 때 부담을 줄여주는 효과도 있다.

또 로리카 하마타를 껴입고 말을 타면 말이 상하로 움직일 때마다 갑옷이 어깨에 충격을 주기 때문에 갑옷 안에 패드가 달린 옷을 입지 않으면 어깨에 멍이 든다. 이 또한 갑옷 안에 옷을 입었으리라는 것을 뒷받침해준다. 문헌 자료를 예로 들면, 기원후 2세기경에 쓰인 빈돌란다 문서에 의복의 일종으로 갑옷 안에 입는 옷이 소개

<그림 64>: 산 로소레 침몰선에서 발굴된 해병용 수바르말리스의 추정 복원도. 아우구스투스 시기

되어 있다.

갑옷 안에 입는 옷은 두툼한 펠트, 가죽, 천 등으로 만들었으며, 현존하는 유일한 출토품은 피자(Pisa)의 산 로소레(San Rossore)에서 발굴된 가죽제 하나뿐이다. 앞쪽에서 여미는 형식이며, 길이는 넓적다리까지 오고, 어깨 끝부분에 반달형 가죽 패치가 달려 있다.

수바르말리스는 '안에(Sub)'와 '갑옷(Arma)'이 합쳐진 합성어이다. 기원후 4세기에는 타오라코마쿠스(Taoracomachus, 아마도 Thorax=갑옷, Makhos=전쟁인 듯)라고 하였다.

속옷(Subligares)

속옷은 실용성보다 절도 있는 태도를 배양하기 위해 입도록 하였다고 한다. 따라서 성기를 노출할 우려가 없을 때는 입지 않았을 듯하다. 오늘날과 마찬가지로 속옷에는 다양한 종류가 있었지만, 기본적인 형태는 옛날 기저귀처럼 긴 천을 두르는 타입이다. 오늘날과 같은 브리프나 트렁크스처럼 봉제된 완성품 타입은 없었다.

바지(Bracae), 각반(Genual), 게트르(Fasciae)

2세기까지 로마인은 긴 바지를 입는 것은 야만 민족이라는 표시로 여겨 바지 입기를 완강하게 거부하였다. 병사, 특히 기병은 무릎 밑까지 내려오는 바지를 입었지만, 이는 방호복의 일종이었다. 이러한 바지를 민간인이 입었다는 기록은 없다.

3세기에 긴 팔 튜닉이 도입되면서 바지를 두루 입게 되었다. 하지만 당시의 바지는 오늘날의 바지보다는 중세의 호스(hose)에 가까웠다. 다리 라인에 맞추어 만들어졌으며, 발도 달려 있어서 양말을 신을 필요가 없어졌다.

바지 색깔은 회색, 파란색, 올리브색, 크림색, 핑크색 등의 다양한 색깔이 확인되고 있다. 장식은 없었다.

바지를 입지 않던 시대에는 다리 보호나 방한을 위해 정강이와 넓적다리에 천을 돌려 감았다. 각반은 다리에 감는 천을 말한다. 묶기 위한 끈이 달렸으며, 무릎 아래와 발목 부분을 묶어 고정하였다. 게트르는 붕대 같은 천을 다리에 말아 고정하는 것을 말한다. 양말과 바지 위에 말았다.

신발

칼리가(Caliga)

　군단병이 신던 일종의 샌들 부츠이다. 발을 감싸주는 형태로 가죽을 잘라내어 만든 갑피(어퍼)에 안창(인솔)과 밑창(아웃솔)을 붙여 만들며, 발등 부분에 가죽끈을 꿰어 묶을 수 있게 하였다. 갑피에는 구멍이 숭숭 뚫려 있었다. 통기성과 배수성이 좋을 뿐 아니라 물집이 덜 생기고, 바깥에서도 양말의 컬러가 보여 패션 측면에서도 심미성을 높이는 효과가 있었다.

　밑창에는 마찰력을 높이기 위해 철로 된 징을 받았다. 박아놓은 징의 배열은 보행 시에 발에 걸리는 부담을 고려하여 디자인되었다. 후일에 재현품을 만들어 실험한 결과, 매끈한 평면 바닥일 때를 제외하고는 오늘날의 등산화보다 마찰력이 좋아서 등산과 암벽 등반도 무리 없이 할 수 있다고 한다. 하지만 로마 거리에 깔린 포석 위나 자갈길을 걸을 때는 보행 시의 충격을 무릎이 모두 받아서 무릎에 기능 이상이 발생할 수 있는 결점이 있다. 병사들은 몇백 km에 달하는 거리를 이동하는 만큼 이는 치명적인 결점이다(애당초 로마 거리는 병사가 아니라 짐수레에 맞추어 정비된 길이므로 당연한 일이다). 그러므로 당시 병사들은 포석이 깔린 길을 걸을 때에 대비하여 쿠션감 있는 깔창이 깔린 신발 또는 징이 박히지 않는 신발도 마련하였거나, 거리 옆의 풀 길을 걸었을지도 모르겠다.

　군단병을 상징하는 신발이 있다. 바로 칼리가티(Caligati)이다. 군단병의 상징인 만큼 군단병의 별칭으로도 쓰였다. 언제부터 군단에서 신었는지는 밝혀지지 않았지만, 아우구스투스 시기에는 이미 일반적으로 널리 신었다.

　그토록 범용적으로 착용하였음에도 의외로 순식간에 자취를 감추어 기원후 80년경이 되면 역사의 뒤안길로 사라진다. 칼리가 후에는 그물망처럼 복잡한 패턴으로 커팅된 신발이 유행하였고, 또 2세기 후반에는 재차 심플한 디자인의 샌들이 유행하였다.

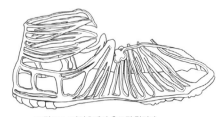

<그림 65>: 마인츠에서 출토된 칼리가.
그림의 출처는 비숍의 『로마 군사 장비(Roman Military Equipment)』이다.

부츠(Pero)

　2세기 후반에서 3세기에 발을 완전히 덮는 타입의 신발 또는 부츠가 등장하였다. 신발 끈과 신발이 일체화된 타입으로, 발꿈치에서부터 발을 감싼 후 발등 부분을 봉제하여 만들었다. 이때 이후로 병사와 민간인의 신발에 차이가 없어졌다.

　복원품을 사용하여 실험(전술한 알프스 500km 돌파 실험)한 결과, 오늘날의 부츠를 신었을 때보

다 물집이 덜 생기고, 마찰
력도 양호하였다고 한다.

<그림 66>: 왼쪽: 이집트에서 출토된 부츠. 오른쪽: 영국 램쇼(Ramshaw)에서
출토된 부츠. 두 개 모두 기본 구조는 동일하다.

 # 그 밖의 장신구

벨트(Balteus, Cingulum)

삼니움인을 비롯한 오스크인은 폭이 넓은 벨트를 찼다. 청동제나 가죽제, 혹은 청동과 가
죽 복합형으로 만들어졌으며 성인 남성, 특히 한 사람의 어엿한 전사가 되었다는 상징이었
다. 로마인도 이러한 전통을 계승하여 벨트(와 검)는 병사의 상징이자 자랑이었다(일반 로마인은
허리를 끈으로 묶거나 혹은 상의를 펄럭이도록 그대로 두었다). 겁쟁이에게 내리는 형벌 중에 벨트를 푼 상
태로 대중 앞에 서게 하는 벌이 있었다. 이 또한 이러한 상징성과 관련이 있다.

글라디우스가 도입된 후 벨트는 검을 차기 위한 중요한 장비가 되었다. 제정 초기에는 검
용과 대거용 벨트 2줄을 교차시켜 소위 '쌍권총'식으로 벨트를 착용하였으나, 검대를 차게 되
면서 다시 1줄로 돌아온다.

기원전 1세기 후반부터 벨트를 판이나 징 등으로 장식하는 것이 유행하기 시작하였다. 전
체적인 흐름을 살펴보면, 기원후 1세기 전반에 벨트를 장식하는 유행이 정점에 도달하여 벨
트 표면이 금속판으로 거의 뒤덮일 정도가 되었다가, 이후로는 차츰 간소화되어 기원후 2세
기 후반이 되면 장식을 거의 하지 않게 된다.

벨트 복원품을 착용해본 사람들의 증언에 따르면 이 타입의 벨트는 금속판으로 견고하게
보강되어서 몸을 구부리기 힘들고, 직립 자세로만 있어야 하며, 달리는 등의 격렬한 운동을
할 때 방해가 된다고 한다. 스테퍼니 호스(Stephanie Hoss)는 벨트 때문에 로마 병사는 다리를
다소 벌리고 몸을 뒤뚱거리며 안짱다리처럼 걸었다고 주장하였다.

기원후 2세기 중반이 되면 검을 어깨에 매달게 되어 벨트는 한 줄만 차게 된다. 벨트에는
지갑이나 나이프 주머니 등을 매달기 위해 끈을 달아놓았다. 벨트 자체도 길어서 버클을 채
운 후 오른쪽 허리 부근에서 한 차례 벨트에 남은 부분을 감은 후 무릎까지 길게 늘어뜨렸다.
늘어뜨린 부분은 다시 둘로 나눈 후 장식용 금속구를 달았다.

3세기가 되면 폭이 넓은 벨트(2.5~4cm)에 링 버클을 다는 링스크날렌킹굴룸(Ringschnallencin-gulum)이라는 타입이 등장한다. 버클을 채우고 남은 부분은 둘로 나누고, 이를 옆으로 누운 B자처럼 허리 양쪽에 끼운 후 다시 무릎까지 늘어뜨렸다. 이 타입은 다키아인이나 사르마트족의 벨트를 도입한 것이라고 한다. 당시 부조에 표현된 벨트 착용 위치를 무릎 및 팔꿈치 위치로 추정하면, 일본의 기모노 오비처럼 허리가 아니라 허리뼈 위에 착용한 듯하다.

4세기가 되면 링식 벨트의 유행은 시들고, 폭이 넓은 벨트구멍식 벨트로 다시 돌아간다. 4세기 후반이 되면 벨트 폭이 약 5~10cm가 되고, 버클은 벨트 중앙 부분에 달린다.

현재는 군용 벨트를 킹굴룸(Cingulum, Cingulum Militare)이라고 한다. 하지만 이 명칭은 기원후 3세기 이후에 사용되기 시작한 단어로, 그 이전에는 발테우스(Balteus, 에트루리아어에서 기원. 벨트의 어원이기도 하다)라고 하였다. 그 후 발테우스는 어깨에 검을 멜 때 사용하는 검대를 지칭하였다. 따라서 검을 메기 위한 벨트는 발테우스, 허리에 착용하는 벨트는 킹굴룸이라고 의미를 구분하여 사용하였을 것이다.

<그림 67>: 링 버클 벨트의 착용법. 그림의 출처는 모니카 가이(Monica Gui)의 '다키아식 링스크날렌킹굴룸 착용법(How to wear Ringschnallencingulum in Dacia)'이다.

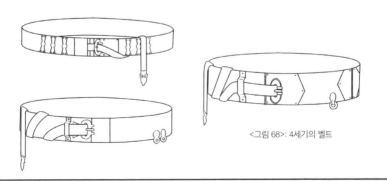

<그림 68>: 4세기의 벨트

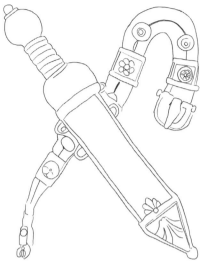

<그림 69>: 크로아티아 풀라(Pula)의 부조. 폼페이식 글라디우스와 검대가 그려져 있다. 가죽띠 두 줄을 나란히 붙이고, 각각을 검의 고리에 연결시켰다(검의 왼쪽과 오른쪽의 벨트는 연결되어 있지 않다). 한쪽이 소실되었는데, 아마도 벨트 끝부분은 둘로 갈라져 있었을 것이다.

팔찌(Armilla)

제정기에 전사들은 팔찌를 찼다. 로물루스 시대, 사비니족 전사가 '왼팔에 있는' 것과 교환하는 조건으로 어느 소녀에게 카피톨리노 언덕에서 빠져나갈 샛길을 가르쳐달라고 한다. 그녀는 사비니족 전사가 왼쪽 팔에 두른 황금 팔찌를 말한 것이겠으나, 전사들은 '왼팔에 있는' 방패를 차례로 던져 그녀를 압살하여 죽였다는 일화도 있으니, 로마인이 팔찌를 찼다고 하여도 이상할 것이 없다. 나중에 팔찌를 차는 풍습은 사라지고, 포상으로 받는 물품이 된다.

킹토리움(Cinctorium)

킹토리움은 장군 등이 갑옷 위에 두른 벨트의 일종이다. 본래 페르시아인이 신분의 상징으로 쓰던 것이 로마에 유입되었다. 몸 앞쪽에서 나비매듭으로 묶고 남은 부분은 벨트에 끼웠다.

모자(Galerum)

로마인은 대부분 모자를 쓰지 않았다. 예외적으로 유일하게 쓴 것은 투구 속에 패드 대신에 쓰는 모자였다. 이집트에서는 낡은 옷 조각을 꿰매어 만든 패치워크 모자가 출토되었다. 그리스에서는 필로스라는 원추형 모자와 비슷하게 생긴 초록색 펠트제 모자와 빨강, 초록,

노랑의 삼각형 천을 패치워크한 모자가 발견되었다. '할아버지가 잘 때 쓰고 자는 모자'같이 생겼다는 이유로 요즘에는 인기가 없다.

3세기 후반부터는 '판노니아 모자(Pilleus Pannonicus)'라는 원통형 사각형 모자를 일반적으로 많이 썼다. 기원후 2세기에 만들어진 이 모자의 초기형이 이집트에서 출토되었다. 두께는 2mm이며 초록색 펠트로 만들어졌다. 병사 모자로 알려져 있으며, 본래는 투구 속에 썼다고 한다. 모자이크 그림 등을 보면 후대에는 울, 가죽, 펠트 등으로 만들어 쓴 듯하다.

양말(Udones, Socci)

신발에 쓸려 발에 물집이 잡히는 것을 막기 위해 양말을 일상적으로 많이 신었다. 무릎까지 오는 양말도 출토될 법한데, 현재까지 출토품 등으로 확인된 양말은 대부분 발목까지밖에 오지 않는다(또는 파손된 탓에 길이는 불명). 재료는 울 소재의 천 양말이 가장 일반적이었으며, 니트 양말도 출토되었다. 양말은 대개 샌들용이어서 발뒤꿈치와 발가락 부분이 뚫려 있다. 일본의 전통 양말처럼 엄지발가락과 나머지 네 발가락으로 분리된 양말도 발견되었다.

스카프(Focale)

목이 갑옷에 쓸리는 것을 막기 위해 목에 스카프를 감았다. 일반적으로는 갑옷 속에 숨겨져 있어서 전체적인 모습을 볼 수 없지만, 사각형이었을 듯하다(오늘날 역사 재현자들은 안쪽에 수납하여 넣기 편하다는 이유로 삼각형을 사용한다). 트라야누스 원기둥에는 수건 길이의 스카프와 그보다 더 긴 것이 등장한다. 민간용 스카프는 오늘날의 머플러와 비슷한 정도의 길이(170cm)였다.

허리띠(Faecia Ventralis)

제정 초기의 초상화를 보면 벨트 밑에 천으로 된 띠를 두르고 있는 사람이 많다. 허리에 띠를 두르는 실험을 해본 결과, 띠를 두르면 척추를 잡아주어 묵직한 갑옷을 입었을 때 조금 더 편하게 느껴지고, 벨트 장식을 고정하는 리벳에 의해 옷이 망가지는 것을 막아주고, 또 주머니 대신으로도 쓸 수 있다는 것을 알아냈다고 한다. 옷을 걷어 올리거나 허리에 접힌 부분을 감추는 데도 사용되었다.

마구

안장(Sella)

　고대에는 등자가 없었기 때문에 말 위에서 균형을 잡기 힘들어 근접 전투를 제대로 할 수 없었다고 한다. 하지만 출토품 등을 해석하여 로마 시대의 안장을 재현한 결과, 등자 없이도 그 이상의 안정성을 유지할 수 있다는 것이 밝혀졌다.

　이 안장에는 4개의 뿔처럼 생긴 돌기가 달려 있다. 전방의 뿔 2개는 넓적다리 앞에 달려서 탑승자가 앞이나 옆으로 미끄러지는 것을 막아주고, 후방의 뿔은 허리를 잡아주어 탑승자가 뒤로 미끌어지는 것을 막아준다. 이 시스템은 말에서 내리기 힘들 정도로 대단히 견고하게 탑승자를 고정해주어, 전쟁터에서 격렬하게 움직이더라도 충분하고도 남을 만큼의 안정성을 확보해준다.

　유일한 결점은 승마 시와 하마 시에 몸을 번쩍 들어올려야 한다는 점인데, 이 또한 훈련을 조금 받으면 습득할 수 있다.

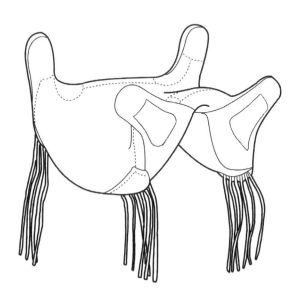

<그림 70>: 뿔이 4개 달린 안장. 발상지는 갈리아일 것으로 추정된다.
안장에 달린 끈은 장식일 뿐 실용적인 용도는 없다(원래는 더 길다).

마갑

말용 방호구는 기원전 5세기경부터 사용되었다. 가장 일반적인 마갑(말의 갑옷)은 면갑(面甲)으로, 이마에서부터 코까지 보호해준다. 가슴에 반원형 가슴 보호대를 대기도 하였다.

기원후 1세기 중반의 제정기에 마갑은 마상술 경기용 장비로서 부활하였다. 가장 중요한 장비는 눈가리개였다. 청동판에 구멍을 뚫어서 만든 메시(mesh) 소재의 반원형판으로, 말의 눈을 보호함과 동시에 측면 시선을 차단하여 집중력을 높이는 역할을 하였다. 두 장으로 이루어진 타입과 세 장으로 이루어진 타입이 있다. 두 장 타입은 두 장으로 각각 눈을 가리고 이 둘을 가죽 벨트로 연결하였다. 세 장 타입은 말의 이마를 커버하는 청동판이 눈가리개 연결부가 되는 형태로, 대부분 경첩으로 연결하였다.

가슴 보호대는 주로 가죽 또는 청동으로 만들었으며, 역시 마상술 경기에서 사용되었다.

마갑에 관한 가장 오래된 문헌 자료는 기원후 136년에 집필된 아리아노스의 책이다. 이에 따르면 마갑은 옆구리와 앞부분(가슴을 말하는 것일까?)을 덮는 커버로 이루어졌다고 한다. 아리아노스의 기술로 미루어보아 두꺼운 천을 여러 겹 겹쳐 꿰맨 형태였을 듯하다.

3세기의 것으로 추정되는 실물 마갑(몸통만 있음)이 두라에우로포스에서 거의 완전한 형태로 출토되었다. 전문가들은 정황상 전투 시에 손상된 부분을 수리하기 위해 맡긴 마갑이 건물이 붕괴되면서 그대로 땅속에 묻힌 것으로 보고 있다. 가죽 안감 겉면에 청동 미늘 조각을 꿰매 붙였으며, 위에서 아래로 말의 몸통에 씌운 후 가슴 앞부분에서 여미는 형태이다. 하지만 이는 로마제 갑옷이 아니라 적군 기병에게서 빼앗은 것이라는 의견도 있다.

재갈(Frenus)

재갈은 말의 입에 물리는 금속구이다. 재갈에 연결된 고삐를 통해 힘을 전달하여 말을 컨트롤한다. 말의 입은 섬세한 기관이며, 재갈이 발명됨으로써 기수의 명령을 정확하게 말에게 전달할 수 있게 되었다.

재갈에는 수륵과 대륵의 두 종류가 있다.

수륵은 대륵처럼 지렛대의 원리를 사용하지 않는 타입으로, 말에게 과도한 부담을 주지 않는다. 하지만 로마 시대의 것은 현대의 것보다 훨씬 가늘어서 훨씬 예민하게 말을 조종할 수 있는 한편 말이 받는 부담은 컸다.

대륵은 입에 물리는 부분이 Ω형으로 되어 있다. 이 Ω형 부품에 H형 부품을 연결하고, H형 부품에 고삐를 연결한다. 고삐를 잡아당기면 Ω형 부품이 입속에서 일어나서 말의 입천장을 압박한다. 동시에 말의 위아래 턱뼈를 조여 강력한 압력을 줄 수 있다. 당연히 말에게 상당히 큰 부담이 가해진다. 로마 시대의 것은 대단히 강력하여 학대에 가까운 수준의 압력이 말에게 가해지도록 설계되었다.

로마 시대에 재갈을 날카롭게 만든 것은 말의 반응 속도를 높이기 위한 조치였으나, 동시에 고삐를 통해 전달되는 통증과 공포 때문에 말이 패닉에 빠질 가능성도 충분히 있었다. 기원후 83~84년에 있었던 그라우피우스산 전투에서는 어느 코호르스 지휘관의 말이 공황 발작을 일으켜 그를 태운 채 적진 한가운데로 달려가는 사건이 발생하였는데, 필시 재갈의 통증이 원인이었을 것이라고 한다.

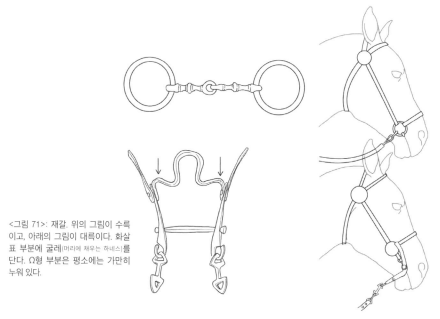

<그림 71>: 재갈. 위의 그림이 수륵이고, 아래의 그림이 대륵이다. 화살표 부분에 굴레(머리에 채우는 하네스)를 단다. Ω형 부분은 평소에는 가만히 누워 있다.

프살리온(Psalion)

로마인은 말이 입을 벌리고 있으면 재갈의 효과가 떨어짐을 발견하고, 입을 벌리지 못하도록 하는 금속구를 고안해냈다. 이것이 프살리온이다. 오늘날의 독일식 코끈(Drop Noseband)과 같은 구조이며, 로마 시대의 것은 금속제였고 말에게 훨씬 강력한 압박을 주었다.

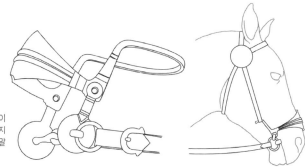

<그림 72>: 프살리온. 왼쪽은 재갈이 일체화된 타입이고, 오른쪽은 그렇지 않은 타입이다. 고삐를 잡아당기면 말의 머리가 숙여진다.

입마개(Camus)

말이 입을 벌리지 못하게 하는 도구이다. 말의 입 전체를 둘러싸도록 장착한다. 깨무는 버릇이 있는 말에게 채워 정렬하고 있을 때 옆의 말을 깨물지 못하게 하였다. 또 말 울음소리 때문에 소재지가 들통나지 않도록 적을 기습할 때도 채운다.

박차(Calx)

기원전 3세기경에 만들어진 초기 형태의 박차는 U자형 토대에 스파이크를 붙였으며, 발뒤꿈치가 아니라 발목에 착용하였다. 회화 자료를 보면 발목에 박차를 착용하고 그 위에 스파이크 구멍이 뚫린 가죽끈을 둘러 고정하였다.

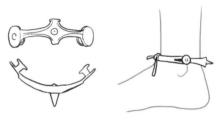

<그림 73>: 토이토부르크에서 출토된 박차와 장착 모습 추정도.
양쪽 끝에 구멍이 뚫린 가죽끈에 박차의 단추를 끼워 발목에 고정한다.

편자(Solea Ferrae)

기원후 4세기에 베게티우스가 굽의 마모에 관한 글을 남겼고, 또 로마인의 저작물에서 편자에 관한 언급이 발견되지 않아 로마인은 편자를 사용하지 않은 것으로 보는 시각이 지배적이다. 하지만 숫자는 적으나 실물 몇몇이 출토되고 있다. 지극히 적은 수의 사람이(아마도 로마 지배하에 있던 원주민들이) 사용한 듯하다. 로마 편자의 특징은 편자에 박힌 못대가리와 편자의 후단 부분이 스파이크처럼 튀어나와 있다는 점이다.

편자 대신에 신발을 신기기도 하였는데, 그중에서 풀을 꼬아서 만든 신발은 솔레아 스파르타(Solea Sparta)라고 하였다. 히포 샌들이라는 철제 신발도 있었는데, 이는 발굽에 바른 약초가 상처 부위에 잘 묻어 있도록 하기 위한 치료 도구였을 것이다.

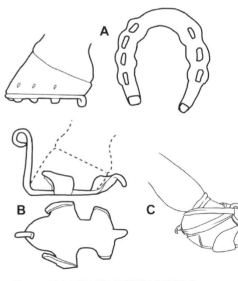

<그림 74>: A: 편자, B: 히포 샌들. 점선은 발굽의 위치를 나타낸다. C: 또 다른 타입의 히포 샌들 장착법.

등자

6세기에 집필된『스트라테기콘』에서 처음으로 등장한다. 본디 승마하거나 하마할 때 디디는 발 받침으로 개발되었기 때문에 처음에는 한쪽에만 달려 있었으며, 등자를 초심자의 증표로 여겨 싫어하는 자도 많았다. 하지만 등자를 장착함으로써 가로 방향으로 힘을 주고 버틸수 있게 되었고, 몸을 비틀어 뒤를 바라볼 때도 안정성을 유지해주는 역할을 하고, 등자를 딛고 일어설 수 있고, 등자가 있어서 질주하는 말에서 활을 쏠 때도 조준이 흔들리지 않는 등의 효과가 있음이 인정되면서 급속하게 퍼져나갔다.

◆ 군기(軍旗)

오늘날의 군대와 마찬가지로 로마군도 군기를 신성하게 여겼다. 이른바 부대의 정신이 깃들어 있다고 생각하였다.

플리니우스(10권 5장)에 따르면 마리우스 이전의 군기는 독수리(가장 귀한 존재로 여겼다), 말, 미노타우로스(Minotauros), 늑대, 멧돼지가 그려진 군기를 사용하였다. 이러한 모티브들에는 종교적인 의미가 담겨 있었다. 독수리는 유피테르, 말은 카스토르(Castor)와 폴룩스(Polluxr, 쌍둥이자리의 신), 늑대는 마르스(와 로마의 건국 시조 로물루스[Romulus]와 레무스[Remus]를 키운 암늑대), 미노타우로스는 캄파니아인(Campanians, 혹은 모종의 강의 신), 멧돼지는 야생 혹은 갈리아인(또는 사비니족의 전쟁 신 퀴리누스[Quirinus])을 상징한다. 또 미노타우로스는 '이탈리아'어의 어원인 오스크어 단어 '황소의 땅(Vîteliù)'과 관련이 있다고 한다. 필자는 투구에 소뿔 모양의 장식을 하는 갈리아인과 관련이 있을 수도 있다고 생각한다.

군기가 어떤 역할을 하였는가에 대해서는 다양한 의견이 있다. 예를 들어 각 군기가 각각 하스타티, 프린키페스, 트리아리이, 벨리테스를 나타낸다는 설, 특정 군단을 나타낸다는 설등이 있으나 확실하게 밝혀진 바는 없다.

리비우스에 따르면 공화정기에는 군기를 보물 창고(Aerium, 사투르누스[Saturnus]의 신전에 있었다)에서 보관하였다고 한다. 제정기에는 사령부의 중앙 정면에 있는 신전(Aedes Principiorum)에서 보관하였다.

군기에는 이하의 타입이 있다. 기본적으로 기를 다는 봉에는 지면에 꽂을 때를 위한 스파이크와 뽑을 때 잡을 핸들이 달려 있었다.

독수리기(Aquila)

군단을 상징하는 군기이다. 회화 자료를 보면 천둥을 발로 움켜쥔 독수리 조각을 막대 위에 올린 모양을 하고 있다. 이를 잃는 것을 가장 큰 치욕으로 여겨, 독수리기를 지키기 위해 목숨을 바친 자가 있을 정도이다.

카시우스 디오는 '독수리기는 작은 휴대용 신전이어서 그 안에 황금 독수리가 들어 있다. 이 군기는 전 군단이 출격할 때 외에는 동영지 밖으로 나가지 않는다'고 기록하였다. 3세기 중반의 펠소니우스 베루스 묘비에도 디오의 묘사와 일치하는 독수리기가 새겨져 있는데, 새장 속에 살아 있는 독수리를 담았을 것으로 추정된다.

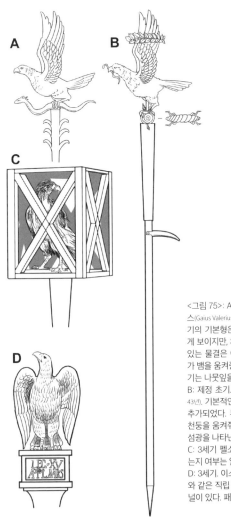

<그림 75>: A: 공화정기. 당시의 집정관 발레리우스 플라쿠스(Gaius Valerius Flaccus)의 데나리우스 경화(硬貨) 그림. 독수리기의 기본형은 그림과 같은 하늘을 나는 포즈이다. 기묘하게 보이지만, 3D였다면 가장 멋져 보일 포즈이다. 발 부분에 있는 물결은 여러 가지로 해석되고 있는데, 필자는 독수리가 뱀을 움켜쥔 모습이라고 확신한다. 아래에 있는 3쌍의 돌기는 나뭇잎을 형상화한 것이다.

B: 제정 초기. 그나이우스 무시우스의 묘비(기원전 13년~기원후 43년). 기본적인 디자인은 변하지 않았으며, 날개에 월계관이 추가되었다. 부리로는 뱀을 물고 있고, 발로는 유피테르의 천둥을 움켜쥐고 있다. 소용돌이가 천둥이고, 지그재그선은 섬광을 나타낸다.

C: 3세기 펠소니우스의 묘비. 현실적으로 이것이 가능하였는지 여부는 알 수 없다.

D: 3세기. 이스탄불의 묘비. 일반적인 독수리기 디자인은 이와 같은 직립 자세일 것이다. 발밑에는 군단명 등이 적인 패널이 있다. 패널 안에 적힌 각문은 필자의 상상이다.

대기(隊旗, Signum)

백인대 또는 투르마의 군기. 백인대기는 메달(Phalerae)이나 깃발이 달린 가로봉, 술 장식이나 초승달(Lunulae 또는 Curniculae), 관(Corona), 이름판 등의 다양한 요소를 조합하여 만들었으며, 이것들은 대개 부대가 받은 포상물이었다. 이 중에서 메달과 초승달은 코호르스 번호나 별자리를 나타낸다고 보는 견해도 있으나, 확실한 증거는 없다. 오른손 모양 장식은 마니풀루스(손이라는 뜻)를 상징한다고도 한다.

근위 군단의 대기에는 전갈이 그려져 있다. 전갈자리를 상징하는 것이 분명하나, 의미는 알 수 없다.

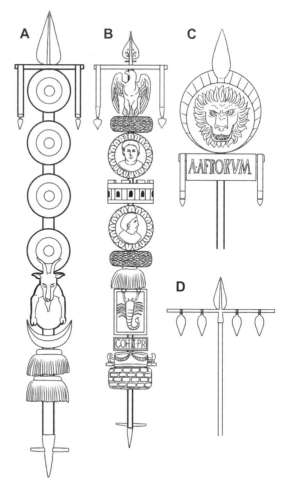

<그림 76>: A: 제14군단 게미나의 기수 가이우스 발레리우스 세쿤두스의 묘비(기원후 6~15년). 실제로는 길이가 더 길었을 것(전체의 절반 정도)으로 추정된다. 염소는 군단의 엠블럼이며, 군단의 정신을 나타낸다.
B: 근위 군단의 기. 트라야누스 시기. 트라야누스 원기둥과 동시대의 부조를 참고하였다. 장식된 관은 위에서부터 독수리, 시민관, 황족(트라야누스)의 초상, 성벽관, 황족(하드리아누스)의 초상, 시민관, 술 장식, 전갈, 부대 표식(근위 군단 제3코호르스), 해군관, 야영지관이다.
C: 알라 아프로룸의 기수 오클라티우스의 묘비. 운반상의 편의성을 위해서인지 전체적으로 기병의 군기는 간결하다. 사자 머리는 부대의 출신을 상징하는 듯하다.
D: 제1알라 히스파노룸의 기수 퀸투스 카르미니우스 인게누스의 묘비(기원후 20년경).

분견대기(Vexillum)

창의 촉이 달린 봉에 가로 막대를 붙이고 거기에 깃발을 달아서 만든다. 깃발 색은 보라색이며, 하단에는 보통 술 장식이 달려 있다. 보조 부대에서 독수리기와 같은 지위를 가진 군기로, 이름대로 분견대의 군기이기도 하다.

<그림 77>: 왼쪽: 코브리지에서 출토된 2세기의 부조. 당시에 시설 건설을 한 제2군단 아우구스타의 분견대기이다. 군기 위에 펠타(Pelta, 방패의 일종)와 장식용 촉이 꽂혀 있는데, 상부는 일부만을 남기고 파손되어서 이 부분은 필자가 상상하여 그렸다.
오른쪽: 3세기의 분견대기. 전체적인 디자인은 두라에우로포스의 프레스코화를, 깃발 디자인은 이집트에서 출토된 분견대기의 그림을 참고하였다.

초상기(Imago)

황제의 초상을 붙인 군기이다. 초상은 은으로 도금하였다. 이 군기는 특정 부대의 것이 아니다. 사령관 옆에 비치하였으며, 황제의 권위를 나타내고 또 병사의 충성심을 고양하는 역할을 하였다.

드라코(Draco)

드라코란 용이라는 뜻으로, 사르마트족이 쓰던 용 모양 군기를 받아들인 것이다. 주로 기병의 군기로 사용되었으며, 3세기 이후에 널리 사용되었고, 나중에는 백인대의 군기로도 쓰였다.

일본의 잉어 깃발(입 부분은 뚫리고 꼬리는 접착된 가로로 길쭉한 통형이어서 바람이 불면 입으로 바람이 들어가 잉어가 빵빵해지고 물속을 헤엄치듯이 나부낀다-역자 주)과 같은 구조로 되어 있다. 몸통부가 천으로 된 튜브형으로 되어 있어서 말이 달리면 마치 살아 있는 것처럼 움직인다. 바람이 불면 소리도 났다고 하는데, 현재까지 발견된 출토품에는 그와 같은 기능은 없다.

라바룸(Labarum)

콘스탄티누스가 제정한 군기로, 분견대기에 그리스도교의 심벌인 '키로'가 달린 것이다. 라바룸은 그리스도교의 심벌을 지칭하는 단어로, 군기 이외에도 사용되었다.

악기

고고학 유물과 기록 등을 통해 로마 시대 악기의 음색은 대개 알려져 있으나, 악보가 남아 있지 않아서 어떠한 곡을 연주하였는지는 밝혀지지 않았다.

군대에서 악기는 명령을 전달할 뿐 아니라 시간을 알리기도 하고, 퍼레이드나 축제 음악으로 쓰이기도 하고, 의식이 치러지는 공간을 정화하는 역할도 하였다.

트럼펫(Tuba)

관이 길게 쭉 뻗어 있는 악기로, 오늘날의 트럼펫과 같다. 이 악기를 부는 병사를 나팔수(Tubicen)라고 한다. 전진(공격), 퇴각, 야영지에서 출발할 때 등에 분다.

호른(Cornu)

연주자의 몸을 한 바퀴 도는 가늘고 긴 원형 나팔이다. 호른수(Cornicen)는 야경 시에 시간을 알려준다(기상나팔도 호른수가 불었을 듯하다). 베게티우스의 말에 따르면 전쟁터에서 기수에게 명령을 내릴 때 사용하였다고 한다. 보병 부대만 장비하였다.

부키나(Bucina)

금관 악기의 일종으로, 트럼펫을 길게 늘여놓은 듯한 모양이다. 경보음 대신에 사용되었다. 또 기병 부대는 특히 부키나 또는 트럼펫을 많이 사용한 흔적이 남아 있다.

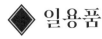 일용품

짐(Sarcina)

사르키나란 병사 본인이 직접 운반하는 짐을 말한다. 식기 등의 일용품, 공구, 식료품 등이 이에 해당하며, 베게티우스에 따르면 한 사람당 약 20kg의 짐을 운반하였다고 한다.

짐은 끝부분이 십자가 모양으로 된 막대기에 매달아 운반하였다. 트라야누스 원기둥에 이러한 모습이 상당히 구체적으로 묘사되어 있는데, 그 모습이 문헌 기록의 내용과 전반적으로 일치한다. 하지만 트라야누스 원기둥에 새겨진 병사들은 실제와 다른 방식으로 짐을 운반한다. 원기둥 제작자는 짐이 잘 보이도록 방패를 삭제하고 병사들이 짐을 높이 치켜든 모습으로 새겨놓았다. 하지만 직접 실험해본 결과에 따르면 먼저 방패를 등에 짊어지고, 그 위로 짐을 어깨에 메는 것이 가장 편안하며 효율적인 방법이라고 한다.

하지만 이런 식으로 운반하면 방패가 제일 밑에 깔리기 때문에 상황 변화에 대응할 수 없다는 결점이 생긴다. 방패는 적군의 공격을 막을 뿐 아니라 행군 중에 내리는 비나 우박을 막는 데도 아주 효과적이기 때문에 재빠르게 사용할 수 있도록 제일 위로 올려 운반하는 편이 좋다는 의견도 있다.

식기

아피아노스에 따르면 로마 병사는 청동제 포트와 철 꼬치, 머그컵을 가지고 다녔다고 한다. 포트(Situla)는 편수 냄비의 일종이다. 아래쪽이 둥근 볼 형태이며, 바닥에는 굽이 달려 있어서 조리기구 겸 식기로 사용하였다. 요새 유적에서 흔히 발견되는 조리기구에 냄비(Patera)가 있다. 바닥이 평평한 깊은 냄비로, 양쪽에 손잡이가 달려 있다. 군용으로 특화된 조리기구 중에 사르타고(Sartago)라는 손잡이가 접히는 프라이팬도 있다.

물주머니(Uter, Culleus)

트라야누스 원기둥에 동물의 가죽을 통으로 사용한 물주머니가 나온다. 목이 떨어진 동물의 가죽을 (복부를 가르지 않고) 신중하게 벗기면 동물을 그대로 뒤집어놓은 통형 가죽을 얻을 수 있다. 이 가죽에 붙은 고기와 지방을 제거하고 소금을 박아 건조시킨다. 경우에 따라서는 재차 뒤집어서 털을 깎기도 하지만, 사용할 때는 모피가 안쪽으로 오도록 하여 사용한다. 그 후 입구가 될 목구멍 부분을 제외한 나머지 구멍을 봉합하고 가지고 다니기 편하게 끈을 달면 완성된다.

볼켄(Marquita Volken)은 흔히 가죽 가방으로 여기는 물체 대부분이 사실은 물주머니의 일종이라고 주장한다. 왜냐하면 그러한 '가방'들에는 뚜껑 묘사가 없을 뿐 아니라 모퉁이에 주둥이인 듯 튀어나와 있는 부분이 있기 때문이다(그는 19세기의 선명치 않은 사진이 오해의 원인이라고 지적한다). 계속해서 그는 이 가방형 물주머니도 동물형과 마찬가지로 소금에 절인 후 말린 가죽으로 만들었다고 한다. 작은 조각이기는 하나, 사각형 비슷한 물주머니의 일부(초록색, 귀퉁이에 달린 끈, 주둥이)가 발견되었다. 이러한 타입의 물주머니가 존재하였을 가능성도 높다. 추정 크기는 가로 30cm, 세로 20cm이다.

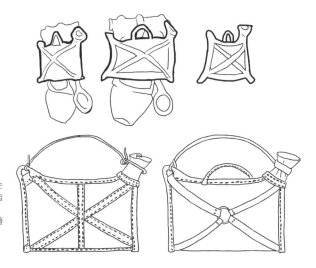

<그림 78>: 상단의 왼쪽과 가운데는 부조 하나를 다른 각도에서 본 모습이다.
하단은 물주머니의 추정 복원도. 출처: 볼켄

방어용 울타리의 스파이크(Sudes)

전체 길이가 1.5~2m 정도 되는 상하 대칭 모양의 창이다. 가운데가 손잡이 부분이다. 방어벽을 만들듯이 창을 꽂아서 울타리를 만든다. 직접 울타리를 만드는 실험을 한 결과, 창 3개가 중앙의 손잡이 부분에서 교차되도록, 서로에게 기대도록 설치할 때 가장 안정적이라고 한다.

텐트(Tabernaculum)

텐트 사이즈를 언급한 유일한 문헌 자료는『데 메타티오네 카스트로룸』이다. 이에 따르면 텐트 사이즈는 한 변이 10피트이며, 그중에서 2피트는 로프 길이라고 한다. 즉, 이 텐트는 삼각형이 아니라 집 모양의 오각형 텐트이다. 이 사이즈는 발굴된 단편들을 바탕으로 추정한 사이즈와도 일치한다. 오늘날 복원해놓은 복원품을 보면 가죽제이고 무게는 약 44kg이다. 발수 기능은 없기 때문에 비에 젖으면 8kg가량 더 무거워진다.

8인용이지만, 돕슨이 계산한 바에 따르면 8명이 들어가면 한 사람이 차지할 수 있는 공간이 약 37cm밖에 되지 않아서 도저히 잘 수 있는 상태가 아니라고 한다. 그는 이 텐트는 6인용이며, 그중에서 3명은 머리를 입구 쪽에 두고 나머지 3명은 발을 입구 쪽에 두는 식으로 엇갈리게 잤을 것이라고 주장한다. 나머지 2명은 야경을 하여야 하므로 텐트에서 자지 않았다고 한다. 사실 『데 메타티오네 카스트로룸』에서도 병사 4명 중 1명이 야경을 하였다고 한다.

상급 사관과 장군의 텐트는 이보다 훨씬 컸다. 경우에 따라서는 여러 개의 텐트를 썼을 가능성도 있다. 백인대장의 텐트 길이는 병사용의 2배였을 것으로 추측되고 있다.

방패 덮개

행군 중이나 보관 중에는 비바람으로부터 방패를 보호하기 위해 커버를 씌웠다. 지금까지 발견된 방패 덮개는 가죽제이며, 소속 군단과 부대명이 새겨진 이름표가 달려 있었다.

방수포

네덜란드의 되르네(Deurne)에서 보존 상태는 나쁘지만 기병이 사용하였던 방수포로 추정되는 물건이 발견되었다. 기병용 도구가 싸인 상태로 발견되었으며, 크기는 2×2.8m이고, 72×52cm짜리 염소 가죽 4장으로 만들어졌다. 모퉁이를 보강해놓은 부분 가운데 두 곳에 고정 장치가 있었던 흔적이 있는 것으로 미루어보아 여러 장을 연결하여 사용하기도 한 듯하다.

머릿기름(Nardum)

스파이크나드(Spikenard)라는 인도나 히말라야 등지에 자생하는 풀뿌리 추출물로 만든 향유이다. 조미료로도 사용하였고, 포마드나 헤어젤 대신으로도 사용하였다. 플리니우스에 따르면 특별한 축제일에 향유로 군기를 정화하기 때문에 병사들도 머릿기름을 사용하는 것이라고 한다.

제 4 부 정신론

제 1 장
명예와 신앙

 로마 병사의 정신

비르투스(Virtus)

로마인에게 비르투스(Virtus)는 가장 중요한 덕목이었다. 흔히 미덕이라고 번역하는데, 본래 의미가 '남성(Vir)'인 것을 통해서도 알 수 있듯이 '남성스러움'과 관련된 미덕이다. 지성이나 정신과 관련된 미덕이 아니다. 공훈, 특히 적군을 몇 명이나 죽이고 그의 장비를 전리품으로 삼았는가, 전쟁터에서 아군을 몇 명이나 구하였는가, 몸에 명예로운 상처가 몇 개나 있는가 등을 중시하였다.

그 증거로 로마에는 전리품을 비르투스의 상징으로서 본인의 집에 전시하는 풍습이 있었다. 아르키메데스(Archimedes)가 설계한 천체 운동을 자동으로 계산하는 기계를 전리품으로 전시하였다는 기록이 남아 있을 정도이다.

전쟁이 일상적으로 이루어지면 어느 사회든 비르투스를 중시하지만, 폴리비오스에 따르면 로마는 그러한 경향이 특히 강하였다고 한다. 예를 들어 기원전 218년에 작성된 인구조사서에 따르면 한니발 전쟁으로 격감한 원로원 의원 수를 메우기 위해 정부 요직 경험자 외에 빼앗은 적군의 장비를 집에 장식해둔 자와 시민관(市民冠, 로마 시민을 구한 자에게 부여되는 관)을 수여받은 자를 원로원 의원으로 받았다고 한다.

비르투스는 때로는 초법규적인 힘을 발휘하였다. 스키피오가 '한니발을 무찌른 영웅'이라는 이유로 탄핵당하지 않은 유명한 일화가 있는데, 그 밖에도 기원전 99년에 부정을 저질렀다는 이유로 고소당한 마니우스 아퀼리우스(Manius Aquillius, 나중에 목구멍에 녹인 금을 부어서 죽인다)가 전쟁 흉터를 보인 것만으로 역전 승리를 하기도 한다.

같은 사례로 기원전 102년에 있었던 킴브리족(Cimbri)과의 전쟁 에피소드를 들 수 있다. 적진에 고립되어 패닉에 빠진 군단의 수석 백인대장 아티나스(Gnaeus Petreius Atinas)는 이러한 사태를 초래한 우유부단한 트리부누스를 죽인 후(이때 군단장직은 아직 없었다) 직접 지휘권을 잡고 포위망을 돌파하여 전군과 함께 귀환하였다. 본래라면 상관을 살해하면 사형에 처해지나, 그는 로마 최고의 영예인 풀잎관(草冠)을 수여받았다.

당연한 이야기지만, 정치인에게도 비르투스는 가장 중요한 무기였다. 공화정기의 기병이 강할 수 있었던 이유도 그들이 강렬하게 비르투스를 갈망하였기 때문이다. 전쟁의 승패를 결정하는 요인 중에서 상당히 큰 부분을 사기가 차지한다면, 비르투스를 갈망하는 기사 계급의 강렬한 투기는 사기를 크게 진작했을 것이다.

병사를 이끄는 백인대장에게도 비르투스는 요구되었다. 그들은 병사들의 선두에 서서 적진을 향해 나아가고, 결코 물러나지 않으며, 초인적인 용기를 발휘하여 모범을 보이고, 병사들이 자신을 몹시 두려워하고 존경하도록 행동함으로써 병사들을 거느릴 수 있었기 때문이다.

기원전 53년에 갈리아인이 로마군 동영지를 공격하였는데, 이 사건에서 그러한 좋은 예를 찾아볼 수 있다. 그 군단에는 라이벌 관계인 티투스 풀로(Titus Pullo)와 루키우스 보레누스(Lucius Vorenus)라는 두 백인대장이 있었고, 매년 누가 더 높은 지위에 오르는가를 두고 경쟁하였다.

갈리아인의 공격을 받는 중에 풀로는 보레누스에게 '지금이야말로 누가 더 뛰어난지를 겨룰 때'라고 말하고 성벽에서 뛰어내려 적진 한복판으로 돌진하였다. 그리고 보레누스도 그 뒤를 이었다. 풀로는 필룸을 던져 적군 1명을 꿰뚫었지만, 즉시 반격을 받고 의식이 몽롱해진다. 적들이 그를 둘러싸고 창을 던지는 차에 보레누스가 뛰어들어 그를 구출하였다. 보레누스가 바싹 뒤쫓는 적군 1명을 베어버리자 나머지 적군들이 물러났지만, 빠르게 뛰다가 구멍 속으로 빠지고 만다. 이번에는 보레누스가 위기에 처하였다. 그러자 이번에는 풀로가 그를 구하기 위해 달려갔고, 둘이 협력하며 여러 명의 적군을 무찌르고 무사히 귀환하였다. 완벽한 군율 위반이지만, 카이사르는 그들의 용감무쌍함을 대놓고 칭송하였다.

제정기에 들어서면 비르투스를 획득하는 것이 새로운 황제의 임무가 된다. 클라우디우스 황제는 그야말로 이것 때문에 브리타니아 원정에 나서게 되었다는 것이 정설이다. 군인 황제의 시대인 3세기가 되면 병사들의 지지를 얻기 위해 비르투스에 사활을 건다. 세베루스 알렉산데르처럼 겁쟁이라는 낙인이 찍혀 비르투스를 잃은 자에게는 죽음이 기다렸다.

비르투스와 반대되는 개념은 수치(Pudens)이다. 로마 같은 명예 사회에서 수치를 당하는 것은 죽음과 다름없는 굴욕적인 일이었다.

신앙과 데보티오(Devotio)

다른 민족과 마찬가지로 로마인도 신의 계시나 징크스를 믿었다. 군단에 전속 점술사를 두어 날씨와 동물을 비롯한 다양한 현상을 해석함으로써 신이 자군의 편이라는 것을 확인하고자 하였다.

그 모든 것의 기본이 되는 것이 '정당성(justitia)'이었다. 모든 전쟁은 (설령 터무니없는 트집에 불과한 궤변이라 하더라도) 정당한 이유하에 치러지는 '정의로운 전쟁(Bellum justum)'이어야 한다. 정당성 없이는 신의 도움을 받을 수 없다. 즉, 승리할 수 없다고 여겼다.

예를 들어 기원전 322년에 정전 협정을 깨고 로마령에 침입하였음에도 패배한 삼니움족은 정전 협정을 깬 그들에게 신이 분노하였다고 여겼다. 이에 주모자를 체포하여 로마에 넘기고, 그때까지 잡은 로마인 포로와 전리품 일체를 반환하고 사죄하며 재차 정전 협정을 맺어 달라고 요청하였다. 그러나 로마 원로원은 이를 거부하며 완전히 항복하라고 요구하였기 때문에 교섭은 결렬되었다. 이에 신의 노여움이 로마를 향한 것일까? 이듬해(기원전 321년)에 로마의 3대 패배 중 하나인 '카우디움의 굴욕(나머지 둘은 갈리아의 로마 점거와 칸나이 전투)'을 겪는다. 4개 시민단을 포함한 로마 전군이 항복하는 치욕을 당하였다.

그리고 신들을 자군의 편으로 포섭하기 위한 의식도 거행하였다. 일반적으로는 신전을 건설하겠다고 맹세하였지만, 궁극의 수단으로 사령관이 자신을 산 제물로 바치기도 하였다. 이를 데보티오라고 한다. 그 대표적인 예를 기원전 295년 센티눔 전투에서 찾아볼 수 있다. 로마의 전력은 집정관 퀸투스 파비우스 막시무스 룰리아누스(Quintus Fabius Maximus Rullianus)와 푸블리우스 데키우스 무스(Publius Decius Mus)가 이끄는 4개 군단과 동맹 군단 4만 명(추정치)이었다. 적군의 전력은 삼니움인과 갈리아인을 중심으로 하는 연합군으로 로마 측을 훨씬 상회하였다(추정치 5만~6만 명).

전투 직전에, 양군 사이에 사슴과 이를 쫓는 늑대가 나타났다. 사슴은 갈리아군 쪽으로 달아났고, 늑대는 로마군 쪽으로 진로를 틀었다. 갈리아군이 사슴을 죽였으나, 이와는 대조적으로 로마군은 늑대에게 길을 터준 후 '갈리아인은 디아나(Diana)의 화신인 사슴을 죽였지만, 로마인은 마르스의 화신인 늑대를 보내주었다. 따라서 로마군은 신의 조력을 얻을 것이다'라며 사기를 북돋웠다.

로마군은 우익에 룰리아누스, 좌익에 무스의 군단을 배치하고, 초기 공격에는 강하지만 지구력이 부족한 갈리아인을 대적하기 위해 적의 공격에 방어 태세를 취하라고 지시하였다. 하지만 무스는 이 말을 듣지 않고 총공격을 감행하였다. 결과적으로 로마군은 갈리아군을 격파하지 못하였고 교착 상태에 빠졌다. 이 상황을 본 무스는 좌익을 지키는 기병에게 '좌익 기병이 승리의 물꼬를 트면 전리품을 배로 주겠다'라며 고무하였고, 직접 최고의 기병을 이끌고 갈리아 기병을 공격하였다. 두 차례의 공격으로 갈리아 기병은 격파되었고, 그 후 적군 보병의 측면을 공격하여 승리가 코앞으로 다가온 차에 갈리아군의 비밀 병기, 전차가 모습을 드러냈다. 전차대의 기습과 거대한 소리에 로마 기병은 흩어져 달아났고, 적군의 전차가 로마군 보병의 전열로 돌진하자 전열은 순식간에 흐트러졌다.

이러한 절체절명의 상황에 무스는 데보티오를 하기로 결심한다(그의 아버지도 데보티오를 하여 승리를 거두었다).

로마가 이탈리아를 제패하느냐 그렇지 못하느냐가 걸린 이번 전투, 그것도 자군보다 훨씬 강한 군대와의 대결을 앞두고, 만에 하나의 상황이 벌어지면 자신을 희생하여서라도 승리를 쟁취해내고 말겠다고 생각한 듯하다. 그 증거로 데보티오를 하여야 할 때에 대비하여 그는 전투 내내 신관 마르쿠스 리비우스 덴테르(Marcus Livius Denter)를 곁에 두었다.

덴테르는 마르스의 성스러운 창을 높이 들어 올리고, 토가의 일부를 머리에 씌우고, 왼손으로 무스의 턱을 만지며 기도를 올렸다.

Iane Iuppiter Mars pater Quirine Bellona Lares Divi Novensiles Di Indigetes Divi quorum est potestas nostrorum hostiumque Dique Manes, vos precor veneror veniam peto oroque uti populo Romano Quiritium vim victoriam prosperetis, hostesque populi Romani Quiritium terrore formidine morteque adficiatis.

Sicut verbis nuncupavi, ita pro re publica populi Romani Quiritium, exercitu legionibus auxiliis populi Romani Quiritium, legiones auxiliaque hostium mecum Deis Manibus Telluri que devoveo.

야누스, 유피테르, 우리의 아버지 마르스, 퀴리누스, 벨로나, 라레스, 신성한 노벤실레스, 신성한 인디게테스, 우리와 적군의 양측에 있는 힘 있는 신들이여, 그리고 신성한 마네스여, 제가 지금 그대들을 불러 숭상하며 그대들의 가호를 청합니다. 로마 시민에게 번영과 승리를 그리고 적군에게 공포와 죽음을 내려주십시오. 저는 이 기도를 로마 시민의 공화국, 군단, 원군을 대신하여 올리며, 적 군단과 원군 그리고 저 자신을 대지의 신이신 마네스와 텔루스에게 바칩니다.

신관의 말을 복창하고, 무스는 킹투스 가비니우스라는 전투용 토가를 몸에 두르고 말을 타고 무장하였다. 이리하면 데보티오를 할 준비가 끝난다. 그다음에는 덴테르에게 군 지휘권을 넘기며 프로프라이토르로 삼고(덴테르는 수년 전에 집정관을 맡았던 경험이 있었다), 다른 사령관에게 데보티오를 행한다는 취지를 전하고(전투 전에 그러한 취지를 통고하였을 가능성이 높다), 혼란에 빠지지 않도록 즉시 일직선으로 적진 한복판으로 뛰어들어 전사하였다. 그의 희생과 우익 룰리아누스가 보낸 증원 병력의 도착으로 로마군의 사기는 올라갔고, 한편 갈리아 병사들은 혼란에 빠졌다(코완은 무스를 죽여 데보티오를 완성시킴으로써 신들을 적으로 돌리게 된 상황을 이해하고 갈리아 병사들이 패닉에 빠졌을 것으로 해석한다).

갈리아 병사는 방패를 연결하는 테스투도 진형을 갖추고 방어하려 애썼지만, 삼니움군을 격퇴한 룰리아누스가 보낸 캄파니아 기병이 뒤쪽에서 공격해오자 더 이상 버티지 못하고 야영지로 달아났다.

해도 저물고 있었기에 적군이 어둠을 틈타 도망갈 것을 우려한 룰리아누스는 승리의 신 빅토르로 화신한 유피테르에게 신전과 전리품을 헌상하는 대신에 완전한 승리를 거두게 해달라고 청하였다. 그의 청에 신이 응답한 것인지 추격전 중에 삼니움군 지휘관도 전사하였고, 포위된 야영지에서 도망치려 한 갈리아군도 반격을 당하여 전멸하였다. 전쟁은 로마의 완벽한 승리로 끝났다.

또한 무스의 아들이 집정관으로서 피로스 전쟁에 참여하였을 때 적군 사이에서 그가 데보티오를 하는 것이 아닐까 하며 불안해하는 목소리가 나왔다고 한다. 무스의 아들이 데보티오를 하였다는 기록은 없으나, 이때 이후로 기록에 등장하지 않을뿐더러 그가 이 전쟁에서 살아남았다는 기록도 없다. 이와 같이 침묵하는 것은 그가 데보티오에 실패(데보티오를 하였음에도 전황이 바뀌지 않았거나 또는 적에게 생포되었거나)하였기 때문인지도 모르겠다.

리비우스(8권 10, 12절)에 따르면 데보티오에는 두 종류가 있다고 한다. 군사령관이 일반병 중에서 1명을 선발하여 데보티오를 시키는 경우와 전술한 바와 같이 사령관이 데보티오를 하는 경우이다. 만일 전자의 경우에 선발된 병사가 전사하지 않으면 그의 조각상을 지하 2m 이상 깊은 곳에 묻고, 목숨을 부지한 병사를 부정한 존재로 보아 처형하였다. 조각상을 묻은 장소는 부정한 곳으로 여겨져 로마의 관료는 발을 들이는 것이 금지되었다.

후자의 경우에 사령관이 살아남으면 그는 자신과 타인을 위해 산 제물을 올리는 것은 금지당하였지만, 무구를 신에게 봉납할 권리는 주어졌다. 또 그가 선서할 때 들었던 창은 결코 적군의 손에 넘어가서는 안 되며, 만일 그렇게 되면 창을 정화하기 위해 마르스에게 돼지와 양, 소를 바쳐야 하였다.

선서(Sacramentum)

로마군에서 선서란 군율을 지키기 위해 거행하는 중요한 의식이다. 내용은 남아 있지 않지만, 단편적인 기록을 합하여 보면 지휘관의 요구에 따라서 집합하고, 지휘관에게 복종하고, 군법을 어기지 않으며, 퇴역할 때까지 군을 이탈하거나 탈주하지 않고, 전쟁터에서 적군을 앞에 두고 달아나지 않고, 무기를 대신할 것을 가지러 갈 때나 적군을 공격할 때, 동료를 지킬 때 이외에는 전열에서 이탈하지 않겠다고 신에게 맹세하는 것이다.

직업 병사가 탄생한 이후로 선서는 병사 입대 시와 새로운 사령관 도착 시에 이루어졌다. 제일 처음으로 하는 선서는 시민이 병사가 되었음을 상징한다. 선서한 순간, 시민은 일반 시민으로서의 권리를 대부분 상실하고, 군법 통제하에 놓이게 된다. 키케로는 이에 대해 그 누구도 선서를 하지 않고는 병사가 될 수 없으며, 어떠한 자도 선서를 하지 않고는 합법적으로 적과 싸울 수 없다고 하였다.

기원전 47년에 반란을 일으킨 병사들에게 카이사르가 한 유명한 연설에서 그는 병사들을 '시민 제군(Quirites)'이라고 지칭하며 결코 '병사 제군(Miles)'이라고 하지 않았다. 이는 사령관에게 복종하겠다는 선서를 어긴 병사들을 더는 병사로 인정하지 않겠다는 의사 표시이며, 이에 충격을 받은 병사들은 즉시 반란을 멈추었다.

이것과는 별개로 야영지에 들어갈 때 도둑질 등을 하지 않겠다고 맹세하는 의식은 이우시우란둠(Iusiurandum)이라고 하며 선서와 엄밀하게 구분하였다. 이 선서식은 규율 엄수와 사기 향상을 위해 거행되기도 하였다.

제 2 장
영예와 벌

 ## 포상

포상(Dona Militaria)은 병사들의 사기를 높이는 데 대단히 중요한 역할을 하였다. 포상품은 공훈을 올렸다는 무엇보다 확실한 증거가 되었기 때문이다. 포상은 전군이 지켜보는 가운데 이루어졌다.

대개의 경우에 보상은 정식 전투 때가 아니라 조우전 때 얼마나 용감하게 싸웠는가로 주어 졌다. 정식 전투 시에 용감하게 싸우는 것은 의무이고 당연한 일이지만, 의무가 발생하지 않는 조우전에서 자신의 의지로 위험을 무릅쓰며 승리를 쟁취하는 것은 상찬할 만한 용감한 행위로 여겨졌기 때문이다.

제정기부터는 포상할 때 사관과 일반 병사를 차별하였다. 극히 일부의 사례를 제외하고는 관, 군기, 창은 백인대장 이상의 사관에게 주었고 토르크, 팔찌, 팔레라는 일반 병사에게 주었다(상세한 내용은 후술). 동시에 포상의 성질도 전쟁터에서 어떠한 공적을 올렸는가와는 상관없이 연공서열에 따라서 주어졌다. 이윽고 포상은 병사들에게 지불되는 지급금으로 바뀌었고, 셉티미우스 황제가 집권한 2세기 말에서 3세기 초 사이에 이조차 완전히 폐지되었다.

식전(式典)

■ 스폴리아 오피마(Spolia Opima)

가장 크며 가장 권위 있는 포상이다. 적 장군과 1 대 1로 대결하여 상대를 죽이고 그의 갑옷을 빼앗은 자에게 주어졌다. 떡갈나무에 적군의 갑옷을 입힌 후 이를 본인이 들쳐메고 올라가 카피톨리노 언덕에 있는 유피테르 페레트리우스(Jupiter Feretrius) 언덕에 봉납하는 의식으로, 로마의 초대 왕 로물루스(카이니넨세스[Caeninenses]의 왕 아크론[Acron]), 아울루스 코르넬리우스 코수스(Aulus Cornelius Cossus, 베이엔테스[Veientes]의 왕 라르 톨룸니우스[Lar Tolumnius], 왕정기), 마르쿠스 클라우디우스 마르켈루스(Marcus Claudius Marcellus, 가이사타이의 왕 비리도마루스[Viridomarus], 기원전 222년)의 세 사람만이 수여하였다.

기원전 30년에 크라수스의 손자 마르쿠스 리키니우스 크라수스가 마케도니아에서 적 지휘관을 1 대 1로 싸워 무찌르고, 이 영예를 얻을 기회를 달라고 원로원에 요청하였지만, 아우구스투스는 그의 힘이 강해질 것을 두려워하여 수여하는 것을 허락하지 않았다. 크라수스는 전승 장군에게 주어지는 '임페라토르' 호칭도 요구하였지만, 이것도 기각되었다. 이후로 임페라토르는 황제만 사용할 수 있는 칭호가 되었다.

■ 개선식(Triumphus)

육·해상 전투에서 승리한 지휘관에게 수여되는 최고의 영예로, 엄격한 기준이 있으며 여기에 부합된 자만 받을 수 있었다. 그 기준이란 전투가 장군(집정관 등)의 지휘하에 이루어졌을 것(예를 들어 트리부누스가 지휘하는 분견대가 적을 섬멸한 경우에는 트리부누스가 아니라 상사인 집정관이 그 영예를 차지하였다), 적군은 수천 명(나중에는 5,000명)을 죽였으나 우군은 사상자가 적을 것, 정당한 전투이며 내전이 아닐 것 등이다. 하지만 기원전 1세기부터 기준이 모호해져 제정기가 되면 개선식은 황제에게만 허락되었으며, 실제로 전쟁을 지휘한 장군은 오르나멘타를 대신 거행하였다. 황제와 그 가족 이외의 자가 개선식을 거행한 것은 기원전 22년이 마지막이다.

장군이 벨로나 신전의 원로원에게 보고하고, 타당하다고 판단되면 개선식 날짜가 정해졌다. 당일에는 사람들이 꽃을 흩뿌리는 가운데 캄푸스 마르티우스에서 출발한 행렬은 개선문(Porta Triumphalis)부터 시작하여 키르쿠스 플라미니우스(Circus Flaminius), 키르쿠스 막시무스(Circus Maximus)를 경유하고, 신전 가도(Via Sacra)를 지나 카피톨리노 언덕으로 올라가 유피테르 신전에 흰 소 두 마리를 바쳤다. 장군은 유피테르 카피톨리누스의 보라색 토가를 두르고 황금색 신발과 독수리 장식이 달린 상아 왕홀을 들고 월계관을 쓴다. 그와 함께 전차에 타는 정부 소속 노예는 황금 유피테르 왕관을 손에 들고, 거만하게 굴지 않도록 주의하라고 장군의 귀에 속삭였다. 병사, 그리고 이번 전투에서 거둔 전리품이 그 뒤를 이었다. 관중들에게 얼마나 큰 승리를 거두었는지와 로마(와 장군)의 위대함을 각인시켰다.

하지만 무엇보다 큰 볼거리는 포로가 된 적군 사령관이었다. 그들은 관중의 호기심 어린 눈빛과 야유를 받으며 행렬의 뒤를 따랐고, 마지막에 툴리아눔(Tullianum, 현재의 마메르티노 감옥) 지하에서 교수형에 처해졌다.

■ 오바티오(Ovatio)

정당하지 않은 적 상대와 싸워 전과를 올린, 즉 개선식의 기준에 미치지 못하는 장군의 공을 기리는 의식이다. 이때 사령관은 토가(Toga Praetexta)를 입고 걸어서 행진하며, 월계수가 아니라 겨우살잇과 나무로 만들어진 관을 쓴다.

■ 오르나멘타(Ornamenta Triumphalia)

전쟁을 승리로 이끈 장군에게 로마 시민이 감사를 표하는 의미로 수여하는 것으로, 황제에게만 허락된 개선식 대신에 거행되었다. 장군은 경기 대회 때 월계관을 쓸 권리가 주어지며,

업적을 기리기 위해 포룸에 동상을 세웠다.

관(冠)

■ 풀잎관(Corona Graminea)

로마에서 가장 권위 있는 관으로, 전군(全軍)을 구한 장군, 지휘관, 사관에게 수여된다. 포위된 절체절명의 위기에 빠진 군단을 구하였다는 의미로 '봉쇄관(Corona Obsidionalis)'이라고도 한다. 목숨을 건진 군단 전체의 뜻에 따라서만 수여되며, 전쟁터에 나 있는 들풀, 보리, 밀 등으로 만들었다.

이 관을 수여받은 사람은 로마 역사상 다음의 9명뿐이다.

- 루키우스 시키우스 덴타투스(Lucius Siccius Dentatus): 기원전 5세기의 백인대장. 전설적인 영웅
- 푸블리우스 데키우스 무스(Publius Decius Mus): 기원전 4세기. 두 차례 수상
- 퀸투스 파비우스 막시무스 베루코수스(Quintus Fabius Maximus Verrucosus): 기원전 3세기. 한니발과 전투
- 마르쿠스 칼푸르니우스 플람마(Marcus Calpurnius Flamma): 기원전 3세기. 제1차 포에니 전쟁 때의 장군
- 스키피오 아프리카누스 아이밀리아누스(Publius Cornelius Scipio Africanus Aemilianus): 기원전 2세기. 제3차 포에니 전쟁 때
- 그나이우스 페트레이우스 아티나스(Gnaeus Petreius Atinas): 기원전 2세기 말. 킴브리아 전쟁 때
- 루키우스 코르넬리우스 술라(Lucius Cornelius Sulla): 기원전 1세기. 동맹시 전쟁 때
- 퀸투스 세르토리우스(Quintus Sertorius): 기원전 1세기. 스페인에서
- 아우구스투스(Augustus): 기원후 1세기. 원로원으로부터 수여받음

■ 시민관(Corona Civica)

떡갈나무 잎으로 만든 관으로, 로마군에서 두 번째로 위상 높은 관이다. 전쟁터에서 전우의 목숨을 구하고, 적군을 죽이고, 그 자리를 적에게 내주지 않은 자에게 수여된다. 목숨을 구한 병사의 신고와 증언이 있어야 한다. 제정기에는 황제만 이 관을 받을 수 있었다.

■ 해군관(Corona Navalis)

뱃머리 모양 관이다. 적선에 제일 먼저 뛰어들고, 그 자리를 적에게 내주지 않은 자에게 수여된다.

■ **성벽관**(Corona Muralis)

황금 성벽 모양 관이다. 적의 성벽에 제일 먼저 뛰어들어 그 자리를 적에게 내주지 않은 백인대장이나 병사에게 수여된다. 도시의 수호신도 성벽관을 쓰고 있다.

■ **야영지관**(Corona Vallaris, Corona Castrensis)

말뚝 박힌 요새 모양의 관으로, 적군의 야영지에 제일 먼저 뛰어들어 그 자리를 적에게 내주지 않은 병사나 백인대장에게 수여된다.

■ **황금관**(Corona Aurea)

가장 낮은 위계의 관으로, 적과 1 대 1로 대결하여 상대를 죽이고, 그 지점을 전투 종료 시점까지 적에게 내주지 않은 백인대장과 병사에게 수여된다.

훈장

로마군의 훈장은 본래 창뿐이었으나, 시대가 흐름에 따라서 다양한 장신구가 추가되었다. 제정기 보조 부대에서는 개인이 아니라 부대에게 수여하였다.

■ **토르크**(Torquis)

원래는 갈리아인 전사가 목에 두르던 전사의 상징이었다. 로마의 경우에는 소형 토르크 한 쌍을 끈이나 띠로 연결하여 목에 걸었다. 용맹함을 칭송하는 뜻으로 내린 훈장인 듯하며, 제정기에는 보조 부대에 종종 수여하였다.

■ **하스타 푸라**(Hasta Pura, Hasta Donatica)

'촉 없는 창'이라는 뜻이다. 실제로는 장식용 촉이 달려 있었다. 1 대 1로 대결하여 적병을 죽이면 받는다. 나중에는 상급 백인대장만 받았다.

■ **팔레라**(Phalera)

금, 은, 청동제로 만들어진 원반 9개가 세트인 장신구로, 밭 전(田)자 모양의 하네스에 붙여서 착용하였다. 또 기병의 경우에는 마구에 장착하였다.

■ **팔찌**(Armilla)

백인대장 이하의 로마 병사에게 수여하였으며, 수상자의 계급이나 신분에 따라서 금, 은, 청동 등으로 재질이 달랐다. 언제나 쌍으로 수여하였다.

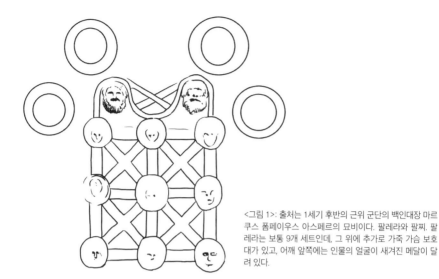

<그림 1>: 출처는 1세기 후반의 근위 군단의 백인대장 마르쿠스 폼페이우스 아스페르의 묘비이다. 팔레라와 팔찌. 팔레라는 보통 9개 세트인데, 그 위에 추가로 가죽 가슴 보호대가 있고, 어깨 앞쪽에는 인물의 얼굴이 새겨진 메달이 달려 있다.

■ **상배**(賞杯)

적을 죽인 후 무기를 **빼앗은** 자에게 수여되었다.

■ **은으로 만들어진 군기 미니어처/분견대기**(Vexillum)

두 가지 모두 상세한 내용은 알 수 없다.

 처벌

포상은 모범적인 행위를 장려하고, 처벌은 규율을 유지해준다.

병사 몇천 명이 함께하는 집단생활이 원활하게 돌아가도록 행동 기준이 되는 규칙을 정하고, 일탈한 자에게 적절한 처벌을 내림으로써 반드시 규칙에 강제성을 부여하여야 한다. 장군은 부하 병사를 자유롭게 처벌할 수 있고, 일반 시민의 권리인 재심권을 무시할 수 있었다.

■ **사형**(死刑, Fustuarium)

곤봉(Fustis)에서 파생된 말로, 박살형을 뜻한다. 임무를 포기한 자, 적을 앞에 두고 도망간 자, 절도한 자, 허위로 증언한 자, 동성끼리 성교한 자, 범죄를 세 번 저지른 자, 무대 공연에 출연한 자, 스스로 노예가 된 자 등을 사형에 처하였다. 또 자살을 기도하였으나 미수에 그친 자와 적의 포로가 되었음에도 도주하지 않은 자도 반역죄로 간주하였다.

폴리비오스는 야간 경비 중에 잠든 병사를 사형에 처하였다고 하였다. 유죄가 확정되면 트리부누스가 곤봉으로 죄인의 어깨를 가볍게 두드린다. 그러면 야영지에 있는 모든 병사가 곤봉이나 돌로 죄인을 구타하였다. 대개는 그 자리에서 죽었지만, 운 좋게 도망치더라도 고향으로 돌아갈 수 없고, 또 아무도 집에 들이려 하지 않았으므로 죽은 것과 다름없었다.

■ 10분의 1형(Decimatio)

아마도 가장 유명한 처벌일 것이다. 부대 전체가 도망가는 등 미처 다 사형에 처할 수 없을 만큼 유죄자가 많은 경우에 시행하였다. 죄인의 10%를 제비뽑기로 추첨한 후 나머지 죄인이 곤봉으로 때려죽였다. 나머지 죄인은 배급도 보리로 받고, 텐트도 야영지 밖에 설치하여야 한다.

그 밖에 이하의 것들이 있었다.

- 벌금·감봉(Pecunaria Multa)
- 채찍질: 백인대, 코호르스, 군단 앞에서 맞았다.
- 교정(Castigatio):
  백인대장의 지팡이(Animaadversio Fustium, 직역하면 '징벌의 지팡이')로 맞았다.
- 다시 선언하기
- 강등(Gradus Delectio):
  공화정기에는 기병이 보병으로 강등되기도 하였고, 기사 계급인 자가 무능한 자식을 '훈육'하기 위해 일부러 보병으로 종군시키기도 하였다.
- 배급 식량을 보리로 변경:
  제2차 포에니 전쟁 시기에 생겨난 처벌이다. 당시에 보리는 가축 사료였으며, 사람은 밀을 먹었다.
- 벨트(군인의 상징) 없이 거리에 세워두기:
  기원전 210년에 퇴역한 마니풀루스 백인대장을 검과 벨트 없이 대중 앞에 세워놓은 사례가 특히 유명하다.
- 군인 특권 정지
- 주요 임무에서 제외(Militiae Mutatio)
- 불명예 제대(Ignominosa Missio):
  면세권을 비롯한 모든 특권이 정지되며, 퇴직금 등을 몰수당하기도 하였다. 불명예 제대자는 로마 시내에 거주하거나 황제의 측근이 되는 것도 허용되지 않았다.

그 밖에 병사가 감시하는 감옥에서 죄인이 병사에게 폭행을 당하여 사망한 경우에는 죄인이 사형수일 때를 제외하고는 병사의 지휘관이 죄인 대신에 벌을 받기도 하였고, 절도범은 뱀과 함께 자루에 담아 강에 던지기도 하였다.

부록

부록 1 로마 군단 리스트

주 임무지란 그 군단이 주로 주둔한 속주(지방)를 말한다. 군단은 시대에 따라서 다양한 곳으로 이전하기도 하고 분견대를 다른 속주에 파견하기도 하는 등 한곳에 머물지 않았다. 또 일시적으로 해체되고, 수년 후에 재편성된 군단(예: 제4군단 스키티카)도 동일한 군단으로서 표기하였다.

'ND'는 노티티아 디그니타툼에 기재된 군단
기타 축약 명칭… **LC**: Legio Comitatenses   **PS**: Legio Pseudcomitatenses
　　　　　　　　LL: Legio Limitanea   **LP**: Legio Palatinae

I ADIUTRIX 제1군단 아디우트릭스 - ND·LL
[명칭의 뜻] 지원의　　　　　　　　　[창설] AD 68 (네로)
[주 임무지] 판노니아　　　　　　　　[엠블럼] 숫염소, 페가수스, 갤리선
[그 밖의 명칭] Adiutrix Pia Fidelis, Adiutrix Pia Fidelis bis,
　　　　　　　Adiutrix Constans

I GERMANICA 제1군단 게르마니카
[명칭의 뜻] 게르마니아의　　　　　　[창설] BC 48 이전 (카이사르) 또는 BC 43년 (판사)
[주 임무지] 게르마니아　　　　　　　[엠블럼] ?
[그 밖의 명칭] Augusta (원래 명칭)
[비고] 군단 해산 (AD 69)

I ITALICA 제1군단 이탈리카 - ND·PC·LL
[명칭의 뜻] 이탈리아의　　　　　　　[창설] AD 67 (네로)
[주 임무지] 모이시아　　　　　　　　[엠블럼] 황소, 멧돼지
[그 밖의 명칭] Italica Serviana

I MACRIANA 제1군단 마크리아나
[명칭의 뜻] 마케르의　　　　　　　　[창설] AD 68 (클로디우스 마케르)
[주 임무지] 아프리카　　　　　　　　[엠블럼] ?
[그 밖의 명칭] Liberatrix
[비고] 군단 해산 (AD 69)

I MINERVIA 제1군단 미네르비아
[명칭의 뜻] 미네르바의　　　　　　　[창설] AD 83 (도미티아누스)
[주 임무지] 게르마니아 [엠블럼] 미네르바, 숫양, 빅토리아 여신과 숫양
[그 밖의 명칭] Flavia Minervia (원래 명칭)
　　　　　　　Flavia Minervia Pia Fidelis Domitiana,
　　　　　　　Minervia Antoniniana, Minervia Severiana Alexandriana

I PARTHICA 제1군단 파르티카

[명칭의 뜻] 파르티카의   [창설] AD 193(세베루스)
[주 임무지] 시리아   [엠블럼] ?

II ADIUTRIX 아디우트릭스 - ND·LL

[명칭의 뜻]   [창설] AD 69(베스파시아누스)
[주 임무지] 판노니아 인페리오르
[엠블럼] 멧돼지, 페가수스
[그 밖의 명칭] Adiutrix Pia Fidelis

II AUGUSTA 제2군단 아우구스타 - ND·LL

[명칭의 뜻] 아우구스투스의   [창설] BC 43?(아우구스투스)
[주 임무지] 브리타니아   [엠블럼] 숫양, 페가수스, 마르스
[비고] 군단 창설 기념일은 9월 23일

II ITALICA 제2군단 이탈리카 - ND·LC·LL

[명칭의 뜻]   [창설] AD 165(아우렐리우스)
[주 임무지] 노리쿰   [엠블럼] 늑대와 쌍둥이
[그 밖의 명칭]
[비고] Italica Pia Fidelis, Italica Fidelis, Italica VII Pia VII Fidelis,
     Italica Pia Fidelis Servianae

II PARTHICA 제2군단 파르티카 - ND·LL

[명칭의 뜻]   [창설] AD 193(세베루스)
[주 임무지] 이탈리아   [엠블럼] 켄타우로스, 황소, 멧돼지
[그 밖의 명칭] Parthica Antoniniana Pia Fidelis Aeterna

II TRAIANA FORTIS 제2군단 트라이아나 포르티스 - ND·LL

[명칭의 뜻] 트라야누스의 용감한   [창설] AD 101(트라야누스)
[주 임무지] 이집트   [엠블럼] 헤라클레스
[그 밖의 명칭] Triana Fortis Germanica Antoniniana

III AUGUSTA 제3군단 아우구스타 - ND·LC

[명칭의 뜻]
[창설] BC 43(판사) 또는 BC 41~40(옥타비아누스)
[주 임무지] 아프리카   [엠블럼] 페가수스, 늑대와 쌍둥이
[그 밖의 명칭] Augusta Pia Vindix Antoninianae

III CYRENAICA 제3군단 키레나이카 - ND·LL
[명칭의 뜻] 키레나이카의   [창설] BC 30 이전 (안토니우스 또는 레피두스)
[주 임무지] 이집트   [엠블럼] 고양이?
[그 밖의 명칭] Cyrenaica Feliciter Invicta?

III GALLICA 제3군단 갈리카 - ND·LL
[명칭의 뜻] 갈리아의   [창설] BC 48 (카이사르)?
[주 임무지] 모이시아   [엠블럼] 황소
[비고] 군단 해산 (AD 219), 222년 이후에 재편성

III ITALICA 제3군단 이탈리카 - ND·LC·LL
[명칭의 뜻]   [창설] AD 165 (아우렐리우스)
[주 임무지] 라이티아   [엠블럼] 황새
[그 밖의 명칭] Italica Concors, Italica Antoniniana

IIII FLAVIA FELIX 제4군단 플라비아 펠릭스 - ND·LL
[명칭의 뜻] 신에게 사랑받는 플라비우스의 [창설] AD 70 (베스파시아누스)
[주 임무지] 모이시아   [엠블럼] 사자

IIII MACEDONICA 제4군단 마케도니카
[명칭의 뜻] 마케도니아의   [창설] BC 48 (카이사르)
[주 임무지] 마케도니아   [엠블럼] 황소, 숫염소
[그 밖의 명칭] 군단 해산 (AD 69. 나중에 IIII Flavia Felix로서 재편성)

IIII SCYTHICA 제4군단 스키티카 - ND·LL
[명칭의 뜻] 스키타이의 [창설] BC 30 이전 (안토니우스)
[주 임무지] 시리아   [엠블럼] 숫염소
[비고] 군단 해산 (219년). 5세기의 노티티아 디그니타툼에 등장하므로 나중에 재편성된 모양.

V ALAUDAE 제5군단 알라우다이
[명칭의 뜻] 종다리   [창설] BC 52 (카이사르)
[주 임무지] 게르마니아   [엠블럼] 코끼리
[비고] 괴멸 (AD 86)

V MACEDONICA 제5군단 마케도니카 - ND·LC·LL
[명칭의 뜻]   [창설] BC 41~40 (아우구스투스)
[주 임무지] 모이시아   [엠블럼] 사자, 황소, 독수리, 빅토리아와 독수리, 코끼리
[그 밖의 명칭] Macedonica Pia Fidelis (or Constans),
Macedonica III Pia III Fidelis
[비고] 가장 오랜 역사를 지닌 로마 군단. 마지막 기록은 AD 635~636

VI FERRATA 제6군단 페라타

[명칭의 뜻] 철갑의   [창설] BC 52(카이사르)
[주 임무지] 시리아   [엠블럼] 늑대와 쌍둥이
[그 밖의 명칭] Ferrata Fidelis Constans

VI VICTRIX 제6군단 빅트릭스 · ND·LL

[명칭의 뜻] 승리의   [창설] BC 41~40(아우구스투스)
[주 임무지] 브리타니아
[엠블럼] 황소, 독수리와 빅토리아, 승리의 베누스(Venus Victrix)
[그 밖의 명칭] Hispana(원래 이름), Victrix Pia Fidelis Domitiana

VI HISPANA 제6군단 히스파나

[명칭의 뜻] 히스파니아의   [창설] AD 212 이후
[주 임무지] 다키아?   [엠블럼] 불명
[그 밖의 명칭] 비문 하나에만 기록이 남아 있는 군단. AD 250년경에 소멸?

VII CLAUDIA 제7군단 클라우디아 · ND·LL

[명칭의 뜻] 클라우디우스의   [창설] BC 59 이전(카이사르)
[주 임무지] 달마티아   [엠블럼] 황소
[그 밖의 명칭]
[비고] Macedonica(원래 명칭), Claudia Pia Fidelis

VII GEMINA 제7군단 게미나 · ND·LC·LL

[명칭의 뜻] 쌍둥이의   [창설] AD 70(베스파시아누스)
[주 임무지] 스페인   [엠블럼] 카스토르와 폴룩스
[그 밖의 명칭] Gemina Felix, Gemina Pia Felix, Felix
[비고] VII Hispana 와 VII Galibiana 에서 창설됨. 군단 창설 기념일은 7월 10일

VIII AUGUSTA 제8군단 아우구스타 · ND·LP

[명칭의 뜻]   [창설] BC 59 이전(카이사르)
[주 임무지] 게르마니아   [엠블럼] 황소
[비고] 노티티아 디그니타툼에는 'Octavani(제8)'라고 기재되어 있음

IX HISPANA 제9군단 히스파나

[명칭의 뜻]   [창설] BC 41~40(아우구스투스)
[주 임무지] 게르마니아   [엠블럼] ?
[비고] AD 120~197 사이에 소멸.
아마도 바르 코크바의 난(132~135년) 또는 아르메니아 전투(161년) 때 괴멸

X FRETENSIS 제10군단 프레텐시스 - ND·LL

[명칭의 뜻] (시칠리아) 해협의   [창설] BC 41~40(아우구스투스)
[주 임무지] 시리아
[엠블럼] 황소, 돌고래, 멧돼지, 갤리선, 넵튠

X GEMINA 제10군단 게미나 - ND·LC·LL

[명칭의 뜻]   [창설] BC 59 이전 (?)
[주 임무지] 판노니아   [엠블럼] 황소, 멧돼지
[그 밖의 명칭] Gemina Pia Fidelis Domitiana, Gemina Pia Fidelis Antoniniana
[비고] 전(前) X Equestris

XI CLAUDIA 제11군단 클라우디아 - ND·LP·LL

[명칭의 뜻]   [창설] BC 41~40(아우구스투스)
[주 임무지] 모이시아   [엠블럼] 넵튠, 숫염소
[그 밖의 명칭] Claudia Pia Fidelis, Claudia Alexandriana
[비고] Notitia Dignitatum에서는 'Undecimani(제11)'라고만 기재

XII FULMINATA 제12군단 풀미나타 - ND·LL

[명칭의 뜻] 뇌정의   [창설] BC 58 이전(카이사르)
[주 임무지] 시리아   [엠블럼] 뇌정
[그 밖의 명칭] Fulminata Certa Constans, Galliena

XIII GEMINA 제13군단 게미나 - ND·LC?·LL

[명칭의 뜻]   [창설] BC 41~40(아우구스투스)
[주 임무지] 게르마니아   [엠블럼] 숫염소, 사자, 독수리, 빅토리아와 독수리
[그 밖의 명칭] Gemina Pia Fidelis
[비고] Notitia Dignitatum에서는 'Tertiadecimani(제13)'라고만 기재

XIIII GEMINA 제14군단 게미나 - ND·LC?·LL

[명칭의 뜻]   [창설] BC 41~40(아우구스투스)?
[주 임무지] 게르마니아   [엠블럼] 숫염소
[그 밖의 명칭] Gemina Martia Victrix, Gemina IV Pia IV Fidelis
[비고] Notitia Dignitatum에서는 'Quartodecimani(제14)'라고만 기재

XV APOLLINARIS 제15군단 아폴리나리스 - ND·LL

[명칭의 뜻] 아폴로신의 신성한   [창설] BC 41~40(아우구스투스)?
[주 임무지] 카파도키아   [엠블럼] ?
[그 밖의 명칭] Apollinaris Pia Fidelis

XV PRIMIGENIA 제15군단 프리미게니아

[명칭의 뜻] 최장년의, 운명의 여신의

[창설] AD 39 (칼리굴라) 또는 AD 43 (클라우디우스)

[주 임무지] 게르마니아 [엠블럼] 운명의 여신

[비고] 괴멸 (AD 70). Primigenia(처음으로 태어난: 최장년의)는 운명의 여신을 부르는 경칭

XVI FLAVIA FIRMA 제16군단 플라비아 피르마 - ND·LL

[명칭의 뜻] 플라비우스의 흔들림 없는 [창설] AD 71 (베스파시아누스)

[주 임무지] 시리아 [엠블럼] 사자

[그 밖의 명칭] Flavia Firma Antoniniana

XVI GALLICA 제16군단 갈리카

[명칭의 뜻] [창설] BC 41 ~ 40년? (아우구스투스)

[주 임무지] 게르마니아 [엠블럼] 사자?

[비고] 군단 해산 (AD 69. 나중에 XVI Flavia Firma 로서 재편성)

XVII, XVIII, XIX 제17, 18, 19군단

[명칭의 뜻] [창설] BC 41 ~ 40 (아우구스투스)

[주 임무지] 게르마니아

[비고] 괴멸 (AD 9. 토이토부르크)

XX VALERIA VICTRIX 제20군단 발레리아 빅트릭스

[명칭의 뜻] 용감한 승리의 [창설] AD 41 ~ 40 (아우구스투스)

[주 임무지] 브리타니아 [엠블럼] 멧돼지, 숫염소

XXI RAPAX 제21군단 라팍스

[명칭의 뜻] 움켜쥐는 [창설] BC 41 ~ 40 (아우구스투스)

[주 임무지] 라이티아 [엠블럼] 숫양

[그 밖의 명칭] 괴멸 (AD 92)?

XXII DEIOTARIANA 제22군단 데이오타리아나

[명칭의 뜻] 데이오타루스왕의 [창설] BC 25 이전 (데이오타루스)

[주 임무지] 이집트 [엠블럼] ?

[비고] 괴멸 (바르 코크바의 난 AD 132 ~ 135)

XXII PRIMIGENIA 제22군단 프리미게니아

[명칭의 뜻] [창설] AD 39 (칼리굴라) 또는 AD 43 (클라우디우스)

[주 임무지] 게르마니아 [엠블럼] 숫염소, 숫염소와 헤라클레스

[그 밖의 명칭] Primigenia Pia Fidelis Domitiana, Primigenia Pia Fidelis, Primigenia Constantiniana Victrix

XXX ULPIA VICTRIX 제30군단 울피아 빅트릭스

[명칭의 뜻] 트라야누스 황제의 승리의
[창설] AD 101(트라야누스)
[주 임무지] 게르마니아   [엠블럼] 숫염소, 숫염소와 유피테르, 넵튠
[그 밖의 명칭] Ulpia Victrix Pia Fidelis,
Ulpia Victrix Pia Fidelis Antoniniana

■ 내전기 (BC32~30)

명칭이 있는 군단만 기재
'*'는 갈리아 전쟁기에는 카이사르의 지휘하에 있던 군단

II SABINA
[명칭의 뜻] 사비니족의   [설립(BC)] 43년   [그 후] II Augusta?

II GALLICA*
[명칭의 뜻] 갈리아의   [설립(BC)] 35년 이전   [그 후] II Augusta?

IIII SORANA
[명칭의 뜻] 소라의   [설립(BC)] 43년   [그 후] ?

V GALLICA*
[명칭의 뜻] 갈리아의   [설립(BC)] ?   [그 후] V Alaudae?

V URBANA
[명칭의 뜻] 도시(로마)의   [설립(BC)] 43년   [그 후] V Macedonica?

VI GEMELLA
[명칭의 뜻] 쌍둥이의   [설립(BC)] ?   [그 후] ?

VII PATERNA*
[명칭의 뜻] (국가) 아버지의   [설립(BC)] ?   [그 후] VII Claudia

VIII GALLICA*
[명칭의 뜻] 갈리아의   [설립(BC)] ?   [그 후] VIII Augusta?

VIII MUTINENSIS
[명칭의 뜻] 무티나의   [설립(BC)] 43년   [그 후] VIII Augusta?

VIIII GEMELLA
[명칭의 뜻] 쌍둥이의   [설립(BC)] ?   [그 후] ?

VIIII TRIUMPHALIS*
[명칭의 뜻] 개선의   [설립(BC)] 47년 이후?   [그 후] ?

X EQUESTRIS*
[명칭의 뜻] 기사의　　　　　　　　　　[설립 (BC)] ?　　　　　　　[그 후] X Gemina

X VENERIA*
[명칭의 뜻] 베누스의 신성한　　　　　　[설립 (BC)] ?　　　　　　　[그 후] X Gemina?

XII ANTIQUA*
[명칭의 뜻] 옛　　　　　　　　　　　　[설립 (BC)] ?　　　　　　　[그 후] XII Fulminata?

XII PATERNA*
[명칭의 뜻] (국가) 아버지의　　　　　　[설립 (BC)] ?　　　　　　　[그 후] XII Fulminata?

XII VICTRIX
[명칭의 뜻] 승리의　　　　　　　　　　[설립 (BC)] 41년 이전　　　[그 후] ?

XVII CLASSICA
[명칭의 뜻] 해군의　　　　　　　　　　[설립 (BC)] 41~31년　　　[그 후] BC 31?에 군단 해산

XVIII LIBYCA
[명칭의 뜻] 리비아의　　　　　　　　　[설립 (BC)] 31년 이전　　　[그 후] BC 31?에 군단 해산

XXX CLASSICA
[명칭의 뜻] 해군의　　　　　　　　　　[설립 (BC)] ?　　　　　　　[그 후] BC 41?에 군단 해산

MARTIA
[명칭의 뜻] 마르스의　　　　　　　　　[설립 (BC)] ?　　　　　　　[그 후] BC 42에 조난되어 전멸

■ 후기 제정기

리스트가 방대해지므로 (Notitia Dignitatum에는 약 190개의 군단이 기록되어 있다) 넘버링된 군단 (즉 역사가 긴 군단) 만 게재하였다.

창설자의 약칭⋯ **D:** 디오클레티아누스　　**P:** 프로부스
　　　　　　　　T: 테오도시우스　　　**C:** 콘스탄티누스 2세
　　　　　　　　A: 아우렐리우스　　　**V:** 발렌티니아누스 1세

I ARMENIACA – ND·PC·LL
[창설된 해/창설자] 3C ?　　　　　　　[임무지] 아르메니아

I FLAVIA CONSTANTIA – ND·LC
[창설된 해/창설자] ?　　　　　　　　　[임무지] 동방

I FLAVIA GEMINA – ND·LC
[창설된 해/창설자] ?　　　　　　　　　[임무지] 동방

I FLAVIA GALLICANA CONSTANTIA - ND·PC
[창설된 해/창설자] ?　　　　　　　　[임무지] 서방

I FLAVIA METIS - ND·PC
[창설된 해/창설자] ?　　　　　　　　[임무지] 서방

I FLAVIA PACIS - ND·LC
[창설된 해/창설자] 4c 중반　C　　　　[임무지] 서방

I FLAVIA THEODOSIANA - ND·LC
[창설된 해/창설자] ?　　　　　　　　[임무지] 동방

I ILLYRICORUM - ND·LL
[창설된 해/창설자] AD 270년경　A　　　[임무지] 팔미라

I IOVIA - ND·LL
[창설된 해/창설자] 3c 말　D　　　　　[임무지] 스키타이

I ISAURA SAGITTARIA - ND·PC
[창설된 해/창설자] 3c 말　P　　　　　[임무지] 이사우리아

I IULIA ALPINA - ND·PC
[창설된 해/창설자] 4c 중반　?　　　　[임무지] 이탈리아

I MARTIA
[창설된 해/창설자] 3c 말　D?　　　　[임무지] 발레리아

I MAXIMIANA - ND·LL
[창설된 해/창설자] AD 296 / 297　D　　[임무지] 테바이도스

I MAXIMIANA THEBAEORUM - ND·CL (I MAXIMIANA와 동일?)
I NORICORUM - ND·LL
[창설된 해/창설자] 3c 말　D　　　　　[임무지] 노리쿰

I PARTHICA NISIBENA - ND·LL
[창설된 해/창설자] ?　　　　　　　　[임무지] 동방

I PONTICA - ND·LL
[창설된 해/창설자] 3c 말　D　　　　　[임무지] 폰투스

I VALENTINIANA - ND·LL
[창설된 해/창설자] ?　　　　　　　　[임무지] 동방

I - ND·LP (LEGIO PRIMANI. 제정기 제1군단 중 하나)
[창설된 해/창설자]　　　　　　　　　[임무지] 동방

II ARMENIACA - ND·PC
[창설된 해/창설자] 3c?   [임무지] 아르메니아

II BRITANNICA - ND·LC
[창설된 해/창설자] 3c 말?   [임무지] 브리타니아

II FELIX VALENTIS THEBAEORUM - ND·LC
[창설된 해/창설자] 4c 후반?   [임무지] 동방

II FLAVIA CONSTANTIA
[창설된 해/창설자] AD 296/297 D   [임무지] 테바이도스

II FLAVIA CONSTANTIA THEBAIORUM - ND·LC·LL
[창설된 해/창설자] 4c 말 T   [임무지] 테살로니카

II FLAVIA CONSTANTINIANA - ND·LC (II FLAVIA CONSTANTIA인가?)
[창설된 해/창설자]   [임무지] 서방

II FLAVIA GEMINA - ND·LC
[창설된 해/창설자] ?   [임무지] 동방

II FLAVIA VIRTUTIS - ND·LC
[창설된 해/창설자] 4c 중반 C   [임무지] 서방

II HERCULIA - ND·LL
[창설된 해/창설자] 3c 말 D   [임무지] 스키타이

II ISAURA - ND·LL
[창설된 해/창설자] 3c 말 P   [임무지] 이사우리아

II IULIA ALPINA - ND·PC
[창설된 해/창설자] 4c 중반?   [임무지] 일리리아

II VALENTINIANA - ND·LL
[창설된 해/창설자] 4c 중반? V?   [임무지] 동방

II - ND·LL (LEGIO SECUNDANI. 제정기 제2군단 중 하나)
[창설된 해/창설자]   [임무지] 동방

III DIOCLETIANA - ND·LL
[창설된 해/창설자] AD 298 D   [임무지] 알렉산드리아

III DIOCLETIANA THEBAIORUM - ND·LC
[창설된 해/창설자] AD 298? D   [임무지] 동방

III FLAVIA SALUTIS - ND·LC
[창설된 해/창설자] 4c 중반 C   [임무지] 아프리카

III HERCULIA - ND·LC
[창설된 해/창설자] 3c 말 D　　　　　　[임무지] 일리리아

III ISAURA - ND·LL
[창설된 해/창설자] 3c 말 P　　　　　　[임무지] 이사우리아

III IULIA ALPINA - ND·LC
[창설된 해/창설자] 4c 중반?　　　　　[임무지] 이탈리아

IIII ITALICA - ND·PC
[창설된 해/창설자] 3c 전반?　　　　　[임무지] 이탈리아?

IIII MARTIA - ND·LL
[창설된 해/창설자] AD 270 경 A　　　　[임무지] 아라비아

IIII PARTHICA - ND·LL
[창설된 해/창설자] 3c 말 D　　　　　　[임무지] 오스로에네

V IOVIA - ND·LL
[창설된 해/창설자] 3c 말 D　　　　　　[임무지] 판노니아

V PARTHICA
[창설된 해/창설자] 3c 말 D　　　　　　[임무지] 메소포타미아

VI GALLICANA
[창설된 해/창설자] 3c　　　　　　　　[임무지] 게르마니아

VI HERCULIA - ND·LL
[창설된 해/창설자] 3c 말 D　　　　　　[임무지] 판노니아

VI HISPANA
[창설된 해/창설자] 3c 이전?　　　　　[임무지] ?

VI PARTHICA - ND·PC
[창설된 해/창설자] 3c 말 D　　　　　　[임무지] 메소포타미아

VII SENIORES - ND·LC
[창설된 해/창설자] ?　　　　　　　　　[임무지] 서방

VII IUNIORES - ND·LC·PC
[창설된 해/창설자] ?　　　　　　　　　[임무지] 서방

? ⋯AT TRANSAQUINCUM - ND·LL
[창설된 해/창설자] ?　　　　　　　　　[임무지] 서방

부록 2　보조 부대 : 제정 초기

1세기부터 2세기 말까지의 보조 부대를 속주별로 정리한 것으로, 리스트에 있는 모든 부대가 동시대에 존재한 것은 아니다. 가장 오래, 가장 마지막에 머문 곳을 중심으로 기재하였다.

■ 일반적으로 사용된 칭호의 뜻은 다음과 같다.

Torquata : 토르크를 수여받음

bis : 2회 (뒤에 기재된 칭호를 2회 수여받음)

ob virtutem(et fidem) : 군사상의 공적을 올려서 (또는 충성심이 뛰어나서) (앞에 기재된 칭호를) 받음

pia fidelis : 충실과 성실. 반란 등을 일으키지 않고 황제에게 충성한 부대

Civium Romanorum : 로마 시민권 획득, 또는 로마 시민으로 편성된 부대

Sagittariorum : 궁병의

Scutata : 방패를 든. 통상적으로는 방패를 들지 않는 병종인데 방패를 장착한 부대

Ingeniorum : 지역 원주민을 징집하여 만든 부대

Voluntariorum : 지원병으로 편성된 부대

Veterana : 퇴역병으로 편성된 부대

Singularium : 선발 부대

■ 약식 칭호는 이하와 같다.

Tor.	: Torquata	Sag.	: Sagittariorum etc
C.R.	: Civium Romanorum	Aug.	: Augusta
Ing.	: Ingeniorum	Vol.	: Voluntariorum
Vet.	: Veterana	Sing.	: Singularium

■ 브리타니아(Britannia)

Ala Milliaria

· Gallorum Petriana C.R. bis Tor.

Ala Quingenaria

· I Aug. Gallorum Proculeiana
· I (Hispanorum) Asturum
· I Pannoniorum Sabiniana
· I Thungrorum
· II Asturum
· II Gallorum Sebosiana
· Agrippiana Miniata
· Aug. Gallorum Proculeiana
· Gallorum et Thracum Classiana
　Constantium Invicta bis Tor. C.R.
· (Gallorum) Picentiana
· Hispanorum Vettonum C.R.
· Aug. Vocontiorum C.R.

Cohors Milliaria Equitata

· I Nervana Germanorum
· I Vangionum

· I Fida Vardullorum C.R.
· II Tungrorum

Cohors Quingenaria Equitata

· I Aelia Classica
· I Afrorum
· I Batavorum
· I Hispanorum
· I Lingonum
· II Basconum C.R.
· II Lingonum
· II Gallorum Vet.
· II Thracum Vet.
· II Vascorum C.R.
· III Lingorum
· IV Gallorum
· IV Lingonum
· V Gallorum

Cohors Milliaria Peditata
- I Aeria Dacorum
- I Tungrorum

Cohors Quingenaria Pediata
- I Aquitanorum
- I Baetasiorum C. R. ob Virtutem et Fidem
- I Celtiberorum
- I Ulpia Traiana Cugernorum C. R.
- I Delmatarum/Dalmatarum
- I Frisiavonum
- I Hamiorum Sag.
- I Menapiorum
- I Morinorum
- I Sunicorum
- I Thracum
- II Delmatarum
- II Dongonum
- II Nerviorum C. R.
- II Pannoniorum ob Virtutem et Fidem
- III Nerviorum
- III Pannoniorum
- IV Breucorum
- V Gallorum
- V Raetorum
- VI Nerviorum C. R.

■ 게르마니아 인페리오르(Germania Inferior)
Ala Quingenaria
- I Thracum Victrix
- Gallica
- Longiniana
- Noricorum C. R.
- Parthorum Vet.
- Sulpicia C. R.

Cohors Quingenaria Equitata
- I Pannoniorum et Delmatarum
- I Raetorum C. R. pia fidelis
- II Asturum
- II C. R. pia fidelis
- II Hispanorum pia fidelis
- II Varcianorum C. R.
- VI Brittonum pia fidelis

Cohors Quingenaria Peditata

- I Aresacum
- I Flavia
- I Classica pia fidelis Domitiana
- I Thracum C. R. pia fidelis
- III Breucorum
- VI Breucorum
- VI Ingenuorum C. R.
- VI Raetorum
- VIII Breucorum
- X V Vol. C. R.

■ 게르마니아 수페리오르 (Germania Superior)
Ala Milliaria
- II Flavia Gemina pia fidelis Domitiana

Ala Quingenaria
- I Flavia Gemina
- Afrorum Vet.
- Indiana Gallorum Pia fidelis Antoniniana
- Hispanorum
- Moesica Felix Tor.
- Parthorum et Araborum
- Scubulorum

Cohors Milliaria Equitata
- I Flavia Damascenorum Sag.

Cohors Quingenaria Equitata
- I Aquitanorum Biturigum
- I Aquitanorum Vet.
- I Asturum
- I C. R. Ingenuorum pia pidelis
- I Latobicorum et Varcianorum
- I Sequanorum et Rauracorum
- II Aug. Cyrenaica
- III Aquitanorum C. R.
- IV Aquitanorum C. R.
- VII Raetorum

Cohors Quingenaria Peditata
- I Aquitanorum Biturigum
- I Germanorum C. R.
- I Helvetiorum
- I Ho???
- I Ligurum et Hispanorum C. R.

- I Sag.
- II Raetorum C. R.
- III Hispanorum
- IV Vindelicorum
- V Dalmatarum
- X X I V Vol. C. R.
- X X V Vol. C. R.
- X X V I Vol. C. R.
- X XX Vol. C. R.
- X X X II Vol. C. R.
- Surorum Sag.

Numerus
- Brittonum Elantiensium
- Brittonum Triputiensium

■ **라이티아**(Raetia)
Ala Milliaria
- I Flavia Fidelis pia fidelis
- I Flavia Gemelliana C. R.
- II Flavia pia fidelis

Ala Quingenaria
- I Flavia C. R.
- Flavia Sing. C. R. pia fidelis
- Hispanorum Auriana

Cohors Milliaria Equitata
- V III Batavorum
- I X Batavorum

Cohors Quingenaria Equitata
- I Breucorum C. R.
- II Aquitanorum C. R.
- III Britannorum
- III Thracum C. R. bis Tor.
- V Breucorum C. R.

Cohors Milliaria Peditata
- I Flavia Canathenorum Sag.
- IV Tungrorum

Cohors Quingenaria Peditata
- I C. R. Ing.
- I Raetorum
- II Raetorum

- II Bracaraugustanorum
- III Bracaraugustanorum
- III Thracum Vet.
- IV Gallorum
- V Bracaraugutanorum
- VI Gallorum
- VI Lusitanorum
- VI Raetorum
- VII Lusitanorum

Vexillatio
- III Tungrorum Milliaria Peditata

■ **노리쿰**(Noricum)
Ala Milliaria
- I Aelia Brittonum
- I (Flavia) Commagenorum Sag.

Ala Quingenaria
- I Aug.
- I Aug. Thracum Sag. (Thracum Herculania?)
- I Brittorum C. R.
- I Pannoniorum Tampiana Victrix
- Antoninianae

Cohors Milliaria Peditata
- I Flavia Brittonum

Cohors Quingenaria Peditata
- I Asturum
- V Breucorum
- V Brouedium (V Breucorum?)
- Auriana

Vexillatio
- III Tungnorum Milliaria Peditata

■ **판노니아 수페리오르**(Pannonia Superior)
Ala Milliaria
- I Ulpia Contrariorum (Antoniniana) C. R.
- I Septimia Surorum

Ala Quingenaria
- I Aravacorum

- I Canninafatium C. R.
- I Hispanorum Aravacorum
- I Thracum Victorix C. R.
- III Aug. Thracum Sag.

Cohors Milliaria Equitata
- I Aelia Sag.

Cohors Quingenaria Equitata
- I Thracum C. R.
- II Alpinorum
- V Callaecorum Lucensium C. R.

Cohors Milliaria Peditata
- I Ulpia Pannoniorum C. R. Victrix
- II Batavorum C. R. pia fidelis

Cohors Quingenaria Peditata
- I Bosponiana Sag.
- IV Vol. C. R.
- X XII Vol.
- X XIII Vol. C. R.

■ **판노니아 인페리오르**(Pannonia Inferior)
Ala Milliaria
- I Flavia Aug. Brittanica C. R. bis Tor. ob virtutem

Ala Quingenaria
- I C. R. Vet.
- I Flavia Gaetulorum
- I Aug. Thracum Sag.
- I Praetoria Sing. C. R.
- II Aug. Ituraerorum
- Aug. C. R.

Cohors Milliaria Equitata
- I Hemesenorum C. R. Sag.
- III Batavorum
- Aug. Dacorum pia fidelis
- Maurorum

Cohors Quingenaria Equitata
- I Alpinorum
- I Contabrorum
- I Noricorum

- I Novae Severiana Surorum Sag.
- I Thracum Germanica C. R.
- I Aug. Thracum
- I Vettonum
- II Aug. Thracum
- VII Breucorum C. R.
- Maurorum

Cohors Milliaria Peditata
- I Aureliana Antoniniana Surorum Sag.
- II Aug. Nerviana Pacensis Brittonum

Cohors Quingenaria Peditata
- I Alpinorum
- I Aug.
- I Aug. Thracum Sag.
- I Campanorum Vol. C. R.
- I Hemesenorum
- I Lusitanorum
- I Montanorum
- II Asturum et Callaecorum
- II Novae
- III Lusitanorum pia fidelis
- VIII Breucorum

■ **달마티아**(Dalmatia)
Cohors Milliaria Equitata
- II Delamatarum

Cohors Quingenaria Equitata
- I Belgarum
- III Alpinorum

Cohors Quingenaria Peditata
- II Cyrrhestarum Sag.
- VIII Vol. C. R.

■ **모이시아 수페리오르**(Moesia Superior)
Ala Quingenaria
- Claudia Nova

Cohors Milliaria Equitata
- II Aurelia Dardanorum

Cohors Quingenaria Equitata

- I Lucensium Hispanorum pia fidelis
- I Thracum Syriaca
- I Pannoniorum Vet.
- III Aug. Cyrenaica Sag.
- III Brittonum Vet.
- V Hispanorum

Cohors Milliaria Peditata
- I Delmatarum

Cohors Quingenaria Peditata
- I Antiochensium Sag.
- I Cisipadensium
- I Cretum Sag.
- I Lusitanorum
- I Montanorum C.R.
- III Aug. Nerviana Brittonum
- III Campestris C.R.
- IV Raetorum
- VIII Gallorum

■ 모이시아 인페리오르(Moesia Inferior)
Ala Milliaria
- II Aravacorum Frontoniana

Ala Quingenaria
- I Arabacorum
- I Vespasiana Dardanorum
- II Hispanorum et Aravacorum Aug.
- (Gallorum) Atectorigianae
- Flavia Gaetulorum
- Gallorum et Pannoniorum Cataphracti
- Gallorum Flaviana
- Pannoniorum
- Pansiana

Cohors Milliaria Equitata
- I Cilicum Sag.

Cohors Quingenaria Equitata
- I Claudia Sugambrorum Vet.
- I Flavia Numidarum
- I Lepidiana C.R. to Tor.
- I Lusitanorum Cyrenaica
- II Flavia Brittonum

Cohors Quingenaria Peditata
- I Aug. Bracarum
- I bracaraugustanorum
- I Sugambrorum
- II Chalcidenorum Sag.
- II Lucensium
- II Mattiacorum
- III Aug. Nerviana Brittorum
- IV Gallorum

Numerus
- Catafractariorum

■ 다키아(Dacia)
Ala Milliaria
- I Batavorum C.R. pia fidelis
- I Britannica Ulpia C.R. bis Tor.
- I Hispanorum Campagonum C.R.

Ala Quingenaria
- I Asturum pia fidelis
- I Bosporamnorum
- I Claudia Gallorum Capitoniana
- I Hispanorum pia fidelis
- I Illyricorum
- I Tungrorum Frontoniana
- II Flavia Numidica (or Numidarum)
- II Pannoniorum Vet.
- Siliana C.R. bis Tor. bis Armillata
- Numero Vexillatio Equitum Illyricorum

Cohors Milliaria Equitata
- I (Flavia) (Ulpia) Britannica Tor. C.R.
- I Brittonum
- I Falvia Ulpia Hispanorum C.R.
- I Ituraeorum Sag.
- I Sag.
- II Britannorum C.R. pia fidelis
- III Delmatarum C.R. pia fidelis
- XX Palmyrenorum

Cohors Quingenaria Equitata
- I Alpinorum
- I Hispanorum Vet.
- II Flavia Commagenorum Sag.
- II Hispanorum Scutata Cyrenaica

- III Gallorum
- IV Hispanorum
- IV Lingonum
- VIII Raetrum C. R. Tor.
- IX Alamannorum
- Gallorum Macedonica

Cohors Milliaria Peditata
- I Aelia Gaesatorum
- I Aug. Nerviana Pacensis Brittonum
- I Batavorum C. R. pia fidelis
- I Brittanica C. R.
- I Flavia Hispanorum
- I Ulpia Brittonum C. R.
- I Vindelicorum pia fidelis
- II Brittonum C. R. pia fidelis

Cohors Quingenaria Peditata
- I Aug. Ituraeorum Sag.
- I Cannanefatium
- I Flavia Commagenorum
- I Gallorum Dacica
- I Thracum C. R.
- I Thracum Sag.
- I Tyriorum Sag.
- I Ubiorum
- II Flavia Numidarum
- II Flavia Bessorum
- II Gallorum
- II Gallorum Macedonica
- II Gallorum Pannonica (II Gallorum et Pannoniorum)
- III Brittonum
- III Commagenorum
- IV Thracum
- V Gallorum
- V Lingonum
- VI Thracum
- Campestris C. R.

■ 마케도니아(Macedonia)
Cohors Quingenaria Equitata
- I Flavia Bessorum

■ 트라키아(Thracia)
Cohors Quingenaria Equitata
- II Lucensium

Cohors Quingenaria Peditata
- I Aelia Athoitorum

■ 카파도키아(Cappadocia)
Ala Quingenaria
- I Aug. Germaniciana
- I Ulpia Dacorum
- II Gallorum
- II Ulpia Auriana

Cohors Milliaria Equitata
- I Claudia
- I Flavia Numidarum Sag.
- II Italica Vol. C. R.
- III Ulpia Petraeorum Sag.

Cohors Quingenaria Equitata
- I Bosporiana
- I Lepidiana C. R.
- I Raetorum
- III Aug. Cyrenaica Sag.
- IV Raetorum
- Cyrenaica Sag.
- Ituraeorum

Cohors Milliaria Peditata
- I Germanorum
- Bosporiana Sag.

Cohors Quingenaria Peditata
- I Aug. C. R
- II Claudia
- III Ulpia Petraeorum
- Apula C. R.

■ 시리아(Syria)
Ala Milliaria
- I Uipia Dromedariorum
- Palmyrenorum

Ala Quingenaria

- I Aug. Gemina Colonorum
- I (Flavia) Praetoria Sing. C. R.
- I Thracum Herculana
- I Ulpua Sing.
- II Flavia Agrippiana
- III Aug. Thracum Sag.
- III Thracum
- Aug. Syriaca
- Gallorum et Thracum Constantium
- Gallorum et Thracum Antiana Sag.
- Phrygum Sebastena Gallorum

Cohors Milliaria Equitata
- I Thracum
- I Ulpia Petraeorum Sag.
- II Ulpia Petraeorum

Cohors Quingenaria Equitata
- I Ascalonitanorum Sag.
- I Flavia Chalcidenorum Sag.
- I Musulamiorum
- I Sugambrosium
- I Ulpia Dacorum
- II Thracum Syriaca
- II UIpia Paflagonum
- II Ulpia C. R.
- III Aug. Thracum
- III Dacorum
- III Thracum Syriaca
- III Ulpia Paflagonum
- IV (Callaecorum) Lucensium
- IV Thracum Syriaca
- V Chalcidenorum
- V UIpia Petraeorum Sag.
- VII Gallorum pia fidelis

Cohors Milliaria Peditata
- I Milliaria

Cohors Quingenaria Peditata
- I Aug. Pannoniorum
- I Gaetulorum
- I Ituraeorum Sag.
- I Numidarum
- I Ulpua Sag.
- II Calssica Sag.
- II Equitum
- II Ulpia Sag. C. R.
- IV Syriaca

■ 시리아 팔레스티나(Syria Palaestina)
Ala Milliaria
- I (Flavia) (Gemina) Sebastenorum

Ala Quingenaria
- V Gemelliana C. R.
- VI Phrygum
- VII Phrygum
- Gallorum et Thracum
- Antiana Gallorum

Cohors Quingenaria Equitata
- I Flavia C. R.

Cohors Milliaria Peditata
- I Sebastenorum
- I Thracum

Cohors Quingenaria Peditata
- I Damascenorum (Armeniaca/ Armeniacum)(sag.)
- I Ulpia Galatarum
- II Ulpia Galatarum
- II Cantabrorum
- II Italica Vol. C. R.
- II Thracum
- III Bracaraugustanorum
- III Bracarum
- IV (Callaecorum)
- Bracaraugustanorum
- IV Breucorum
- IV UIpia Petraeorum
- V Gemina C. R.
- VI UIpia Petraeorum
- VII Gemella C. R.

■ 아라비아(Arabia)
Ala Quingenaria
- I Gaetulorum Vet.

■ 이집트(Egypt)
Ala Quingenaria

303

- I Thracum Mauretana
- II Ulpia Afrorum
- Apriana
- Aug. ob Virtutem Appellata
- Aug. Xoitana
- Gallorum Vet.
- Paullini
- Vocontiorum

Cohors Quingenaria Equitata
- I Ulpia Afrorum
- I Apamenorum Sag.
- I Aug. Praetoria Lusitanorum
- I Flavia Cilicum
- I Thebaeorum
- II Ituraeorum Felix

Cohors Quingenaria Peditata
- I Aug. Pannoniorum (Scutata C.R.)(Vet.)
- II Thebaeorum
- II Thracum
- III Cilicum
- III Galatarum
- III Ituraeorum
- Scutata C.R.

Numerus
- Palmyreni Hadriani Sagittarii

■ 아프리카(Africa)
Ala Quingenaria
- Flavia Numidicaie

Cohors Quingenaria Equitata
- I Chalcidenorum Sag.
- II Flavia Afrorum
- VI Commagenorum

Cohors Quingenaria Peditata
- I Flavia Afrorum
- II Maurorum

Numerus
- Palmyrenorum

■ 마우레타니아 카이사리엔시스
(Mauretania Caesariensis)
Ala Milliaria
- I Nerviana Aug. Fidelis

Ala Quingenaria
- I Parthorum Aug.
- II Aug. Thracum pia fidelis
- Brittonum Veteranorum bis Tor.
- Gemelliana C.R.

Cohors Quingenaria Equitata
- I Flavia Hispanorum pia fidelis
- I Pannoniorum
- II Breucorum
- VI Delmatarum
- VII Delmatarum

Cohors Milliaria Peditata
- Aelia Expedita

Cohors Quingenaria Peditata
- I Aelia Sing
- I Aug. Nerviana Velox
- I Corsorum C.R.
- I Flavia Musulamiorum
- I Nurritanorum
- II Breucorum (Peditata)
- II Brittonum
- II Gallorum
- II Sardorum
- IV Sugambrorum

Numerus
- Gaesatorum

■ 마우레타니아 팅기타나
(Mauretania Tingitana)
Ala Milliaria
- II Syrorum Sag.

Ala Quingenaria
- I Aug. gallorum C.R.
- I (Flavia) Gallorum Tauriana
- III Asturum C.R. pia fidelis
- Hamiorum Syrorum Sag.

Cohors Quingenaria Equitata
- III Asturum C. R.
- III Gallorum Felix
- IV Gallorum C. R.

Cohors Milliaria Peditata
- I Asturum et Callaecorum C. R.
- I Ituraeorum C. R.
- I Lemavorum C. R.
- II Syrorum Sag.
- V Delmatarum C. R.

■ 히스파니아 타라코넨시스(Hispania Tarraconensis)
Ala Quingenaria
- I Lemavorum
- II Flavia Hispanorum C. R.
- Taurorum Victrix C. R.

Cohors Quingenaria Equitata
- I Celtiberorum C. R.
- I Gallica

Cohors Quingenaria Peditata
- II Gallica
- III Celtiberorum
- III Lucensium

■ 히스파니아 키테리오르(Hispania Citerior)
Ala Quingenaria
- Flavia I Lusitanorum
- II Flavia (Hispanorum?) C. R.

■ 루시타니아(Lusitania)
Cohors Milliaria Peditata
- I Gallicae C. R.
- I Inturaiorum (I Ituraeorum?)

■ 소재 불명
Ala
- III Equitata Romanorum
- Aug. Sing.
- Baetica
- Cataphractariorum

- Petriana Sag.

Cohors
- I Ausetanorum
- I ? VIII? Batavorum
- I Brittonum (Hispanorum Nervia)
- I Ulpia Paphlagonum
- II Bracarum
- II Montanorum
- III Lucensium
- III Tungrorum
- V Baetica
- V Gemella C. R.
- V Nerviorum
- VI Asturum
- IX Thracum
- XXXIII Vol. C. R.
- Carietum et Veniaesium
- Trumplinorum

주요 참고 문헌

■ 고대의 저자

Dionysius of Halicarnassus (trans. Cary, Earnest). Roman Antiquities. (Harvard University Press 1937~1950):
http://penelope.uchicago.edu/Thayer/E/Roman/Texts/Dionysius_of_Halicarnassus/home.html

Dionysius of Halicarnassus. Dionysius of Halicarnassus, Complete Works. (Delphi Classics 2017)

Gellius, Aulus (trans. Rolf, John C). Attic Night. (London 1927):
http://www.perseus.tufts.edu/hopper/text?doc=Perseus: text: 2007.01.0072

Josephus, Flavius. The Complete Works of Flavius Josephus. (Start Publishing 2013)

Livius, Titus. (trans. Foster, Benjamin Oliver). Roman History. (California 1919):
http://www.perseus.tufts.edu/hopper/text?doc=Perseus: text: 1999.02.0151

Livius, Titus. (trans. de Selincourt, Aubrey) The Early History of Rome. (Penguin Books 2002)

Livius, Titus. (trans. Radics, Betty) Rome and Italy. (Penguin Books 1982)

Livius, Titus. (trans. de Selincourt, Aubrey) The War with Hannibal. (Penguin Books 1972)

Livius, Titus. (trans. Bettenson, Henry) Rome and the Mediterranean. (Penguin Books 1976)

Maurice. Dennis, George T. (trans.) Maurice's Strategikon. (Pennsylvania 1984)

Polybius. History.
http://www.perseus.tufts.edu/hopper/text?doc=Perseus%3Atext%3A1999.01.0234%3Abook%3D1&force=y

Polybius. Polybius, Complete Works. (Delphi Classics 2014)

Vegetius Renatus, Flavius. Clerke, John (trans. 1767), Brevik, Mads (e-text 2001) De re militari. (Digital Attic):
http://www.digitalattic.org/home/war/vegetius/

Vegetius Renatus, Flavius. Clerke, John (trans. 1767) The Military Institution of the Romans. (Enhanced Media 2017)

Anonymous. Notitia Dignitatum. Bibliotheca Augustana:
https://www.hs-augsburg.de/~harsch/Chronologia/Lspost05/Notitia/not_dig0.html

Seeck, Otto (ed.). Notitia Dignitatum, accedunt notitia Urbis Constantinopolitanae et laterculi prouinciarum. (Berolini 1876)

■ 비문 등

Corpus Inscriptionum Latinarum.
http://cil.bbaw.de/cil_en/index_en.html

Epigraphic Database Heidelberg.
https://edh-www.adw.uni-heidelberg.de/home?lang=en

Vindolanda Tablets Online.
http://vindolanda.csad.ox.ac.uk/index.shtml

TRISMEGISTOS.
https://www.trismegistos.org/index.html

Roman Inscription of Britain.
https://romaninscriptionsofbritain.org/

■ 현대의 저자

Armstrong, Jeremy. Early Roman Warfare. (Pen & Sword Books 2016)

Beckmann, Martin. The Column of Marcus Aurelius. (North Calorina 2011)

Bishiop, M.C. 'The Early Imperial "Apron"' The Journal of Roman Military Equipment 3 (1992)

Bishop, M.C. The Gladius. (Osprey 2016)

Bishop, M.C. The Pilum. (Osprey 2017)

Bishop, M.C. Lorica Segmentata Vol. 1. (Armatura 2002)

Bishop, M.C. & Coulston, J.C.N. Roman Military Equipment (2nd edition). (Oxford 2006)

Bunson, Matthew. The Encyclopedia of Roman Empire, (Re). (NY 2002)

Burns, Michael. 'South Italic Military Equipment.' (University College London 2005)

Campbell, Brian. Greek and Roman Military Writers. (Routledge 2004)

Campbell, Brian. The Roman Army, BC 31~AD 337. (Routledge 1994)

Campbell, Brian & Tritle. Lawrence A (ed.). The Oxford Handbook of Warfare in the Classical World. (Oxford 2013)

Campbell, Duncan B. Greek and Roman Artillery 399BC~363AD. (Osprey 2004)

Campbell, Duncan B. Roman Legionary Fortresses 27BC~AD378. (Osprey 2006)

Cheesman, G. L. The Auxilia of the Roman Imperial Army. (1914) (First Rate Publishers)

Chrystal, Paul. Roman Military Disasters: Dark Days and Lost Legions. (Pen & Sword Books 2015)

Coulston, Jon C. N. 'By the sword united: Roman fighting styles on the battlefield and in the arena.' The Cutting Edge. (Tempus Publishing 2007)

Cowan, Ross. Roman Battle Tactics 109BC~AD313. (Osprey 2007)

Cowan, Ross. For the Glory of Rome. (Greenhill Books 2007, 2017)

Cowan, Ross. Roman Conquest: Itary. (Pen & Sword Books 2009)

Cowan, Ross. The Roman guardsman 62BC~AD324. (Osprey 2014)

Cowan, Ross. Roman Legionary AD69~161. (Osprey 2013)

Cowan, Ross. Roman Legionary AD284~337. (Osprey 2014)

Crawford, Michael. The Roman Republic, (2nd edition). (Harper Press 1992)

Croom, Alexandra. Roman Clothing and Fashion. (Amberley Publishing 2000)

D'Amato, R. Roman Centurions 753~31BC. (Osprey 2011)

D'Amato, R. Roman Centurions 31BC~AD500. (Osprey 2012)

D'Amato, R. Roman Standards & Standard-Bearers (1) (Osprey 2018)

D'Amato, R. Decorated Roman Armour. (Pen & Sword Books 2017)

Dobson, Michael. The Army of the Roman Republic. (Oxbow Books 2016)

Drogula, Fred K. Commanders & Command in the Roman Republic and Early Empire. (University of North Carolina Press 2015)

DuBois, Michael. Auxillae vol. 2. (2014)

Elliot, Paul. The Last Legionary: Life as a Roman soldier in Britain AD400. (Spellmount 2011)

Ermatinger, James William. The Decline and Fall of the Roman Empire. (Greenwood press 2004)

Field, Nick. The Roman Army of the Principate, 27BC~117AD. (Osprey 2009)

Field, Nick. Roman Battle Tactics 390~110BC. (Osprey 2010)

Field, Nick. Early Roman warrior 753~321BC. (Osprey 2011)

Field, Nick. Roman Republican Regionary 298~105BC. (Osprey 2012)

Gilliver, Catherine M. 'The Roman Art of War : Theory and Practice' (Institute of Archaeology, University of College, London 1997)

Godehardt, Erhard. Jaworski, Jerzy. Pieper, Peter. Schellenberg, Hans Michael. 'The reconstruction of Scythian bows.' The Cutting Edge. (Tempus Publishing 2007)

Goldsworthy, Adrian. Roman Warfare. (Cassel 2000)

Goldsworthy, Adrian. The Complete Roman Army. (Thames & Hudson 2003)

Grzegorz, Klejnowski 'Hasta Velitalis : The First Edge of the Roman Army.' Res Militaris Studia nad wojskowością antyczną tom II (Kalisz-Warszawa 2015)

Himmler, Florian. 'Testing the "Ramshaw" boot: Experimental Calceology on march' The Journal of Roman Military Equipment Studies 16. (2008)

Hoss, Stephanie. 'The Roman military belt.'

James, Simon T. 'The Arms and Armour from Dura-Europos, Syria. Vol. 1&2' (University College Institute of Archaeology 1990)

James, Simon. Rome and the Sword. (Thames & Hudson 2011)

Kayumov, Ildar & Minchev, Alexander. 'The ΚΑΜΒΕΣΤΡΙΟΝ and other Roman military Equipment from Thrace.' (2010)

Keppie, Lawrence. The Making of the Roman Army. (London 1998)

Kozlenko, Alexei. 'Barbarian Throwing Clubs and the origin of Plumbatae.' the Journal of Roman Military Equiment Studies 16. (2008)

Loades, Mike. The Composite Bow. (Osprey 2016)

Lommel, Korneel van. 'The Recognition of Roman Soldier's Mental Impairment' Acta Classica LVI. (2013)

Maier, Ingo G. 'Military Units in the Compilation Notitia Dignitatum'
http://notitiadignitatum.org/702-3unl.pdf

McCall, Jeremiah B. The Cavalry of the Roman Republic. (Routledge 2002)

McNab, Chris (ed.) The Roman Army. (Osprey 2010)

Narloch, Krzysztof. 'The Cold Face of Battle: Some Remarks on the Function of Roman
Helmets with Face Masks.' Archaologisches Korrespondenzblatt 42. (2012)

Quesada Sanz, Fernando. 'Not so different: Individual fighting techniques and battle tactics
of Roman and Iberian armies within the framework of warfare in the Hellenistic age.'
Pallas. (2006)

Quesada Sanz, Fernando. 'Hispania y el ejército romano republicano Interacción y adopción
de tipos metálicos'. Sautuola XIII (2007)

Quesada Sanz, Fernando. 'Military Developments in the "Late Iberian" culture (c. 237-
c. 195BC): Mediterranean influences in the far east via the Carthaginian military.' in Secunda,
Nick & Noguera A. (eds.) Hellenistic Warfare I. (2011)

Petrut, David. 'Everyday life in military context. Aspects of everyday life in the research
concerning the Roman army in the western European part of the Empire and the Province
of Dacia.' EPHEMERIS NAPOCENSIS XX II. (Editura Academiei Române 2012)

Rosenstein, Nathan. Rome at war: Families and Death in the middle Republic. (University of
North Carolina Press 2004)

Rosenstein, Nathan. 'Aristocrat and Agriculture in the Middle and Late Republic' JRS 98 (The
Society for the Promotion of Roman Studies 2008)

Roth, Jonathan. The Logistics of the Roman Army at War (264BC~234AD). (Brill 1999)

Sage, Michael. The Army of the Roman Republic. (Pen & Sword 2018)

Saliola, Marco & Casprini, Fabrizio. Pugio, Gladius brevis est. (BAR 2012)

Silver, Morris. 'Public Slaves in the Roman Army: An Exploratory Study.' Ancient Society 46.
(2016)

Sim, D. & Kaminski, J. Roman Imperial Armour. (Oxbow Books 2012)

Southern, Pat. The Roman Army: A Social and Institutional History. (ABC-CLIO 2006)

Southern, Pat. Dixon, Karen R. The Late Roman Army. (Routledge 2000)

Spiedel, M.A. 'Roman Army Pay Scales.' Heer unt Herrschaft im Röminischen Reich der

Hohen Keiserzeit. (Stuttgard 2009)

Spiedel. M.A. 'Roman Army Pay Scales Revisited.' (Bordeaux 2014)

Sumner, Graham. Roman Army; Wars of the Empire. (Brassey's 1997)

Sumner, Graham. Roman military Clothing (1). (Osprey 2002)

Syvanne. Ilkka. Military History of Late Rome 284~361. (Pen & Sword 2015)

Taylor, Don. Roman Republic at War. (Pen & Sword 2017)

Taylor, Don. Roman Empire at War. (Pen & Sword 2016)

Taylor, Michael J. 'Visual Evidence for Roman Infantry Tactics.' MAAR 59/60. (2014)

Taylor, Michael J. 'Roman Infantry Tactics in the Middle Republic; A reassessment.' Historia 63. (2014)

Tomczak, Juliusz. 'Roman Military Equipment in the 4th Century BC: Pilum Scutum and the Introduction of the Manipular Tactics.' Folia Archaeologica 29. (2012)

Travis, John & Hilary. Roman Helmets. (Amberley books 2014)

Ureche, Petru. 'The Bow and Arrow during the Roman Era.' Ziridava: Studia Archaeologica. (2013)

Vega Avelaira, Tomas. 'Estandartes militares (signa miliaria) de época procedentes de Hispania' SAUROTA (2007)

Volken, Marquita. 'Making the Ramshaw boots, an exercise in experimental archaeology.' The Journal of Roman Military Equipment Studies 16. (2008)

Volken, Marquita. 'The Waterbag of Roman Soldiers.'

Wijhoven, Martijn A. 'Lorica Hamata Squamataque: A Study of Roman Hybrid Feather Armour.' The Journal of Mail Research Society. Vol 2. (2009)

Zehetner, Stephen. 'The Equites Legionis and the Roman cavalry.' The Journal of ancient History and Archaeology No. 2.3. (2015)

Zehetner, Stephen. 'CIL VIII 18065 and the Ranking of Centurions' Journal of Ancient History and Archaeology. Vol. 3.2 (2016)

용어 해설

라틴어 표기에서 빗금(/)의 앞쪽이 단수이고 뒤쪽이 복수이며, 장음 기호는 생략하였다 (가나다 순 - 역자 정리).

가

가슴 보호대 (Kardiophylax)
이탈리아에서 기원한 방어구로, 주로 원형 또는 타원형의 청동제나 가죽제의 판으로 만들어졌으며, 주로 흉부를 보호한다.

개선식 (Triumphus/Triumphi)
전쟁에서 승리를 거둔 장군에게 부여되는 최고의 명예.

국마 (國馬) **타는 기병** (Equites equo public)
공화정기에 공금으로 구입해 유지하던 말을 탄 기병('사마 타는 기병' 항목 참조).

군 (軍, Exercitus/Exercitus)
복수의 부대를 모은 군 혹은 부대 집단을 말한다.

군단 기병 (Eques Legionis/Equites Legionis)
제정기 군단에 소속되어 있던 기병.

군단 (Legio/Legiones)
원래 의미는 '선별', '초집(招集)'. 로마군 편성 단위이며, 시대에 따라서 다르나 대략 병사 4,000~6,000명으로 이루어졌다.

군자금고 (Aerarium Militare)
군단과 보조병의 퇴직금을 운영·관리하기 위한 기금. 기원후 6년에 아우구스투스가 세스테르티우스(Sestertius)를 투자하여 설립하였다. 프라이펙티 아이라리이 밀리타리스(Praefecti Aerarii militaris) 세 명이 관리하였다. 카피톨리노 언덕에 있었다고 전해진다.

근위 군단 (Cohors Praetoriae/Cohortes Praetoriae)
아우구스투스가 설립한 친위대. 4,500~6,000명가량의 병력을 가지고 있었다. 4세기 초반에 콘스탄티누스 황제가 폐지하였다.

급요일 (Stipendia)
일 년에 세 번 있었다.

기사 계급 (Ordo Equester)
로마 시민의 상류 계층. 전장에 기병으로서 참가하는 계급을 지칭하였으나, 나중에는 평민과 원로원 의원 계급의 중간 계급을 지칭하게 된다.

기수 (Signifer/Signiferi)
백인대 군기(Signum)를 들던 병사. 부대에서 가장 용감한 자가 맡았다. 제정기엔 부대의 회계 역할도 겸했다. '2배급병(Duplicarus)'이라고도 한다.

기술사관 (Praefectus Fabricum)
공화정기에 공성전이나 축성 등을 할 때 기술 감독을 담당한 직책. 군대의 직책이 아니라 사령관의 개인적인 어드바이저였던 듯하다. 제정기가 되면 군단 수뇌부의 일원이 된다.

나

노멘 (Nomen/Nomina)
로마인의 이름은 트리아 노미나(Tria Nomina)라고 하는, 프라이노멘(Praenomen), 노멘(Nomen), 코그노멘(Cognomen)의 세 가지로 구성되는데, 이 가운데 두 번째를 구성하는 것이 씨족명(Nomen Gentilicium)이라고도 하는 노멘이며, 개인이 속한 씨족을 나타낸다. 나중에 가면 로마 시민권을 보유한 사람이라는 표식이 된다.

노티티아 디그니타툼 (Notitia Dignitatum)
제정 후기 로마의 관료 조직(군사를 포함)을 리스트업한 문서. 현재는 공문서가 아니라 정부 기관에 접촉할 수 있었던 민간인이 작성한 것으로 본다. 동방과 서방의 2부로 나뉘며, 동방 파트는 AD394~5년, 서방 파트는 AD420~430년경의 정보를 바탕으로 작성되었다.

다 ◆◆◆ ◆◆◆◆◆◆◆◆◆◆◆◆

데보티오 (Devotio)
전쟁터에서 신에게 자신을 산 제물로 바치며 승리를 염원하는 것('퀸투스 가비니우스' 항목 참조).

데카누스 (Decanus/Decani)
군단의 최소 단위인 콘투베리날리스의 리더.

데쿠리오 (Decurio/Decuriones)
기병 지휘관. 원래는 10기를 지휘하였으나, 나중에는 다양한 직책의 명칭으로 사용된다.

도적 (Latro/Latrones)
도적 대부분은 탈주병이나 불명예 제대병이었다. 코모두스 황제 시기의 마테르누스(Maternus)가 그 대표적인 예이다. 그는 탈주병이었으며, 갈리아를 중심으로 막대한 피해를 끼쳐 군대의 진압 대상 리스트에 올랐다. '탈주병 전쟁'이라 불린 진압 작전은 황제 암살 계획 중에 배신당하여 체포돼 처형될 때까지 계속되었다.
불라 펠릭스(Bulla Felix)라 불린 셉티미우스 세베루스 재임기에 활동한 도적은 무려 600명에 달하는 도적단을 결성한 것으로 유명하다. 전 이탈리아를 휩쓴 그들을 최종적으로 진압할 때까지 2년이나 소요되었다.

독재관 (Dictator)
로마 공화정기의 관직. 긴급 시에 선출되며 절대적인 권력을 휘둘렀다. 부관으로 마기스테르 에퀴툼을 임명할 권한이 있었다. 마르쿠스 안토니누스가 기원전 44년에 폐지하였다.

동맹 군단 (Ala Sociorum/Alae Sociorum)
공화정기에 로마의 식민시와 동맹시에서 모집한 병사로 이루어진 군단. 조직과 장비에는 차이가 없었다.

둑스 (Dux/Duces)
'지휘자, 군주, 리더'라는 뜻. 본래는 일반적인 부대의 지휘관이나 국가의 원수(로마 황제 포함)를 지칭하는 말이었으나, 3세기가 되면 군사령관을 뜻하게 된다.

라 ◆◆◆ ◆◆◆◆◆◆◆◆◆◆◆◆◆

라이펙투스 소키오룸 (Praefectus Sociorum)
공화정기에 동맹 군단을 지휘하기 위해 집정관이 선발한 12명의 지휘관.

레가투스 (Legatus/Legati)
사절, 대리인 등을 지칭하며, 공화정 후기에는 분견대 지휘관, 왕정기에는 군단장 등을 지칭하였다.

레기오 (Legio/Legiones)
'군단' 항목을 참조

로리카 (Lorica/Loricae)
갑옷. 제정기에는 로리카 하마타(Lorica Hamata, 사슬 갑옷), 로리카 스쿠아마타(Lorica squamata, 찰갑), 로리카 세그멘타타(lorica segmentata, 판갑), 로리카 무스쿨라타(Lorica musculata, 근육 갑옷)의 네 종류가 기본 타입이었다. 심(D. Sim)&카민스키(J. Kaminski)에 따르면 각 갑옷의 특징은 다음과 같다.

	찰갑	판갑	사슬 갑옷	근육 갑옷
제작 기간	오래 걸림	보통	오래 걸림+	적게 걸림
필요 재료량	많이 소요	보통+	보통+	적게 소요
제작 비용	고가	보통	많음+	저가
내구성	보통+	보통+	보통+	뛰어남
방어 효과	뛰어남	뛰어남	보통+	보통+

로살리아이 시그노룸 (Rosaliae Signorum)
'장미의 군기' 축제. 5월 9일과 31일에 행해지는 축제로, 군기를 장미 등으로 만든 화환으로 장식하고, 향수와 향유로 정화하였다.

루스트라티오 (Lustratio)
그리스, 로마에서 널리 행해진 정화 의식. 행진과 수오베타우릴리아 등을 포함한다. 각 농가에서는 농지를 정화하기 위해 5년마다 5월에, 국가 행사로서는 신전을 건축할 때나 식민지를 건설할 때, 농사 축제나 인구조사 종료 때, 액막이 행사 때 등에 행하였으며 신생아를 정식으로 시민으로 등록하는 중요한 의식이기도 하였다.

리노토락스 (Linothorax)
그리스어로 '리넨 갑옷'이라는 뜻. 리넨 천을 겹쳐 붙였다는 게 유력한 주장이나, 가죽제라는 설도 힘을 얻고 있다.

리미타네이 (Limitaneus/Limitanei)
'국경의, 경계의'라는 뜻을 지닌 부대로, 본서에서는 방위군이라고 하였다(외국 서적에서는 Frontier Troops 등이라고 한다). 제국 국경에 배치되었으며, 현지의 방어 및 치안 유지 등을 담당하였다('코미타텐세스' 항목 참조).

릭토르 (Lictor/Lictores)
보디가드 겸 권위의 상징으로서 고관을 수행한 관리. 도낏자루에 막대기를 묶은 파스케스(Fasces)라는 무기를 장비하였다. 원래는 플레브스 중에서 선발되었으나, 나중에는 해방 노예가 담당하였다.

마

마기스테르 에퀴툼 (Magister Equitum)
'기병 장관, 기병 지휘관'이라는 뜻으로, 독재관의 부관이다.

마기스테르 포풀리 (Magister Populi)
'인민의 장'이라는 뜻으로, 왕정기에 국왕 대리로서 군을 지휘하였다. 독재관의 초기 명칭이기도 하다.

마니풀루스 (Manipulus/Manipuli)
'한 줌'이라는 의미. 공화정기 군단의 기본 단위.

마카이라 (Makhaira/Makhairai)
그리스에서 기원한 단날검. 칼날은 쭉 뻗은 형태이다.

모양단조법 (Pattern Welding)
갈리아인 도공(刀工)이 개발한 것으로 추정되는 검 단조법. 먼저 연철판과 강철판을 겹쳐 가열하고, 망치로 두들겨 접합해 막대를 만든다. 이 막대를 비튼 것을 심으로 삼고 그 주위를 강철 칼날로 감싸 검을 만든다. 강도와 유연성이 모두 뛰어날 뿐 아니라 비틀린 막대가 독특한 파도 문양을 만들어내 심미성도 뛰어났다. 기원후 2세기경에 그때까지 주로 사용되던 적층단조법(積層鍛造法)을 바탕으로 개발되었으며, 3세기에 기법이 완성되었다. 이후 10세기경까지 사용되었다.

바

백인대 (Centuria/Centuriae)
로마의 군·정치의 기본 단위. 군에서는 대장의 이름으로 불렸다. 다른 명칭으로는 오르도(Ordo/Ordines), 벡실룸(Vexillum/Vexilla)이라고도 한다.

백인대장 (Centurio/Centuriones)
백인대의 지휘관. 공화정기에는 오르디니스 둑토르(Ordinis Ductor/Ordinum Ductores)라고도 하였다.

백인민회 (Comitia Centuriata)
로마 최고의 시민 총회. 집정관과 법무관의 선출, 선전포고, 동맹·조약 체결 결의 등을 193백인대가 투표로 결정하였다. 지휘관의 임페리움도 백인민회의 결의로 부여되었다.

베네피키아리우스 (Beneficiarius/Beneficiarii)
여러 고관을 보좌하는 군단병 사무원. 경찰 및 치안 유지, 세금 징수, 세관 업무 등의 반관반민적인 업무도 하였다. 보좌하는 고관의 지위에 따라서 계급이 달라졌다.
△Beneficiarius Consularis: 속주 총독을 보좌 △B. Legati Legionis: 군단장을 보좌 △B. Praefecti Praetorio: 근위 군단장을 보좌(근위 군단병) △B. Praefecti Cohortis: 보조 부대 사령관을 보좌 △B. Praefecti Alae: 알라 사령관을 보좌 △B. Centurionis Classiarii: 전투함 사무원(해군병) △B. Praefecti 로마 시장을 보좌 △B. Proculatoris: 황제 소속주 총감을 보좌 △B. Tribunes Legionis: 군단의 트리부누스를 보좌

벨리테스 (Veles/Velites)
마니풀루스 군단의 경무장 보병

벨트 (Balteus/Baltei)
기원전 이탈리아 여러 민족에게 벨트란 성인 남성, 곧 전사의 상징이었으며 이를 잃는 것을 엄청

난 굴욕으로 여겼다. 로마군도 이러한 전통을 이어받아 벨트 없는 모습을 대중들에게 보이는 처벌이 있었을 정도이다.

보스 (영어 Boss, 라틴어 Umbo/Umbones)
방패 중앙부의 볼록하게 튀어나온 부분. 방패를 든 사람의 공간 확보와 보호를 위한 부품. 일반적으로는 금속제이다.

보조 부대 (Auxilia/Auxiliae)
군단병 이외의 동맹군, 용병의 총칭. 제정기 이후에는 로마 시민이 아닌 자로 구성된 부대를 지칭하였다.

부족 (Tribus/Tribus)
로마 왕정 초기의 세 부족 또는 후일의 투표 부족('투표 부족' 항목 참조).

분견대 (Vexillatio/Vexillationes)
본대에서 갈라져 나와 파견된 부대. 제정기의 기본적인 부대 운용법이며, 항구 부대화된 분견대도 있다.

분견대기 (Vexillum/vexilla)
창끝에 가로 막대기를 달고 사각 깃발을 매단 것. 기수는 벡실라리우스(Vexillarius/Vexillarii)라고 한다. 보조 부대의 독수리기와 같은 존재였으며, 기병의 군기로서도 사용되었다.

사 ●◇◇◇◇ ◆◆◆◆◆◆◆◆◆◆◆◆◆◆

사마 (私馬) **타는 기병** (Equites equis suis)
공화정기 기병으로, 자비로 마련한 말을 타고 종군하였다('국마 타는 기병' 항목 참조).

사비니족 여성 약탈
로마 건국 신화의 하나로, 건국 직후에 여성 부족사태에 빠진 로마가 간계를 꾸며 사비니족 여성을 강탈하여 아내로 삼은 사건. 이 때문에 사비니족과 전쟁을 벌이게 되나, 최종적으로는 로마 왕과 사비니 왕이 함께 로마를 통치하게 되어 둘이 하나가 된다. 로마 에스퀼리노 언덕에서 발굴된 기원전 7세기 초의 무덤에서 사비니족이 이주하였음을 시사해주는 부장품이 출토되었으므로 어느 정도 사실이 포함되어 있는 듯하다.

사슬 갑옷
'로리카' 항목을 참조.

사이포스 (Xiphos/Xiphe)
그리스에서 기원한 직선검.

삼열진 (Triplex Acies)
3단 전열. 현대의 조어. 병사를 세로로 세 줄로 세우는 공화정기와 제정 초기의 기본 전열('전열', '이열진' 항목 참조).

선서 (Sacramentum/Sacramenta)
지휘관이나 황제에게 충성하기로 맹세하는 것.

선임 백인대장 (Primi Ordines)
직역하면 '제1병사들'이라는 뜻. 제정기의 제1코호르스 백인대장.

성벽관 (Corona Muralis)
적군의 성벽에 제일 먼저 쳐들어가 그 자리를 지킨 자에게 수여하는 관.

소집병 (Evocatus/Evocati)
공화정기에는 집정관 친위대의 일부였다. 제정기에는 군역을 마친 후 소집된 병사 또는 군역 연장 시기 중인 예비역 병사를 지칭하였다. 기원후 2세기경에 되면 본래의 뜻은 옅어지고, 우수한 인재를 군에 무기한으로 잡아두기 위해 사용된다(그들에게는 정년이 없으므로).

속주 (Provincia/Provinciae)
로마의 행정 단위. '총독의 임페리움이 미치는 범위'를 말하며, 원로원 속주, 황제 속주 등의 종류가 있다.

수석 백인대장 (Primus Pilus)
제정기 군단의 최선임 백인대장

수오베타우릴리아 (Suovetaurilia)
마르스에게 돼지, 양, 소를 바침으로써 특정 대상을 정화하는 의식('루스트라티오' 항목 참조).

스쿠툼 (Scutum/Scuta)
이탈리아반도에서 기원한 방패. 초기에는 타원형, 나중에는 사각형이 일반적이었으나 육각형 등의 형태도 있었다. 오목한 형태여서 사용자의 몸을 감싸준다.

스폴리아 오피마 (Spolia Opima)
로마 역사상 3명밖에 받지 못한 영예. 적군의 왕 또는 사령관과 1 대 1로 결투하여 상대의 목숨을 끊고 무기를 빼앗은 장군에게 수여된다.

시민관 (Corona Civica)
시민을 도운 자에게 부여하는 관으로, 떡갈나무 가지와 잎사귀로 만든다.

시월의 말 축제 (Equus October)
10월 15일에 치러지는 축제로, 군사 시즌이 끝났음을 알린다.

신병 (Trio/Tirones)
신병 혹은 초심자라는 뜻. 일반적으로는 군단 입대 후 반년이 되지 않은 병사를 이른다.

씨족 (Gens/Gentes)
성씨(Nomen)가 동일한 자들의 집단. 초기에 각 씨족은 독자적인 수장, 원로, 의사 결정 기관과 법률, 종교의식을 가지고 있었다. 로마인의 인생은 어느 씨족에 소속되어 있는가에 따라서 대충 정해졌다고 해도 과언이 아니다. 이를 더욱 세분화한 지족(支族, '~가문'이라고도 한다)은 스트립스(Strips/Stripes)라고 한다('노멘' 항목 참조).

아 ◇◇◇◇ ◆◆◆◆◆◆◆◆◆◆◆◆

아우스피키움 (Auspicium)
신의 뜻을 물을 자격. 미래를 예지하는 게 아니라 앞으로 하려는 행동을 신이 허가하였는가를 확인하는 작업으로, 임페리움과 함께 권력의 근원이었다. 군사에 관한 것은 아우스피키움 밀리타이(Auspicium Militae)라고 하였다. 성스러운 특별한 장소(Templum)에서 특정 범위 내의 하늘을 나는 새의 종류, 울음소리, 날아가는 방식을 보고 점쳤다('임페리움', '프로빈키아' 항목 참조).

야영지 감독관 (Praefectus Castrorum)
제정기 군단에서 세 번째로 높은 상급 사관으로, 수석 백인대장을 역임한 자가 맡는다.

야영지 (Castra)
매일 하루 일과 끝에 만드는 요새 진지.

야영지관 (野營地冠, Corona Vallaris 또는 Corona Castrensis)

적군의 야영지에 제일 먼저 쳐들어가 그 자리를 적에게 내주지 않은 자에게 수여된다.

에트루리아인 (Etruria)
로마 여명기에 로마 북쪽의 에트루리아 지방을 지배하던 기원 불명의 민족. 고도의 선진 문명을 자랑하였으나 북쪽의 갈리아인과 남쪽의 (로마를 중심으로 하는) 라틴인의 압력을 받아 쇠퇴하였다. 그리스어로는 티레니아(Tyrrhenia)라고 불렀다. 지중해의 이탈리아 서해안을 지칭하는 티레니아해(Tyrrhenian Sea)의 이름도 여기에서 유래하였다.

오르나멘타 (Ornamenta)
제정기에 들어 황족 이외에는 거행하지 않게 된 개선식을 대신한 의식. 또 로마 정무관직(안찰관, 재무관, 법무관 등)에 있는 자의 지위와 권위를 지칭하기도 하였다.

옵티오 (Optio/Optiones)
'선발하다(Adoptamdum)'에서 파생된 말로, 백인대의 부대장을 뜻한다. 특별한 지팡이를 들고 대열의 후방에서 대열을 정렬시키는 역할을 하였다. 그럼에도 출세 순위는 기수보다 낮았다.

이열진 (Duplex Acies)
2단 전열. 현대의 조어. 보병이 세로로 2단으로 전열을 갖추는 것. 기원후 3세기 무렵부터 기본 전열이 된다.

이탈리아 (Italia)
본래는 이탈리아반도의 남쪽 절반을 지칭하는 말로, 오스크어 비텔리우(Viteliu, 황소·송아지의 땅)의 그리스어형이 와전된 것으로 추정된다.

인원수 외 백인대장 (Centurio Supernumerarius)
특수 임무를 위해 임명된, 자신이 지휘하는 백인대가 없는 이른바 비정규 백인대장.

임페리움 (Imperium)
어원은 '명령하다(Impero)'. 본래는 군의 명령권을 뜻하였으나, 나중에 특정 관직이 가지는 '권한'을 뜻하게 되었다. 프로빈키아와 세트로 사용된다('프로빈키아', '아우스피키움' 항목 참조).

자 ◆◇◇◇ ◆◆◆◆◆◆◆◆◆◆◆◆◆

전열 (Acies/Acies)
'칼날'이라는 뜻. 병사의 열을 검의 칼날에 빗댄 로마 시대의 용어('삼열진', '이열진' 항목 참조).

지급금 (Stipendium/Stipendia)
병사들에게 지급된 돈. 제정기에는 병사의 급료 일을 말하였다.

집정관 친위대 (Extraordinarius/Extraordinarii)
'특별병, 추가병'이라는 뜻. 공화정기에 신예 집정 관으로서 동맹 군단에서 선발되었다.

집정관 (Consul/Consules)
공화정기의 최고 책임자 겸 최고 군사령관. 매년 2명이 선출되었으며, 그들의 이름은 연도를 나타 내는 말로도 사용되었다. 본디 주 업무는 군사령 관으로서의 역할이었다. 그러나 제정기가 되면 형해화하여 상급 관직으로 올라가기 위해 거쳐가 는 직책이 된다. 초기에는 프라이토르라고 불렸 다고 하는데, 둘 사이에는 관련성이 없으며 집정 관은 훨씬 나중(아마도 기원전 4세기 후반에 집정관권 트리 부누스[Tribunus Milium Consulari Potestate]가 폐지된 후) 에 만들어진 직책이라는 설도 있다. 집정관의 존 재가 확실하게 확인되는 시기는 기원전 4세기 후 반 무렵이다.

차 ◆◇◇◇ ◆◆◆◆◆◆◆◆◆◆◆◆◆

친위대 (Praetorianus/Praetoriani)
공화정기에 원정 중 집정관의 텐트를 지킨 병사.

카 ◆◇◇◇ ◆◆◆◆◆◆◆◆◆◆◆◆◆

카타프락트 (Cataphractarius/Cataphractarii)
그리스어 카타프락토이(Kata=모든, Phrasso=방비된, 요 새화된)에서 온 말이며, 말까지 갑옷을 입힌 기병 을 말한다. 하지만 초기 카타프락트는 말까지 갑 옷을 입히지는 않았을 듯하다. 장창과 검을 장착 하였다('클리바나리우스' 항목 참조).

켈레레스 (Celeres)
왕정기 친위대로, '발 빠른 자'라는 뜻이다.

코르니켄 (Cornicen, Cornicines)
호른수. 백인대에 소속되어 대장의 명령을 전달 하였다. 야경 시에는 야경꾼 교대 시간을 알리는 역할도 하였다.

코메스 (Comes/Comites)
'측근, 동료, 시종' 등의 의미. 처음에는 장군의 측 근을 뜻하였으나, 디오클레티아누스 황제 때부터 다양한 행정·군사 관료의 명칭으로 사용되었다. 나중에 백작(Count, 프랑스어 Comte)의 어원이 된다.

코미타텐세스 (Comitatensis/Comitatenses)
콘스탄티누스 황제가 창설한 군대. 일반적으로 는 야전군(Field Army)이라고 하는 경우가 더 많다. 기병과 보병의 혼성 부대이다. 통상적으로는 후 방에 위치하다가 필요에 따라서 각지로 이동하여 작전에 임하였다('리미타네이' 항목 참조).

코피스 (Kopis/Kopides)
그리스의 단날검. 칼날 전방이 활처럼 휘어 있다.

코호르스 (Cohors/Cohortes)
부대의 단위. 정확한 어원은 분명하지 않으나, '정원(hors)'과 관련이 있을 것으로 추정된다. 공화 정기에는 동맹 시에서 공출하는 병사의 단위였 으나, 나중에는 군단의 하위 조직이 된다. 시대를 불문하고 대략 500명가량이었다.

콘투베리날리스 (Contuberinalis/Contuberinales)
기사 계급 출신 장군의 측근 또는 명예 친위대. 또는 텐트를 공유하는 8명의 그룹.

콜레기움 (Collegium/Collegia)
조합이나 형제단, 또는 상호 협력단체와 같은 존 재. 군대 내에 있는 경우에는 주로 종교적인 색채 를 띠었다.

쿠리아 (Curia/Curiae)
원래의 뜻은 '집단, 모임'이다. 로마 왕정기의 정 치·군사 단위이며, 나중에는 원로원의 회의장 등 을 지칭하게 된다.

퀸쿤스 (Quincunx)
오점형('5'가 나왔을 때의 주사위 모양)으로 된 도형. 본 래는 로마 화폐(5/12아스)의 명칭이었다. 학자들이 고대 로마의 진형을 묘사할 때 사용하는 표현이 다.

클라시스 (Classis/Classes)
로마 왕정기의 5단계 계급 명칭. 본래의 뜻은 '(병사의) 모집'이었으나, 나중에 '부대', '함대', '계급' 등을 의미하게 된다.

클리바나리우스 (Clibanarius/Clibararii)
빵을 구워내는 오븐(Clibanos)처럼 입은 사람을 푹푹 찌게 만드는 갑옷을 착용한 기병을 뜻하는 외래어. 일반적으로 카타프락트와 같은 뜻으로 사용하나, 두 단어를 각각 부대 명칭으로 사용하는 것으로 보아, 성격적으로는 동일하나 군사 용어로서는 전혀 다른 종류의 기병을 나타내는 듯하다. 이 경우에는 클리바나리우스는 페르시아식 중무장 기병을 지칭한다.

킹투스 가비니우스 (Cinctus Gabinius)
희생식과 특별한 의식 때 입는 토가(또는 토가의 입는 방식). 로마에서 서쪽으로 18km 떨어진 곳에 위치하는 도시 가비이시(Gabii市)에서 유래하였으며, 양팔을 자유롭게 움직일 수 있도록 입었다. 사굼(sagum)이 일반화되기 전까지는 통상적인 군장으로서 착용하였다.

타 ◇◇◇◇◆◆◆◆◆◆◆◆◆◆◆◆◆◆

테세라리우스 (Tesserarius/Tesserarii)
전령 역할을 하는 병사. 그날의 암호가 적힌 나무판(Tessera)을 가지고 있던 것에서 유래한 명칭이다. 제정기에는 '1.5급병(Sesquiplicarius)'이라고도 불렸다.

테스투도 (Testudo/Testudines)
'거북이'라는 뜻의 대열.

토르크 (Torquis/Torques)
본래는 갈리아인이 목에 두르던 장식품이었다. 로마에서는 포상으로 하사하였다.

퇴역 증명서 (Diploma)
디플로마(Diploma)는 현대에 와서 사용하게 된 명칭으로, 당시에 어떤 명칭이 사용되었는가는 불분명하다. 보조 부대, 근위 군단, 해군 등의 퇴역 증명에 사용된 청동판을 말한다.

퇴역·제대
제정기에는 '명예 제대(Honesta Missio)', '부상 및 질병 퇴역(Missio Causaria)', '불명예 제대(Missio Ignominiosa)'의 세 종류가 있었다.

투르마 (Turma/Turmae)
기병 30기로 구성된 부대. 지휘관은 데쿠리오.

투표 부족 (Tribus/Tribus)
고대 로마의 여섯 번째 왕 세르비우스 툴리우스가 창설한 행정 단위. 부족민회(Comitia Tributa)에서 투표를 치르기 위해 만들어진 조직으로, 로마 시민은 반드시 어느 한 부족에 속한다. 처음에는 4개의 도시 부족과 26개의 교외 부족이 있었는데, 기원전 3세기가 되면 4개의 도시 부족과 31개의 교외 부족으로 총 35개 부족이 된다. 제정기에는 형해화된다.

트레케나리우스 (Trecenarius)
'삼백인대장'이라는 뜻으로, 근위 군단 코호르스의 수석 백인대장. 또 300기로 이루어진 호위 기병 스페쿨라토르도 지휘하였다.

트리부누스 (Tribunus/Tribuni)
부족장이라는 뜻. 본래는 왕정 초기 세 부족의 장(책임자)이었으나, 나중에는 지휘관과 같은 역할이 되었고, 제정기가 되면 승진하기 위해 거치는 직책이 된다. 제정기의 트리부누스는 원로원 계급 출신인 트리부누스 라티클라비우스(Tribunus Laticlavius) 1명과 기사 계급인 트리부누스 안구스티클라비우스(Tribunus Angusticlavius[Militiae Equestres 또는 Equestris Militiae라고도 한다]) 5명으로 구성되었다.

트리아리이 (Triarius/Triarii)
'제3열'이라는 뜻. 공화정기의 제3열째 전열을 구성한 병사. 다른 명칭으로 필루스(Pilus)라고도 한다.

특무병 (Immunes)
제정기에 특수 기능 또는 특별한 역할을 담당한 병사. 급료는 일반병과 동일하였으나 노역 의무는 면제받았다.

파 ◇◇◇◇◆◆◆◆◆◆◆◆◆◆◆◆◆◆

파밀리아리스 (Familiaris/Familiares)
'친구, 가족'이라는 뜻. 장군 밑에서 사관과 같은 역할을 하는 기사 계급 출신자.

파트리키이 (Patricii)
로마의 지배자 계급. 말로는 로물루스가 선발한 원로 100명의 집안이라고 하나, 실제로는 유력 씨족끼리 시간을 들여서 형성한 하나의 그룹이다. 기원전 366년 시점에 파트리키이에 속한 것은 21개 씨족뿐이었다('플레브스' 항목 참조).

팔랑크스 (Phalanx)
고대 그리스의 전법으로, 창과 방패를 장비한 중무장 보병이 하나의 블록을 이루어 싸우는 방식. 세로의 깊이는 일반적으로 8열이었으나, 후대에는 12열이 된다. 상세한 내용은 필자의 저서『고대 그리스 중장 보병의 전술』을 참고.

팔레라 (Phalera/Phalerae)
원래는 그리스어로 '원반형 말 장식'이라는 뜻이었으나, 로마에서는 하네스에 장착하여 착용하는 훈장이라는 뜻으로도 사용되었다.

팔루다멘툼 (Paludamentum/Paludamenta)
로마의 지휘관이나 사관이 걸친 군용 외투.

팔카타 (Falcata)
1872년에 만들어진 조어로, '낫처럼 생긴 검'이라는 뜻(고대에는 Falcata처럼 명사가 아니라 Falcatus ensis처럼 형용사로 사용하였다). 스페인반도의 단날검.

포상금 (Donativium/Donativa)
전쟁에서 승리하였을 때나 중대한 전쟁 전에 병사들에게 지급된 돈. 제정기에는 축제나 중요한 기념일 등에 지급되었다.

포에데라티 (Foederatus/Foederati)
'동맹(Foedus)' 관계를 맺은 야만 민족으로 모집된 부대.

풀잎관 (草冠, Coroma Graminea)
'봉쇄관(Corona Obsidionalis)'이라고도 한다. 최고의 훈장이며, 로마 역사상 아홉 명만이 수여하였다.

프라이토르 우르바누스 (Praetor Urbanus)
공화정기에 로마 시민의 사법 관련 업무를 담당한 직책으로, 전시에는 원정에 참여하여 집정관 대신 로마에서 오는 보급품 전반을 지휘하였다. 원로원은 필요에 따라서 특별한 임무(수송선의 수리 등)를 맡을 프라이토르 우라바누스를 선발하기도 하였다.

프라이토르 (Praetor/Praetores)
어원은 '선도하다, 앞을 가다: Praeire'. 프라이토르(또는 Praetor Maximus)는 본래 군사령관 또는 집정관의 전신이던 직책이며, 후대에는 집정관 부재 시에 군 지휘 등을 하였다.

프라이토리움 (Praetorium)
공화정기의 집정관이 거주하는 텐트. 야영지의 중심에 설치되었다.

프라이펙투스 에퀴툼 (Praefectus Equitum)
기병 사령관

프로빈키아 (Provincia)
'임무', '작전 구역' 등을 의미한다. 지휘관의 임페리움이 미치는 범위 또는 임무를 말한다('임페리움', '아우스피키움', '속주' 항목 참조).

프린키팔레스 (Principales)
백인대의 간부로, 1.5급병과 2배급병이 이에 해당한다.

프린키페스 (Princepus/Principes)
'일인자, 리더'라는 뜻. 공화정기의 중위부대 명칭. 대공이나 왕자를 의미하는 프린스(Prince)의 어원이다.

플레브스 (Plebs)
평민 계급. 파트리키이에 속하지 않는 시민 집안('파트리키이' 항목 참조).

하 ◆◆◆◆◆◆◆◆◆◆◆◆◆◆

하드리아노폴리스 전투
378년 8월 9일에 벌어진 전투. 로마 영내로 이주하길 원하는 고트족이 로마인 관료의 횡포에 반발한 데서 발단하였다. 동방 로마의 발렌스(Valens) 황제가 서방의 황제에게 지원을 요청하였으나, 그에 대한 질투심과 작은 싸움에서 여러 차례 승리한 경험이 있어 서방군을 기다리지 않고 고트족과 직접 맞붙기로 한다.
로마군은 적의 전력을 과소평가하였을 뿐 아니라 군량을 모으기 위해 따로 행동하던 고트족 기병부대의 존재를 잊는 치명적인 실수까지 하였다. 언덕 위에서 짐수레를 방패 삼아 포진하고 있는 고트군을 상대로, 로마군은 한여름의 맹렬한 더위 속에서 물과 음식도 먹이지 않고 병사들을 움직여 그들의 체력을 소진시켰다. 고트족은 기병이 귀환할 때까지 시간을 벌기 위해 사절을 파견하였지만, 로마군 일부가 명령을 무시하고 공격을 개시함으로써 그대로 전투에 돌입하게 된다. 불운하게도 전투 중에 고트족 기병대가 전쟁터에 도착하여 로마군 좌익을 공격하였다. 짐수레 뒤에 있던 보병까지 돌격해와, 로마군은 중앙으로 몰렸고 검도 휘둘러보지 못한 채 차례로 죽임을 당하였다. 이 전투로 발렌스 황제는 전사하였고, 숙련병 다수를 잃은 로마군은 이러한 손실을 끝내 극복하지 못하였다.

하스타 풀라 (Hasta Pula/Hastae Pulae)
'창끝에 날이 없는 창'이라는 뜻. 창끝에 장식이 달린 창으로, 포상으로서 수여되었다. 표창(表彰)의 창(Hasta Donatica)이라고도 한다.

하스타티 (Hastatus/Hastati)
'창병(槍兵)'이라는 뜻. 공화정기의 전위 부대 명칭.

황금관 (黃金冠, Corona Aurea)
적과 1 대 1로 결투하여 상대방을 쓰러뜨리고, 해당 지점을 전투 종료 시점까지 지켜낸 자에게 수여된다.

황실재무실 (A Rationibus)
제국의 중앙정무국이라고 할 수 있는 8개 부실의 하나. 황실(제국) 재정 담당(Rationalis Summarum)과 황실(공공) 재산 관리(Rationalis Rei Privatae)의 두 부서가 있었다. 다른 부실과 마찬가지로 원래는 아우구스투스의 개인 비서인 해방 노예가 그 임무를 맡았으나, 트라야누스 또는 하드리아누스 황제 때 기사 계급 출신자가 맡는 직책으로 바뀌었다. 재무실장으로는 군사 경력이 긴 자가 우선적으로 선발되었다.

황실진정실 (A Libellis)
진정(陳情)을 상세히 조사하여 황제에게 보고하는 직책.

황실홍보실 (Ab Epistulis)
황제와 정부가 반포할 칙령이나 포고 등의 초안을 작성하여 제국 각지에 전달하는 부서. 라틴어과(Ab epistulis Latinis)와 그리스어과(Ab epistulis Graecis)가 있었다.

황제 소 (小) 속주 (Imperial Procuratorial Province)
프로쿠라토르 아우구스티(Procurator Augusti)가 총독이 되는 속주. 여타 속주에 비해 소규모이나 대단히 통치하기 힘든 지역을 주로 소속주로 설정하였다.

히피카 김나시아 (Hippika Gymnasia)
제정기에 행해진 기병 마상경기.

기타 ◆◆◆◆◆◆◆◆◆◆◆◆◆◆◆

1.5급병 (Sesquiplicarius/Sesquiplicarii)
제정기 군단과 보조 부대에서 일반 병사의 1.5배 급료를 받던 직책. 일반적으로 호른수, 테세라리우스 등이 1.5급병이었다. 이보다 높은 계급은 프린키팔레스라고 한다('2배급병', '프린키팔레스' 항목 참조).

2배급병 (Duplicarius/Duplicarii)
제정기에 일반병 급료의 2배를 받은 병사. 옵티오, 기수 등이 이에 해당한다('1.5급병', '프린키팔레스' 항목 참조).

고대 로마 군단의 장비와 전술

초판 1쇄 인쇄 2022년 3월 10일
초판 1쇄 발행 2022년 3월 15일

저자 : 오사다 류타
번역 : 김진희

펴낸이 : 이동섭
편집 : 이민규, 탁승규
디자인 : 조세연, 김현승, 김형주
영업 · 마케팅 : 송정환, 조정훈
e-BOOK : 홍인표, 서찬웅, 최정수, 김은혜, 이홍비, 김영은
관리 : 이윤미

㈜에이케이커뮤니케이션즈
등록 1996년 7월 9일(제302-1996-00026호)
주소 : 04002 서울 마포구 동교로 17안길 28, 2층
TEL : 02-702-7963~5 FAX : 02-702-7988
http://www.amusementkorea.co.kr

ISBN 979-11-274-5129-5 03920

KODAI ROME: LEGION NO SOUBI TO SENPOU by Ryuta Osada
Copyright © Ryuta Osada, 2019
All rights reserved.
Originally published in Japan by Shinkigensha Co Ltd, Tokyo.

This Korean edition published by arrangement with Shinkigensha Co Ltd, Tokyo
in care of Tuttle-Mori Agency, Inc., Tokyo

이 책의 한국어판 저작권은 일본 SHINKIGENSHA와의 독점계약으로
㈜에이케이커뮤니케이션즈에 있습니다.
저작권법에 의해 한국 내에서 보호를 받는 저작물이므로 무단전재와 무단복제를 금합니다.

*잘못된 책은 구입한 곳에서 무료로 바꿔드립니다.

창작을 위한 아이디어 자료

AK 트리비아 시리즈

-AK TRIVIA BOOK

-AK TRIVIA SPECIAL